当代世界学术名著

The *Nationwide* Television Studies

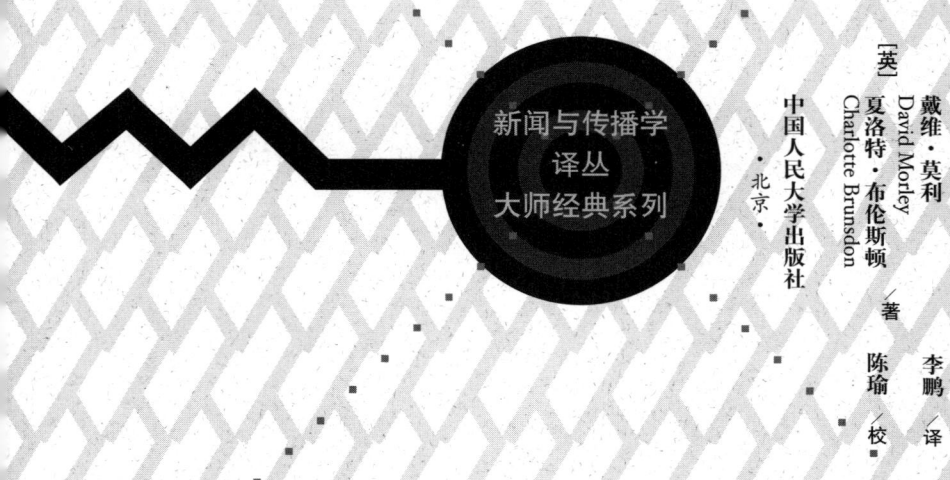

新闻与传播学
译丛
大师经典系列

「全国新闻」：电视与受众研究

[英] 戴维·莫利
David Morley
夏洛特·布伦斯顿
Charlotte Brunsdon /著

李鹏 /译
陈瑜 /校

中国人民大学出版社
·北京·

新闻与传播学译丛·大师经典系列　　　　　展江　何道宽 /主编

"当代世界学术名著"
出版说明

中华民族历来有海纳百川的宽阔胸怀，她在创造灿烂文明的同时，不断吸纳整个人类文明的精华，滋养、壮大和发展自己。当前，全球化使得人类文明之间的相互交流和影响进一步加强，互动效应更为明显。以世界眼光和开放的视野，引介世界各国的优秀哲学社会科学的前沿成果，服务于我国的社会主义现代化建设，服务于我国的科教兴国战略，是新中国出版工作的优良传统，也是中国当代出版工作者的重要使命。

中国人民大学出版社历来注重对国外哲学社会科学成果的译介工作，所出版的"经济科学译丛""工商管理经典译丛"等系列译丛受到社会广泛欢迎。这些译丛侧重于西方经典性教材；同时，我们又推出了这套"当代世界学术名著"系列，旨在迻译国外当代学术名著。所谓"当代"，一般指近几十年发表的著作；所谓"名著"，是指这些著作在该领域产生巨大影响并被各类文献反复引用，成为研究者的必读著作。我们希望经过不断的筛选和积累，使这套丛书成为当代的"汉译世界学术名著丛书"，成为读书人的精神殿堂。

由于本套丛书所选著作距今时日较短，未经历史的充分淘洗，加之判断标准见仁见智，以及选择视野的局限，这项工作肯定难以尽如人意。我们期待着海内外学界积极参与推荐，并对我们的工作提出宝贵的意见和建议。我们深信，经过学界同仁和出版者的共同努力，这套丛书必将日臻完善。

中国人民大学出版社

"新闻与传播学译丛·大师经典系列"
总　　序

　　新闻与大众传播事业在现当代与日俱增的影响与地位，呼唤着新闻学与传播学学术研究的相应跟进和发展。而知识的传承，学校的繁荣，思想的进步，首先需要的是丰富的思想材料的积累。"新闻与传播学译丛·大师经典系列"的创设，立意在接续前辈学人传译外国新闻学与传播学经典的事业，以一定的规模为我们的学术界与思想界以及业界人士理解和借鉴新闻学与传播学的精华，提供基本的养料，以便于站在前人的肩膀上作进一步的探究，则不必长期在黑暗中自行摸索。

　　百余年前，梁启超呼吁："国家欲自强，以多译西书为本；学子欲自立，以多读西书为功。"自近代起，许多学人倾力于西方典籍的迻译，为中国现代社会科学和自然科学的建立贡献至伟。然而，由于中国新闻学与传播学的相对年轻，如果说梁任公所言西学著述"今之所译，直九牛之一毛耳"，那么新闻学与传播学相关典籍的译介比其他学科还要落后许多，以至于我们的学人对这些经典知之甚少。这与处在社会转型过程中的中国的社会经济文化发展的要求很不协调，也间接造成了新闻与传播"无学"观点的盛行。

　　从 1978 年以前的情况看，虽然新闻学研究和新闻教育在中国兴起已有半个世纪，但是专业和学术译著寥寥无几，少数中译本如卡斯珀·约斯特的《新闻学原理》和小野秀雄的同名作等还特别标注"内部批判版"的字样，让广大学子避之如鬼神。一些如弥尔顿的《论出版自由》等与本学科有关的经典著作的翻译，还得益于其他学科的赐福。可以说，在经典的早期译介方面，比起社会学、政治学、经济学、法学、心理学等现代社会科学门类来，新闻学与传播学显然先天不足。

　　1978 年以后，尤其是 20 世纪 90 年代中期以来，新闻与传播教育和大众传播事业在中国如日中天。但是新闻学与传播学是舶来品，我们必须承认，到目前为止，80％的学术和思想资源不在中国，而日见人多势众的研究队伍将 80％以上的精力投放到虽在快速发展但是仍处在"初级阶段"的国内新闻与大众传播事业的研究上。这两个80%倒置的现实，导致了学术资源配置的严重失衡和学术研究在一定程度上的肤浅化、泡沫化。专业和学术著作的翻译虽然在近几年渐成气候，但是其水准、规模和系统性不足以摆脱"后天失调"的尴尬。

我们知道，新闻学产生于新闻实践。传播学则是社会学、政治学、心理学、社会心理学等学科以及新闻学相互融合的产物。因此，"新闻与传播学译丛·大师经典系列"选择的著作，在反映新闻学研究的部分代表性成果的同时，将具有其他学科渊源的传播学早期经典作为重点。我们并不以所谓的"经验学派/批判学派"和"理论学派/务实学派"划线，而是采取观点上兼容并包、国别上多多涵盖（大致涉及美、英、德、法、加拿大、日本等国）、重在填补空白的标准，力争将20世纪前期和中期新闻学的开创性著作和传播学的奠基性著作推介出来，让读者去认识和关注其思想的原创性及其内涵的启迪价值。

法国哲学家保罗·利科（Paul Ricoeur）认为，对于文本有两种解读方式：一种是高度语境化（hypercontextaulisation）的解读，另一种是去语境化（de-contextaulisation）的解读。前者力图从作者所处的具体社会语境中理解文本，尽可能将文本还原成作者的言说，从而领会作者的本意；后者则倾向于从解读者自身的问题关怀出发，从文本中发现可以运用于其他社会语境的思想资源。本译丛的译者采用的主要是第一种解读方式，力图通过背景介绍和详加注释，为读者从他们自身的语境出发进行第二种解读打下基础。

"译事之艰辛，惟事者知之。"从事这种恢宏、迫切而又繁难的工作，需要几代人的不懈努力，幸赖同道和出版社大力扶持。我们自知学有不逮，力不从心，因此热忱欢迎各界读者提出批评和建议。

"新闻与传播学译丛·大师经典系列"
编委会

推荐序

《全国新闻》研究与
传播研究的民族志转向

感谢译者和出版社编辑的信任，让我给这本久闻其名但一直未完整读过的"经典"中译本写一篇推荐序。也正因如此，在译者的翻译完成之后我就有幸成为这本译著较早的读者。从我进入民族志传播研究的大门（其实我也不清楚这是否是扇门）开始，那时能够看到的最为直接的相关文献，就是戴维·莫利的一点零星的中文文献（其中一些还是台湾地区学者翻译的）。就我个人的研究而言，倒不是受了莫利等人的方法的启发而从事民族志传播研究的，而是为完成博士论文去查找文献时才发现在传播研究领域中莫利尝试过民族志的方法，并且做过一些相关的讨论。因此，在我忐忑地完成博士论文时，关于自己论文学科归属合法性的唯一的救命稻草正是莫利等人的相关研究。

一般来说，在国内新闻传播学领域，包括我自己在内，几乎都把戴维·莫利看作最早把民族志方法引入受众研究的学者。做出这样的判断，证据正是眼前这本书的第二部分，即关于《全国新闻》的受众研究。但是，因为此前一直未看到这本书的原作，所看到的或是莫利对民族志方法在受众研究中应用的介绍，或是别人文章中的相关介绍，现在看来，对这一判断需要做出一些修正。

本书的第一部分是新闻文本的分析，而第二部分则是由1976年、1977年两次访谈（共29个小组）的资料构成的。莫利在"研究方法"部分也做过交代，他们所使用的方法是"焦点访谈"和"小组访谈"。当看过这部分内容之后，对民族志稍有了解的人均知道，这并非一种真正意义上的民族志研究。莫利等人访谈的对象都是学生（包括全日制和非全日制两类），这样的研究甚至连实地研究都算不上，这样的访谈的方法虽然和问卷调查的方法有差别，但就此项研究而言，莫利等人带着从斯图亚特·霍尔等人那里得到的关于"编码/解码"的理论预设，通过访谈资料对其进行检验，其实与问卷调查"假设—检验"的思路并无根本性的差别。

在《全国新闻》的研究完成之后莫利所做的关于"家庭电视"的研究中①，虽然研究者进入了具体的家庭，但是所使用的主要还是访谈的方法，具有某种民族志研究的意味，仍然不是严格意义上的人类学的参与观察。

其实就是在这本书中，莫利本人对于民族志的方法也并不是完全接受的。在本书第二部分的第一章中，莫利对既往传播研究中占据主导地位的"传统主义范式"进行了批判，同时对于新近出现的"阐释主义范式"，莫利也表达了自己的某种不满，在谈论"阐释主义范式"时，莫利这样写道：

> 在民族志方法论的表现形式中，阐释主义范式在发展中暴露出了它的弱点。尽管规范性范式将个体行动视为对共享稳定规范的集中复制，但在民族志方法论形式下，阐释主义范式对规范性范式进行了颠覆，它将个体的每一次互动行为都视为一种"新现实的生产过程"。这里的问题是，尽管民族志方法论能够揭示人际交流的微观过程，但这与任何关于制度权力或阶级和政治的结构关系概念却是脱节的。

应该说，莫利在此指出的民族志方法过分关注微观层面的互动而忽视了对宏观层面的制度权力或阶级和政治结构的观照，这的确也是人们对民族志方法批评时经常提及的方面。本书第二部分所呈现的内容，如前所述，仅仅是访谈资料，其所使用的方法是访谈法。既然如此，莫利等人的这样一项研究到底又是如何被贴上"民族志"的标签的？

我查过莫利在伦敦大学金史密斯学院网上的简介，其中有一句是在伯明翰大学当代文化研究中心（CCCS），他开创了人类学和民族志技术在受众/技术研究中的运用（At CCCS he pioneered the development of anthropological and ethnographic techniques in audience/technology studies）。在这句话后面的括号中，提到了莫利 1974 年发表的一篇文章，即"Towards an Ethnography of Media Audiences"。我在网上找到了这篇未公开发表的文章，它的主标题是"Reconceptualising the Media Audience"。其实这也不是一篇完整的文章，只能算是个草稿，里面并未对民族志方法进行讨论，有些内容和本书第二部分第一章中所讲的是基本相同的。在我看来，这个草稿完全不能成为莫利在 CCCS 开创了民族志受众研究的证据，同样目前这本书也不能。

---

① MORLEY D G. Family television: cultural power and domestic leisure. Comedia, 1986.

在方法学的意义上，莫利意识到既往传播研究存在的问题，并且指出了民族志的研究方向，这一点应该是没有太大问题的。但是在研究实践中，莫利并未严格地按他所讨论的民族志方法来做，我们可以说莫利是受众（或传播）研究中民族志方法的早期倡议者，但他并非这一方法的最早实践者。既然如此，以民族志的标准来对莫利的相关研究进行太多的指责就没有太大意义，因为这些研究本身就不是严格意义上的民族志式（ethnographic）的研究。

在20世纪70年代之前及之后的传播研究中，是否有使用较为严格意义上的民族志方法来完成的？回答是肯定的。有些内容，我曾在其他的一些文章中也做过说明，在此简要讲一讲。

早在1946—1947年，著名人类学家马林诺夫斯基（Bronislaw Malinowski）的学生鲍德梅克（Hortense Powdermaker，1896—1970）对好莱坞进行了一年的针对电影工业的民族志研究，研究对象为电影工业链条上的每类人，包括剧作家、制片人、导演、演员、舞台设计者、灯光师等。1950年，鲍德梅克出版了专著《好莱坞梦工厂：一个人类学家对电影生产者的考察》（*Hollywood the Dream Factory: An Anthropologist Looked at the Movie Maker*，Boston：Little，Brown，1950）。应该说，这是一项用较为严格的民族志方法完成的关于媒体的研究，或许是因为这样的一项研究是由人类学研究者做出的，因此很少被传播研究者提及。

20世纪六七十年代，美国一批社会学研究者进入媒体机构内部进行实地研究，这也就是我们所熟悉的"新闻室观察研究"。对此，李立峰教授曾作出过这样的说明：

> 所谓"新闻室观察研究"，是指研究者在新闻机构里进行长时间的观察，甚至当起记者，亲身参与新闻的制作过程，然后根据观察所得，对新闻机构的内部运作以及新闻制作过程作出深入的、概念性的、具有理论的描述和分析，并指出新闻内容如何受各种在生产过程中存在的因素的影响。

在此，我们以赫伯特·甘斯的《什么在决定新闻：对CBS晚间新闻、NBC夜间新闻、〈新闻周刊〉及〈时代〉周刊的研究》为例来看他田野调查的时间。甘斯在他的书中对于田野调查的时间有具体的交代：1965年10月到1966年4月在NBC进行田野调查；1966年感恩节当日进入CBS，并在那里待到 1967 年 5 月；1968 年 5 月进入《新闻周刊》，8 月底离开；1969 年 4 月 1 日进入《时代》周刊，7 月离开。甘斯也讲道："我在电视网的田野调查是断断续续进行的，因此我实际上只能在每个电视网待上 30 天左右的时间……与此相反，在新闻杂志的田野工作是连续的……"这是甘斯进行田野调查的第一段。粗略计算，在这个阶段，甘斯在每个电视网待了 30 天左右，在两个新闻杂志分别待了近 4 个月。这两组时间累计约为 10 个月。甘斯田野调查的第二段是在 1975 年，"当年的 5—7 月，我分别在《时代》周刊、《新闻周刊》和 NBC 待了一个月的时间。我本打算 8 月进入 CBS 做田野调查，但 CBS 的执行官觉得那段时间他们已经被各种访客搞到焦头烂额，因而只允许我进行一些访谈"。甘斯两个阶段的田野调查时间合计已经达到 13 个月，这已经达到了人类学民族志研究对于田野调查时间的要求。并且他的田野调查分为两段，整个时间跨度为 10 年，虽然中间间隔了 6 年，但是正如甘斯所说："在接下来的数年间，我与每个机构中的一两个人保持着长期的联系。"

这同样是严格意义上的民族志研究，这一成果和戴维·莫利等人的成果几乎是同时出版的，虽然甘斯的研究对象与莫利的不同，但是在方法取向上与莫利等人的研究并无根本性差异。并且莫利本人的学科背景也是社会学，对于美国社会学研究者们所做的严格意义上的民族志式的研究，似乎是视而不见？这其中的缘由，限于资料无法去做无端的猜测。

即便在 CCCS 内部，其实也有人在做真正意义上的民族志研究，比如说保罗·威利斯（Paul Willis）。1972 年至 1975 年，保罗·威利斯得到相关资助，研究工人阶级子弟从技术学校到上岗工作的转变历程。"项目采用的研究方法包括个案研究、访谈、小组讨论以及对几组工人阶级子弟在校最后两年及刚开始工作那几个月进行的参与观察。"其成果正是《学做工：工人阶级子弟为何继承父业》（*Learning to Labour: How Working Class Kids Get Working Class Jobs*，1977）。保罗·威利斯所关注的对象的确不是电视受众，但是若是从方法层面来看，保罗·威利斯的"民族志"与戴维·莫利的"民族志"，其差别一目了然。保罗·威利斯的《学做工》一书，也成了社会学、人类学研究的典范。

在电视受众领域较早使用较为严格的民族志进行研究的，应该是美国学者詹姆斯·鲁尔（James Lull）。他于 20 世纪 80 年代多次在中国进行实地研究，于1991年出版的 China Turned on: Television, Reform, and Resistance 一书，是"一本关于当代中国城市文化与传播的民族志"著作。他在北京、上海、广州、西安等地对85个家庭进行了深访，并对包括中央电视台（CCTV）在内的中央级及地方媒体从业者进行了访问，同时对当时热播的电视连续剧《新星》进行了分析。由于种种原因，这样一本以中国电视观众作为研究对象的较为严格意义上的民族志著作不被国人熟悉。戴维·莫利和詹姆斯·鲁尔基本上可以算是同龄人，但是在后人眼中，前者的名气远远大于后者，这或许和莫利所处的CCCS学术平台有关。

上述这样一些文字并非要否定戴维·莫利的学术贡献，从传播研究学术史上来看，戴维·莫利等人关于《全国新闻》等的一系列研究的确开启了传播研究的民族志转向。不过，就莫利本人的相关研究而言，他并非受众（或传播）研究中民族志方法的最早的实践者，只能说是倡议者。换句话说，如果现在或是将来要做受众民族志研究，不能以莫利等人的《全国新闻》的相关研究来作为范本。

或许有读者会觉得纠缠于这样一些细枝末节没有太大价值，我个人对于过度强调方法同样持一种否定的态度，但我认为这样的追问其实是一个学术史的问题。在当下国内传播学研究中，也有类似的研究方向，但也存在某种程度上的话语"混乱"，这也包括对相关学术史的梳理。因为较为严格意义上的民族志传播研究耗时较长、学术产出慢，因此很少有人愿意去做深入、扎实的研究。我前面讲到我自己在写博士论文时曾想到把莫利等人的研究作为"挡箭牌"，当然我的博士论文是建立在连续6个月的田野调查基础上的（这同样未达到严格意义上民族志研究一年田野调查的时间要求），但是若我当时真的完全照搬了莫利等人的做法，或许才是更大的"过错"。我时常说自己的民族志传播研究是一种"野路子"，但是这样的"野路子"并非没有标准，只不过我自己的标准更倾向于人类学意义的民族志而已。

戴维·莫利是一位十分高产的学者，并且至今笔耕不辍。在2017年还出版了一本新书 Communications and Mobility: The Migrant, the Mobile Phone, and the Container Box（Chichester, West Sussex: Wiley-Blackwell, 2017）。直到2019年，还有文章发表。除此之外，1992年出版的《电视、受众与文化研究》（Television, Audiences and Cultural Studies, Routledge, 1992）、1996年

出版的《认同的空间：全球媒介、电子世界景观与文化边界》（*Spaces of Identity*：*Global Media*，*Electronic Landscapes and Cultural Boundaries*，Routledge，1996）等，均有了中译本。

以上这样一些说明与辨析，绝不是否定这本书的价值。通过这样一本"经典"我们了解一个更为"真实"的莫利，也是翻译、出版这本书的意义所在。莫利在做这项研究时，只不过是一个二十几岁的学术青年，并且当时作为CCCS的主任以及莫利导师的斯图亚特·霍尔，也在本书两位作者所在的课题组中。莫利等人的这项研究完全是在霍尔的"编码/解码"理论假设的基础上来进行的，这其中并不能完全排除是霍尔做出了某种"安排"。此外，本书中译本的出版也能让中文读者看到"经典"的真实模样，并为中文传播学术史的书写提供直接的证据。

最后，我还是要表达对戴维·莫利教授的由衷敬意！戴维·莫利曾在《电视、受众与文化研究》一书的中文版前言中提出了一个令人深思的问题——"中国能够为媒介文化研究带来什么？"衷心希望国内从事相关研究的学者以自己的研究来回答莫利教授的问题。

郭建斌
云南大学民族学与社会学学院教授
2019 年 9 月 9 日晚初稿完成于成都
2020 年 2 月 23 日定稿于昆明

译者序

受众接受分析研究为文化和媒介研究学者提供了一个需要持续关注的研究问题域，而该领域涉及边缘群体和主导群体之间的关系、文本结构和受众理解之间的关系、地方知识和意识形态过程之间的关系等问题。从认识论和方法论观念层面看，这种研究关注的是受众与媒介之间的解释性关系，而这种关系是在广泛的民族志语境中被理解的。正是基于这样的研究认知逻辑，戴维·莫利和夏洛特·布伦斯顿在1976年和1979年完成了本书的研究内容。

受众研究的传统范式长久以来遵循双重路径，即"强效果"理论和批判学派的大众文化悲观理论。这两种遵循传统实证主义的逻辑，具有强烈本质主义的"决定论"观念的研究范式一直以来占据主流地位。对其而言，媒介影响力总是对特定主体产生不可逆转的压力，具有直接对意义接受主体进行社会性定位的功能，即始终将受众视作被动的媒介文本意义消费者。作为对传统范式的反拨，"受众接受分析"或者说"受众研究"在20世纪七八十年代出现并发展起来，取得了相当大的成功，它融合了一直以来许多"各自对立"的研究传统。按照莫利的看法，呈现在本书中的研究工作，连同利贝斯和卡茨的《达拉斯》(1991)以及珍妮丝·拉德薇的《阅读罗曼史》(1985)，这三项受众民族志的研究共同构成了对上述传统范式的有力冲击。这些研究充分展示出对于那些将意识形态功能归结于"不可抗拒"效果的简单观念的质疑与反叛，并有效表明任何采取"绝对主义"霸权话语的观念总是难以获得充分的经验层面的证实。因此，在莫利看来，采纳民族志方法的受众接受分析研究关注的核心主题仍然围绕着"意识形态"问题，即如何理解霸权/反抗的结构，抵抗与服从、反对与同谋的交织等是受众研究关注的要义所在，而对于这些问题的回答通过民族志的研究方法是可以实现的。

莫利与布伦斯顿在1976年至1979年对英国BBC晚间电视新闻节目《全国新闻》进行了分析，而作为研究成果的本书即是运用民族志方法对上述问题的回应。项目研究的初衷在于从经验层面对霍尔著名的"编码/解码"理论进行检验,即试图验证主控/对立的文化解读模式,认为意识形态的信息总是与主体进行互动后才有选择性地实现。而研究的两个基本假设正是来源于霍尔的"编码/解码"模式,即受众总是积极主动的,同时认为媒介文本的内在含义始终处于多义语境之下,可以获得更为多元的解释,但莫利在研究之后的反思中提出,除了通过民族志方法验证上述假设的成立之外,更关键的问题在于理解上述假设的确切含义是什么以及它们的理论和经验后果是什么,而回答这些问题需要重新对霍尔的"编码/解码"理论进行反思。

当霍尔在20世纪七八十年代开始注意到"所谓受众研究的一个新的和令人兴奋的阶段"开始时,他提出了"编码/解码"的概念,以便将文本分析和受众研究结合起来。霍尔从文化研究视角表达出对主体在文本解读过程中的理解行为如何实现的强烈兴趣,希望能从经验层面获得检验,如何分析和考察在传播过程中主体对于文本的"理解"和"误解"的程度,而这种程度的强弱与作为编码主体的媒介机构和作为解码主体的受众具有直接关系。莫利和布伦斯顿根据霍尔的思路,通过对《全国新闻》节目进行的民族志方法分析,检验了"编码/解码"理论的合法性,并在此基础上提出,受众接受分析的研究重点在于考察生产、复制和消费文化意义的过程,而这也正是霍尔当年提出"编码/解码"理论的初衷之一。因此,这项研究成果的学术意义一个重要方面在于实施了对霍尔传播过程模式的经验性检验,另一个重要方面则在于从方法论变革层面为拓展性地理解意识形态运作机制提供了可能。

因此,这项基于"编码/解码"理论的受众接受分析研究重点在于通过考察传播过程的意识形态作用机制,将研究注意力从媒介文本自身意识形态和制度决定因素转移到对于受众自身所承担的文本意义解读角色的构建。这导致了对进行"对抗性解读"的受众的关注,也由此对主流意识形态理论、文化帝国主义理论和政治经济学方法等涉及传统意识形态霸权主义的理论产生了观念层面的质疑。可以说,莫利和布伦斯顿的研究在验证"编码/解码"理论,驳斥媒介或文化霸权的理论时,对积极受众的解读自主性提出了一些最具理论张力也最富争议的观点和主张。

当时,与莫利受众民族志研究并行的是占主导地位的结构主义意识形态文本分析方法,即基于心理学视角,以意大利精神分析学者劳拉·穆尔维"凝视理论"为代表的"屏幕理论"传统,而莫利认为霍尔的"编码/解码"理论对其进行了广泛的解构。作为后结构主义的一部分，莫利和布伦斯顿将伯明翰学派的文化研究方法和德国伊瑟尔接受美学、美国苏莱曼和克罗斯曼的文学"读者反应理论"相互结合，同时参照了意大利埃科符号语言学的"读者的角色"理论，对文本和受众的关系进行了另辟蹊径的综合分析。他们提出，"类型化受众"是一组隐含的假设，可以在文本的结构中检测到，这些假设使得传统观念上封闭和静态的文本意义体系从根本上变得开放和不稳定，意义的阐释取决于"真实受众"的实际解释贡献。因此，正是在这种文本与受众相互界定的概念下，莫利和布伦斯顿将文化批评和精英文化理论运用到大众文化研究中，重新讨论了意识形态文本意义与实际受众文本解读行为之间的关系。通过本项研究产生了新的理论认知，其中最主要的认知之一就是利用民族志方法分析了受众在面对媒介意义过剩时的选择性反应。因此，莫利和布伦斯顿想要构建一个更具广泛意义的受众概念——积极的受众，即主体可能会如何处理文本，以便使得传播过程的关注重点从媒介内容生产者转向受众。

莫利和布伦斯顿认为，对于受众研究来说，"主体性"到底是文本的属性，还是研究者的想象，或是受众行为的一种预测形式，是需要在经验上进行证伪的，因此，这项研究充分显示出对霍尔受众接受研究观点的认同。莫利认为，霍尔创立"编码/解码"理论模式并非将对抗性、协商性和主控性三重解读模式等而视之的，而是具有鲜明的激进主义立场，其坚持认为主控性阅读，即主控性意识形态阅读无疑是意义诠释的主流方式，文本分析始终应当基于其内在的主流意识形态意义，而不是多数研究者所认为的，或者在一种平均主义观念下认为的"协商性"解读。因此莫利认为，如果霍尔的观点是正确的，那么文本的意识形态分析在受众研究中仍然具有重要的讨论空间。

另外，这项研究充分地表明了研究中"文本语境"的重要性。莫利认为，如果不能将文本的解读置放于其存在的语境中进行分析，那么就无法对意义的解读行为进行充分洞察。受传统的结构主义语言与意义理论的影响，文本内容分析被局限于解释主流意识形态如何对主体实现直接定位，它将文本分解成原子式的结构组成，而忽略了它们彼此之间关系的连接。而根据莫利和布伦斯顿的研究观点，"文本语境"才是赋予文本以意义的东西。因此在这种情况下，文本分析需要放弃这样一种假设，即在意义的解读和诠释中，不应将注意力全部聚焦于文本中重复出现的"意象的整体模式"，而应当回到那些关注文本内部和周围各种有可能影响和刺激文本意义生成的多重结构性要素之上。正是在这一点上的转向，使得文本分析开始远离机械的主流意识形态定位机制，同时也将受众研究的意义指向转化为如何找到更好的理解方式来阐明意识形态运作机制的微观和宏观层面的分析，而不是放弃任何一方，转而支持另一方，即研究不应该陷入将微观考察等同于单纯的具体经验，或将宏观分析等同于抽象或理论的陷阱。

这项研究自面世以来，一直处于激烈的理论辩论与争斗之中，以詹姆斯·柯伦、约翰·科纳、格雷格·菲罗和戴维·米勒为代表的众多学者对该项研究提出了尖锐的批评和学术质疑，而其中最大的争论在于如何对待和处理主流意识形态对于文本意义的控制力。正如这本著作所做的，在征得文章作者同意的前提下，莫利和布伦斯顿将科纳等人尖锐的批评性文章收纳于本书之中，构成了第三部分。这种行为一方面体现出莫利和布伦斯顿良好的学术涵养和开放性的学术态度，另一方面也折射出在文本意识形态研究问题层面的复杂性。莫利等人即使坚决捍卫自身的学术立场，但也不得不承认在意识形态问题研究中多重范式之间存在的张力关系，任何一种将意识形态问题进行绝对化或者相对化的做法都有可能将对这一复杂机制的诠释引向本质主义的尴尬境地之中。

莫利和布伦斯顿所开创的受众民族志研究被科纳、柯伦等研究者描述为"新修正主义"（New Revisionism），批评者言辞之间充满了对这项研究在理论领域创新性的疑虑和讽刺。批评者认为，作为大众传播的分析范式，接受分析研究并不是原创性的理论突破，而是相当于将既有的多元主义以及"使用与满足"理论进行了重新包装，只不过是完成了"新瓶装旧酒"的工作。莫利对于柯伦等人的质疑进行了坚决反驳，认为受众接受分析研究并非一种理论的"翻新"，而是在特定的研究历史语境下对受众研究领域的重新理解，特别是对受众"主体性"的重新定位，能够让我们重新对社会意识形态的运作机制进行再度审视，而他们这些所谓"新修正主义"研究者们工作的创新性意义也正是在这个层面得以获得合法性的。例如科纳认为，莫利等人的受众研究过于重视微观文本意义的消费过程，因此淡化甚至回避了媒介意识形态的权力机制问题，这种新的受众研究在很大程度上相当于一种"社会学的寂静主义"，即在研究过程中，对微观文本意义上的消费行为的洞察取代了对媒介与社会宏观结构互动机制的分析。莫利认为科纳的观点是有问题的，因为其存在这样的理论假设：

含蓄地把宏观等同于现实，而把微观等同于表象的领域。因此在莫利和布伦斯顿看来，科纳等人的观点没有合理认识到宏观/微观、真实/琐碎、公共/私人、男性/女性不同划分之间的逻辑关联，而这正是莫利这些"新修正主义"研究者所关注的核心部分。因此，莫利等人认为科纳在理论上机械地使用了一个充满本质主义色彩的"宏观结构"概念，他是根据预先给定的结构来实现概念化的，而不是在正确的意义层面上使用吉登斯的"结构化"过程，即其并没有注意到社会宏观结构只能通过不同结构层面的微观权力运作才能得到构建和生成。

然而，尽管对柯伦等人的质疑和批判持有保留意见，但莫利和布伦斯顿仍然客观公正地对待了批评者的意见。莫利同意柯伦的看法，即受众接受分析研究尽管充分肯定了主体解读的主动性，但这种解读并不是不受约束的，文本主流意识形态意义仍然具有相当的独立性，承认"积极的受众"存在尽管体现出对于意识形态简单效果或主流意识形态模式的挑战，但这并不代表可以不顾其影响而走向后现代的多元主义的纯粹符号化民主。莫利和布伦斯顿认为，文本的不同意义之间尽管存在着抗争和角力，但受众重新诠释意义的能力很难与主流意识形态的话语能力相提并论，后者仍然主导着受众解读文本的意义走向。正如伊恩·昂所指出的，"问题在于，尽管受众可能以无数种方式积极地使用和解读媒介文本……但如果乐观地把主动性等同于无所不能，那就大错特错了"[①]。

可以看出，莫利和布伦斯顿的研究充分验证了受众主体性对于文本意义诠释的作用，也对意义的多元场域结构进行了证实，但他们认为，如果为了强调文本多元意义而去积极拥抱相对主义，那就堕入了一种"符号学民粹主义"的窠臼之中。莫利认为，不应当将他们的研究与当时美国文化研究中的乐观主义等同起来，即认为媒介统治是软弱和无效的，因为人们创造自己的意义和乐趣。在莫利和布伦斯顿看来，在一个自由主义的社会文化语境中，认为来自多元类别的亚文化群体能够完全自由地构建其行为意义，是天真的理想主义。但是，由于这种客观的分析态度很容易被判定为消解主体性的保守意识形态，因此往往陷入"符号学民粹主义"的指责之中。因此，莫利提醒必须要审慎地对待意识形态问题，认为"符号学民粹主义"模型理解社会文化意识形态机制运

---

① ANG I. Culture and communication. European journal of communications, 1990, 5 (2/3).

作层面过于乐观，因为在政治经济学分析中，物质条件和资源的所有权和分配权是媒介话语获得的主要决定条件。这一观念与霍尔一脉相承，后者认为，文化领域本身就是一个由权力和差异构成的关系领域，其中一些元素处于支配地位，而另一些元素则处于边缘位置，但这种结构性的位置并不是永久固定的。

对于莫利和布伦斯顿来说，处理意识形态问题应当采取一种具有理论张力的方式。受众民族志研究的价值在于重塑意识形态体系，以便更好地呈现这一问题的实际多样性和复杂性，但要注意的是不要因此而陷入一种绝对个人主义的倾向之中。如果民族志方法重视关注社会意识形态运作机制的细节，那么应当在社会政治、经济和文化的整体性资源背景中去考察不同场域的特定运作策略，即必须在文化和政治相互交织的更大系统性背景下解释这一问题。因此，意识形态问题研究既不能停留在虚无的符号学民粹主义之上，同时也不能毫无顾忌地回归原教旨主义政治经济学。

在本书的翻译实践层面，译者参照了美国学者佳亚特里·查克拉沃蒂·斯皮瓦克对于雅克·德里达著作《论文字学》学术翻译的理念和方法。斯皮瓦克曾在《作为文化的翻译》一文中对精神分析学家梅拉尼·克雷因的"婴儿与母语生产"观念提出自己的看法。她认为，"梅拉尼·克雷因提出，翻译的工作是一种不断穿梭的运动，也就是一个'生命'。人类婴儿抓取某一物，然后抓取许多物。对一个无法区别于内部的一个外物的这种抓取构成了一个内部，在两者间往返，通过所抓取的物而把每一物编入一个符号系统。人们可以把这种原始的编码称作'翻译'"[1]。而如果"读者……把翻译的不断的穿梭运动翻译成被阅读的东西，一定对再现的技巧和'容许的叙述'——克雷因语——有了最亲密的了解，而这些正是一种文化的本质，读者也一定对事件假定的原文负有解释的责任"[2]。根据斯皮瓦克的观点，学术翻译是将原文的生命通过译文进行延续的过程，如果传统翻译将固定性语言规则和社会背景的"语境"视为翻译标尺的话，那么斯皮瓦克则认为语境只有相对的稳定性，总是充满着意义的"潜在生成力"，原文语境所留下的"罅隙"正是为"他性"提供了介入的通道，以使那些看似稳定的语境得以获得异质的意义填充，这就意味着原文的生命之所以得以延续，必须要在"可译"与"不可译"之间取得两者之间的张力平衡，

---

[1] SPIVAK G C. Translation as culture. Parallax, 2000, 6 (1): 13-14.
[2] 同[1].

或者说在跨越意义的场域转换过程中重新构建一个"差异系统",而这个差异系统就是译文对于原文的承接与延续,也正是学术翻译所要探究和发现的关键之处。斯皮瓦克在对《论文字学》的翻译过程中充分体现了上述理念,她自身的学术思想和批评理论观念也皆始于此项工作,尤其是其为此撰写的英译本前言,她的女权(性)主义和后殖民主义解构实践也由此找到了学术思想史的逻辑起点。因此,依据斯皮瓦克这些开创性的学术翻译观念和实践,译者在本书翻译过程中确立了两个层面的指向:一是通过对戴维·莫利受众民族志研究思想和方法尽可能深的介入,坚持在学术史发展脉络中回溯原著的学术观念始源和流转进程,以求尽可能地"客观再现"其生成场域和思想原貌;二是希望在一种探索式的翻译过程中能够找到原文中那些或隐或现的"罅隙",通过意义阐释与重构用"异质化"的认知对其进行填充,以求能够从延续和传承角度为这一经典学术文本的意义流动提供一些可能的现实走向。尽管这两个层面的目标实现起来困难重重,特别是后者更对翻译人员的学术视野和研究素养提出严格的要求,但正是这些具有挑战性的工作才能够真正体现出对这一经典文本的尊重与负责,同时这也是译者所希望达到的翻译目标和在学术研究实践中保持的行进方向。

作为西安外国语大学出版基金资助项目,本书的翻译工作得到了陈卫星教授、郭建斌教授、王天定教授等多位专家的大力支持和帮助,他们为译者提供了大量学术著作研译工作的具体指导。我曾经的同事现陕西师范大学张建中教授多次和译者一起分析讨论,为翻译工作提出了许多有针对性的意见。2016年在美国交流时,时任林登州立大学国际教育事务总监的特拉沃·巴斯基(Travor Basky)先生积极协助我与戴维·莫利教授进行沟通,并针对翻译中涉及的语言、文化的观念冲突等问题给出了很多中肯的建议。中国人民大学出版社的编辑翟江虹女士从译著选题、内容规划、翻译规范、体例编排、出版流程等方面提供了大量高度专业化的建议和帮助,在此一并表示衷心的感谢!

由于译者的学识水平和语言能力所限,译文中肯定存在着一些误译、错译或者与原文存在出入的地方,在此也诚恳地希望阅读本书的各位专家和读者随时提出批评指正,以便及时校正。

李 鹏

2020年1月19日

献给伊恩·康奈尔（1949—1998）
——一直关注《晚间新闻》的人

致　谢

　　正如本文所说的，我们首先要向20世纪70年代伯明翰大学当代文化研究中心的同事们，特别是斯图亚特·霍尔表示感谢；感谢英国电影协会的艾德·布康姆对研究项目进行了大力资助并出版了全部研究成果；同时也要对相当有耐心的出版商瑞贝卡·巴登表示感谢。我们也非常感谢迈克尔·巴拉特、格拉汉姆·韦德、米歇尔·翠西、约翰·O.汤普森；同时，下列名单中的多位人士及相关出版机构为本书再版时所需的相关文献授权提供了帮助，一并致谢。

　　对迈克尔·巴拉特的肖像权引用获得巴拉特本人、格拉汉姆·韦德以及影像出版社授权；对首次发表在《国际电影与影像》期刊上的格拉汉姆·韦德关于《日常电视：全国新闻》评论的引用，获得"旁听者&国王"出版股份有限公司授权；对米歇尔·翠西的评论引用获得作者本人和《广播》期刊授权；对约翰·O.汤普森的评论引用获得作者本人和《银幕教育》期刊授权；对约翰·科纳的评论获得作者本人以及《媒介、文化和社会》期刊授权。

目 录

引 言 ·· 1

第一部分 《日常电视：全国新闻》

第一章　走向《全国新闻》··· 29
第二章　《全国新闻》的话语世界（1975—1977）············· 41
第三章　链接和框架：《全国新闻》的节目运作（1976年5月19日）······ 72
第四章　源自"家庭"的国家·· 99
参考文献 ·· 122

第二部分 《全国新闻：受众研究》

第一章　受众研究：基于传统范式·································· 130
第二章　媒介消费：使用、满足与意义····························· 143
第三章　阶级、符码与共通性··· 148
第四章　研究方法与策略的反思······································ 155
第五章　观看反应：《全国新闻》的接受分析····················· 169
第六章　不同小组解码的比较分析··································· 275
第七章　解码电视：理论化的进程··································· 289
后记 ·· 306
参考文献 ·· 308

第三部分　学术回应

迈克尔·巴拉特："废话连篇"··· 315
约翰·O.汤普森：举国瞩目·· 316

格拉汉姆·韦德：对《日常电视：全国新闻》的评论 ……………………… 325
米歇尔·翠西："日常琐事的杂乱拼图" ……………………………………… 327
约翰·科纳：对《全国新闻：受众研究》的评论 …………………………… 333
索引 / 339

引 言
《全国新闻》研究项目：历史和未来

　　《日常电视：全国新闻》(1978) 和《全国新闻：受众研究》(1980) 这两本著作分别出版于近二十年前①，今天它们以合编的方式再版。两书书名都来自同样一个晚间六点档电视新闻杂志节目《全国新闻》。该节目隶属于英国BBC一台，从1969年到1984年不间断地于每个工作日晚6点到7点播出。《日常电视：全国新闻》（缩写为ETN）一书是对该节目进行的详尽文本分析，虽然研究样本只取自1976年5月19日的一期节目，但研究分析则是建立在一年内受众对所有播出节目集数观看的基础之上。《全国新闻：受众研究》（缩写为NWA）则记录了受众研究的发现：不同小组的受众被要求收看5月19日这期节目以供讨论。作为创新性的"电视专题研究系列丛书"组成部分，这两本书均由英国电影协会资助出版。该系列丛书于1973年由克里斯托弗·威廉姆斯策划启动，第一本为尼古拉斯·格拉汉姆所著的《电视结构》，艾德·布康姆成为英国电影协会主席后继续推动该项目的实施。事实上，正是布康姆授权英国电影协会基金对受众经验性研究进行资助，使得《全国新闻：受众研究》一书获得了所需的研究经费。研究这些专著的历史比较复杂，并且这些书出版之后命运奇特，这里主要是指它们已经绝版了，甚至相互之间交叉混乱〔例如，

---

① 首次以合编的形式出版，是在1999年。——译者注

《模糊摄影机导论》的第 20 到第 21 页，编辑把"女性旁观者"这一特定主题混淆了，而这个主题隶属于两本不同的书，分别是伯格斯特隆和多恩的著作（1990：11）]。

正如我们下面的陈述将变得清晰一样，电视受众研究应当重新概念化，在《全国新闻》电视节目研究计划的成果——ETN 正式出版之前，NWA 已经开始实施了好几年了。我们的部分目的是阐明这两本书的起因，同时试图展现这两个研究项目之间的关联。同样需要说明的是，在各自不同的阶段，这两本书的研究工作都经历了相当长的周期，并且依赖于除我们两人之外的与项目相关的大量成员参与。重申一下，我们的部分意图是在一些背景中重新勾勒出这两个文本的最初立场。

相当长的一段时间内都无法使用这两本书的最初版本，尽管它们继续享有一些迟来的声誉（由于各种语境的原因，NWA 这本书尤其如此），但这些声誉一直主要属于再版版本所有。在这两本书首次出版的时候，ETN 获得了相当多的关注（这其中大量属于批评性意见，见本书第三部分收录的文献）。对《全国新闻》节目的分析是关于"日常电视"批评性研究的早期案例，引发了学术界对于"文本分析"研究方法自身意义的激烈争论，而这种方法之所以能得以迅速发展，源于以下三个因素：一是英国电影协会的影响力（这种影响主要来自其"教育咨询服务公司"）；二是每年举办的"暑期学校"（在当时，本领域的任何人都被要求教授这种方法）；三是英国电影协会资助的《银幕》和《银幕教育》两本期刊的影响。实际上，英国电影协会在这一系列活动中起到了至关重要的作用。正是通过英国电影协会对于电影研究方面的资助，以及它后来对结构主义文本分析方法的关注，使得欧洲大陆对符号学的研究［特别是盖·戈捷的工作（Gauthier，1976）］，首次通过翻译提供给英语读者，并自此开始获得应用。当时，以大众媒介社会学为导向的学术界几乎无法拒绝文本意义问题或者文本分析方法。

与之相反，NWA 这本书面世的时候世人却出奇沉默（除了约翰·科纳 1981 年发表的那篇充满洞察力的评论外）。当时，学术界对受众研究的兴趣不大。从电影理论的角度来看，进行经验主义受众研究会陷入一种低级的经验主义阵痛之中，这与"理论"令人眩晕的"高度"形成了鲜明的对比。例如，科林·麦卡比就倾向于认为"理论研究"的唯一替代方式就是平庸的"数人头"

方法（MacCabe，1976：25）。与此同时，政治经济学家们也一直倾向于认为受众研究毫无必要（这种观点认为问题的关键在于所有权结构：如果明确所有权归属，就可以预测所生产的文本类型；而确定了文本类型，就可以预测文本效果）。事实上，认为消费问题理所当然地需要重视以及对"积极受众"重要性的认知，这些我们今天已经具有的文化研究常识在1980年NWA出版时还没有充分形成，因此NWA在当时并未引起反响。在20世纪80年代末期，伴随着一系列广义意义上的受众研究专著出版，特别是1982年英国学者多萝西·霍布森的《十字街头：肥皂剧的戏剧》、荷兰学者伊恩·昂的 Het Geval Dallas（1985年英文版译为《观看达拉斯》）以及1985年美国学者珍妮丝·拉德薇的《阅读罗曼史》，这些专著的出版使得NWA开始至少间接地获得了相当高的评价和荣誉，同时也开始受到广泛讨论。不幸的是，在当时ETN和NWA的最初文本都已经绝版，只有少数一些复印版保留下来，在英国大学的图书馆里供学生群体使用，而这些学生中的大部分人（这些学生以为自己熟悉相关的学术争论）对于这些文本内容的了解其实只是通过一些二手资料实现的。基于这种语境，对这些文献进行再版是有意义的，这使得它们能够再次供学生和研究人员利用，以讨论它们最初的形式。同时，我们在这里也希望对这些文献的起源提供一些简短评论。

1975年的《全国新闻》研究计划

20多年后，对已经发展成熟的《全国新闻》研究项目的文本语境轮廓进行勾勒或许是非常有意义的，因为这一讨论主题的选择从一开始就充满争议性和偶然性，而结合本土化语境和全球化语境是对这种选择的最好诠释。"本土化语境"主要是指要关注英国伯明翰大学的当代文化研究中心——一个小型的甚至资金有些拮据的研究生学术资助中心，但这个机构多年来一直致力于组织充满洞见的智力工作，这种工作主要是由一系列关联的研究计划构成的。这些计划或多或少地都取得了成功，它们基于以下主题如：作为"亚文化"的"边缘群体"（Hall and Jefferson，1976）；"语言和意识形态"（Coward and Ellis，1978）；"女性主义研究"（Women's Studies Group，1978）；"国家研究"（Langan and Schwarz，1985）。这些在20世纪70年代实施的学术研究项目虽然看起来已经年代久远，但其最值得津津乐道之处在于它们代表了当时最重要的知识分子脑力智识生活的广泛形态与特征［另一个解释参见赖利的著作（Riley，1992）］。上述知识分子群体主要从事马克思研究、弗洛伊德研究、女性主义研究，以及口述史项目、写作和音乐工作坊等研究工作。他们绝大多数没有固定活动场所，往往利用家庭客厅、餐厅进行学术活动，这些活动的目的主要试图解决政治民主化的一系列理论性问题，它们可能帮助人们更好地理解自我生存条件，以及交替发生的历史事实和艺术实践的产物（例如，Riley，1992；Pollock，1996）。

当英国当代文化研究中心还是一个教育机构的时候，许多研究成果受到一种伦理观念的强烈影响，尤其是群体成员（不限于伯明翰大学学生）。他们普遍认为，有义务出版这些成果，以使研究工作具有有效的社会实践性。这种观念的产生基于《全国新闻》研究项目所具有的两条明确的历史主线。

首先，这项研究产生于一段辩论和阅读的历史，而这段历史比对已有研究观点进行粗略的分析似乎更为重要。因此，最好把ETN和NWA看作"快照"（snapshot），定格了英国电视的某些问题和相关研究方法。它们将所涉及的想法和论点从一个更长的研究讨论过程中抽象出来，而实际参与这个过程的研究人员绝对不仅限于那几个提及的作者。团队作战既让人乐此不疲同时又充满风险，而最主要的风险在于对研究项目中产生的大量笔记和草稿无法进行清晰的梳理。在20世纪70年代的英国伯明翰大学，有很多研究都被明确地贴上了"西方化"的标签，这是英国当代文化研究中心另外一个未完成的研究项目（Grossberg，1997：24-25）。与此同时，继续思考这个项目总是比把它写出来更有趣，这是因为由特定个体撰写团队研究项目时总会存在一种有问题的"挪用感"，这就是我们坚持《全国新闻》研究项目具有团队起源的部分原因，同时需要明确指出，这是来自一个拥有广泛成员的群体的学术贡献，其中最主要的是斯图亚特·霍尔、伊恩·康奈尔、洛兹·布洛迪、理查德·奈斯、鲍勃·拉姆利以及罗伊·彼得斯等人所做的工作。

其次，"本土化语境"是另一个值得肯定的层面，这体现出项目研究对科学技术的合理运用。在家庭录像机得到广泛应用之前，ETN的研究已经结束了，而在当时的当代文化研究中心我们就拥有一个转盘式录像机！录影带在那时候还不为人所知，因此这里存在一个实际的问题：如何构建一个包含《全国新闻》充分节目内容信息的语料库，这个语料库对于我们从总体上处理节目内容意义重大。时至1997年的今日，我们再度审视当时的问题解决方案，就仿佛在谈论一个史前的遥远故事，但它非常值得回顾，特别是其所确定目标的可贵性。作为一段特定的历史，《全国新闻》研究工作的重大意义在于它对当前业已成形的电视研究领域的基础性贡献，这份贡献同时也包括费斯克和哈特利《阅读电视》(1978)，以及希斯和斯奇洛《电视：世界动态》(1977) 等成果。现在看来，当时如果没有这些科学技术硬件设备——家庭录影机的支撑，现在电视研究领域发展出的显著后续性研究是不可想象的。在1975年，我们带着这些设备每天晚上依次穿梭于不同家庭，并跟他们一起收看节目。我们在观看时制作了音频磁带，同时对视觉符码进行记录。在ETN研究项目中，对于1976年5月19日那期节目的分析研究是基于当天的录影带进行的，而对所有节目其他部分的讨论都以逐字逐句的方式进行记录的，这些讨论看起来都具有典型的社会交往属性。这种研究安排程序解释了我们后期发现的一些困难。例如，在写文章的时候，似乎更重要的在于理解最初提出的问题，而不是问题的答案。这些问题包括男性记者是否承担了所有的外部广播电视报道，或者苏·劳利是否一直在演播室里等。由于无法预料这些问题在集体观察期间的潜在重要性，因此从我们形成的笔记中无法找到全部明确答案。

研究的历史语境

众所周知，在20世纪70年代早期，当代文化研究中心的研究生在很大程度上按照学科领域被划分组织成若干高度自治的学习小组（部分出于实际需要——直到1974年，管理大量研究生的工作人员只有两名，部分则出于意识形态的原因）。因此，戴维·莫利从肯特大学（当时他已经在肯特大学注册，但该大学对他的研究项目无法提供有效的管理服务）转入当代文化研究中心继续自己的研究生学习。1972年秋季，莫利加入了已经开始初期筹备的"媒介研究小组"，当时的主要成员有伊恩·康奈尔、玛瑞娜·德·卡马戈（后名为卡马戈·海克）、斯图亚特·霍尔、雷切·鲍威尔，以及詹宁斯·温希普。

当时，每周召开的例会都会对媒介研究小组的工作日程进行安排，该小组的关注焦点是电视新闻节目和其他时事新闻节目中工业和政治冲突报道的角色。这些研究的理论框架主要基于马克思主义意识形态批判——这一理论源自阿尔都塞，后来又得到葛兰西的发展。值得一提的是，这一历史时期的英国政治生态主题是一系列大规模产业工人运动——最具代表性的是1972年和1974年的英国矿工大罢工。1974年的大罢工一度导致举国危机。无奈之下，政府（时任首相为爱德华·希斯）起初为了节约能源，宣布国家一周工作三天，进入"紧急状态"。此后，媒体一片恐慌，一再呼吁，保守党政府考虑到组建"联合政府"（Government of National Unity）的必要性，于是宣布在1974年2月提前举行大选，但最终败于工党。英国政治漫长的历史进程中，1972年和1974年矿工大罢工获胜，意义重大。一定程度上，这两场工人与政府之间的较量让撒切尔夫人（时任初级教育和科学大臣）下定决心，如有机会入阁，必定一举拿下工会，以绝后患。后来她如愿担任首相，领导政府在1985年5月毫不留情地镇压了持续一年之久的煤矿工人罢工，此后英国工会一蹶不振。

对于我们的目标来说，上述介绍内容的意义在于简要说明20世纪70年代英国早期两种非常不同的历史：一种是外部的，另一种是内部的——它们相互结合，并对当代文化研究中心媒介研究小组的工作产生影响。外部的历史如上所述。显而易见，当时的英国处于这样的政治生态中：表面上公共危机频发、政治冲突不断，这些冲突主要通过劳方与资方的谈判在吵吵闹闹中得到解决，并且对全球的政党政治带来深远影响。这些特定的外部历史语境将一种强烈的"政治义务责任感"强加给当代文化研究中心的研究生们，并且迫使他们从某些层面对这些历史事件作出回应。

而内部的历史则提供了一种我们尝试并期望表达出的意义，它指向一种重要的、由"大陆马克思主义"（阿尔都塞、本雅明和葛兰西）和符号学（巴特、埃科和戈捷）共同形成的"混合性"。这种所谓的"混合性"曾经提供了一种貌似非常强大的新型理论工具，为从整体层面处理维持意识形态和重构社会秩序的角色问题，以及大众传媒在意识形态消解过程中的角色问题提供了帮助。出于这样的目的，阿尔都塞1971年的论文《意识形态和意识形态国家机器》最具有象征性意义，它展现了当时媒介研究小组学术研究工作的关注焦点。这篇文章具有异乎寻常的价值和权威性，因为它特别强调阿尔都塞所称的"国家意识形态机器"的意义（例如教堂、学校和媒介），以及他对于这些意识形态机器的讨论。按照我们的观点，大众传媒虽然受到经济基础的制约，但仍然拥有相对的独立性。这种理论取向似乎对"文本"和"受众"，以及媒介文本的工业化生产都有合理关注。

如上所述，一系列相当特殊的元素组合导致了这一研究焦点。总体上，将大众传媒的角色视为最重要的政治要素的看法在过去不断被放大，实际上已经超出了马克思主义的学术视域了。例如，广播联合体电影放映师与电视工程师协会（ACTT）在1971年出版了《一周》，这本著作是关于工业新闻报道的非常有影响力的研究。但在学术界内部，事情的走向一直在发生变化，到了1972年，社会科学研究委员会（SSRC）资助了"格拉斯哥媒介研究小组"，由其承担了"工业化冲突"电视新闻报道的研究。这是意义重大的一步举措，我们甚至可以认为这是社会科学研究委员会在当时赠送给媒介研究领域的最大礼物。

从1972年5月起，当时一系列举措构成了当代文化研究中心媒介研究小组研究工作的学术场域，研究焦点被确定在对经典意义上的"硬新闻"——"政治和工业冲突"新闻报道的媒介文本分析，而更深层次的目标则在于考察媒介和国家互动模式的流变。这种变化试图超越狭隘"阴谋论"式的国家模式，即将国家视为一个"官僚主义事务管理委员会"，而大众传媒则被当作国家舆论宣传工具受到直接控制（Althusser, 1969; Miliband, 1973; Poulantzas, 1975）。毫无疑问，这段时期当代文化研究中心的学术出版物明显增多，而所有这些研究成果都关注"权力"的矛盾性、可通约性和"系统性缝隙"①。尽管如此，当提供一些发展性概念时，从整体上看[参见玛瑞娜·德·卡马戈的意识形态论文（Camargo, 1973）]还是集中于传统的"硬新闻"领域。因此在这一时期，斯图亚特·霍尔撰写了大量关于电视与政治的重要论文（Hall, 1972a, 1972b, 1973a, 1973b）。戴维·莫利的博士学位论文就对工业化冲突新闻报道进行了研究。另外，伊恩·康奈尔、莉蒂亚·科蒂以及斯图亚特·霍尔的团队研究工作也都集中于英国广播公司王牌电视时政新闻节目《全

---

① 莫利这里所讲的"系统性缝隙"是指在社会主要权力机制结构内部和外部都存在不同的其他权力主体，这些不同主体之间的关系并不是完全的统治与被统治模式，而是在相互博弈之中呈现出各自的独立性。而正是借助于这种独立性，不同权力主体才能在主要权力势力范畴之外获得生存的可能，与之抗争，从而在这种权力关系的"缝隙"中获得自身存在的价值和意义。——译者注

景》的文本分析（Hall, Connell and Curti, 1976）。

面向受众

然而，伴随着上述研究的发展，出现了另一条非常特殊的理论轨迹，虽然最初时并未受人关注。这条轨迹集中于特定问题，即需要建构一个更好的媒介受众模型，并有别于当时各种各样的媒介理论所提出的模型。当时，理论选择似乎被平等区隔成两种毫无建设性的模式（如果基于相反原因）：要么认同媒介强大效果理论，接受"皮下注射论"，要么认为媒介受众的信息消费行为完全独立自主，媒介对其毫无影响。更需要说明的是，"强大效果论"和"有限效果论"这两种模式既有对立性，也有共同性，即两者都忽略了一个问题：当受众面对媒介时，他们如何理解媒介文本的意义。正是这样一个问题，使得符号学理论在研究受众媒介文本意义解码的行动中成为必然需求——这正是斯图亚特·霍尔在《电视话语的编码与解码》一文中强调的重点，这篇论文最初撰写于1973年，提交给莱斯特大学大众传媒研究中心"电视语言的批评性阅读训练"欧洲对话论坛，并在当时作为当代文化研究中心的第七份油印论文首次出版（这篇最为人称道的文章在1980年由斯图亚特·霍尔重印，并对其结构形式进行了缩写和修订）。

霍尔这篇论文的思想来源之一是社会学家弗兰克·帕金〔《阶级的不平等性与政治秩序》（1973）一书的作者〕，正是从他的理论观点中霍尔推导出主控性、协商性和对抗性三重解码模式。帕金最早是莫利在英国肯特大学时的导师，事实上正是他赞同并支持莫利从事关于工业化冲突的新闻报道的研究。帕金认为这种研究应当为媒介"效果研究"或者说"受众研究"所补充完善。为了尝试更好地发展霍尔的理论模式，莫利充分利用了教育社会学的研究发现，即集中考察阶级、种族以及语言之间的关系，而此类研究在英国最初是由巴兹尔·伯恩斯坦（以及他在伦敦教育委员会的同事及批评者哈罗德·罗森）和美国的威廉·拉波夫共同发展出来的。上述研究为莫利随后尝试从理论层面对受众媒介文本意义不同解码模式的分析提供了最重要的基础，这种研究强调把（依托于阶级、种族建立的）语言/文化能力的社会结构性要素作为差异化教育成功或者失败的决定性因素。

利用这些共享性理论资源，以及人类学（特别是格尔兹）、社会语言学（吉廖利）和当时新被译介的法国学者皮埃尔·布尔迪厄的著作，莫利撰写了一篇较短的学术论文《受众的重新概念化：受众研究的人类学转向》（1974）。这篇文章尝试发展和优化最初由霍尔创立的"编码/解码"理论，讨论其适用于受众经验性研究的可行性。霍尔、莫利和伊恩·康奈尔在随后一年进行合作，他们向社会科学研究委员会提交了一个大规模的研究计划——对媒介受众进行详细且有深度的研究，希望该委员会能资助这一计划。

与媒介研究小组的初衷一致，同一时期类似研究关注的焦点都集中于主流新闻和电视时政新闻节目——工业与政治冲突新闻报道文本意义的受众解码多重方式，这是电视受众研究的核心内容。但是世事难料，社会科学研究委员会于1975年秋季拒绝了对这项研究计划的资助。随后，莫利注意到了当代文化研究中心的媒介研究小组，但他当时希望集中精力完成自己的博士学位学业。尽管事件有些复杂，但基于1975年秋季当代文化研究中心招收的研究生的学术兴趣，一项新的研究计划获得了构建的可能性。

从"新闻"向《全国新闻》的滑动

不同分支机构一起从事团队研究是当代文化研究中心的一个学术传统（如上所述）。在1975年秋季，媒介研究小组已经完成了对英国广播公司（BBC）严肃时政新闻节目《全景》的研究工作。就像前面所讨论的，将"硬新闻"和时政新闻作为优先研究对象，关注新闻和时事新闻节目的"政治认同"，这种学术选择是当时主流媒介研究的典型特征。出版于1974年的《坏新闻》是格拉斯哥媒介研究小组的第一本研究著作，内容包括史蒂芬·希斯、吉利安·斯克鲁1977年对《世界动态》节目板块的分析，以及菲利普·施莱辛格1978年对新闻节目生产的研究。简而言之，这些都是典型的"严肃新闻"研究，研究方法从文本和内容分析到参与式观察，以考察"严肃新闻"所谓的框架和价值。《全国新闻》研究的设计理念不同于上述类别，它优先关注的是那些缺乏新闻价值的要素。1975年到1976年，当代文化研究中心媒介研究小组的研究目标属于两种意见的明显折中：一是继续对"硬新闻"进行研究，二是对非新闻性的肥皂剧等节目进行分析。也就是说，一方面认为《全国新闻》偏向"软性话题"，而另一方面又认为，如果现实世界并非仅仅指代商业组织和国会政治，那么这个节目也具有诠释世界的功能。因此，将《全国新闻》作为研究对象是一个折中选择，而之前没有人对此进行过深入分析。

然而，如果偶然性是选择的结果，那么《全国新闻》就具有重要的"理论意义"和"政治意义"。这是因为它所呈现的话题及话语主要聚焦于日常生活、普通公民、对待常识的态度，而当时当代文化研究中心以及各个左派文化群体也正开始关注此类理论议题。这可谓一种惊人的巧合。意大利马克思主义理论家安东尼奥·葛兰西的著作于1971年被首次译为英语，他的国家"权力与共识"观点和统治阶级通过构建"自然而然"意识形态认同而实现统治的洞见影响极为深远（在1970年、1977年当代文化研究中心的霍尔、拉姆利、麦克伦南的著作中，都能发现葛兰西的丰富思想）。葛兰西对常识的关注对于需要理论框架的学者而言，恰好能够证明《全国新闻》选题的日常化、琐碎化有着较高的理论意义。对我们来说，这一点非常重要。这些理论观点和其他理论问题相互关联，而最重要的就是罗兰·巴特对《今日神话》的分析——一组关于讨论法兰西文化日常生活组成部分的杰出论文。这组文章讨论了从摔跤到红酒的各种世俗文化形态（这些文章最初发表于1957年，但直到1977年才首次被译为英文）。与之类似的还有亨利·列斐伏尔对于日常生活具有高度洞察力的分析（1971年出版的《现代世界的日常生活批判》）。从某种层面看，《全国新闻》对本书中所提到的政治性进行了更加全面的探索，所以成为典范。也正因为此，该项目才有可能接纳另一派重要的理论视角——女性主义。

20世纪70年代对"政治"的定义决定了对新闻、纪录片和时事节目进行分析的主题。正如多萝西·霍布森（Dorothy Hobson）所指出的，多个研究让女性一再理解了当时政治性的相关研究为什么没能关注女性群体，同时女性学者也不断在研究中主动将自己排除在当时的政治定义之外。而选择《全国新闻》作为研究对象，标志着学术界对传统政治定义的偏离，甚至是较为彻底的转向。正如ETN所指出的，尽管受众都是居家观看，但《全国新闻》所呈现的家庭是休闲放松之处，而当时女性主义的研究发现则坚持认为，节目所描绘的家庭生活与居家劳作的主妇们的体验绝对是大相径庭的。因此，尽管《全国新闻》偏离了审视日常政治构成的传统路径，但我们当时并未能完全探究这一转向在某些领域的深意。

从节目分析到受众研究

对于《全国新闻》节目话语的整体性分析是由当代文化研究中心媒介研究小组在 1975 年至 1976 年冬季完成的。这是一个专项的团队研究，参与者有洛兹·布洛迪、夏洛特·布伦斯顿、伊恩·康奈尔、斯图亚特·霍尔、鲍勃·拉姆利、理查德·奈斯以及罗伊·彼得斯。在 1976 年春末，戴维·莫利重新加入了媒介研究小组，这时他已经获得了博士学位。与此同时，寻求英国电影协会（BFI）对"受众研究"计划资金支持的讨论重新被提上日程，而这项研究康奈尔、霍尔和莫利之前一直在积极谋划。依据《全国新闻》节目研究中发现的丰富语境，以及从严肃的"政治术语"到"日常话语"的语境转换，上述研究项目决定放弃最初的受众研究计划中针对严肃新闻、时政节目的解码分析，取而代之的是以下方案，即基于对《全国新闻》节目内容研究发现的"丰富语境"，以及从"重大/政治"概念向更为"日常化语言"的语境转换，这个研究项目决定放弃原初针对新闻或者说时事新闻受众进行解码分析的目标，而计划将对《全国新闻》节目内容进行的分析作为基础性文本，并把它呈现给将来受众研究中的受访者。作为英国电影协会的主席，艾德·布康姆同意资助这个版本的研究计划。事实上，正如我们所看到的，当时的这种做法就是把两种截然不同的研究路径进行了糅合。

因此，当务之急是及时完成对节目内容的分析，以便开始受众研究工作，这被规划进 1976 年 9 月的研究日程之中。基于这种考虑，为《全国新闻》节目内容分析提供基础性工作的团队研究明显减少。夏季来临之际，所有媒介研究小组成员都有许多其他项目和重要事情需要处理，尽管团队研究工作内容非常丰富，但多数成果形式都是节目内容分析不同部分的散乱、临时性的草稿。在同媒介研究小组的其他成员进行商议后，尽管存在一定顾虑，但戴维·莫利和夏洛特·布伦斯顿仍然被授权进行以下工作：第一，撰写他们的学术著作并出版；第二，准备对 1976 年 5 月 19 日的这期节目进行最终研究，而该期节目已经被媒介研究小组进行过详细分析。这期节目在秋季播放给受众小组的大多数人观看,标志着第二阶段的研究工作拉开序幕。

两种截然不同的研究视角和能力取向共同介入研究项目——一类是接受严格"文本分析"训练的文学研究者,另一类则是社会学学者,但他们共同致力于特定的研究领域,尽管语言和阶级问题在教育政治学领域,以及在那些被认为"平凡事物"(通俗说法)具有重要性的领域已经得到过极为充分的讨论。后者或许能够通过我们对于福楼拜作品《接受观念的词典》的关注得到证明(该文以后记形式收录于他未完成的小说《布瓦尔与佩库歇》之中,这本书在他去世后出版,英文版则独立发表于1954年)。具有讽刺意味的是,福楼拜试图通过小说来捕获自身所处时代的"市井之谈与世俗腔调",正是这些内容构建了当时社会的"常识"观念。毫无疑问,尽管研究福楼拜非常困难,但我们对于小说中的主角"布瓦尔与佩库歇"仍然给予了高度关注。

所有的工作我们都共同完成,包括用于受众研究的节目分析以及为出版进行的节目预先分析。然而大约在同一时间,受众研究领域又出现了一条新的、重要的理论发展路径,它对于建立受众研究理论模型的后续工作是必要的,能够用于第二阶段的研究工作。这种理论路径关注受众研究的精神范式,尤其在电影研究领域被英国电影协会资助的学术期刊《银幕》发扬光大。非常明确的是,这种范式引发了大量新的研究话题,超越了霍尔和莫利在早期学术文献中所批判的"受众理论",特别是"观看主体"的"结构"与由"文本"决定的"观众/主体"的"定位/结构"之间的关系。夏洛特·布伦斯顿关注了这一在电影理论中耳熟能详的问题,而霍尔和莫利之前都未曾涉及。以此为基础,主要的研究工作就与"异端学说"相连,而后者正起源于《银幕》期刊阵营——最重要的文献包括史蒂夫·尼尔(Neale,1977)和后来的保罗·韦尔曼(Willemen,1978)撰写的文章。这些文章讨论了经典的精神分析理论假设:"文本"对于定位"观看主体"具有决定性作用。我们能够将用户模型提升到我们认为它至少已经认识到"银幕理论"所提出的问题的程度,哪怕没有对其进行超越。为了1978年夏季由当代文化研究中心举办的"研讨会"(非常重要的年度例会),我们撰写了一篇文献初稿,内容主要是我们对于"银幕理论"关于观看主体的观点的反应。戴维·莫利后来撰写了该文稿的缩略版(斯图亚特·霍尔对其进行了重大修订),并命名为《文本、受众和主体性》出版

(Morley,1981a)。莫利于1976年秋季开始进行受众的经验性研究，主要展示了不同受众组别观看特定的《全国新闻》录影带的反应，项目持续了三年（利用业余时间完成），直到1979年结束。1977年，我们合作完成了项目分析报告（ETN），并在次年出版，而由莫利撰写的《全国新闻：受众研究》一书则于1980年出版。

《全国新闻》节目研究的经验反思

许多评论家已经指出了广播电视的特殊性——"国家性质"。约翰·埃利斯使用了一个醒目的术语来定义电视的这一属性："国家的私人化生活"（Ellis,1982:5）。约翰·考依考察了美国国民的电视观看经历，指出大量的电视研究，特别是那些后现代媒介研究，对于特定广播电视体制的"国家性质"缺乏敏感度，忽略了"特定国家历史和本土化电视体制对于观看行为建构的程度"（Caughie,1990:47）。凯伦·拉瑞也强调，对于个体来说，这种"国家观看"是通过代际传递和家庭生活独特形成的。这些争论从不同维度要求我们必须重视电视中大量存在的"本土化"属性，《全国新闻》就是一个典型案例。电视节目的国际商业贸易有段时间体量巨大，例如充满魅力的美国节目、"老派风格"的英国节目和"激情四射"的墨西哥节目广受欢迎。但与此同时，类似于《全国新闻》这样的节目却无人问津。如果媒介研究小组的观点无误，那么正如我们坚持认为的，《全国新闻》节目的核心意义并非存在于那些没有被明确分类的各条新闻内部，而是存在于它们之间的"链接"之中。对受众来说，这些"链接"正是那些新闻产生意义的路径——我们将运用这些观点来假设《全国新闻》节目中存在的类似结构。在那些永远不会获得出口机会的频道中，我们可以从诸如电视台台标、链接、天气预报、地方新闻以及持续公告等元素中发现约翰·埃利斯所谓的"国家的私人化生活"的意义。因为我们坚持认为，正是在这些看似无关紧要的"链接"中，我们发现了关于社会生活行为最根深蒂固的假设［参见霍尔关于常识局限的论述（Hall,1977）］。

毫无疑问，这一论点对于试图说明除美国之外的其他任何国家的广播电视体制特点的研究具有特殊影响。可是，对于那些仅仅着眼于利润丰厚的美国市场的出版商来说，这些缺乏商业出口价值的电视节目所激发的学术讨论没有任何吸引力。如同许多学术出版物的编辑一样，我们也深深卷入了与出版商们旷日持久的辩论和争执之中，而争论焦点集中于一些具有典范意义的学术研究项目。这些研究项目关注欧洲小型国家的广播电视体制，其专有的"特殊性"和"历史性细节"使得这些成果的学术价值突出。然而令人感到尴尬的是，这些成果被出版商们认定为不适于出版，其主要原因在于其无法在国外销售，尤其是无法在美国销售。这种无法回避的市场化逻辑暗含如下立场，即出版商们更倾向于电视研究中三种所谓的"主流领域"：第一，对获得大范围国际商业出口的电视节目的分析（例如"达拉斯"）；第二，对上述媒介国际化流动的政治经济学分析；第三，把电视这种普通媒介的"一般属性"高度抽象化，用一种"理论化"的学术写作风格来进行解释描述的研究。而有意思的是，ETN首次在英国出版时，激起了相当强烈的学术回应，但从其内容看，该书却恰恰是一本看起来并不是那么能"广泛流行"的学术专著。换句话说，谁会关注一个反映英国地方事务和日常生活琐事的电视新闻杂志呢？

　　因此，我们坚持认为《全国新闻》节目研究具有方法论意义，因为当时它的争议性焦点是那些传统上被认为次要和琐碎的东西。不仅仅是节目本身——尽管这就是导致它受到刻薄的学术回应的原因，就连对迪士尼的学术分析也会因为被认为是对纯粹娱乐的过度政治化解读而受到谴责。可是，对于收视家庭/国民来说，正是基于节目观看过程中那些明确的话语，他们自身才真正卷入节目之中。然而，在分析由《全国新闻》构建的"英国形象"时，我们认为媒介研究小组预见到了后来左派主要关注的问题——英格兰传统的结构。雷蒙德·威廉斯正是我们所说的批评家之一，他撰写于20世纪70年代中期即1975年的著作细致地呈现出当时英格兰乡村的具体社会风貌。从那时起，本尼迪克特·安德森于1983年在一本受到广泛引用的专著[①]中将"国家"定义为"想象的共同体"；与此同时，其他学者如帕特里克·怀特（Wright，1985）和拉斐尔·塞缪尔（Samuel，1989）也已经从富于启发性的细节入手，充分证明了英语国家情感中的多样性因素和维系纽带。我们如果着眼于回溯视角，就会发现20世纪70年代的《全国新闻》节目是一个典型案例，因为节目清晰地诠释了

---

① 即民族主义研究的经典著作《想象的共同体——民族主义的起源与散布》。——译者注

这样的观点：处于白人中产阶级底层的群体结构具有国民（伦理的？）身份认同的特殊性，而这被看作"英格兰风格"。这种由半田野式的情趣、充满进取心但无暇迎合官僚的个体以及"公众代言人"的记者等元素构成的世界呈现了20世纪80年代英格兰的方方面面。约翰·科纳和西尔维娅·哈维（Corner and Harvey, 1991）已经阐明了20世纪80年代的英国社会生活为"进取心和传统价值"所左右。毫无疑问，这是一对最有用的概念，能够将地方、国家、家庭和个人结合在一起，这已经在《全国新闻》节目中得到清晰的描述。但令人感到讽刺而又不得不接受的是，当一个世界真的有可能被宣称如此这般时，那社会根本就不会存在！

但是，并非只有通过回溯才能认为"想象的《全国新闻》共同体"具有意义。此后，节目编排形式中的许多部分都为人所熟知。我们过去和现在仍然坚持认为从BBC和英国电视的发展历史看，作为《全国新闻》的前身，《今晚》节目（1957年到1965年）更具价值，它是晚间早档电视新闻杂志的先锋，集滑稽、刻板、严肃于一身。伴随着20世纪80年代英国夜间早档电视节目的蓬勃发展，以及随后日间节目的涌现，"电视新闻杂志"这种节目编排形式伴随着它那极其普通的甚至有些老掉牙的演播室一起，成为英国电视节目中具有统治性地位的一员。另外《全国新闻》甚至比《今晚》意义更大。如同朱利安·佩蒂福所说，记者们（全体采编人员）都将把自己所接受的"硬新闻"训练与特定的认同偏好相互结合，这正是伊夫·罗宾森①所赞赏的。《今晚》节目中最能体现这种特殊价值意义的还要属演播室内的节目主持人克里夫·米歇尔莫尔②，他对表达普通大众利益拥有异乎寻常的热情和抱负，而这种情怀也正是《全国新闻》节目的根本诉求所在。当弗兰克·博夫③的职业声誉因为被英国小报曝光吸食可卡因和参加性派对的丑闻而一落千丈后，他的那种平民化的羊毛开衫行头以及略带慵懒的镜头形象荡然无存，而我们在ETN中曾经积极讨论过他的这种荧幕形象。我们发现，"平民化风格"也突出体现在理查德和朱

---

① 伊夫·罗宾森，英国广播公司电视台著名电视新闻记者，主持风格平实亲民，被英国民众称作"我们的布衣记者"。——译者注
② 克里夫·米歇尔莫尔，著名电视新闻记者、演员，英国广播公司电视台《今晚》节目最重要的创始人之一，主持了英国广播公司的阿波罗登月、Aberfan灾难等重大新闻报道。——译者注
③ 弗兰克·博夫，英国广播公司电视台著名节目主持人，被誉为"英国电视上最无懈可击的表演者"。——译者注

迪在《今日清晨》①节目中的成功上，它令人吃惊地复制了《全国新闻》地方报道中的"观众热线"模式。在《今日清晨》的模式中，"英格兰边界"式地图充斥屏幕，伴随着不太清晰的暗示，来自怀特岛的迪莉娅、来自阿普敏斯特的雷打入热线，他们从利物浦搬家到了伦敦，因为演播室里的客人不喜欢到利物浦旅行。不同于《全国新闻》，《今日清晨》节目里没有一支中介性的地方电视制作团队，而仅仅是通过来自地方的个人负责报道"电视中的国家"。与《全国新闻》和《今晚》类似，《今日清晨》很像是安德森所谓"地平线之爱"说法的一个版本，即伴随着自身形式层面的接纳与排斥，"国家认同"每天都在被建构和重构。

回顾

从某些方面看，我们仍然坚持捍卫在 ETN 中进行的节目分析的价值，它的意义已经超越了节目本身。从理论层面看，非常明显，我们强调的重点在于"关联性话语"〔这一术语后来在戴维·莫利的著作中得以发展（Morley, 1981）〕，这预示着英国电视频道开始增加对以下节目组成元素影响的关注，如"屏幕台标"和"识别系统"（详见第四频道和后期的BBC 2 频道的营销，它们使用了这些营销手段）。从实践操作层面看，《全国新闻》节目同时为众多人士提供一个极为重要的训练平台，其中最受益的可能要数迈克尔·巴拉特、弗兰克·博夫以及苏·劳利，他们均由此获得了现代电视行业中巨大的职业成就。该节目强调"平民化表达"（Livingstone and Lunt, 1994）的特点预示了英国当代日常电视中不断涌现出的大量内容和风格。另外，BBC 自身也没有完全放弃对《全国新闻》进行重组改造的尝试（例如，在20世纪90年代中后期，即1997年10月3日那集的"这里和现在"板块中，其中一个记者提供了一篇关于"无家可归者"的报道，而他对这一选题已经持续报道了16年）。回顾历史，无论当时这个节目的地位多么卑微，《全国新闻》仍然是BBC 历史上最有价值的成就之一。这一方面体现在它创立了新的节目形式，能够将流行性（大

---

① 《今日清晨》是英国独立电视台的一档白天日播节目，内容主要涉及新闻、娱乐圈、家庭生活等。——译者注

众接触）和新奇性结合，并将"重要事物"变得通俗易懂，另一方面也体现在节目吸引了全国大量的夜间早档新闻电视受众。

然而，如果基于这些理由来捍卫自身对于研究目标的选择，那么毫无疑问，我们必须向约翰·汤普森对ETN（1978）（本书再版，参见"学术回应"部分）精确做出的尖锐批评举手投降。ETN中的立场悖论已经被发现存在于研究目标选择与研究方法的断裂之处，尽管《全国新闻》特别适合用来分析那些能够勾勒20世纪70年代英格兰中部的常识认知轮廓的元素，也正如我们所观察到的，这些元素的形式对拓展电视研究尤为重要，并且具有相当的生命力，因此我们不能止步不前。这样说似乎有些不太公正，即我们的研究方法受到"戈达尔式"唯物主义分析的重要影响，致力于解释《全国新闻》表面之下隐藏的真实联系。我们接受以下有争议性的观点：对边缘地区差异和个体差异的重视，代表了对阶级、民族、族裔和地区的结构性不平等的承认。我们也将认识到，以下内容并没有得到充分思考：正是这些"电视的真实联系"使电视成为电视。也许，具体来说，或许你会在一天劳作之后或者午休间隙躺在椅子上看连续剧。在这里，这项研究最明显的特点是追溯20世纪70年代遗留下来的清教主义，而后者关于"娱乐"的看法是有问题的。这并不是说作为娱乐节目的《全国新闻》与我们的观点差异巨大，但也许现在我们会给予"滑板鸭"更多的关注。

从《全国新闻》到罗德尼·金

以未来作为结束——或者至少是在最近的过去。达内尔·亨特（Hunt, 1997）近期已经出版了关于1992年洛杉矶骚乱的报告。利用在ETN中确定的一些节目分析方法，亨特报告了他认为的关键内容，在KTTV17分钟的报道中反复提到被控殴打罗德尼·金的警察在被判无罪后发生的内乱。亨特的研究计划将他所定义的媒介批判研究和种族社会学研究两大板块结合，以考察这17分钟的电视转播和观看过程对于美国不同"种族化"现状的影响。在当时的研究中，通过向15个不同的洛杉矶居民小组（其中包括5个拉丁裔小组、5个白人小组、5个黑人小组）播放该报道，同时记录现场观察和各小组后续讨论的内容。在对所收集的这些受众材料的分析中，亨特非常注重利用斯图亚特·霍尔、NWA以及利贝斯和卡茨（Liebes and Katz, 1991）已有的研究成果。他运用了质性和量化双重经验材料以支撑和分析不同种族群体收看新闻报道文本的复杂过程。与此同时，如同所有人所关注的，这项研究还对"种族化"概念的形成进行了分析考察。从某种程度上讲，对于电视媒介来说，该概念的形成被认为是一个不断生产和重构的过程。亨特的项目是一个精心策划和执行的项目，这个项目调查受众对一个有争议新闻事件的解读，由此决定了所选择的文本材料，以供小组分析。

正如我们试图展示的，《全国新闻》缺乏这种整合性，这对受众研究产生了特别影响。非常偶然的是，莫利发现对于那些被要求收看特定电视节目文本的群体成员来说，最重要的反应却是他们平常不会看《全国新闻》节目。但即使没有这种整合性，我们仍旧认为，就像亨特分析新闻报道或媒介研究小组分析《全国新闻》那样，在一个文本分析与一个跟他人进行的文本呈现和讨论之间存在着富有成效和必要的张力关系。多年过去，我们仍然坚持认为，大多数文本确实提出了一种"主控性阅读"，而大多数受众会针对它进行某种形式的文本意义协商，而文本分析旨在确定"主控性阅读"的文本意义问题，这在任何受众研究项目中都占有重要地位。然而，我们如果在这里回溯式地试图（重新）建立对我们自己文本的主控性阅读，那么将无法回避珍妮丝·拉德薇在其英文版《阅读罗曼史》序言中的睿智洞见：无论他的目的如何，任何一个作者都无法预测和描述其作品将会得到什么样的延展、解释和阅读（Radway, 1987：2）。

附录：出版简史

ETN出版于1978年。它的部分章节后来在《流行电影和电视》（1981）选集中再版，该选集由托尼·本内特等编辑，并由英国电影协会和开放大学出版社共同出版，该选集和开放大学的"流行文化"课程相互关联。ETN的第三章被选入约翰·科纳和西尔维娅·哈维的《电视时代》（1996）选集再版。

NWA出版于1980年，而在1981年，这项研究的综述版作为开放大学的"流行文化"课程的第12单元内容出版。戴维·莫利随后又发表了关于这项研究的一篇反思性文章《全国新闻的受众：批评手稿》（Morley, 1981b）。NWA的部分章节之后也收录于莫利1992年出版的著作《电视、受众与文化研究》（Morley，1992）一书的第一、第二部分之中。

参考文献

ACTT (1971), *One Week: A survey of TV coverage of union and industrial affairs in the week January 8–14 1971*, London: Association of Cinematographic and Television Technicians, TV Commission.

Althusser, L. (1971), 'Ideology and ideological state apparatuses: notes towards an investigation' (1969), in *Lenin and Philosophy and Other Essays*, translated by Ben Brewster, New Left Books, London.

Anderson, B. (1983), *Imagined Communities*, Verso, London.

Ang, I. (1982), *Het Geval 'Dallas'* Amsterdam: Uitgeverij SUA, translated by Della Couling and published as (1985) *Watching 'Dallas'*, Methuen, London.

Barthes, R. (1967), *Elements of Semiology*, Jonathan Cape, London.

Barthes, R. (1972), *Mythologies*, translated by Annette Lavers (first published 1957), Jonathan Cape, London.

Bennett, T., Boyd-Bowman, S., Mercer, C. and Wollacott, J. (eds) (1981), *Popular Television and Film*, London: British Film Institute in association with The Open University.

Benjamin, W. (1973), *Illuminations*, Fontana, London.

Bergstrom, J. and Doane, M. (1990), 'The female spectator: contexts and directions' *Camera Obscura* 20–1: 5–27.

Bernstein, B. (1971), *Class, Codes and Control*, Paladin, London.

Camargo Heck, M. (1974), 'The ideological dimensions of media messages', Stencilled Occasional Papers, No. 10, CCCS, University of Birmingham.

Caughie, J. (1990), 'Playing at being American: games and tactics', in P. Mellencamp (ed.) *Logics of Television*, BFI and Indiana University Press, London and Bloomington.

Church, M. (1977), 'Care, concern and righteous indignation', *The Times*, 29/3/1977: 9.

Corner, J. (1981), '*The Nationwide Audience: Structure and Decoding*' (Book review) in *Media Culture and Society*, Vol. 3, No. 2, April 1981, 197–200.

Corner, J. and Harvey, S. (eds) (1991), *Enterprise and Heritage*, Routledge, London.

Corner, J. and Harvey, S. (eds) (1996), *Television Times*, Arnold, London.

Coward, R. and Ellis, J. (1978), *Language and Materialism*, Routledge & Kegan Paul, London.

Eco, U. (1973), 'Towards a semiotic inquiry into the TV message', *Working Papers in Cultural Studies*, No. 3, CCCS, University of Birmingham.

Ellis, J. (1982), *Visible Fictions*, Routledge & Kegan Paul, London.

Fiske, J. and Hartley, J. (1978), *Reading Television*, Methuen, London.

Flaubert, G. (1954), *The Dictionary of Accepted Ideas*, translated by J. Barzun, New Directions, New York.

Garnham, N. (1973), *Structures of Television*, Television Monograph 1, British Film Institute, London.

Gauthier, G. (1976), *The Semiology of the Image*, Educational Advisory Service, British Film Institute, London.

Geertz, C. (1973), *The Interpretation of Cultures*, Basic Books, New York.
Giglioli, P. (ed.) (1972), *Language and Social Context*, Penguin, Harmondsworth.
Gillman, P. (1975), 'Nation at large', *Sunday Times Colour Supplement* 2/3/1975: 52–6.
Glasgow Media Group (1974), *Bad News*, Routledge & Kegan Paul, London.
Gramsci, A. (1971), *Antonio Gramsci: Selections from the Prison Notebooks*, (eds) Q. Hoare and G. Nowell-Smith, Lawrence & Wishart, London.
Grossberg, L. (1997), *Bringing It All Back Home*, Duke University Press, Durham, NC.
Hall, S. (1972a) 'The external/internal dialectic in broadcasting', Fourth Symposium on Broadcasting, Department of Extra-Mural Studies, University of Manchester.
Hall, S. (1972b), 'The limitations of broadcasting', *The Listener*, No. 16.
Hall, S. (1973a), 'Deviancy, politics and the media', in P. Rock and M. McIntosh (eds) *Deviance and Social Control*, Tavistock, London.
Hall, S. (1973b), 'The structured communication of events', 'Obstacles to communication' Symposium, UNESCO, Paris.
Hall, S. (1977), 'Culture and the ideological effect', in J. Curran et al. (eds) *Mass Communication and Society*, Arnold, London.
Hall, S. (1980), 'Encoding/Decoding', in Hall, S., Hobson, D. Lowe, A. and Willis, P. (eds) *Culture, Media and Language*, Hutchinson, London.
Hall, S., Connell, I. and Curti, L. (1976), 'The "unity" of current affairs television', *Working Papers in Cultural Studies*, no. 9: 51–93.
Hall, S., Lumley, B. and McLennan, G. (1977), 'Politics and ideology: Gramsci', in *Working Papers in Cultural Studies*, no. 10: 45–76.
Hall, S. and Jefferson, T. (eds) (1976) *Resistance Through Rituals*, Hutchinson, London.
Heath, S. and Skirrow, G. (1977), 'Television: a World in Action', *Screen* 18.2: 7–59.
Hoare, Q. and Nowell-Smith, G. (eds) (1971) *Antonio Gramsci: Selections from the Prison Notebooks*, Lawrence & Wishart, London.
Hobson, D. (1982), *'Crossroads': The Drama of a Soap Opera*, Methuen, London.
Hunt, A. (1980), 'Everyday story of studio folk', *New Society* 28/2/1980: 457–8.
Hunt, D. (1997), *Screening the Los Angeles 'riots'*, Cambridge University Press, Cambridge.
Labov, W. (1970), 'The logic on non-standard English', in N. Keddie (ed.) *Tinker Tailor: the Myth of Cultural Deprivation*, Penguin, Harmondsworth.
Langan, M. and Schwarz, B. (eds) (1985), *Crises in the British State*, Hutchinson, London.
Lefebvre, H. (1971), *Everyday Life in the Modern World*, translated by S. Rabinovitch (first published 1968), Allen Lane, London.
Liebes, T. and Katz, E. (1991), *The Export of Meaning*, Oxford University Press, Oxford.
Livingstone, S. and Lunt, P. (1994), *Talk on Television*, Routledge, London.
Lury, K. (1995), 'Television performance: being, acting and "corpsing"', *New Formations* 26: 114–27.
MacCabe, C. (1976), 'Principles of realism and pleasure', *Screen*, Vol. 17, No. 3: 17–27.
Miliband, R. (1973), *The State in Capitalist Society*, Quartet Books, London.
Morey, J. (1981), 'The space between programmes: television continuity', Department of Educational Media, Institute of Education, London University.
Morley, D. (1974), 'Reconceptualising the audience: towards an ethnography of the media audience', Stencilled Paper no. 9, CCCS.
Morley, D. (1981a), 'Texts, readers and subjects', in S. Hall et al. (eds) *Culture, Media, Language*, Hutchinson, London.
Morley, D. (1981b), '*The Nationwide Audience*: a critical postscript', *Screen Education* No. 39.

Morley, D. (1992), *Television, Audiences and Cultural Studies*, Routledge, London.
Neale, S. (1977), 'Propaganda', *Screen*, Vol. 18, No. 3: 9–40.
North, R. (1976), 'Nationwide: the teatime circus', *The Listener* 30/9/1976: 391.
Parkin, F. (1973), *Class Inequality and Political Order*, Paladin, London.
Pollock, G. (1996), 'The politics of theory', in G. Pollock (ed) *Generations and Geographies*, Routledge, London.
Poulantzas, N. (1975), *Political Power and Social Classes*, New Left Books, London.
Radway, J. (1984), *Reading the Romance*, University of North Carolina Press, Chapel Hill. British edition (with new preface), 1987, Verso, London.
Riley, D. (1992), 'A short history of some preoccupations', in J. Butler and J. W. Scott (eds) *Feminists Theorise the Political*, Routledge, New York.
Samuel, R. (1989), 'Exciting to be English', Introduction to R. Samuel (ed) *Patriotism: The Making and Unmaking of British National Identity*, (Vol. 1), Routledge, London.
Schlesinger, P (1978), *Putting Reality Together*, Constable, London.
Thompson, J. O. (1978), 'A nation wooed', *Screen Education* No. 29: 90–6.
Willemen, P. (1978), 'Notes on subjectivity', *Screen*, Vol. 19, No. 1: 41–69.
Williams, R. (1975, first published 1973), *The Country and the City*, Paladin, London.
Women's Studies Group (ed.) (1978), *Women Take Issue*, Hutchinson, London.
Wright, P. (1985), *On Living in an Old Country*, Verso, London.
Young, H. (1993, 3rd edn 1989), *One of Us*, Macmillan, London.

第一部分
《日常电视：全国新闻》

夏洛特·布伦斯顿

戴维·莫利

由英国电影协会出版教育咨询服务公司出版

  这项对于英国广播公司《全国新闻》节目"收视"行为的尝试性研究，揭示了该节目如何塑造受众"图景"的规律。具体来说，该研究详细说明了该节目通过哪些策略来影响自己的受众，这往往结合他们所在地区的多样性；这些策略也适用于普通的个体受众，他们往往在家庭中呈现出不同类型的分组，这档节目是针对普通人群的日常电视节目。

  做这项研究时，夏洛特·布伦斯顿系研究生，戴维·莫利系伯明翰大学当代文化研究中心的研究员。

目 录

致谢

序言

第一章 走向《全国新闻》

一、国家和地方：节目的历史脉络

二、《全国新闻》的片头标志：曼陀罗

三、节目格式和定位

四、《全国新闻》节目表达风格

五、《全国新闻》节目内容：新闻价值的具体性

第二章 《全国新闻》的话语世界（1975—1977）

一、引言：《全国新闻》的话语构成

二、类型描述

三、类型分析

四、附录：分类表及说明

第三章 链接和框架：《全国新闻》的节目运作（1976年5月19日）

一、引言

二、节目概述和脚本（1976年5月19日）

三、链接

四、语言和视觉的话语：组合与闭合

五、定位受众：认识的位置

六、发言人的身份和准入结构：主体和专家

七、话语的控制：提名的作用

第四章 源自"家庭"的国家……

一、家庭中的《全国新闻》：日常生活的镜像

二、处于私人生活中的劳工

三、《全国新闻》节目的地方主义和民族主义

四、国家的神话

五、"常识"的呈现

参考文献

致　谢

　　我们要感谢纳丁·高德纳拍摄的照片和英国广播公司允许我们使用这些照片。我们也感谢英国广播公司和迈克尔·巴拉特允许我们在第三章中公布相关的采访记录。

序　言

　　形成本书的早期研究工作是由伯明翰大学当代文化研究中心的媒介研究小组成员们在1975年至1976年期间共同完成的。这些成员包括罗兹·布罗迪、夏洛特·布伦斯顿、伊恩·康奈尔、斯图亚特·霍尔、鲍勃·拉姆利、理查德·奈斯、罗伊·彼得斯。小组和个人一起讨论、分析了相关研究工作，并分别从多个层面参与了研究项目文献的撰写。从那时起，我们就依托上述文献材料开始撰写本书，并将在第一阶段撰写的一些文献与之结合，尽管这有时与最初处理的不同问题有关。媒介研究小组成员在不同阶段都对本书的相关内容进行了分析评阅，在这方面我们特别感谢斯图亚特·霍尔，同时还要感谢艾德·布康姆的帮助。

　　我们的分析侧重于节目所蕴含的意识形态主题，但只是部分地将这些主题与它们在话语形式中的"物质性"社会因素联系起来，而没有将视觉层面的分析融入中心论点——这是这项工作最明显的短板之一。我们有时也发现自己想要提出论据，但缺乏充分的数据，因为问题最初是用不同的方式提出的。例如，这种情况出现在有关妇女和家庭的问题上，这些问题起初并不是主要的关注点，但在分析中却占据了非常重要的位置。这使我们认识到一般来说，只有在研究后期才能意识到——为了产生令人满意的数据，应该问哪些问题。

　　本书的第三章细致分析了《全国新闻》这档具有"全体国民性"的新闻时事杂志节目，其研究结论随后在英国电影协会资助的"电视话语和节目的编码和解码过程"研究项目中被使用，这延续着自1976年9月以来当代文化研究中心的学术演进路径。这项工作的目的是尝试分析具有不同社会文化背景的个人和群体在节目解码过程中所呈现出的差异性，或者推而远之，这里提出的节目分析结论为"差异性解读"产生的可能性奠定了基础，而我们对该节目的分析研究也将根据受众研究的发展而不断调整。

夏洛特·布伦斯顿　戴维·莫利

第一章　走向《全国新闻》

一、国家和地方：节目的历史脉络

从 1966 年开始，英国广播公司（BBC）开始实施一种节目运营战略，以满足三种不同的受众需求，《全国新闻》节目正是在这种背景下应运而生。一方面，BBC 认为有必要巩固由《今晚》节目所创建的"收视节点"，因此要求制作一档晚间七点档新闻节目，以占据第一频道的主要晚间节目时段，该节目将会为前一时段的地方新闻带来固定的受众。另一方面，公司认为必须正视如下批评：英国广播公司的节目大多具有明显的"大都市"色彩，但无法有效满足"地方化"节目收视需求。而在 20 世纪 60 年代末至 70 年代的社会背景下，《全国新闻》节目的"地方主义"被认为是国家中所有群体和睦团结的必要基础，正如英国广播公司的安南所言：

> 地方和区域服务是真正的国家广播电视系统的重要组成部分。
>
> （BBC Handbook，1978）

最后，麦肯锡报告提出了建议，并在英国广播公司的政策文件中被进一步明确：在 20 世纪 70 年代的电视中，应该更充分地利用该公司的地方演播室。也就是说，要提升（节目制作）资源的合理化配置，优化成本效益，积极凸显节目的"地方化"特色。

> 地方化因素一直是《全国新闻》的关键——这属于根本性出发点。
>
> 要给受众留下深刻印象，这是一档不由伦敦主导的节目，它包含了英国所有的重要地区。
>
> （Connell，1975）

这种观念影响深远，以至于在《全国新闻》节目的"英伦密都"栏目（《全国新闻》，1976年8月16日）的"伦敦观察"板块中，主持人朱利安·佩蒂福有意识地承认了节目的短板，他说：

> 在《全国新闻》节目中，我们竭尽全力地避免成为一档单纯的都市类节目。今天则是一个例外，在接下来的25分钟我们将观察在伦敦的生活，但我们也不想以此为借口，因为毕竟无论你住在英国哪里，伦敦都是你的首都……

同样，斯图亚特·威尔金森（《全国新闻》副总编）声称：

> 在《全国新闻》节目中，如果没有将我们各个地区的同事们关联起来的设计，那么这档节目就不能称之为《全国新闻》，不同区域之间的交叉串词是节目的精髓。
>
> （Brody，1976：20）

该节目试图与不同地区的受众建立一种"亲密的""家庭式"的关系，这种倾向可以在节目的导语或直播过程中清晰地被感受到：

> 英格兰报道：往北看，今天的南部，向东看，今天的中部地区，西边，聚光灯映照西南部。
>
> （"直播时刻"，1977年3月9日）
>
> 今天，属于你们地区的新闻和观点，这里是英国广播公司的地方新闻演播室。然后……让我们看看《全国新闻》节目的场景。
>
> （"直播时刻"，1976年1月13日）
>
> 今晚……正在你的地盘上发生的新闻和观点。随后，在6点22分……今天的英国现在发生的一些更有趣的故事、生活……
>
> （"直播时刻"，1976年1月14日）
>
> 今晚……在你的地区正在发生的新闻和观点。下面，来看看全国的社会景象……
>
> （"直播时刻"，1976年1月15日）

……为全国受众呈现出英国的社会景象……

("直播时刻",1976年1月16日)

《全国新闻》节目积极参与地区多样性的探索,包括风俗习惯和生活方式。的确,"让我们走进《全国新闻》节目……看看不同地方的人们在想些什么"成为《全国新闻》独特的表现形式。因此,该节目能够强调地方差异(不同的菜肴、风俗、竞争),以呈现一个由差异性和多样性组成的国家,但同时也会在面对国家危机时形成举国合力:"利兹是如何应对干旱的?西南地区呢?"(1976年8月17日)。

我们看到不同地方对中心区域给定主题的多样化反应:不同地区的"禧年"庆典活动往往体现出传统的、具有自身地域特色的特征。但是地区仍然属于国家的组成部分:地方主义是《全国新闻》的生命线,那些纯粹的分裂主义或民族主义运动——比如爱尔兰共和军运动——就背离了《全国新闻》的话语规则,破坏了"联合王国"的统一性。

同样,覆盖不同地方的链接通常来自伦敦,这些链接也被用于"填充"所谓"国家意义"中蕴含的地方性组成部分:地方通常缺乏新闻故事。因此它们往往紧跟"国家新闻",并与之相互联系——经常从标记为"国家新闻"的新闻中选择故事,并赋予这些故事以地方性意义,再与从"地方生活"中选出的内容形成"国家与地方的关联效应"。地方的多样性是由伦敦中心演播室精心策划的,伦敦是"缺席"的地区,它在技术和意识形态层面都是节目的核心。

二、《全国新闻》的片头标志:曼陀罗

我们观看该节目的时候,会发现《全国新闻》片头中经常使用一种设计独特的图案,这是一种冗长的图形排列,采取同心圆模式,并因不同图像的相互叠加而富于变化,该图案结束于节目标题的简介出现之际。片头中使用的这个图案是基于"曼陀罗"——一个源自东方国度的神秘天体符号。这个符号最初是为了描述轮回(生死轮回)或宗教中神的多重化身。"曼陀罗"是一个梵文单词,意思是"魔轮",它的基本图案是一组围绕中心点向外分散排列的线形

或球形符号。曼陀罗是弗兰克·博夫用来说明节目开场顺序的术语（参见图 1 至图 3）。

图 1 　《全国新闻》节目片头（1）　　图 2 　《全国新闻》节目片头（2）

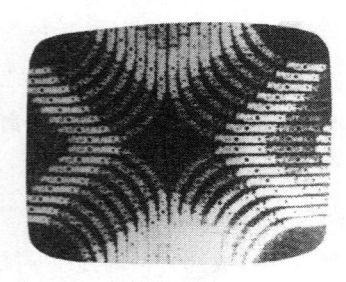

图 3 　《全国新闻》节目片头（3）

被剥夺了本身天体符号意义的曼陀罗图案，在《全国新闻》节目中似乎呈现出更多的佛教意义。它表明"万法归宗"的价值意蕴，而这些不同的"法"都汇集在《全国新闻》节目的中心点（世界不停转动所围绕的轴心点）之上。该图案确实表征着节目至关重要的意义——多样性的统一。图案的形式——图案的运动方式和伴随的音乐——代表节目如何定位自己：对图案的整体介绍可以被解读为关于节目本身"元话语"的阐释。轮子代表着《全国新闻》节目在全国各地不断搜寻所有有趣的新闻，而指南针的针尖指向它的外部，即不同地区的观点——每一个轮子都代表着全国各个地方。但是，这种图案——就像节目本身——是最重要的：一切都从一个源头流出，并回到这个源头。

《全国新闻》片头的"曼陀罗"基本图形由一系列旋转的轮子组成，它们围绕一个中心运动。通过抽象化形式，不同轮子的颜色是有序列的，用以描述节目要处理的主题范围和多样化的内容。多个图像同时占据电视屏幕的事实产生了"分屏"效果——提醒电视受众注意，在任何时候"事情都在发生"；而图像之间的互动则昭示着在不同符号之间应当建立起一种"互文性"的游戏。

在最初的图案排列出现之后,屏幕上至少有一个地方被一名知名记者或主持人占据,这表明我们日常生活中形形色色的方面都是由"电视"领域的男女记者编辑带来的。这些记者编辑来自全国各地,在曼陀罗图案中象征着占领者,这是一种拥有特权的"监督者"角色,这种角色与屏幕中其他轮子里呈现的现实新闻事件有关。因此,我们的注意力也集中在节目的调解功能上——通过主持人的重点介入,节目扮演了"中间人"的角色,就像我们和世界之间的"篱笆"一样,使我们能够看到、了解并参与事件。曼陀罗表明了记者的存在,加上图案本身的形式,所有的内容都呈现在节目片头图案之中。记者构建了《全国新闻》有效的报道统一性。《全国新闻》片头中的长臂形象象征着节目能够延伸到我们生活的每一个角落,为我们收集材料,并把它们带回"家庭"环境中。

三、节目的格式和定位

《全国新闻》电视新闻杂志的形式——短新闻(时长很少超过10分钟),是将"轻松休闲"与"沉重负担"混合在一起,用以吸引受众注意力的。"邮政局局长与一只斑纹猫混合在一起"(Gillman,1975),这在一定程度上是由节目所处的时段决定的:儿童节目与英国广播公司晚间主要节目之间存在"断档"。该时段通常会有轻松的娱乐节目、家庭节目、小测验或类似的节目——这是属于夜晚的时刻,就像迈克尔·邦斯(该节目曾经的编辑)说的那样:

> 人们辛苦了一天,当他们坐下来的时候,不希望每天晚上都面对一种冷冰冰、要求苛刻甚至像压缩饼干一样难以下咽的"食物"。
>
> (Gillman,1975)

因此在《全国新闻》节目中,针对包括娱乐新闻在内的各种新闻都采取了一项慎重的政策,特别是当节目包含一些"沉重负担"性质的内容时。巴拉特认为:

> 如果要让受众保持兴趣,我们则需要一些轻松的休闲内容:在晚上的这个时间段,他们期待和能够接受的严肃"食物"是有限度的。
>
> (Brody,1976)

这些"常识"定义了节目的"性质"——当人们下班回来、包括孩子在内的所有家庭成员聚在一起以及不需要刻意地保持注意力集中时，如此等等——这些时刻都要求我们去建构《全国新闻》节目的自身责任感和它的粉丝。

从晚上 6 点到 7 点的电视时段，往往是由家庭连续剧、喜剧、分组智力竞赛等组成的，而《全国新闻》要么会受到这些节目的影响，要么积极地同这些特定的节目进行关联。在晚间新闻开始前的时段，各个频道都是为儿童节目预留的。因此，时段定位决定了节目体裁，而体裁必须具有适合于这个特定时段的收视特征，这是《全国新闻》节目自身差异化定位的基础，也是节目中某些新闻内在话语风格定位的基础。

四、《全国新闻》节目表达风格

在自传中，巴拉特阐述了《全国新闻》节目风格的一个关键要素：

> 任何主题的沟通艺术——无论是生活本身还是麦片的价格——都要求人们使用容易理解的词语，并能通过技巧性表达来提升传播效果。
>
> （Brody，1976：24）

重点来自直接有效的沟通——如果你喜欢的话，"尽量使用简单语言、日常语言"（迈克尔·巴拉特）——这样才能使人们便于理解。因此，当对"重要"新闻进行处理时，《全国新闻》主要关注的是"找出问题的核心所在"，并将注意力集中于此。这与《全景》节目不同，后者在"确立主题"后往往试图寻找不同的视角和维度，提供一系列观点和概念用以"教育"受众（Connell et al.，1976）。

《全国新闻》节目的话语相对封闭，强调"让问题变得可理解"，即把它们转述成"现实的话语"，因此这就没有为"解释"留下空间。《全国新闻》节目努力构建起事件的时间/地点/地位/即时性，以及参与其中的人——在可能的情况下将其具体化和个性化——并把每一条新闻的"关键要点"传达给受众。

《全国新闻》节目中几乎始终存在"反智主义"的痕迹；"专家"群体可能做出了一定的有价值的贡献，但这一切都必须能够被转述成"当前的问题"和日常使用的语言符码。

因此，尽管专家从专业角度解释了通货膨胀的原因，但《全国新闻》节目团队仍然需要尽力找出通货膨胀的实际意义，并说明它将如何影响民众日常生活的，以及能够对此做些什么（"是的，内阁大臣，但明天该如何改善这里的境况？"）。节目团队经常向政客们提出一些现实问题以表达"我们"对他们的不满。这可以从《全国新闻》和《全景》节目各自不同的访谈方式中观察到。对于《全景》节目来说，往往会参照反对党和经济专家的立场，以在对内阁大臣的采访中探察和挑战他们的观点。而由《全国新闻》节目采访记者发起的挑战则趋向于实际政策制定层面："这会有用吗？"他们往往基于所有党派的政客都应当受到问责的立场，从"常识性"视角发问。这种采访风格直接起源于《今晚》的节目传统及其大众新闻的报道风格，这里的大众新闻报道风格曾经被描述为"娱乐式标准"：

> 当我们觉得我们应该这样做的时候，我们变得轻率、鲁莽和缺乏信任感；我们拒绝被浮夸的发言人欺骗……
>
> ［克里夫·米歇尔莫尔在暑假之后
> 对节目的介绍（Michelmore，1961）］

这种观点中隐含了一种民粹主义的意识形态，它认为"政治"与日常生活的实际事务无关（无论哪个政党执政，我仍然没有工作，价格仍将上涨……），选民们也理所当然地对政客及其承诺完全失望。

"严重的问题"——失业、通货膨胀等——是大多数时事节目的基础内容，因此必然在《全国新闻》节目话语范围内引起关注，因为这些问题能立即对日常生活产生影响。当这些问题出现的时候，节目就会利用罗伯特·麦肯齐和他的夹板笔记本以及图表来告诉我们什么是"国际货币基金组织贷款业务"。但是，即使在这样的情况下，日常生活范畴及其外延（自然、体育、娱乐、离奇事件）在《全国新闻》节目中仍然构成上述严肃问题的"日常化表达框架"，而节目也要求将上述严肃问题（令人放心地）置放于这种视角之中进行表达（"这阴郁的一天，看到光明的一面"……"所有这些危机发生了，但有件事几乎被忘记——今天是'忏悔星期二'"……）。

在节目播出期间，巴拉特作为核心主持人，明确表现出自己的"民粹主义"视角：他是一个讲求实际的人，强调"接地气式"的常识，不但能够提出他认为公众想要问的问题，而且与许多其他时事主持人不同的是，巴拉特还会加上一些他认为公众可能会做出的评论，或者至少会赞同的评论［"嗯，他们要进行罢工的理由似乎相当愚蠢……"（《全国新闻》，1973年3月14日）］。他认为公众会做出上述行动，因此至少应当对此保持默许态度。

有趣的是，这些评论并没有违反平衡和客观性的准则，它们以有别于政治和政府立场的"民众"形象获得信任。特别是这些评论不同于议会政治视角——"政客们"正是基于这种视角而令人难以信任，这些评论并不赞成某个政党在这种框架内反对其他政党的立场。尽管那些"众所周知"的常识中所蕴含的智慧具有明显的政治内涵，但这种对"政体"的"常识化批评"却表明它自身并不具有政治色彩。《全国新闻》的话语方式建立在"民粹主义"对于日常事务的看法之上，并且假定节目的"评论"源自一整套的"公众想法"，从而削弱了议会政治的传统话语。它是一种源自"普通人"的话语，但由于被朴素地看作一套理所当然的"家庭真理"，因此代表了一种"历史决定论"式的、不容置疑的政治立场。

此外，《全国新闻》节目观点的"正确性"往往通过两种方式实现：一是对常识中所蕴含的智慧进行认同，二是利用构建节目观点的话语形式。节目采用了一种民粹主义的"腹语术"（Smith, 1975: 67），从而实现与民众话语的沟通。例如，反映和再现《全国新闻》自己受众的声音。《全国新闻》节目采用通俗化的语言——始终保持具体、直接和有力的话语风格，假设和参考总是预先存在的"知识"。这些民粹主义话语是一些被节目吸收和改造过的常识性语言，如使用流行语（例如节目的镜像效应风格："住口，哈罗德……"），模仿特定短语和陈词滥调并赋予其新的用法，同时也把政治意蕴负载于这些话语之中。节目经常自觉地运用反语、谚语和一些老套词语（例如，黑池市的"明信片照片"，"入乡随俗"，1976年5月19日）；并在常用的语言和句子结构中进行运用［"对你来说，这可能看起来像一堆旧垃圾……"（1976年5月19日）］。因此，节目的"人物角色"属于一种专业化重构，而这种重构基于"民众话语"以及其中所蕴含的智识。这种标志性语言风格在《全国新闻》节目中体现明显，用以构建"民众化"的特殊演讲主题方式。

这种"民粹主义的腹语术"是节目试图与受众实现"认同"的关键策略；节目的新闻将被受众视为自身代言人，并从某个角度与他们交流和分享话语。而与此同时，这种身份建构的工作在节目中也被巧妙地主动淡化了：主持人似乎"就像我们一样",只是普通人——碰巧是"在电视上",一边说话,一边倾听。

《全国新闻》节目排斥个体言论,这一取向在"直播时刻"板块中得到明显体现:

> 英国的夜间镜子。(1977年3月29日)
> 展示英国的一面镜子。(1977年4月1日)
> 理查德·斯蒂尔格的邮袋反映出他的想法和意见。(1976年11月1日)

它表现为以各种各样、包罗万象的目光捕捉我们可能感兴趣的一切事物,但只是将这些事物"镜像呈现"或"反射"给我们。尤为重要的是,节目从与受众完全相同的视角来看待这些事件,并以同样的"话语"来谈论它们。节目的一切工作都是为了实现这种理解和认知的"镜像"结构。电视作为一种潜在的媒介意识形态——仅仅是向我们展示"正在发生的事情"——在这里被提升为一种高度的自反性。通过记录、选择、编辑、框架和链接的操作,以及创造出"《全国新闻》的现场"等认同策略,构建出《全国新闻》节目版本的"社会现实"的全部复杂工作得以完成,而节目的自身表现也被限定为以下方式,即在"我们的节目中","我们"和"我们的世界"被"毫无问题"地再现出来。当《全国新闻》不断以自己的形象构建受众时,节目自身运作也在同一时间变得"自然化"。这使得节目话语和实践的对象即受众成为表达的主体。因此,《全国新闻》的话语依赖于节目在"被看到的我们"和"看的我们"之间持续重构"观念上的平等关系"的能力,并且要做到相当令人难以察觉。我们所"看到"和意识到的自我和世界是一种反射,但它被限定在屏幕的"镜像结构"之中。

五、《全国新闻》节目内容:新闻价值的具体性

《全国新闻》节目是一个"由各种趣事构成的马赛克拼图",受众不知道自己是否会看到"阿尔斯特的电影或喝啤酒的蜗牛",因为都是一些难以预料、信息量大以及充满娱乐性的内容(Gillman,1975)。这种规划最早是为时事电视节目《今晚》设计的:

《今晚》又回来了……熟悉的曲调将带着你去看看（克里夫·米歇尔莫尔和他的团队）那些地方上的、琐碎的、具有挑衅性的甚至是多愁善感的问题。这就是我们的节目范围，无法用任何形容词来限定它的边界。

（"直播时刻"，1960年8月26日）

毫无疑问，《全国新闻》节目文本强调地方化，与那些"国家新闻"的文本内容不同。尽管新闻节目通常是时事电视节目的基础，但从新闻领域到时事领域总是存在有选择性的转化。时事节目的不同之处取决于它们与"新闻效应"的关系是密切还是疏远。在成为时事节目合适的话题之前，信息经常不得不"转化"为新闻，但不是所有的新闻信息都能在这一过程中得到保留。例如"犯罪"是常见的"新闻"，但只有它具有特定形式，或者被视为能表征出某种重大的、有问题的社会模式才可能转化为时事文本（例如"抢劫"）。

时事电视和新闻之间的不同关系可以通过比较《今晚》节目第二版本和《全景》节目发现：前者同新闻的关系更为密切，习惯于处理和优化新闻信息的现实背景；后者则更侧重于"重大信息"（外交政策、预算和收入政策等等）。

尽管所有的地方性节目都以传统形式播报当地新闻，但《全国新闻》则刻意与那些"国家新闻"保持一定"距离"。对于《全国新闻》来说，界定具有"新闻价值"信息的标准与一直被视为理所当然的一般性参照标准不同，既不是那些无法预估的"爆炸性新闻"（《新闻》节目），也不是惊天动地的政治变革（《全景》节目），更不是那些令人担忧的"离经叛道"（《社会问题》节目），而是那些离奇的、令人费解的、多样化的，以及普通人和他们生活中那些稀奇反常的怪癖。《全国新闻》关注那些具有"人情味"的故事。诸如英国卷入国际货币基金组织（IMF）事件等"重大信息"只有在偶然情况下才会成为明确的"专题内容"，而对于严肃的时事节目来说，这却是一场新闻盛宴（例如《全景》节目）。然而，这些问题经常被人们认识到，甚至被认为是理所当然的，因为熟悉的新闻背景往往与更为典型的、被提前确定背景的《全国新闻》节目的新闻完全不同。节目的新闻信息往往以如下形式作为开场白："在这段时间的经济危机中……"而当新闻信息以这种方式被处理时，报道角度就转向寻找更为"光明"的一面，我们该做些什么？即坏事中也蕴藏转机。

正如英国广播公司的受众调查报告所指出的，对于这些主题来说，《全国新闻》节目在内容文本选择和处理策略层面至少部分是为了回应如下事实：

> 提到政治话题的人数是提到其他"最为无聊话题"人数的四倍。

根据这项调查，人们最想从时事节目中了解的是：

> 在新闻报道现场，即事件发生的地方……自己能够亲眼看一看，亲耳听一听那些被报道的人讲述他们自己的故事——而不是专家们在演播室里的辩论和讨论。

为了满足受众的上述需求，《全国新闻》采取了把"娱乐式标准"放在最优先和最重要位置的策略。通过聚焦于离奇的、引人入胜的、耸人听闻的事件吸引受众，目的是引导他们接受对于被报道事件的"主控性解读"立场。因此，该节目的目的是"制作那些能够"抓住受众的"有趣故事"[引自《全国新闻》节目导演吉尔曼（Gillman, 1975）]。《全国新闻》不太关注与受众相距甚远的地区（比如《全景》节目对于越南的特别报道），而是喜欢将受众带入大多数人的日常生活之地。节目会进入普通家庭的客厅，向受众展示人们如何享受闲暇时光，夫妻如何应对通货膨胀以及他们才出生的孩子。节目希望能够展现"你和家人在晚上的聊天内容"。《全国新闻》在时事新闻类电视节目中具有特殊地位，其独特性在于节目中大多数新闻信息与普通人的日常生活相关。尽管这些新闻信息往往都以"转化"的方式进行表达，但它们绝大多数都基于一般性/日常性类别来提取新闻素材，这通常构成了"不在场"的基础，其他新闻的新闻价值都是依据这一基础被构建完成的。

正是在这个日常生活领域，作为电视新闻杂志，《全国新闻》节目流程化地生产出大量新闻信息，比如像"手写《圣经》的人"这样的故事（《全国新闻》，1976年1月2日）。而在主流时事新闻的"新闻价值"框架内，这种新闻信息在任何意义上都不能成为"新闻"。然而，这些新闻信息却是节目的特定选择：主流观点在此被逆转了。这些新闻信息均来自"草根阶层"：普通人特殊的习惯/爱好，或者国家/官僚机构对私人生活领域的影响，它们往往在普通人的生活中被感受到。

《全国新闻》节目将自身根植于"普通人"和"日常生活"之中，同时也扎根于一种"共识"之内，而这种"共识"建立在节目所代表观众的"自然的"预期之上。节目大部分内容都是关于"像你我"这样个人的简单故事，包括他们的技能和兴趣。当然，即使对于电视新闻杂志的新闻来说，人们所做的极为普通的事件也无法成为新闻信息，因为它不包含任何潜在的新闻价值。从新闻的视角看，绝对的规范是不存在的：它为所有的事情提供了被认为理所当然的背景。

　　因此，对于新闻的显著性和接近性来说，《全国新闻》无疑是非常理性的，但是对于日常生活的颂扬层面来说，节目却对这种"规范"既遵循又违背。《全国新闻》不断证明外表具有欺骗性：新闻信息常常聚焦于那些普通人正在做的特殊事情。所以，围绕着正常/不正常或普通/离奇等两极，节目展示出一系列对立关系，揭示出"普通人"从来不像看上去那么普通。同时，节目也通过在自身主题/受众活动中呈现出的多样性来颂扬英国国民生活。

第二章
《全国新闻》的话语世界（1975—1977）

一、引言：《全国新闻》的话语构成

《全国新闻》节目话语的内部结构可以用下表来呈现：

节目内容	新闻的类型	主控性主题	功能：与受众的关系
(a)《全国新闻》事件/链接	《全国新闻》作为自己的主题	《全国新闻》的自我参照	认同/框架和语境化
(b) 家庭和休闲的世界 　（i）休闲时光 　（ii）消费者 (c) 民众的问题 (d) 影像英格兰：城镇和乡村	杂志性故事新闻：《全国新闻》新闻素材特性	个人的故事 家庭建议 关注和关心 传统价值观	娱乐 兴趣 增长见闻
(e) 国家/政治新闻	"纯"新闻	"效果"/实用主义	报道

二、类型描述

（一）《全国新闻》事件/链接

本节内容必须首先讨论，因为我们认为，本节中这些元素对其他章节的材料组织意义重大。本标题中包括"事件/链接"两种不同的元素。《全国新闻》节目中的"新闻信息"不依赖任何外部资源，完全由节目自身制作产生。节目有着大量自我生成的"新闻信息"：赞助竞赛、受众和节目嘉宾参加活动，以及由制作团队参与承担的特殊旅行和测试——例如《全国新闻》节目的赛马、《全国新闻》节目的游艇、迈克尔·巴拉特在各个地区的"告别火车"等等。任何一集节目中都具有大量的"内部空间"，以提供新闻事件之间和节目板块之间的联系、框架和介绍，并将所有其他事件纳入节目结构之内。"事件/链接"两个因素使节目能够在受众和节目团队之间建立一种"实质性认同"；这是节目的基本机制，因为节目并不是一个谦逊的"客观记者"团队，而是一个积极强调"个性化"自我权力的群体，这个特性直接体现在节目表达和主持人的荧幕形象之中。也正是在这个维度，重要的语境化和评估策略被积极地用于引导受众的部分：布局新闻信息，提供新闻之间的链接，指示对新闻的正确处理手法，并给予新闻事件"主控性解读"的意义。可以说，这种"框架化和语境化"是《全国新闻》团队刻意保持的风格。

（二）、（三）和（四）家庭和休闲的世界、民众的问题和影像英格兰

这些是《全国新闻》所关注的具体领域，有别于其他时事新闻板块。因此，节目的新闻信息通过一系列基本的"主题化"而被转化：在休闲板块中的个人故事；在消费板块中关于家庭生活的设想，以及导致对一些"问题"领域"进行关注"的原因介绍；在影像英格兰板块对于传统价值常常是乡村价值的关注。

但这并不意味着节目不同板块和特定主题之间是简单的关联关系：一个"社会问题"可能会通过对家庭生活造成影响的"个人故事"或者"政治事件"而被主题化。某种程度上，这些主题化方式是灵活多变的。而且，它们可以以相互结合的方式表达——一个故事可以结合地方性主题和个人变化。多样化主题内容板块之间的联系在上节的表中以一种"线性模式"呈现出来，以便于简要说明每一个特定板块的核心主题。如上所述，这些要素构成了基本形式，换句话说，《全国新闻》节目话语的构成在具体事例中可能以不同的要素组合出现。

（五）国家/政治新闻

这个节目板块主要处理重要的国家新闻话题，它同其他时事电视节目具有类似性。而《全国新闻》的特殊性在一定程度上体现在对"地方性新闻"内容的重视上（例如，"今日中部地区"内容时段）。因此，在处理国家新闻话题时突出的是这些题材对于本地或地方的影响，就好像它们是纯粹的"地方性新闻"一样。就像我们已经说过的一样，"硬新闻"内容并不是节目要吃的大餐——实际上它只居于次要位置——但正是在这个板块，《全国新闻》节目的报道风格最接近于"纯新闻报道"（straight report）形式，尤其是在本地新闻时段。虽然"纯新闻报道"是这一板块的主要报道形式，但它并不是节目通过自身核心主题来影响新闻报道的唯一形式。也就是说，它还会把硬新闻转化为个人和家庭的故事（例如，以下关于米汉和安哥拉雇佣兵的故事）。

三、类型分析

（一）《全国新闻》事件/链接

> 我希望你不介意我穿着衬衫走进你的家。
>
> ［汤姆·科恩（Tom Coyne），《全国新闻》，1976年6月8日］

首先，《全国新闻》是一档具有亲和力的节目，团队成员都是用基督徒的教名来称呼彼此的（"交给你，鲍勃……"）；我们把自己介绍给团队新成员，同时也能经常了解到那些老同事们的个人消息。而在"严肃性时事新闻节目"中，主持人的个人生活和个性不能介入其职业角色。《全国新闻》节目团队积极拓展自我特质并高度发展自我个性，将其作为节目的专业化"风格"，例如评论彼此的生活、爱好，尝试减肥/戒烟等。把自己描绘成"像我们这样的人"，有着自己的问题、兴趣和癖好：人们相互认识，而且可以认识（"迪莉斯，你呢？你是一个喜剧狂吗？"）。也即是说，《全国新闻》是一个大家庭。

受众不断参与到节目中来，他们通过信件往来、内容选择、观点互动等方式被邀请，并且节目鼓励这种参与。受众被要求向社会提供帮助（例如在

1976年1月9日那期节目中讲述了一个贫穷家庭处于缺衣少食的状况，而节目的反应是记录下100个为此慷慨解囊的人；尽管施善者花费了一些金钱，但内心获得了充盈感）。节目团队也提供一些友善的建议、警告和提醒（圣诞节不要酒后驾车，记住把时钟拨快/拨慢等）。节目团队和受众的关系就像前者到后者的家里做客，也像后者作为参观者来到前者的演播室和家里一样。

这支团队充满活力，他们愿意四处奔波，"跃跃欲试"——由于节目经常在不熟悉的环境下尝试运作，所以对于受众的吸引力并不是无懈可击的。《全国新闻》的两名节目主持人——巴拉特和威灵斯，曾经参加了由诺威奇演播室举办的"东方安哥拉号"游艇的"海上之旅"活动（1976年5月19日），并在诺福克郡的一场巡回演出中展示了这种节目形式的经典范例。地方主持人显然是把大海当成了"像在家里"工作一样，自信和非常放松。而《全国新闻》的节目主持人则希望展现最好的一面（巴拉特不屈地操控游艇设备，试图使它正确运行），但力所不能及：威灵斯被包装成一个航海的新水手，会晕船，无法了解航海术语。他是一个最富有同情心的人物，与常人一样，表现为缺乏专业的航海知识；而到最后，他也像常人一样礼貌地拒绝了专家的练习建议：

> 所有这些"改变航向""停止"和"嘿呦喂"等等词语，下垂的左手、一地杂物和大三角帆……真是滑稽的工作。

"受众参与"因此成为节目的一个新闻信息点。受众反馈被呈现在节目之中。例如，看到了节目组寄给他们的圣诞卡，同时也看到了《全国新闻》信箱中大量具有"问题导向性"的内容信息（1975年12月29日）。因此《全国新闻》节目在具体的事件中构建了一种具有开放性和可参与性的关系：受众与《全国新闻》团队成员面对面，现场观看后者以业余选手身份参加的"'《全国新闻》杯'马术障碍赛"，而这个比赛被视为具有国际水准（1975年12月17日）。另外，受众可以看到节目为奥林匹克运动员颁发奖章（1976年6月15日）。我们不但能遇到"今日中部地区的小狗"（1976年6月3日），还可以看到"《全国新闻》的赛马"（1976年5月19日），Realin，它的这个名字是节目受众挑选出来的。瓦尔（Val）将这匹赛马介绍给受众，指出如何在比赛中识别它，并解释获得比赛成功的相关因素。从这个角度看，通过《全国新闻》节目运作，受众（作为代理"马主"）能够受邀参加这项"国王的运动"，而在现实生活中普通人是无法参与其中的。

1. 链接和中介

在许多方面，《全国新闻》节目话语成为了一种"自我参照"，节目团队不仅把故事带给受众，而且自身也成为了故事主体。这种"连贯性"在节目中获得了最为突出的发展——在节目团队和受众之间试图建立一种紧密的、个人化的关系。例如，"神秘新闻"那期节目（《全国新闻》，1976年9月28日）主要是对那些获邀受众进行《全国新闻》节目的一项"远程测试"，该测试自愿提交申请，目的是研究受众对于节目新闻信息的理解过程。节目现场"专家"的观点是被"引发"出来的，但这些观点必须依附节目和受众之间的直接关系。这是一种"参与式新闻"：我们可以从与受众的对话中看到《全国新闻》节目对这些新闻的深刻思考。

然而，《全国新闻》的节目话语并不仅仅依赖于那些奇闻逸事中显而易见的内容构成，节目自身和受众就是这些故事的主体。节目话语同时也通过节目中某一条新闻信息与其他所有新闻信息之间的"链接"构建。从这个角度看，节目团队在此扮演了"链接和中介人"的角色。他们利用"亲临现场"的方式，为受众带来多样化、地方性的故事，以及英国当天的生活情景；将地方区域与国家中心相互关联，形成举国一体。因此，节目团队必须在所有人之间构建一个共享态度和期望的场域，以便将《全国新闻》节目中多样化元素统筹结合在一起。

"链接"能够采取多重方式进行构建——通过演播室中主持人熟悉的面孔，利用前后相邻两条新闻之间抽离出的"信息点"进行关联（"天气可能不太适合去……"）与（"今天天气非常适合去……"），还可以在评论员和观察者之间建立"共识场域"。所有"链接"的核心指向就是为了呈现出对这个"理所当然"的世界的一种共同态度：对天气和假期的关注、对价格和税收上涨的焦虑、对官僚主义的愤怒等等。

通过人称代词的使用，"链接人物"的话语不断对受众进行暗示："我们今晚见面……""我们所有人都知道……""……可以发生在我们任何人身上""所以我们问……"对已播新闻和即将播出新闻的提示也可以对受众进行暗示，所有人都已经看到或将要看到这些内容，并且（通过暗示）所有提示的表达方式都一样。"现在""在这些时间中……"等表达"当前时间"概念的词语被反复强调，基于它们所蕴含的连续性、现场感和即时性，受众之间的差异被超越：

"毫无疑问……"《全国新闻》节目假设人们共同生活在一个社会世界之中。

在《全国新闻》节目话语中,节目团队与受众之间的关系一直令人困惑不解。节目的开头和结尾都没有明确的序列。没有"直播时刻"节目板块作为参照,受众只能从非正式和内部渠道了解节目团队成员,他们彼此打招呼,相互熟识,所以受众就像了解自己熟人一样了解团队成员,而并不是把他们看作节目主持人和电视工作人员(在团队成员缺席的时候,节目中都称呼他们的全名——"来自雷顿·西斯的卢克·凯西的一则报道"。但总体来说,节目导语中以较正式语气介绍的人物都不是核心团队成员)。众所周知,《全国新闻》节目团队往往就像朋友一样出现在受众家里的客厅中,不断地和后者相遇。在他们看来,受众的世界只不过是其自身"世界"的一种反映。

从1976年5月19日那期节目可以最清楚地看到"我们……"的这种表达方式:

> 汤姆·科恩:"让我们看一看我们的天气图片""让我们去诺威奇。"
>
> 迈克尔·巴拉特:"让我们从东盎格利亚的另一个地方来听听。"
>
> (《全国新闻》,1976年5月19日)

虽然受众与节目团队之间存在实际区隔,但两者的关系却以一种联合体或利益共同体的形式被重新表达:这种所谓的"想象共同体"是受众无法拒绝的命题——受众在《全国新闻》节目运作中被视为平等的合作伙伴,同时他们的自主性也自然消失。"我们的天气图片"这种表达充满了"共同的占有欲",也是"合作的我们"这种意图最清晰的表现形式,而此类形式正是节目话语和链接策略的一个主要特征。

链接话语有时是建立在对主持人和受众不同立场的认可之上。迈克尔·巴拉特说:在"你的"节目结束后,"我们"将沿着河流巡游,并把"我们"的第三个来自东盎格利亚地区的节目带给"你们"(国家/地区链接)。但这种差异经常被忽略和修复:

(1) 通过一个更为宽泛的、共享的语境或框架,节目表达了"我们"所有人都在一起的理念。这是一个涵盖所有受众的语境,在他们之间建立起一种虚假的平等和同质,消解了社会地位和权力的个体差别。因此,通过这种结构,节目毫无愧色地确立了受众在节目话语中的地位,使他们能够为"为受众发声"。

例如1976年5月19日这集节目:

明天会有个好天气……如果我们的社会毁灭，但愿不会如此……

（2）否认受众和主持人之间的不平等关系。虽然这种关系的形式是彼此熟悉和友好的——有利于建立"群体共同感"——但实际上只有主持人才能发声和实施行动。因此，当迈克尔·巴拉特说"所以，我们认为今晚我们应该去比赛"时，尽管他可能只是严格地指演播室成员，但"我们就是观众"的表达方式隐含了如下含义，即如果演播室成员去参加比赛，那么受众也会去参加比赛，除非他们不看这个节目。

这种表达方式的"缩略性"，这种对现实社会中电视系统的"单向维度"特征的不断隐瞒，以及节目对于"媒介孤立性"的消解，为《全国新闻》节目受众卷入并认同"《全国新闻》节目情景"的一系列方式奠定了基础（1976年6月15日）。

通过"闲聊"所建立的非正式链接也可以产生和加强节目认同。这些链接是潜在性的，本身没有任何实质性意义，只是为了提示已经播出和即将播出的新闻信息。但是，正如刚才提到的，这些链接同样有利于建立"群体共同感"，即一种由节目团队和受众共同构建的，并具有独立性的"《全国新闻》节目感"（Nationwideness）。

这种貌似中立的链接本身也在不断地构建《全国新闻》节目的意义感，总是承载着"其他内涵"即额外的意义，"在某人家庭客厅里的朋友之间"，所有人都已经卷入其中，因为这个"彼此亲密"的假设是受众和节目一起做出的。

在《全国新闻》节目"天气预报"板块的播报中，上述特点可能表现得更为明显，而且形式略微成熟。英国广播公司电视天气预报节目的标准模式一般采用"大不列颠群岛"地图，配有图表展示，并以评论结束。在"今日中部地区"节目板块，即《全国新闻》节目的"中部地区"内容组成部分，这种标准模式为"儿童画"所取代，常常表示极端的气候条件，并以画外音的评论结束。这种新的模式可以通过两个途径进行识别：一是"小艺术家"们的名字和年龄，二是主持人对于"儿童画"作品"内容"的评论，也即对当时天气情况的评论：

汤姆·科恩：下着毛毛雨，我几乎不敢这样说，但是让我们看一看我们的天气图片。

（《全国新闻》，1976年5月19日）

节目中的"儿童画"能够象征"天气"，也意味着"孩子们把自己的作品送到了节目之中"。因此,在节目自身话语的元语言中,"能指"符号本身是没有意义的(一个带着伞的男人),但它可以象征着"天气"和"离职",就像这是一个孩子会把自己绘画作品寄送过来的节目——因此,《全国新闻》是我们自己的节目[涉及广告的类似之处,参见威廉姆森(Wlliamson,1978)]。

上述运作机制的最精巧形式会出现在以下情形之中,即当"《全国新闻》节目感"从"链接"中被激发出来的时候,或者这种"节目感"自身能够生产出新闻的时候,这就是所谓的"《全国新闻》事件",这种事件根本不依赖外部世界,仅仅通过"《全国新闻》节目中的'我们'"就可以发生。因此,《全国新闻》话语构建运作的大量策略性工作都围绕"《全国新闻》节目中的'我们'"而展开。但是,不能认为这个构建出的"我们"是一种固定的、毫无问题的结构关系。事实上,更恰当的做法是把节目看作一种努力,即围绕代词"我们"(we)和"我们"(us)之间的相互转化来试图建立一套对等关系,并通过调节这种分歧和统一,不断尝试着在节目语言表达中确保这两个代词之间的"一致性":它属于努力的目标,但不能保证实现。

罗曼·雅各布森和罗兰·巴特都指出了人称代词在话语中的重要地位,即雅各布森所谓的"双重结构"位置。从这种意义维度看,人称代词都属于一种"移指"(shifters)①。如果在对话中,A利用"I"和"you"的形式对B说话,那么B只能按顺序对代词进行转化或"移指"来回答,即将A的"I"和"you"变成B的"you"和"I"。雅各布森将"shifters"称为"移指",即话语中一个重要的重叠和循环之处。因此,利用语言"双重结构"的模糊性,在话语意义编码层面可以构建复杂的意识形态运作场域。代词的发音和发音所指之间的转化——需要根据对话规则进行(Barthes,1967)——已经成为一种利用意识形态模糊性的潜在空间,它可以在"说话者"和"受众"所使用的话语中重构两者的位置。《全国新闻》节目所表达的似乎并不是一种存在于"说话者"和"受众"之间的稳定的"一致性",就好像他们可以维持一种毫无问题的对等关系一样——但在这种由《全国新闻》节目团队原创性操作控制的话语中,以及受众结构性"不在场"的情境下,这种"对等关系"只能是

---

① 根据中国语言学界的习惯译法,本书亦将"shifters"一词译为"移指"。——译者注

一种明确的"假想对等"而已（受众可能被认为是节目话语中"假想的说话者"，而在电视传播的实际沟通中，他们仅仅只是"说话的"对象）。但恰恰相反，我们发现有多种策略被设计用来强化两者位置的"一致性"——这些策略试图利用可以起到"转化"作用的各种词语；这种结果，在特定节目的实际话语中，在围绕和通过这种双重结构所产生的一种不稳定的波动中发生作用：

> 我们（we）会在今晚见面……然后，我们（we）会去参加……六点时候的我们（us）……在你们自己（your own）的节目结束之后，我们（we）将去乘船巡航。我们（we）也会见面……嗯，我们（we）考虑……我们自己（our own）的赛马看上去不错……我们（we）问道……对于这事儿《全国新闻》该做点儿什么。
>
> （1976年5月19日）

构建同质性的"我们"的运作机制必须依赖语言，并在语言中实现，但它们并不是只在狭义语言层面上的运作。我们认为，《全国新闻》节目通过主持人的"定位"方式，即那些能够对节目进行"代表"和"虚构"的主持人，可以进一步加强这种运作机制。这个特点并非《全国新闻》节目的专利（虽然它在节目中是一个显著而有特色的存在），而是普遍存在于"大众电视"的话语之中，"直播时刻"节目板块很久以前就关注了《今晚》节目，后者在构建"大众电视"的规则和传统的实践层面上具有举足轻重的地位：

> 通过电视名人，新闻信息（被）编织成为一个连续性的、可理解的"秀"，这开始于克里夫·米歇尔莫尔……
>
> （"直播时刻"，1960年8月26日）

《全国新闻》节目主持人试图尽可能与"你/受众"保持高度的认同感。主持人为受众的利益发声，为他们调解世界，好像受众的代表一样。洛德·希尔指出，《今晚》节目（但观察很容易扩展到《全国新闻》）记者的首要任务是：

> 自我无意识和摄像机都可以忽略，能够相信的就是他可以代表绝对规范，而任何有悖于这种规范的生活方式都是有问题的。
>
> （Connell，1975）

节目主持人并不是电视节目"虚构"的明星，而是真实的人：

一个听起来能够从常识角度提出问题的"全才"——这些问题萦绕在受众头脑之中,而主持人似乎可以基于受众的立场进行发问。

(Connell,1975)

因此,节目与受众之间所建立的关联,能够将后者置于一定的话语关系之中。这是一种认同和共谋的关系,会在大众电视自身的话语机制和话语策略中得到维系,同时也能够依托主持人获得维系,他们在利用"虚构"或者"非虚构"方式对受众进行定位时具有核心作用。因此,话语的"链接化"和"框架化"在组织《全国新闻》任何新闻信息的序列结构中都扮演着非常重要的角色,可以在多样化的异质性新闻之间对受众进行引导,而不是仅仅告知他们下一条新闻是什么,同时也能够在一种"自然而然"的状态下保持新闻信息顺畅流动和轻松转向——利用桥接、绑定和链接等形式将新闻整合到一个节目之中。它还能将"我们"(us)重新定位到节目本身的语言内部,并通过节目团队对于受众的定位作用,将"我们"(us)也定位于节目所要呈现的"知识"中的特定位置。把"我们"(us)卷入节目团队知悉的、预设的内容之中,团队成员相互之间的联系之中,以及节目同"其他方面,即《全国新闻》的核心部分(意指'从节目自身产生的新闻')"——"我们"(us)即受众的联系之中。因此正如编辑米歇尔·邦斯所说的,不仅仅是迈克尔·巴拉特,或者是节目其他成员能够决定什么节目内容需要播出,受众也同样有决定权:

电话、电报,每周1 000封来信……为节目带来勃勃生机,激发出大量需要播出的节目内容……(主持人)并没有控制节目,是受众做出了决定。

(Gillman,1975)

2. 认同和主控性解读

对于《全国新闻》节目来说,作为受众的"我们"的参与不可或缺,但这种参与中受众与节目团队之间并不存在对等关系。团队成员控制并定义了节目话语的词语表达,并告诉受众"这是怎么回事"。主持人对荧幕播出影像的意义进行了最佳的"解释"。例如,1976年5月19日的节目中那条有关"学生"的新闻信息"列表":

今晚,我们遇到了那些在一个废旧垃圾装载站中为自己创造了新生活的学生们。对于你们来说,这些可能看起来像几个旧塑料袋,但实际上,在当时对于他们来说，这就是家。

被定位的受众、节目团队和受访者共同构成了节目自身结构上的悖论。

"我们"（we）一起遇到了学生，但主持人提供了对电视影像实际意义的主控性解读，坐在家里的受众被"卷入"到对于"几个旧塑料袋"的"解读"之中。这是一种系统性颠覆，主要针对受众可能从电视影像中做出的"平淡无奇"的意义解读。它部分源自一种"卷入性"，这种"卷入性"不断设置出"自然而然"和共享性的解码方式，使得受众乖乖就范。而正是因为这种"悖论"的影响力始终存在，导致无法进行影像真实意义指向的理解。因此，受众对于主持人产生了持续性依赖，以一种自我劝服的方式相信他们对于每一个微小谜团的解释，节目团队也因此成为受众的"代言人"。

主持人和采访者为受众定义了作为节目外部参与者的身份及所持的观点——通过内容简介、链接和主控性解读框架或者对新闻信息和事件的语境进行有导向性的描述。例如，在1976年5月19日那期节目中，受众受到汤姆·科恩那粗暴、公正但"严肃"的"定向"，后者对于在废旧垃圾装载站中为自己创造新生活的学生们的行动评价甚低。毕竟，受众无法拒绝一种非常"理智的"观点，而这种观点也正是在汤姆·科恩那不容置疑同时也充满宽容性的提问中所要表达的：

> 现在我可以很明显看出，在你这个年龄的学生非常享受这样的经历，即使天气很不好，但它很有趣。可是别人想知道的是，从教育角度来看，学生们真正从中有哪些收获？

因此，科恩不但唤起了受众对于这件事的看法，同时也把受众卷入到自己的观点之中。他不仅仅是提出了一个常识性问题，同时声称自己是代表"我们"（us）进行发问的；而"我们"（we）就是受众，是那些"想知道"答案的"其他人"。

（二）家庭和休闲的世界

让我们从"《全国新闻》的节目场景"和"鸭堡"（即卡通片《唐老鸭》的主角唐老鸭生活的地方）的一个类比开始。多尔夫曼和马特拉特对"鸭堡"进行了观察：

> 在迪士尼的世界里，没有人需要通过工作来（维持）生产。存在一个

持续性的购买、销售和消费循环,但在所有场景中涉及的产品都不需要任何生产行为……生产过程已被剔除,但产品依然存在。为什么会这样?就是因为只存在消费。资本主义的过程是从生产到消费,但迪士尼只知道后者……

(Dorfman and Mattelart,1975:64-65)

从《全国新闻》节目文本中能够抽取许多类别的生活场域,而最重要的就是"休闲"世界即文化、娱乐和业余爱好的范畴。在这里,受众遇见了基于个人能力而存在的个体,并且远离社会劳动。受众在个体的自我生活范畴内观察他们的行动。《全国新闻》节目中的"国民",就像鸭堡中的居民一样,看起来只关注消费过程;但又不同于后者,他们的消费是基于家庭环境进行的——一起参加"大特惠"比赛(1975年,每周一晚),甚至一起扩大受众的家庭规模("市民'76",1976年,每周一晚)。

在《全国新闻》节目中,家庭和休闲的世界是占主导地位的单一元素,占新闻信息样本总数的40%(见本章末尾的数字)。首先要注意的是,休闲世界的"在场"标志着工作世界的几乎"不在场"(除了在一些本地新闻信息之中),即对于生产的对抗和超越。这种私人化的"休闲世界"属于"自由漂浮"的场域,它的"生产"基础已经被剥离。生产的"缺席"已经延伸到家庭领域。尽管《全国新闻》节目中的"市民'76"板块侧重于怀孕和子女养育、受众共同选定的"女主人的圣诞菜单"("全球圣诞节",1975)等等,但对于女性来说,照顾孩子和从事家政等日常劳动使得家庭成为另外的"工作场域"而非"休闲场域",但这种情形在节目中是不会被呈现出来的。因此,《全国新闻》节目将受众悬置在一个貌似独立的流通、消费和交换的空间之中:家庭内部和外部"生产生活"的实际内容已经消失了。

《全国新闻》节目(参见"直播时刻"广告)会证明它是面向个人、家庭和国民等受众对象的,他们都具有个人能力。节目的播出时间能够促成节目自我构建,同时也能把节目构建在"工作场域"和"家庭场域"(对于雇佣工人来说)的关联点之上。它的话语是通过回避家庭和工作之间的现实"对立"而进行组织的。我们认为,公共领域与私人领域之间的这种对立部分是被世界与家庭中的性别划分决定的(Rowbotham,1973)。"工作场域"是一个"男性化"的空间,这种观念将家庭构建成一个"休闲"的地方,一个男性劳动者拥有某种选择和控制的私人领域,而家庭对于女性(她们也很可能是雇佣工人)

则完全不同，因为她们有责任维护这个"搭在不正确世界上的帐篷"。

作为一个"家庭秀"，《全国新闻》节目试图证明它是以家庭为中心的，即充满了"关心和分享"（Thompson，1977）。而家庭作为一个个体的亲密联合体，其性别分工"明显地"直接表现为男人和女人所具有的不同责任、特长和素质。因此，节目并不关注家庭中的"女性空间"，这就不同于"女性杂志"，后者利用提出"应对"和"管理"的建议来揭示在维持"理想化"的"规范"的过程中所出现的矛盾张力（Winship，1978）。《全国新闻》节目中没有食谱、服饰和毛衣编织图样以及家庭小窍门等内容，除非这些事件具有特殊性：一个男人给他的孩子做衣服（"大特惠"板块）；大家苗条才是真苗条［"窈窕淑女"板块，1977年3月，参见《全国新闻》的"十只豚鼠的夏天"新闻（"直播时刻"，1977年3月30日）］。

"我们"通常就在他们的家中与其家庭成员相遇（"大特惠""市民'76""预算1977"），或者是因为他们的特长而与其相遇。而有时候与女性的会面则是因为她们"作为一个妻子和母亲"的理由，例如在1977年5月19日的"英国佬"那条新闻中对皮弗雷格斯太太进行了采访，节目以她站在厨房水槽边的镜头开始，但这个镜头随即就被切掉了，从而使得她对于问题"你觉得在这儿生活困难吗"的回答完全只集中于关注家用设备，而她丈夫的回答则更多、更全面地关注家庭的历史和态度。类似新闻很常见，一位被狮子吸引的"妻子和母亲"（1977年4月19日）、"女巫"（1976年6月18日）、布里斯托尔的多彩历史（1976年6月15日）等等。

因此，我们关注的是这样一种话语，它非常具有计划性，从总体维度上呈现出一种对"在场"和"不在场"结构的潜在性偏好。

不在场	在场
世界	家庭
工作	休闲
生产 ｝	消费
再生产	
工人（功能性）	个体（承受性）
结构性因果关系	效果

作为一个对抗外部世界中抽象性、异质化问题的堡垒，同时也作为一道被

质询的道德底线,"'人类'的'真实'世界"(Hoggart,1957)受到高度关注。因此,《全国新闻》节目中存在着一种官僚主义,它对外部世界的"有效运转"进行象征和审视,即节目中存在着一个"隐形人"(它是非个人化的,但具有"隐形人"的个性特征,可也并非一套"官僚体系")。他躲在紧闭的门后,对"我们"(us)进行控制。

> 再一次,关键决定都是在幕后做出的,这次是在全国各地不同细小分支机构的会议上进行的。
>
> (《全国新闻》,1976年6月15日)

对于这些问题,《全国新闻》节目采取了一种类似于"实施战役"的立场,即代表受众利益对外部世界进行审视。因此,"秋天'76"节目板块创造出"公众之眼"节目时段,该部分由两个节目主持人同时担纲。

> 调查一个他们认为应该引起公众关注的问题。
>
> ("直播时刻",1976年11月3日)

作为"普通人"的受众和作为"隐形人"的官僚主义之间的这种对立,在结构上与霍加特对"他们"(them)和"我们"(us)的阶级意识的描述密切相关:

> 总体上,对于"他们"(them)的态度,就像对于警察的态度一样,主要是不信任,而不是害怕;这种不信任伴随着一种错觉的缺失,即"他们"(they)将会为一个人做些什么以及所采用的复杂方式——一种明显不必要的复杂方式。在这种方式接触到某人时,"他们"(they)会规制一个人的生活。
>
> (Hoggart,1957:74)

不同之处在于,《全国新闻》所代表发声的"我们"(us)并不是特定阶级,而是作为消费个体的"国民",并且一直处于家庭环境之中。在上面的例子中,"幕后的决定"是由工会分支机构的工人们做出的〔参见莫利(Morley,1965)的第1节b,关于工会决定的表达是导致事件的唯一原因〕。

《全国新闻》节目话语中没有出现阶级;只有个人,并且通常出现在与市场有关的交换和消费领域。因此,一群站在工厂门口、双手握拳的白人男性工人形象(《全国新闻》,1976年5月19日)并不意味着工人们在生产斗争中取得了胜利，而是表示他们在"足球博彩"中大获全胜：

> 总共有9个人将分享奖金，而对于其中一位获奖者的妻子来说，获奖消息出乎意料，但却是最受欢迎的44岁生日礼物。
>
> （1976年5月19日）

这并不意味着《全国新闻》节目没有，或者从来无法处理"生产世界"或者"硬新闻"话题，但面临并需要处理政治性新闻信息时，如预算或收入政策，节目很可能会将其置于家庭生活语境中进行解读，即这样的"政治性"话题将如何影响家庭。节目策略精确地把话题的"人性化"和"个性化"维度转化成为"对人的影响"，或者探索受众对影响他们的外部力量的"感觉"或反应的程度［例如，新税收计划："你认识到的——那个肮脏PAYE①形式……没完没了的抱怨……都来自你的婆婆"（《全国新闻》，1977年3月29日）］。

在这种话语中，政治事件的意义通过对"人"的影响而变得可理解，通常习惯认为人们往往是按家庭分组的：

> 我们……看看这个预算如何影响三种不同类型的家庭的……"肯"强烈感觉到当时他没有得到公平对待……你想看到首相准备对你的家人和朋友做些什么吗？
>
> （《全国新闻》，1977年3月29日）

《全国新闻》节目会关注世界中的"家庭"。假如我们进入一个更大领域，将会发现作为"个体"的人们在公共世界是什么样的。例如，一名国会议员也是一匹赛马的马主（1976年5月19日）。社会所有权和控制权的结构被分解给节目中形态多样的个体，节目则以各种方式来创造世界。因为世界上的某些危机已经使"家庭"必须在节目话语中存在，然而在节目话语中把"家庭"纳入公共范畴以对人进行"呈现"的这种类型的处理手法是不可能实现的。在这一点上，"家庭"的影响进入了节目的关注范畴，这在某种程度上涉及对外在世界"限定性"的承认，但这恰恰被视为一种入侵、阻断或障碍［参见莫利（Morley，1976）的第5节b，关于罢工的报道认为罢工是"正常工作"令人遗憾的中断］。

---

① （所得税的）发薪时的扣除制。——译者注

因此,家庭和休闲的世界是节目关注的主要空间。在这个整体空间中,我们能够对以下两个部分进行区分:第一,从休闲活动中提取的新闻;第二,与消费者和家庭生活相关的新闻。前者是"自由时间"和"个人爱好"的空间;后者则是一种预设,并在《全国新闻》节目话语中未被广为提及,即假定核心家庭是社会组织的基本单位。

1. 休闲时光

从"休闲世界"中抽取的新闻信息约占样本新闻的 25% (40/182)[①]。此外,在这些新闻中,主角是个人,追求自身不同的爱好和休闲兴趣(这种对差异性的强调体现出他们的个性),他们是《全国新闻》节目话语的主体。在这种类型的 40 条新闻中,有一半都是围绕着"一个人的故事"展开的("今晚与我们见面的……的人"):从一个会玩纸牌的鹦鹉的主人的故事(1976 年 1 月 9 日)到一个耶稣基督生活连环漫画的创作者(1976 年 8 月 17 日),甚至这样一个男人的故事(1976 年 1 月 22 日):

> 他对玩具具有孩子般的痴迷,所以发了一笔财——我们放飞了一只高过科茨沃尔德的风筝。

这是一个建立在"差异性"之上的"成功"故事;"一个简单男人"的故事,他具有孩子般的痴迷——还有利润;一只与众不同的风筝,它已经被一个在赚钱方面具有敏锐眼光的日本商人购买了。

> 巴拉特:无论何时/我们(we)/都能在《全国新闻》节目中/我们(we)/努力带给/你(you)/生活光明的一面,克服围绕/我们(us)/的所有忧郁和沮丧。今晚,我们有一个成功的故事,关于一个科茨沃尔德的男人,他把童年的快乐变成了兴隆生意。詹姆斯·霍格去见他……
>
> 霍格:难以置信。如果我告诉你,彼得·鲍威尔刚刚收到一年 83 000 英镑收入的纳税通知,你会为他杰出而又令人震惊的成功感到高兴。

这些"个人的"故事的特殊重要作用在于,无论它们有多么特殊,故事的功能都主要与"普通人"相对应:上述故事在对普通人进行推断的同时也证明了个体的"超越性"——成功等于幸运的个人突破;但是,"这可能发生在任

[①] 原书如此,疑有误。——译者注

何人身上"。这类新闻所表现出的一些微妙结构值得分析。它引出普通人的一些事——作为"最小公分母"之一的彼得·鲍威尔和我们其他人一样,并不是一个在公共领域拥有地位或权力的"特殊人物"。然而,这并没有将他淹没在芸芸众生之中,因为"普通"实际上建立在"差异性"之上——那些蕴含在普通之中但又让他变得"个人化和特殊"的因素。事实上,所谓的"平凡和普通"对于每个人来说都是不同的,存在于他独有的个性化之中。这种"差异性"释放出的一种可能性——假定它能够降临到每个人身上——便是普通的爱好或许可以成为一个异常成功故事的基础。但是,即使是这种非同寻常的"事件转折"或者"命运改变"也会重回正轨或者恢复常态。一个人的爱好不仅在他自己的独特个性中获得表达,而且是《全国新闻》节目所有普通人(受众)都有的各种各样有趣的爱好之一,这些案例举不胜举。

这意味着这些新闻通常会突出那些"原本普通人"的生活的一个方面。《全国新闻》节目发现,看似平凡和普通的背后往往存在着多样性和差异性。这就是问题所在,正如节目编辑邦斯所说的那样:

> 我们想展示的是,个性并没有被消灭。我们并不都是灰色的、单调的人。
> (Gillman,1975)

在《全国新闻》节目1975年12月29日的那一集中,我们遇到了伊芙琳·丹蒂小姐,她看起来就像每个人的奶奶;事实上,她就是每个人的奶奶。丹蒂小姐的特别之处在于,她"在全世界领养了250个孩子",她在圣诞节给他们每人发了一张卡片。她把所有的收入都花在了圣诞贺卡上。就像《全国新闻》节目想让受众相信的那样,这种无私的慈善行为已经成为一种全部的生活方式……简单,艰辛,而且乍看起来非常孤独。

事实上,这是一种《全国新闻》非常喜欢的表达风格;它使用了一种叙事技巧——新闻是一个"小故事"——而叙事"角度"则是:"看起来普通的地方将会变成什么样子?看起来普通的人将会去做些什么?"这些《全国新闻》的节目故事制造出一种"调查性新闻报道"(这种报道方式确立了记者的角色)的虚假印象;但调查性新闻报道强调自身对人的关注,而不是话题——《全国新闻》的节目记者走到世界上,只是为了发现和再次确认这种存在于平凡之中的多样性。

有一类个体在《全国新闻》节目话语中具有特殊地位,即那些"古怪的人"——他们执着于自身那些"极为普通"的"特殊癖好":无论是稍微有点麻烦的"科茨沃尔德的隐士"（1976年6月1日），还是二战中在森林里玩迷你坦克的人（1975年12月30日）。"特殊癖好"本身就很容易变成一种"成就"。当我们遇到"在世界屋脊上饲养牦牛的人"（1976年6月11日：一位爱好登山的厨师）时，我们对他那些基于特殊癖好的所作所为的兴趣非常浓厚，不亚于对待他登山成就的兴趣。

关于这些"古怪的人"的极端例子是1976年6月1日那集节目中的千万富翁。他厌倦了商业和社会交往，买下了托尼·杰克林的旧房子，在那里退休了，除了偶尔拜访一下园丁主管之外，几乎没有朋友或熟人。他花时间沉溺于奇思怪想，比如每天穿戴整齐跳到游泳池里，或者把汽车模型扔进火里。詹姆斯·霍格以哥特式恐怖电影的风格对这条新闻进行了报道。缺乏稳定性的摄像机沿着杂草丛生的小路一直走到锤式风格的大门之前，听着地下室中巴斯克维尔猎犬的吠声，以及"戴维先生"在高保真音响上仅存的那些紧张压抑的旋律。这才是真正的"极为普通"，上流社会"古怪的人"——"有史以来最孤僻的千万富翁霍华德·休斯"，真的完全抛弃了凡尘俗世，除了自身特殊癖好之外，没有任何东西可以把他和我们联系在一起。然而，在英国传统主义的万神殿中，这种特殊癖好类型有着它自身"正常-不正常"的混合性生存空间，这看起来非常矛盾；而事实上，有这种情况的大有人在，但他必须为自己的任性付出代价。因为从《全国新闻》节目道德标准看，他是一个完全不需要朋友的富人（这完全不正常）。

然而，《全国新闻》节目也关心"严肃的"个人成就。例如，1976年1月2日曾经发布了"新年荣耀人物榜单"，这说明它的特色并不是仅仅关心社会名流，同时也关注那些从事公共服务工作的普通人物，他们往往在工作多年后悄然离开（一名入榜的清洁工，从事下水道清洁工作50年）。这些非常平凡的成就也得到了尊重，即普通人在平凡的活动中也能成为"明星"。

"平凡性"也是一种新闻价值，它被反复证明。《全国新闻》节目善于发现和展示特定个体真实的非凡成就。例如，我们不但会遇到能够"观看"网球比赛的盲人（1976年6月18日），而且会遇到一位业余时间学习雕刻艺术的70岁女性："我想我可以尝试一下……"/"我的天哪，他们非常优秀……活到老学到老……我想知道有多少人有这样的天分……"（1977年3月30日）。再比如，D. 路易斯迪哥瓦尔夫人，是"一名89岁的女性赛马训练师，而这个领域往往为男性所控制"（1975年12月29日）。在这里，成就的价值产生一种特殊的共鸣：新闻人物能够在自身选择的行动领域里克服残疾、老龄化和性别障碍。

2. 消费者和家庭生活

作为排在第四位的重要性主题，涉及"家庭生活"和"消费者问题"的新闻占样本总数的17%（33/182）[①]。仅这个类别的新闻文本就超过了"国家/政治新闻"（15%）的占比。同时，通过与节目话语中其他"自然的"元素结合，这类新闻利用绝对的体量优势超越了"严肃时事新闻"。

作为节目关注的一个领域，家庭生活有时会被直接呈现——例如，当它受到"政治"的威胁时；例如，可能导致家庭分裂的住房政策（1974年2月13日）——同时也可能是值得庆祝的理由。1975年的圣诞节就充斥着这类新闻文本，从"威尔弗雷德·皮克尔斯"家的圣诞节（1975年12月19日）——"圣诞节是属于家庭时间的"——到更接地气的，实际针对"回炉圣诞节剩菜"，甚至是"纠正圣诞节食物过剩"等问题（1975年12月29日）。

《全国新闻》节目话语关于"核心家庭"重要地位的预测在一条新闻（"今日中部地区"，1976年11月23日）中表现得最为明显。这条新闻利用一些人口统计学的研究方法，显示出"每年都有更多的已婚夫妇决定不要孩子"。这条新闻的导语清楚地指出了这一现象对于家庭的威胁，如同我们所了解的一样。

> 导语，家庭场景将会消失："一张典型的家庭快照应当是父母坐在那里，被开心的孩子们簇拥着，但从这几天人口下降的图片看，这种场景将会逐渐消失。"

该条新闻对项目研究人员进行了一段时间的采访，这本身就表明了节目对于这一问题的重视程度，说明"正常的"《全国新闻》节目话语对学术性的研究结论明显不太重视：事实上，这项研究的"相关性"只有具备普遍的社会价值才能被清晰地标记出来：

> 你正在进行这项研究。那么现在，这些信息对我们有什么作用？

不遵从"核心家庭"模式被当作一个明确而具有威胁性的问题：

> 你现在结婚，却不要孩子……你为什么决定不要？……不生孩子是否

[①] 原书如此，疑有误。——译者注

是一种自私的态度？

这些问题都是在一组等式的基础上提出的：

孩子＝女人的工作

父母＝已婚夫妇

家庭＝婚姻

出生率＝已婚夫妇的生育

当问及研究人员，采访者的口误最清楚地表明了这一点：

……作为家长，你自己却没有孩子……

对话中对核心家庭结构的期望非常明显，以至于采访者甚至不可能清晰地对这些规范的瓦解进行表达；而这种反常行为只会导致在新闻分类时令人不安的模糊性。

这个领域内新闻文本的选择倾向，使得家庭的形式被假定为受众的经验基础，这使得新闻分类变得特别困难（参见"附录：分类表及说明"）。与其说"家庭"常常在话语里被明显地呈现，不如说更准确地将它视为一种在话语里被暗示为"未指明的'预设'或者'不在场'"。因此在《全国新闻》节目中，"大特惠"板块中的竞争对手不是个人，而是家庭；在这个萧条时期，家庭之间比赛谁的生活最为节俭，比如介绍用双层床单做婴儿床单、围裙和晚礼服裙等的技巧。全国各地的家庭都在烹饪、购物、自助服务和理财方面接受考验；"超级家庭"节目板块里的赢家可以在超市里享受四分钟的"免费购物"，而普通家庭受众则可以通过画面快进进行收看（1976年1月2日）。

因此重要的是，这类新闻预设受众的存在已经而且必须结构化到"核心家庭"的群体之中。节目话语采取了一种针对家庭所经历的消费问题给出"实用性建议"的立场——这种新闻文本"主题化"的方式居于核心地位，几乎占到这类新闻信息的一半（16/33）。

通过利用这种方式进行新闻文本主题化的形式非常多样：从时事性新闻"自己种植蔬菜以对抗干旱导致的价格上涨问题"和"去湿润的地区度假旅游"（1976年8月18日），到向我们所有人长期关注的问题"一个心愿需求"（1976年1月6日）或者针对保险问题（1976年1月6日）给受众的建议。当然，《全国新闻》节目努力关注受众面临的当下问题。例如，在"交通单元"时段及时提供雾霾预警（1975年12月15日），并在"消费者单元"时段就夹层挡风玻璃的优点提出建议（1975年12月17日）——这一主题基于《全国新闻》节目策划的一场消费者/受众的"战役"，目的是对抗政府环境保护部门中那些麻木的官僚机构。因此，《全国新闻》节目与家庭受众之间建立了一种重要的"实用性"关系，针对具体事物为他们提供各种各样的建议和警告，就像提醒受众警惕一些玩具熊猫制作时所使用的危险材料（1976年1月9日），以及建议受众为房子可能出现的下沉（1976年1月5日）或在风暴中受到的损害（1976年8月18日）进行投保。受众必须应对法律条款的不断变化，后者会对他们的生活产生影响——《全国新闻》节目可以提供建议，例如如何应对酒精测量仪和电视许可证法律（1975年12月18日）和性别歧视法律（1975年12月29日和1976年1月9日）。

《全国新闻》节目也试图扮演一个"战斗者"或者"防卫者"的角色，以保护受众作为消费者的利益，它不但反对"大企业"的垄断权力，而且反对国家官僚机构的低效率。在一条关于油价上涨报道（1971年3月31日）中，这个视角在导语式的框架表达中清晰呈现："我们担心的是，这可能是一个不必要的上涨"——显然，在这里《全国新闻》节目将受众的最大利益放在心上。随后节目采访了相关专家，讨论了涨价的"必要性"，并指出由此可能带来的困难。这次采访受到了冷淡回应，而在代表受众并竭尽全力之后，迈克尔·巴拉特所能说的结论就是：

> 所以，请微笑着买单吧。

"家庭生活"和"消费者"主题在节目话语中具有中心地位，这也为"消费者单元"时段在《全国新闻》节目发展过程中的整体角色所证明。这是《全国新闻》节目中第一个设定"专门"和"定期"时段的领域，目的是以固定方式处理"调查性新闻"（Gillman，1975）。

（三）民众的问题

《全国新闻》是"有责任感"的节目；它不仅会让受众感到有趣和开心，同时充满了关怀和关心，持续关注"民众的问题"，例如孤独、异常、贫困和（尤其是身体上的）残疾等等。这些新闻占到样本总数的16%（30/182）。需要指出的是，《全国新闻》节目处理这些故事的手法非常独特：不同于我们可能在《全景》节目中看到的——一群专家对"社会问题"的背景进行讨论，而是直接关注"对人的影响"——"受害者"的问题和感受,如"残疾"对于他们日常生活的影响。

《全国新闻》节目似乎有处理"生理残疾"的嗜好:这类"问题"被认为是"自然"出现的,而不是社会因素导致的——失明、智力障碍等等。节目往往采取积极角度处理这类问题:"看看这些新技术能够为人们做些什么?"科学技术的社会角色——来自发明和发明家——在这里受到了强调:有效用的科学技术被认为一定能够改善生活质量,从而解决社会问题。在"今日英格兰"节目板块,这象征着《全国新闻》节目对"人类技术范畴"的关注,正如汤姆·科恩在节目中所说的(1976年5月19日),"事情一直在变化",这是"全新发展"的世界,例如一项发明能够使盲人学生创作三维图形(1976年5月19日)。

在《全国新闻》节目中,"生理残疾"没有自身社会根源和后果,它属于节目频繁报道的"正常世界"的重要组成部分,而它的内容"核心"会从记者已经报道的"故事"中定期抽取出来。例如,一条关于伦敦地区儿童"沙利度胺"药品中毒的新闻,并不涉及事件起源、赔偿争议、制药公司责任以及《星期日泰晤士报》对此的报道舆论压力。准确地说,它关心的是找到能够使"沙利度胺"药品受害者生活正常化的方法,而不涉及更麻烦的事件原因问题。

大自然的破坏和自然残疾的影响反复出现:"鸟蛋收集者对稀有鸟类的威胁"(1977年3月29日);"引发关注:圣诞宠物"(1975年12月15日);"引发关注:稀有动物"(1976年1月2日);"花粉热患者"的问题(1976年6月9日);盲人再就业问题(1976年6月3日)。但在《全国新闻》节目中,受众也关注其他一些类型的人,他们无法适应社会,而且节目会为他们做些什么。这些问题都被带给受众,而这些领域都是普通人所关注的。节目敞开了心扉:我们看到了问题,但也看到了积极的一面——我们能做些什么。

因此,受众了解到"失踪人口"给其家人带来的痛苦(1976年6月1日),但他们自己也遇到了一个志愿者组织"准将格里丁"(Brigadier Grettin),该组织"致力于寻找失踪人口"。听到"孤独老人过圣诞节"(1975年12月19日)的消息,就出现了积极的回应:"六个人骑自行车参加慈善活动"(1976年8月19日),他们收集垃圾,以及"马拉松歌手"为筹集慈善基金而表演(1976年6月17日)。

《全国新闻》节目站在受众立场上,关注严肃性和时事性问题,不但偶尔对足球暴力问题(1977年3月30日)和西印度群岛儿童的教育问题进行"调查"（1976年1月20日），而且关注对所有人具有直接影响的"话题"。例如，在狂犬病恐慌期间的"狂犬病救治"（1976年6月11日）；在干旱期间，不仅调查"谁的责任"问题（1976年8月20日），还提出对"土地减少"（1976年8月17日）和"旱灾中的疾病"（1976年8月20日）的实际警告。

《全国新闻》节目处理"民众的问题"非常迅速：受众被告知"在人的意义层面这意味什么"。这种对"人性化"的强调基于主持人特定的传播策略——在试图把问题弄清楚的时候，还有什么比直接关注那些实际参与人的感受更好的方法呢？然而，后续对"人性化"的强调，可以说几乎完全从"人类视角"出发，目的是改变受众对问题的认识。这种表达形式所要无形描绘的是这些"民众的问题"与社会结构的关系。《全国新闻》节目强调"即时效应"对于"人"的影响，这触及了问题的核心，但矛盾的是，它对问题的处理都被严格局限于"表象"层面。

这一领域的节目话语实际上由两个维度构成，即同样的"明显不在场"。一方面，节目几乎只从自然意义出发处理问题，而不涉及问题的社会意义，特别那些源自生理残疾的问题。另一方面，节目处理问题始终回避"社会性判定"对于生理残疾的影响。因此，新闻中那些遭受生理性痛苦的人并没有被证明也经历了残疾问题带来的社会性痛苦。

问题的社会维度一直被排除在外——但一直被特定个体的问题反复表达，并且被剥离了他们的社会语境。此外，问题的原因由以下因素设定：针对问题需要立即做什么——通过慈善工作、个人志愿行动或者"新技术"。因此，把话语系统性地置换到个人努力的水平上，这是合乎逻辑的。而作为其后果之一，这种方法强调了实践性的、实用主义的修复办法。但这并不是要否认这些问题的重要性，而是要指出一种意识缺失，即需要用社会和结构的方法来解决社会结构所产生的问题。

我们认为，这与《全国新闻》节目的"影像英格兰"板块类似，即"阶级结构"基本上是不可见的［参见下一节"（四）影像英格兰：乡村和城镇"和结论］，而"阶级结构"只有当"地区差异"被消解时才能够得到表达。在《全国新闻》节目的这个话语领域，"自然残疾"属于同样的表达"置换"，即在一定程度上仍然忽略了"社会结构性的不平等和问题"。

（四）影像英格兰：乡村和城镇

《全国新闻》节目话语对英国文化遗产有着明确关注和价值关怀，这类新闻占到样本总数的15％（31/182）[①]。

当然，《全国新闻》节目的"文化"都属于"英格兰中部地区"的文化遗产，绝对不涉及流行世界的最新文化（例如"性手枪"乐队会出现在《今天》节目中，但《全国新闻》节目则不可能），同时也不属于"高雅文化"，它属于"打造家庭马戏团"（1976年6月18日）和"最后的ENSA秀"30周年纪念（1976年8月20日）的世界。团聚和纪念日是这些新闻信息中反复出现的主线。它同样可能是"战前飞机的飞行员重温飞行"（1976年8月17日），或"40岁的达科塔飞机"（1975年12月17日），甚至"缅甸战俘重逢"（1976年1月9日）。节目文化语境既非重金属摇滚的"彩虹乐队"，也不是格调高雅的"考文特花园歌剧"，而是属于休闲商业区的"黑池市"（1976年3月3日）或者"西班牙度假"（1976年6月1日）。节目的"文化语境"通常由大量常规性新闻构建，它们贯穿节目全年时间段：松鸡狩猎节、万圣节、圣诞节、皇家阿斯科特赛马会（亦戏称为"帽子节"）、圣乔治节、仲夏夜等等。

即使是报道伦敦以外的地区，《全国新闻》节目也会一如既往地将故事归入国家文化遗产的理念之中。因此节目一般不会关注议员的"斗争"问题，但是在威利·汉密尔顿攻击君主制的时候出手（1975年12月30日）：

> 没有人比威利·汉密尔顿更能激起你的反应……1月份我们给了他一个机会……并要求你回答……

同样，《全国新闻》节目关注的不是出口贸易的总体经济前景，而是摩根汽车公司的特殊成功——传统的英国制造（1976年8月17日），不是欧洲经济共同体（EEC）的经济境况，而是加入欧洲经济共同体对大英帝国的影响（1975年12月15日）。

这是一种国家（民族主义）政治，关注英国手工艺传统和国家文化遗产，并把它们结合到《全国新闻》节目特定的语境之中，即一种奇怪而严肃，但又带有自嘲性的大国沙文主义。威灵斯说道：

[①] 原文如此，疑有误。——译者注

> 我在这里，在一个英国的花园中，花卉、假山……和花园精灵，犀利的英语格言，由英国工匠完成的塑像和彩绘……今天，它们的生存受到了异邦神灵的威胁——"gnomeads"，从西班牙而来的……英国神灵将如何应对新的威胁？
>
> （《全国新闻》，1976 年 6 月 15 日）

组织整合这些新闻文本的核心主题（这种类别占到这类新闻一半以上，即 17/31）是基于对"传统价值"的关注。其主要形式是对乡村怀旧情结进行重点展示——关注多样化的乡村手工艺，以及高速公路上和乡村小路边发生的新闻。节目含蓄地对电视影像中的英格兰进行了表达，它基于一种早期的、传统的、以乡村为核心的社会形态——这是一种具有相当稳定性（甚至是一个有机）的社区（Williams，1975）。

《全国新闻》节目对"老英格兰"的乡村传统和习俗具有特殊兴趣，这可以在迪士尼乐园的宇宙观中找到有趣的对应点。多尔夫曼和马特拉特认为，每一个伟大的城市文明都创造了自己的田园神话，一个超越社会的伊甸园，纯洁而纯净，在那里：

> 中心（成人—市民—资产阶级）设法与周边（儿童—懒惰的野蛮人—工人/农民）建立的唯一关系就是旅游和轰动效应……这个边缘区域的纯真性是拯救"鸭堡"旅游和复苏其儿童天性的关键。由第三世界国家提供的基础设施变成对一个"纯净的"世界以及遗失掉的原始风格的怀旧共鸣……而这一切都被"服务导向"的世界压缩到一张明信片里才能够欣赏。
>
> (Dorfman and Mattelart，1975：96)

《全国新闻》呈现的不是从事农业生产的乡村世界及其日常关注之处——今天的动物饲料价格——而是从城市视角来观察乡村——一种对于"逝去的英国"之美的怀旧情结"……对我们乡村的威胁……自工业革命以来"（1977 年 3 月 31 日）。在这里，受众遇到了与"中部地区"最美教堂未来有关的牧师"维卡"（1977 年 3 月 31 日）、受到赞誉的部队"一个离奇角色——作为环境保护主义者"（1976 年 1 月 5 日），受众到伊夫舍姆和"史前巨石阵"旅游（1976 年 6 月 18 日），参观中部地区的"西区农展会"（1976 年 5 月 19 日）和"三个乡村秀"即受众观察传统乡村生活循环往复的痕迹（1976 年 6 月 15 日）。

一系列截然不同的关注点被提供给受众——不是地方社会安全法庭的运作，而是迪恩森林里的"皇家护林法庭"的运作（1976年6月10日）；受众不向工厂化养殖学习，而是向海藻采集员学习（1976年8月19日）；"受到森林火灾威胁的动物"的问题要求受众施援（1976年8月19日），并看到了森林消防队员的努力（1976年8月18日）。它是"英国佬"（1976年5月19日）的世界，可以用具有"民间风格"的方式来对待——通常是刻意的自嘲和讽刺——但这是安全的，自嘲意味着保留传统主义的原貌。

　　因此，这种方式被用于那些触及灵魂拷问的调查性"新闻"：所有那些不错的"喝茶"的地方都到哪去了？（1976年6月11日）伴随着"英国乡村花园"音乐的结束，尽管有些开玩笑的意味，但主题事件最终还是受到严肃关注。毕竟，这是英国文化遗产中正在消失的部分。弗兰克·博夫说："传统现在还能在任何地方延续吗？"

　　但传统并不是万能的。例如，当花粉数量上升时（1976年6月10日），节目通过介绍一些现代西药疗法来反对"花粉热的传统疗法"，这种传统疗法可以在全国各地找到多种版本。在这里，（地方化）的治疗方式和主题事件一样重要。在"天才艺术家"（1976年1月5日）的新闻中，节目再次使用了这种模式。受众进入艺术和工艺领域，特别是小型的家庭手工艺和手工艺产业。他们看到"奇怪的材料"和"不同寻常的工作空间"——三位画家分别来自威尔士、利兹和格拉斯哥，第一位把宠物画在卷曲的蜘蛛网上，第二位画在钢琴琴键上，第三位则画在瓶子内壁。节目对这些活动进行了积极肯定——这是工业化世界中的手工艺传统遗迹。博夫总结道：

　　　　在这个国家，人们所做的美好事物永世长存。

（1976年1月5日）

　　这种积极肯定直接来自话语中所坚持的对比：之所以肯定这些事物，是因为在机械化世界里，它们保留了个人创意的艰辛方式，以及早期的、有价值的和社会化的生产方式。节目报道了"木雕大师伍德卡弗·罗伯特·汤姆森逝世100周年"纪念活动（1976年8月16日），参观了V&A工艺展，并会见了布里斯托尔一群妇女的领导人——她们煞费苦心地制作了一幅巨大挂毯，展示了这座城市的历史：

用一种富有想象力的方式在针线上讲述布里斯托尔的故事。

(1976 年 6 月 15 日)

(五) 国家/政治新闻

关于严肃/政治话题的新闻不是由《全国新闻》节目"内部资源"引发的，而是时不时由"硬新闻"价值从外部强加的。当一个戏剧性新闻事件发生时，节目也会涉及相关的报道。例如，节目的一个演播室工作组成员会全部致力于巴尔科姆大街发生的围攻事件报道。与之类似，在 1976 年 1 月 6 日，尽管一直在报道一条关于交通事故赔偿的新闻，但节目内容实际上被转到了对爱尔兰"比斯布鲁克杀人案"的审查及对死者亲友的采访之上。

因此，除了地方新闻时段，偶尔会有一个时段不定时地完全交给"严肃时事新闻"，但在研究观察期间，这在《全国新闻》节目话语中并不具有典型性。节目确实提供了一些关于"国家重要新闻"的常规报道，但在样本分析中，这些新闻居于次要位置——仅占 15％ (28/182)，略少于节目话语其他四个主要类别的新闻数量。

对于国家/政治新闻，《全国新闻》节目采取了最接近新闻和时事节目的主流报道形式，以表示出对于它们的重视，即主要使用"纯新闻"的报道策略 [15/28，这一特点在地方新闻内容部分——"今日中部地区"节目板块甚至更为明显，这个小样本显示出"直接性报道"策略在所有新闻中几乎占据全部优势 (8/11)]。节目这种表达特点还会通过新闻主播采取一些"个人化"的表达形式（参见第三章第七点中的芭芭拉·卡特夫人）突破常见的"中立角色"限制，对新闻发表个人评论。

然而，出于将话题进行"家庭化"的决心——这是节目从日常生活维度来"理解"国家政治事件的首选策略——《全国新闻》节目将通过个人特定经验所构建的"新闻"进行了"视角化"。因此，在 1976 年 1 月 5 日那期节目中，受众被告知《全景》节目将在夜间晚些时候报道英国铁路情况，而在简要介绍英国国家铁路总裁比钦（Beeching）之后，《全国新闻》通过以下故事来处理这个话题：

北塔维斯托克铁路站的前站长罗恩·胡珀继续生活在那个属于他的废

弃车站中。

与之类似，当其他时事新闻节目在分析社会契约控制下工资管理的成功和失败时，《全国新闻》节目带着受众见到了"马克思·库特曼"，一个泥水匠的伴侣，每周能赚400英镑（1976年8月16日）；而当哈罗德·威尔逊辞去英国首相一职时，节目对于这个故事的报道"视角"在于他将要去度假，而他个人对乘坐火车非常偏爱（1976年3月16日）。

政治人物并不经常出现在《全国新闻》节目中，但是当有此类故事发生时，例如，14岁的女孩，一位"儿童抗议者"骑马闯入了一个会议，抗议她在当地公共场所失去了放牧权，那么这类新闻就比较容易在节目中获得表达机会。另外，像帕特里克·米汉（1976年5月19日）这样的事件，节目针对事件的政治维度进行了处理，他被判7年监禁后从监狱释放——涉及英国情报机关的诬陷和牵连——使得事件的政治维度彻底消失了。在这个案例中，《全国新闻》节目主要从"一个男人痛苦的戏剧"角度重构了故事［参见莫利（Morley，1976）的第6节］。因此，案件的政治背景消失了，剩下的则是节目两个小时的"独家专访"：一个情绪处于高度紧张的男人从彼得海德监狱的单独牢房中被释放。

四、附录：分类表及说明

《全国新闻》样本总数：29集节目182条新闻

| | 新闻 | 家庭和休闲的世界（b） | | 民众的问题（c） | 影像英格兰：城镇和乡村（d） | 国家/政治新闻（e） | 体育 | 新闻总数 |
		(i) 休闲	(ii) 消费者					
主题化	总计	40	33	30	31	28	20	182
《全国新闻》事件	12	2	4	1	0	0	5	
个人化	47[①]	20*	3	5	6	7	7	
传统价值观	37	10	3	1	17*	4	2	
建议	27[②]	1	16*	6	2	0	1	

---

① 原书如此，疑有误。——译者注
② 原书如此，疑有误。——译者注

续前表

	新闻	家庭和休闲的世界（b）		民众的问题（c）	影像英格兰：城镇和乡村（d）	国家/政治新闻（e）	体育	新闻总数
		(i) 休闲	(ii) 消费者					
关注和关心	16	0	0	14*	2	0	0	
家庭	13	3	7	0	1	2	0	
报道	30	4	0	3	3	15*	5	
样本总数	182							

表格说明

（1）新闻类别和主题的主要组合在表中标注为 *。

（2）当然，"《全国新闻》事件"（参见第二章第一点）只是包括节目所有"内部新闻"的"链接"和自我参照的新闻文本的冰山一角。表格中只有属于"《全国新闻》事件"的才被计算在内。

（3）另外，在制表方面存在着很大的困难，例如，"家庭"的主题化（参见下文的分类注意事项）——这里的表格与其说是明确的存在，不如说是隐含但反复出现的假设，它在那些被表达的特定新闻中"设定了框架"。

分类注意事项

与之类似，当英国雇佣军在安哥拉因其生活而受到审判的故事（1976年6月10日）出现时，在简要叙述了英国和安哥拉法律之间的有关差异之后，故事主要集中在一名雇佣军父母的感情上。同样，在预算专题报道（1977年3月29日）语境中，如前所述，通过一系列对"普通家庭"的采访，节目表明了整体预算的重要性。专家们进入辩论，有权推翻和重新定义普通家庭对于预算的解释。但是，这条新闻的重要性还是在于通过对报道人物自身经历的影响来调和故事的政治性。

为了进行分析，样本中的节目被分解成单条新闻。然后，每集节目的新闻都在编码表格的两个维度上进行分类。阶段（1），通过参考新闻清单内容，每条新闻被放入某个"新闻类别"；阶段（2），通过参考新闻最主要的"主题化"形式，每条新闻被放入某个"新闻主题"类别。

当然，这两种分类都依赖于定性判断，一条新闻必须被判定属于 x 类（Kracauer, 1952）。阶段（2）的过程比较困难，当对新闻进行分类时，并不是参考某一特定显性内容的存在与否，而是参考具有更普遍性质的"主题"（Gerbner，1964）的存在与否——但构成"主题"的理论化结构是无法观察的。格布纳对这个过程进行了概述，即它的任务是对隐含的主题、预设和规范进行明确，使其在逻辑上可接受，以形成特定的观点。例如，依据这种方式，报告和报道可能会根据支撑它们主题的形式进行重构。举例来说，对于采访问题的形式，必须对预设进行解释，以便能够清晰地问出特定问题。

特定新闻与"主题化"或"命题化"的关系必然存在错位，不能在一对一的基础上进行表述；"主题化"可以采取"不同形式"以及以不同外观出现。此外，正如米弗姆所主张的：

> 信息可能会被过度确定，因此要用一个以上的潜在结构或主题来分析。
> （Robey，1973：108）

特定新闻经常指向多重语境，同时也将会成为不同主题的索引。

然而，这里所面临的多重性问题并不是这种分析形式特有的。事实上这也是内容分析、主题分析或符号学分析要面对的基本问题：应该如何将新闻进行分类、将报道进行主题化或命题化，以及将外延进行内涵化？

根本问题在于，必须使我们的解释系统化（因为所有这些方法都依赖于解释）和明确化；因此我们试图将分类进行系统化。如果 a 属于 x，而在某些相关方面 b＝a，因此 b 也必须归入 x 类。此外，这也意味着只能通过参照重要的主题化新闻进行分类，而这些新闻还包含其他从属性新闻。这是一种对新闻文本的简化形式；但它恰恰允许我们（参见表中主要形式的组合，在表中标记＊）在保持一种无差别的多重参照系集群中建立话语的基本结构。

当然，我们知道"量化"在很多方面都是有局限性的，而且为了提供量化的基础，人们被迫对数据进行"原子式"分类。当然，量化本身并没有科学价值，如果要避免对偶然和短暂印象的依赖，或者从单个实例的分析中归纳，那么量化就有一定用处。它虽然不能构成最后的检验或证明，但确实有助于对我们的解释进行检查；通过量化，我们旨在建立样本中节目话语不同元素分布的基本轮廓和形态。在某些方面，这一程序意味着通过艰苦手段简单地复制眼前的印象——例如，"个人故事"对节目的重要性在观念主义层面是显而易见的。然而，判断这种印象是一回事，而证明这种主题化实际上是另一回事，它们占我们样本故事总数的近 30％（47/182），而且这种主题化在"休闲世界"新闻类别中占据主要地位（20/40）。

　　因此，在本节的分析中，我们将新闻从其自身节目语境中分离出来，并把它们视为《全国新闻》节目更广泛话语中的要素，从而超越了其自身节目的范畴。我们认为，在相当长的周期内，通过展示上述元素重要的、反复出现的分布状况和它们反复结合的形式，恰恰可以让我们追踪那个更广泛的话语轮廓。在下一章中，我们将会对具体一集节目的内部结构进行局部分析，从而完善对整体话语的分析。

第三章
链接和框架:《全国新闻》的节目运作
（1976 年 5 月 19 日）

一、引言

到目前为止，基于在长期观察期间所做的笔记，我们已经从大范围《全国新闻》节目新闻文本的选择中形成了自己的解释。在本章中，我们将主要以 1976 年 5 月 19 日的那一集节目为样本，对"《全国新闻》的节目运作"进行更为细致的考察。

本章分为两部分：首先，我们提供了关于节目"剧本"部分更加详细的分类和大纲；其次，对节目话语的某些方面进行评论。我们在此尝试利用在本集和其他集节目中已经建立起来的新闻类别的相关信息，用以解释受众接触节目的方式。我们充分认识到，这种分析并没有在视觉和语言双重层面详细考察"整体节目"。而完整有效的分析应当能够在这两个层面提供关于节目结构的说明，并且最好有一个具有视觉性参照的完整节目分析文本。但这超出了目前的工作范围，我们在这里提供了节目纲要，这仅仅是全面分析的开始。

首先，我们简要介绍 1976 年 5 月 19 日那一集节目，其中有一些关于新闻的评论。我们利用打印的节目文本记录来尝试解析关于节目新闻的一些常识性概念，包括"呈现"出所有演播室链接和新闻导语，并提供它们的全部文本，但对新闻本身仅提供简要说明。采取这种程序有几个原因：首先，在我们看来，链接、导语和框架对于形成一个完整节目具有重要意义，能够赋予节目多样化"菜单"一种特有的一致性和统一性。其次，导语对整体分析很重要，因为它可以反复标记出"属于《全国新闻》节目"的重要主题或角度。因此，在一条新闻导语中，节目经常会在主题表达上形成自己的"手法"，它不仅传递新闻信息，还将自身构建成一种非常特殊的话语，这可以通过《全国新闻》节目新闻信息的自我生产，以及主动将一个话题或新闻转化为节目的特色话语来实现。我们自身对于新闻类别的划分主要是基于它们在"链接话语"中的特征。例如，在我们看来，"地方新闻"非常重要——它的区域风格和变化——总是被设定为这样：拉尔夫·纳德在导语中被称为"美国消费者问题的领头羊"（消费者）；卡特夫人（见下文）则被介绍成为一位有特殊兴趣（休闲）的个体；等等。

导语和链接在新闻的主题化过程中发挥着关键作用。当然，"主题化"不同于确定一条新闻的主题，因为相同主题可以以多种方式进行"主题化"。在分析中，主题化毫无疑问要难于新闻主题划分，而且在没有依托整个节目文字记录的情况下更不容易接受考察。我们看到上述新闻都是通过"个人化"进行主题化的：在卡特夫人的案例中，强调她个人的感受和经验；而在纳德的案例中，强调他在"消费者运动"中的个人角色。

总体上看，我们采纳了这种分析方式，而出于对"链接话语"的重视（参见第二章第一点），我们选择强调与节目这些部分（这些部分指代内容）最直接相关的话语策略。在早期的观察中，除了"链接新闻"的明确功能外，链接本身没有任何意义。链接似乎不可见：它仅仅具有表面功能，并且依附于它所链接的前后新闻信息。但事实上，研究认为链接才是构建和组成节目话语的核心，也只有在链接中才能最清晰地观察到主要的话语策略。

链接/导语性的陈述通常是直接面向受众的。事实上，它们是节目话语中仅有的几个直接对观众进行表达（以一种"元对话"的形式）的部分——解释在节目中会出现什么，受众将会遇到谁，等等，只有《全国新闻》节目团队成员才能够进入这个话语层级。在进行新闻预测和评论时，链接能够将新闻信息置放在一个"意义化"和"关联性"的特定语境之中。因此，基于她的"本地人"身份，卡特夫人主要被纳入到节目持续寻找"日常戏剧"的语境之中。

> 我想知道，你是否还记得几周前我们给你看的这张戏剧性的照片，就是来自黑尔斯欧文镇的芭芭拉·卡特夫人……

作为《全国新闻》节目受众的普通一员，这是"受众们的"记忆，它承载着意义。因此，这种链接不断生成"《全国新闻》节目感"的意义，而这种意义建立在受众作为国民的特定形象之上，他们与主持人分享着对于社会世界的常识性理解。

二、节目概述和脚本（1976 年 5 月 19 日）

（一）节目概述

时长（分钟）	新闻	评论
00 02	地方新闻 全国新闻	使用表现"认同"的代词："我们见面"/"那个人"
03 (06)	"今日中部地区"新闻 考文垂汽车工厂的员工被解雇了。 沃尔萨尔电影公司清除了未能保护工人的指控。 Plessey 管理层向工人发出了关于薪资纠纷的最后通牒。 基德明斯特地毯公司面临倒闭的危险。 特伦特河畔斯托克市的轻微地震。	一系列工业新闻。除了地毯公司的所有简要报道，还包括电影和一些"背景"/信息。
	卡特夫人回去见了在西米德兰兹野生动物园袭击她的狮子。	只询问她的感受/控制单元（c.u.）基于面部表情。
	新闻 切尔滕纳姆的警察因勇敢而受到验尸官的赞扬。 西米德兰兹农展会在什鲁斯伯里举办。 6 个劳斯莱斯考文垂公司的员工赢得 20 万英镑彩票大奖。	"罢工工人"被评论人士重新定义为"成功个人"。

续前表

13	对拉尔夫·纳德在消费者问题上的访谈。	对"魔鬼代言人"的访谈考察了纳德的公信力。
15	**天气预报**	使用儿童绘画。
	米德兰大学一项新发明的报告声称，它将使盲人学生能够绘制三维图。	这两条新闻都着重于"技术开发"的角色。在控制单元（c.u.）中强调视觉机制。将前一项发明的显性价值与后一项发明的可能价值进行潜在对比。
	一组来自伍尔弗汉普顿的设计学生的报告，他们正在用垃圾材料建造一个"救生包"。	
25	**全国的《全国新闻》** 诺福克湖区的《全国新闻》游艇上，节目团队成员们乘船出游。	自反性新闻：《全国新闻》节目团队成员成为他们自己故事的"演员"。
28	对萨福克美军基地中美国军人及其家属的报道。	在"英国佬"的"入侵"报道中大量使用"英国范儿"/"美国范儿"的刻板印象。
37	对帕特里克·米汉的采访，他因被判谋杀罪入狱，但后来无罪释放。	聚焦于主体感受：控制单元（c.u）基于面部表情。
40	在比赛中穿什么/吃什么/喝什么！ 《全国新闻》的马：Realin。 关于英国马赛的财务问题的报告。	为《全国新闻》节目受众带来"国王的运动"，这是一条具有高度综合性的新闻，包括演播室模型、户外影像、图表和演播室采访。
50	采访赛马主克莱门特·弗洛伊德。	

（二）脚本

地方节目单
汤姆·科恩：晚上好。今天晚上，我们会见了那些为自己创造了新生活的学生们——这些东西可能看起来就像几个旧塑料袋，但实际上是他们的家。然后，我们会见了在野生动物园里被狮子袭击的女士，她又回到了狮子面前。我们6点见。

全国节目单
迈克尔·巴拉特：在你们自己的节目之后，我们沿着河流巡游，为你们带来我们的第三个东盎格利亚节目。我们还会见了美国人，他们的家位于这个正在举办两百周年纪念活动的萨福克地区，我们认为这场危机存在于比赛中。我们自己的赛马看起来很好，但是"国王的运动"本身就有麻烦了，我们问问克莱门特·弗洛伊德在《全国新闻》节目中应该做些什么（见图4）。

续前表

"今日中部地区"导语

汤姆·科恩：你知道的，这是不是不可思议？每次走出演播室的时候，雨水似乎都与你相伴。我认为现在所做的这种节目是在创造一种新的、可以在雨中跳的舞，哈哈，但我要告诉你一件事，它肯定不会打扰大卫·史蒂文斯，因为他在里面等着看新闻（见图5）。

新闻	技术规范	发言者身份	新闻类别	主题
员工被解雇	演播室报道 直接播报（d/a）	主持人	本地新闻： 工业/政治（e）	"纯新闻"报道
沃尔萨尔电影公司 是清白的	录影报道 旁白/画外音（v/o）	主持人	本地新闻： 工业/政治（e）	"纯新闻"报道
对地毯公司的报道	录影报道 旁白/画外音（v/o）	记者	本地新闻： 工业/政治（e）	"纯新闻"报道
大地震	演播室报道	主持人	本地新闻	"纯新闻"报道

汤姆·科恩：当然，在节目之后会有更多的新闻。我想知道，你是否还记得几周前我们给你看的这张戏剧性的照片，那是来自黑尔斯欧文镇的芭芭拉·卡特夫人。她在西米德兰兹野生动物园受到狮子攻击。在经历了这种遭遇后，你很难想象她会热衷于再次与狮子会面。但今天，卡特夫人去了埃文河畔斯特拉特福德附近的一个农场，与狮子见了面。来自艾伦·塔的报道。

新闻	技术规范	发言者身份	新闻类别	主题
女士 & 狮子 （见图6）	现场 采访	采访人和 参与者	休闲（b）	个人化

大卫·史蒂文斯：一个比我更勇敢、更有决心的人。

| 警察 | 演播室报道
直接播报（d/a） | 主持人 | 本地新闻（e） | "纯新闻"报道 |

大卫·史蒂文斯：两个关于勇敢者的故事。

| 农展会 | 录影报道
旁白/画外音（v/o） | 主持人 | 乡村英格兰（d） | "纯新闻"报道 |
| 彩票大奖获得者
（见图7） | 演播室报道 &
持续旁白/画外音
（v/o） | 主持人 | 休闲（e） | "纯新闻"报道 |

汤姆·科恩：我告诉你，今晚外面很冷，以防你总觉得我看起来脸色发青。你知道美国知名的消费者问题活动家——拉尔夫·纳德来到米德兰兹，他为一个在国家展览中心举办的工业安全展会进行演讲。据报道，纳德先生的演讲费用为2 000英镑。在那里，接见他的是杰弗里·格林。

| 纳德采访
（见图8） | 现场采访 | 采访人和
专家（社会） | 消费者
（b. ii） | 个人化 |

汤姆·科恩：下着毛毛雨，我几乎不敢提它，但是，让我们看一看天气预报。它来自莱斯特，来自15岁的简·希克曼。

续前表

新闻	技术规范	发言者身份	新闻类别	主题
天气预报	演播室 直接播报（d/a）	采访人和 专家（社会）		个人化

天气预报员：嗯，雨有时候挺大，但阵雨或这段时间的雨会从西面逐渐消失，到夜间晚些时候会明显停了。最低温度 6 摄氏度。明天我们会有一些晴天间隙，但后面还会有阵雨。会有风，你可以在麦克风里听到，西风，微微的轻风。就是这样（见图 9）。

现在，你很难想象一个盲人能做的事就是像我们刚才看到的那样——画一幅画。但是，事情一直在变化，在伯明翰正在尝试的新技术肯定会改变这一切。下面是来自邓肯·吉本斯的报道。

大卫·史蒂文斯：获得画板专利的人是克里斯托弗·文森特。作为伯明翰理工学院技术图形部门的负责人，他从一个透视网格中改进了画板。现在，他希望把自己的设备介绍给盲人学校。

盲人学生 学习绘画 （见图 10 至图 13）	关于发明的报道 采访发明人 采访学生 关于学生预期 的报道	录影报道 旁白/画外音 （v/o） 现场采访 现场采访 录影报道 旁白/画外音 （v/o）	记者 采访人和发明人 采访人和参与者 记者	民众的问题 （c）	关注和关心

大卫·史蒂文斯：很快，三维盲文地图将借助画板中的图形得到开发。所以，像保罗和马丁·沙利文这样的盲人不但有了能更好理解这个世界面貌的方式，而且他们还能更容易地找到属于自己的方式。

汤姆·科恩：如果我们的社会被毁掉了，老天保佑，我不知道你是否想要重新开始生活，在垃圾环绕的地方之外为自己建造一个新的生存之所？嗯，来自伍尔弗汉普顿理工学院的一群学生刚刚在威尔士的经历中幸存下来。他们是设计专业的学生，其中一位导师是温·福特先生（这意味着什么？）（见图 14）。

采访项目导师	现场采访	采访人和 参与者	民众的问题 （c）	个人化

汤姆·科恩：很好。好吧，我要做的是，让我和在座的同学们谈谈。正如我们刚才听到的，所有的东西都来自垃圾堆，被工业和家庭丢弃的垃圾，诸如此类。

采访女性学生	现场采访	采访人和 参与者	民众的问题 （c）	个人化

汤姆·科恩：看，我会让你进行工作……你没事吧……好，你看起来很好。让我们现在就到这里，和这位非常绅士的先生谈谈。

采访男性学生 （见图 15）	现场 报道	采访人和 参与者	民众的问题 （c）	个人化

《全国新闻》：电视与受众研究

续前表

新闻	技术规范	发言者身份	新闻类别	主题
汤姆·科恩：非常感谢你们，感谢你们的到来和重建，很高兴和你们交谈，现在我们去诺威奇。				

68　《全国新闻》导语
　　迈克尔·巴拉特：欢迎本周第三次来到英国广播公司诺威奇的"向东看"演播室，这是《全国新闻》节目第三次来到东盎格利亚，实际上这已经持续了整个星期。我们在这里度过了愉快的一周，我非常享受。这是我在这个演播室的最后一晚。到目前为止（真的是这样），我们还没有接到任何警报和实际担忧。（伊恩·马斯特斯：没有，没有）。事实上，让我告诉观众一个秘密，因为今天早上伊恩和我、鲍勃·威灵斯一起去了诺福克湖区，在乌尔河上，是吗，进入诺威奇？
　　伊恩·马斯特斯：是的。
　　迈克尔·巴拉特：真的吗？
　　伊恩·马斯特斯：是的。
　　迈克尔·巴拉特：看到了，我看到了，乌尔河，我们走了出去，就好像节目要在这艘船上开始一样。好的，从某些程度上看，节目会在几分钟内从船上开始，因为我们在片子中遇到了一些问题。无论如何，伊恩、鲍勃和我都欢迎你们第二次来到节目。
　　迈克尔·巴拉特：欢迎再次来到东盎格利亚，这是本周的第三个晚上，这次的风格非常不同。正如你所看到的是，节目这次是在船上进行的，这是一个非常……准备好了？你是什么意思？（见图16）
　　伊恩·马斯特斯：准备好开始了，麦克。
　　迈克尔·巴拉特：哦，我看到了。
　　伊恩·马斯特斯：把绳子放回去，抓住另一个。往前走。
　　迈克尔·巴拉特：让它走？好的。
　　（噪声）
　　伊恩·马斯特斯：不错啊。

69　迈克尔·巴拉特：我说，鲍勃在哪儿？鲍勃，你在哪里？
　　鲍勃·威灵斯：在船上瞎折腾。这样很有趣。
　　伊恩·马斯特斯：问题是，当你在树林中的水道航行时……它会突然从树后面出来撞击你。而航行到霍兰德镇要容易得多；事实上，这家伙，我的一个朋友，一直在做这件事。
　　迈克尔·巴拉特：是吗？有点无聊，不是吗？
　　伊恩·马斯特斯：是的……嗯，他喜欢它……（笑）
　　迈克尔·巴拉特：（模糊的）对，我现在该放手了吗？
　　伊恩·马斯特斯：嗯，听着，我们正处于风口。鲍勃，你在哪里？鲍勃，来吧，帮我们一把，伙计。你在做什么？来吧，鲍勃，你把那张主帆索挂到挂钩上了吗？
　　鲍勃·威灵斯：挂钩？
　　伊恩·马斯特斯：在挂钩上面，主帆索，是的。来吧，鲍勃；不，那是栏杆，鲍勃。
　　鲍勃·威灵斯：是这个吗？
　　伊恩·马斯特斯：那是栏杆，不是，那是勾头挂钩。
　　鲍勃·威灵斯：伊恩……
　　伊恩·马斯特斯：你听我在说什么吗？

续前表

新闻	技术规范	发言者身份	新闻类别	主题

鲍勃·威灵斯：哇、哇、哇，你要我做什么？
伊恩·马斯特斯：我想让你挂上去……
迈克尔·巴拉特：嘿，我们准备是改变航向还是干什么？
伊恩·马斯特斯：不，不，坚持把它放进去。
迈克尔·巴拉特：是的。你知道，我的手指还疼。
鲍勃·威灵斯：所有这些"改变航向""停止"和"嘿呦喂"等等词语，下垂的左手、一地杂物和大三角帆，上帝知道……呃，我们开始吧——真是滑稽的工作。

迈克尔·巴拉特：当我们和鲍勃沿河行进到诺威奇的时候，从演播室中让我们听听东盎格利亚另一部分的消息，即来自萨福克地区，尽管你可能会认为这地方有些美国化。在两百周年纪念活动之际，请看来自雷顿西斯的卢克·凯西的报道。

卢克·凯西：这是彬彬有礼式的入侵。一架美国飞机每周三次将美国公民的货物殷勤地送到英国这块历史悠久的土地上。对来到英国的大多数美国人来说，东盎格利亚是他们带着时差第一次看到"英国佬"的地方，这儿的语言甚至都有所不同。美国人很快就会有幸福感的，如果不出所料，他们将投身到 tomatoes 和 tomātoes 不同发音的斗争之中，还有神秘的伍斯特沙司。但是，他们首先得了解我们那些很难回避的怪癖。

新闻	技术规范	发言者身份	新闻类别	主题
对美国人到来的报道	录影报道 旁白/画外音（v/o）	记者	英格兰（d）	传统价值观

卢克·凯西：但是，不是所有新来的人都觉得没有随身的美国行囊就无法生存。对于一个家庭来说，这个古老的英国农舍就是自己的家。

新闻	技术规范	发言者身份	新闻类别	主题
采访帕特·普菲戈夫人（见图17）	现场报道	采访人和参与者	英格兰（d）	传统价值观

卢克·凯西：帕特·普菲戈夫人，她的丈夫戴夫是米尔登霍尔皇家空军基地的少校，还有他们的三个孩子，全都不是那种喜欢在月球上看到可口可乐标志的人。热狗和法式吐司早餐是对新来人身上"美国味儿"唯一能够接受的让步（见图18）。

新闻	技术规范	发言者身份	新闻类别	主题
采访帕特·普菲戈	现场采访	采访人和参与者	英格兰（d）	传统价值观
采访美国人：东盎格利亚	录影报道 旁白/画外音（v/o）	记者		

卢克·凯西：可能不是板球，但绝对是美国式的。

迈克尔·巴拉特：卢克·凯西在这儿，站在一群不错的美国人之间，就在萨福克地区。今天下午，你可能听说过，帕特里克·米汉从彼得海德监狱被释放，现在有请位于阿伯丁的大卫·斯科特。

7年后，米汉才被释放出狱。由于一直抗议对自己的判决，7年里的大部分时间他都被单独监禁。就在不到两小时前，他从彼得海德监狱获释，很快就和他的前妻贝蒂和儿子佳瑞团聚了。我们在不久之前就录下了这次独家采访。

《全国新闻》：电视与受众研究　80

续前表

新闻	技术规范	发言者身份	新闻类别	主题
采访帕特里克·米汉（见图19至图20）	现场采访	采访人和参与者	国家/政治（e）	个人化

迈克尔·巴拉特：帕特里克·米汉的独家采访，由《全国新闻》节目在英国广播公司的苏格兰同事们拍摄。帕特里克·米汉被判决为凶手，从而获得7年监禁，又一次基于身份证据的定罪。现在回到我们这周的基地。东盎格利亚当然是《全国新闻》节目的赛马"Realm"的主场，所以我们认为今晚我们会去观看比赛。

鲍勃·威灵斯在比赛中（见图21）	演播室直接播报（d/a）	记者		
《全国新闻》的赛马（见图22）	户外直接播报（d/a）	记者	体育	传统价值观
英语竞赛的问题	录影报道/图表旁白/画外音（v/o）	全国范围的主持人		

迈克尔·巴拉特：现在，在伦敦的克莱门特·弗洛伊德，这是很可惜的，但是，呃，大多数人都希望为他们的运动买单，为什么赛马马主会有所不同呢？

| 采访克莱门特·弗洛伊德（见图23） | 演播室采访 | 全国范围的主持人和机构代表 | 体育 | 传统价值观 |

迈克尔·巴拉特：克莱门特·弗洛伊德，很显然，有些事让你感觉不好，但非常感谢你为我做的解释。好的，就这样吧。就像我说的，呃，这是我和你在一起的最后一晚，来自东盎格利亚诺威奇市的伊恩·马斯特斯。我非常喜欢。弗兰克·博夫明晚会回到演播室来。当然，（咳嗽），我嗓子都哑了，好吧，明天见。晚安。（见图24）。

图4　迈克尔·巴拉特介绍《全国新闻》节目单

图5　汤姆·科恩"今日中部地区"的导语

81　第一部分　《日常电视：全国新闻》

图 6　采访卡特女士和狮子

图 7　彩票大奖获得者

图 8　拉尔夫·纳德

图 9　天气报道

图 10　盲人学生在教室

图 11　盲人学生——在进行发明工作

《全国新闻》：电视与受众研究　82

图 12　盲人学生接受采访

图 13　盲人学生——新闻结束

图 14　学生垃圾项目——介绍

图 15　学生垃圾项目——采访

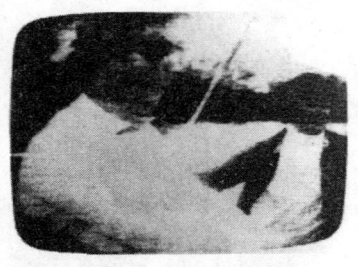

图 16　迈克尔·巴拉特和地方节目主持人在《全国新闻》的游艇上

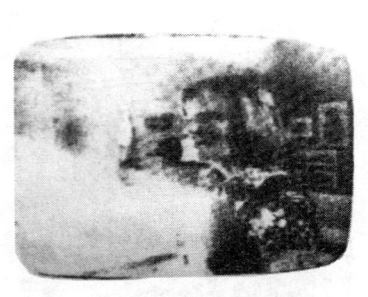

图 17　采访帕特·普菲戈女士

83　第一部分　《日常电视：全国新闻》

图 18　帕特·普菲戈吃早餐

图 19　采访帕特里克·米汉（i）

图 20　采访帕特里克·米汉（ii）

图 21　鲍勃·威灵斯在比赛中

图 22　瓦尔·辛格尔顿介绍《全国新闻》的赛马

图 23　迈克尔·巴拉特采访克莱门特·弗洛伊德

图 24　迈克尔·巴拉特结束节目

节目大纲的核心

内容类别	主题
(a)　《全国新闻》事件/链接	自我参照/认同
(b.i)　休闲时光	个人化
(b.ii)　消费者	建议/家庭
(c)　民众的问题	关注和关心
(d)　影像英格兰	传统价值观
(e)　国家/政治新闻；体育	纯新闻报道

技术规范　　　　　　　　　　发言人身份类别

直接播报 (d/a) ｛ 演播室报道　　主持人 ＜ 全国范围的　 ｝节目内部
　　　　　　　　户外　　　　　　　　　　地方的

录影报道 ｛ 旁白/画外音（v/o）　主持人
　　　　　　　　　　　　　　　　记者
　　　　　出镜记者　　　　　　采访人 ｝节目内部

采访 ｛ 演播室
　　　　户外

演播室讨论　　　　　　　　　参与者
　　　　　　　　　　　　　　目击者
　　　　　　　　　　　　　　机构
　　　　　　　　　　　　　　代表
　　　　　　　　　　　　　　政客
　　　　　　　　　　　　　　专家 ｝节目外部

三、链接

一切都是"链接"在一起的；一条新闻如果在节目语境中没有获得确定的"位置"，就不可能出现在《全国新闻》节目之中。第一，节目是基于新闻在节目文案结构中的定位对其进行介绍的（Holliday，1973：66）。链接可以明确标记出受众处于（地方的/国家的《全国新闻》）节目的哪一部分，以及新闻如何与节目其他部分相互关联。第二，它清楚地说明节目播出的新闻是如何与受众的社会关注相互联系的。

这可以被视为具有四个或者五个步骤的节目策略：

（1）链接——执行文本功能，引导实现节目话语（"现在，交给……"）。

（2）框架——确立主题及其与受众关注的关联。

（3）聚焦——确定节目将要呈现主题的特定角度。

如果有外部节目的参与者，则需要第四阶段：

（4）提名——向受众提供外部的节目参与者或受访者的身份信息；构建他们的"地位"（专家、目击者等等）和他们针对问题进行发言的权利/能力，从而在话语中建立他们（提议的）"可信度"/权威的程度。

——《全国新闻》节目团队成员，当然，他们也有在话语中被持续标记和构建的"身份"（在雷克赫思的记者……），但作为节目中的既定形象，他们也是被预先设计的，拥有特定权限（例如巴拉特）和角色。

通常情况下有第五个阶段：

（5）总结——在其所处的位置中，将新闻的主要线索、相关性和语境进行整合。这种工作可以由采访者在新闻结束时（内部的）进行，或由串场人在开始介绍下一条新闻之前完成。

如果我们看一下盲人学生的新闻，因为涉及新的发明，我们可以看到整个过程的运作：

(1) 链接：你不会期望盲人能做的一件事就是画画……但像我们刚看到的这张图片就是盲人画的。	这是由地方主持人提供的"链接"，他把这一条新闻与前一条新闻（儿童绘制的天气图画）进行了联系，并把这条新闻与我们对盲人社会的关注进行了框架化和关联化。
(2) 框架：然而事情一直在变化，一个新的发明……可能改变这一切。	

然后，他介绍/提名将要进行这个报道的记者："……来自邓肯·吉本斯的报道"，后者将进入这一过程的第三阶段：

(3) 聚焦：盲人学校的一个班级里……这些年轻人正在利用一个最新设备进行工作……这让他们对拥有正常视力的人的世界有一个深入了解。	他将受众的关注焦点引导到以下主题之上，即一项新发明的特定角色，它能够帮助盲人绘制三维图画。

他随后对这个设备如何工作稍作解释，然后进入第四阶段：

(4) 提名：发明画板是克里斯托弗·文森特先生，伯明翰理工学院技术图形部门的负责人……他从一个透视网格中改进了画板……并希望将这个设备引入其他学校为盲人服务……	因此，他提名了第一个节目的外部参与者——对其进行了介绍，并解释了该参与者作为专家和发明人的身份，这就赋予了其对这个主题进行发言的特定权限。

这位发明家和两位正在使用这项发明的学生依次接受了采访。在采访结束的时候，节目转换到了一段视频报道中，盲人学生们步履笨拙地从学校里走出来，胳膊挽着胳膊，记者在画外音中总结道：

（5）总结：不久之后，三维盲文地　　总结这条新闻社会价值的语境：
　　　　　图将会使用这种画板进　　这项发明能够有助于绘制地图，
　　　　　行绘制，而像这样的失　　切实改善盲人学生的生活质量。
　　　　　明年轻人（这些学生）
　　　　　就能够更容易地找到自
　　　　　己要走的道路。

这条新闻显示了《全国新闻》节目的一个循环结构：

[L　　　F　　　（N）　　　F　　　N　　　（……）　　　F]
[链接　　框架　　（提名）　　聚焦　　提名　　（……）　　框架]

这种结构包含（包含具有双重维度：一是包括；二是在其特定权限范围之内）外部的节目参与者独立并真实可信的贡献。也就是说，这种节目结构定义并决定了外部的节目参与者在何时、何处以及如何在节目中发生"作用"的方式。因此，通过这些"节目外部参与者的贡献"，在节目之外，也即在一个"真实的"世界中，这些新闻中的背景、目击者和贡献者看起来就像"真实的"一样。而这个"真实化"的过程是由那些对参与者进行报道的特定形式来支撑和实现的。这就是说，参与者是"作为他自己"出现在视频中的。因此从视觉层面看，他们所说的和正在做的事情是由受众看到其确实在做的事实所见证的；他们使用"自己的声音"被呈现和聆听。但是，这种明显"转化"过的现实通过新闻的编码结构而使得自身被框架化了，这建立起了新闻自身多样化（over-determining）的"真实性"；并且可以通过视觉场景和口头评论、编码，对他们所说的和所做的进行具体解释，即建立主控性阅读来实现这种框架化。这些链接化和框架化的新闻虽然貌似杂乱，却可以将这些不同新闻自身所呈现的多样化真实性聚合为节目中的"真实性"——根据它们在节目中的"真实性"重组新闻。与这些新闻散乱的时间、历史和地点不同，"链接"运作形成了自身特有的连续性——将这些新闻整合进一个"自然的"《全国新闻》节目流和节目时间之中。从本质上看，作为一个节目，《全国新闻》在两条轴线上被贯通起来："差异性"轴线（不同的新闻、主题和参与者——每一项都有自己的风格和兴趣点，这些有助于形成全景化的"多样性"，而这明显属于《全国新闻》节目的惯用手法，即所谓的"时事新闻杂志"电视节目）；"连续性和关联"轴线——这条轴线将上述差异性进行组合、链接和框架化，形成一个连续的、衔接的和流动的"统一体"。但是链接话语在话语层级中能够超越其他话语并具有绝对优先地位，而那些其他话语都是通过某种特定的"散乱策略"主动依附于链接话语的。

也许更恰当的做法是将"链接话语"和"框架话语"定义为"节目的元语言"——它在意义层级中对其他话语进行评价和定位。另外，它也能主动将节目构建成"支配性结构"。

当受众接触任何一条新闻时——从直接播报（direct address）、影像报道和采访到演播室讨论——他们就从被主持人最直接控制的话语层级移动到了在"结构"上更为开放的话语层级。然而，当受众接触的新闻范围扩大的时候，这种移动就会伴随着一种不断增加的接触限制——这是只有《全国新闻》节目团队才可能接触到的话语层级，它对一条给定新闻中的所有元素进行了框架化和语境化。节目外部参与者只能接触到话语的较低层级，他们在节目中的作用总是被主持人的陈述进行框架化的。

四、语言和视觉的话语：组合与闭合

新闻的"框架"能够通过一些层级关系确定，这些层级关系建立在视觉话语和语言话语的层面之间。使用带有画外音的录影报道——其中的评论能够"解释"图像所包含的意义和含义——这是对节目中"事实性"新闻文本进行表达的最严格控制形式：在这里，语言话语相对视觉话语具有绝对优先权。从分析角度看，找出这两种象征性链条之间的差异非常重要，它们区别明显。在评论（画外音）或元语言所暗示的解说内容之外或者对立之处，节目视觉图像可能会被某些观众进行潜在性的"阅读"。但是主要的趋势——具体的组合工作是在这里完成的——在于视觉图像被"分解"成为那些主要的意义和解释，而这些解释是由评论提供的。然而，这种解释工作会为画外音与图像的"声画同步"过程所抑制或阻碍，这使得图像似乎在不受外部干预的情况下"为自己说话"，即表达自身的"潜在性"意义。两类话语之间的这种同步性是一种"耦合"工作，它标志着一种特定话语组合的完成，其作用是将特定的特权意义固定在意象上，并以一种特定的支配关系将两种象征性链条结合一起。具体来看，尽管可能存在一些"微弱的自身声音轨迹"（例如，自然的背景音），但对于节目使用的影像来说，一条新闻的某些部分总是对应着固定的画外音，不过这种情况在《全国新闻》节目团队成员是新闻"主角"的时候却是例外（例如，东盎格利亚游船之旅），它同时能够提供报道内容和报道评论两种画外音。当出现这种情景的时候，声音是被直接播出来的。

因此，在"盲人学生"和"美国人"两条新闻中都使用了一种重复结构（体现在5月19日那一集节目中）：

导语——录影报道（旁白/画外音）

访谈（镜头）

总结——录影报道（旁白/画外音）

例如，在通过"直接播报"实现框架化的例子中，旁白/画外音的介绍能够针对一条新闻或采访被设定好的内容进行框架和主控性意义设定。

当对视觉话语进行特别关注的时候，我们可以在"盲人学生"的新闻中看到这种结构的运作。在视觉层面，这条新闻有着非常复杂的形式：节目从录影报道的旁白/画外音开始，展现正在教室中使用的发明——虽然不太能够理解，但受众能够看到和听到学生们的使用操作。这种视觉"线索"的不确定性和悬念效果会在旁白/画外音中得到凸显。

记者：这个/神秘的/点击声音使这间教室变得非常特别。

但这种暂时的"悬念效果"很快就消除了，因为评论开始解释这些难以理解的视觉信息含义。然后，受众就会看到一个明显的权威人物形象（这种形象表征为他的举止、穿着、年龄、讲话和对学生的指导）在教室里走来走去，没有任何评论（直接的声音）。几秒钟后，视觉的确定性再次被暂时悬置起来——记者的评论指出了他的身份：

记者：这种画板的专利所有者是这位先生……

接着，伴随旁白/画外音的评论，受众看到了更多关于这项发明使用的影像。而这时候，发明人自身提供了一段内部评论，即出现一个发明人接受采访的镜头，他现在直接对着摄像机讲话。

在新闻的这些部分中，视觉序列强化（也构成）了图像意义的力量：当发明人开始讲话，解释他的发明如何工作以及想法是如何产生的时候，摄像机给了受众一个细致的特写镜头，这项发明是怎么工作和被使用的——镜头对准按在丁字尺上的手等等。

当采访人走向盲人学生并开始和他们交谈时，一旦他们开始谈论这项发明给自己的个人生活带来的改变，摄影机就会把镜头拉近到面部特写。从视觉层面看，画面重点集中在一个学生身上（他的面部表情），因为他解释了这项发明如何改变了自己的生活。面部视觉特写的使用——以个人话语呈现出新闻以"人"作为本质的特性——促成了新闻重点从技术维度到个体经验记录的转移。

在新闻最后一部分（结构的第三步），当受众看到盲人学生离开学校时，从采访人身边一直走出大门，镜头随之向后移动，让受众有一个更远的和"客观的"视角——这是一个表达出总结性、完成性和结束性的镜头。记者将新闻意义视为一个"整体"，在旁白/画外音的评论声中，开始对其进行总结并语境化，从而完成录影报道的"收束"。

五、定位受众：认识的位置

从上述简要分析中可以清楚地看出，在"盲人学生"那条新闻所建立的话语层级中，视觉元素并没有被给予永久性主导地位。相反，不得不说，如果有的话，那么在该条新闻转化的关键点上，一种"主控性"解释能够享有主导权，它是由评论和旁白/画外音等元语言所具有的象征性意义话语赋予的。然而，某些关键转化主要是通过从一个视觉场景到另一个视觉场景的转换来实现的——例如，该条新闻的技术层面是通过操作设备的手部特写镜头来"呈现"的，随后通过内部评论来解释其工作原理。因此，从技术场景到个体经验场景的转化主要是通过摄像机镜头推近到人物面部整体视觉特写完成的；新闻的"结束"和它所具有的"人的意义"是由摄像机"拉回"的镜头凸显的，伴随着一个框架性的评论，镜头给了受众一个更为全面的观点，即对于盲人学生来说什么是已经完成的。因此，重要的并不是视觉话语的永久性主导地位，而是语言-视觉的组合层级在新闻中不同时刻或时间点建立的不同方式，这些散乱的内容在实现和持续过程中既各自独立又相互支撑。

然而，视觉话语对于"定位"受众有着特殊意义，它将后者置放于一组与该条新闻相关的、不断变化的认识体系之中。但即使在这里，定位也不应该被简化为摄像机拍摄和角度的具体技术动作，而应该被理解为视觉和语言结合的结果，即通过节目貌似散乱的内容运作来维持和实现。

因此，当第一次看到在课堂上使用的这项发明时，受众是通过主持人的眼睛观察这个场景的。受众跟随主持人的"凝视"，从被拍摄画面场景外部的一个视觉框架中往里看。但矛盾的是，受众将会从一个不在场但被标记的位置进行观察，这个位置就是主持人声音出现的地方："这种神秘的点击声"。

这是来自节目外部的主持人/受众的"凝视"，它在视觉框架中发现了发明人；然后它会捕捉并跟随发明人的目光（就像摄像机那样）；通过镜像式的反映，当受众也在观察发明人所看的东西时，两者的视角就保持一致了——那么发明人现在可以直接对"我们"（us）说话了。一条一致性的视觉路线就被建立起来了，它位于视觉框架内部与视觉框架外部的"我们"（us）之间。这种在视觉框架内（沿着这条视觉路线指向）给予代表性人物以评论的主控性优先权是由以下特定工作支撑的，即主持人对于发明人的评论。也就是说，上述主控性优先权是由一个过程来维持的，而通过这个过程，受众的多重位置被逐渐地建立起来：其一，从一条新闻意义系统之外的某个位置对录影报道进行总览式的"观察"；其二，在录影报道空间内部为受众（外部）找到一个能够保持"一致性"的位置；其三，镜像效应能够将"我们"（us）置于影像的中心位置——通过镜头的一瞥，看到了那些应当看到的——通过直接播报能够促成受众观察目光的四处移动，从而形成一致性看法。因此，受众的"观看"动作现在和"他的"（发明人的）"观看"动作完全同步。因此，当发明人说着话目光下移，落在自己正在解释的操作上时，受众就会跟随他的目光；受众已经融入其中，并使用了发明人的观看视角：发明的特写镜头，手掌按着丁字尺的移动，对他们的方法的体验……

向学生们的发言和呈现"他们自身"的画面的转化使受众回到了"视觉框架"之外的某个位置——这是一个具有优先性的位置；通过摄影机镜头变焦的强化作用以及对画面距离感的控制，受众能够更加融入新闻场景——但这也实现了另一种意义上的焦点转移，即抹去了教室中的技术细节部分——而"聚焦"到（或重新聚焦到）受众现在所"看"到的最重要元素——主体的面部象征之上，这种象征能够被（镜头的变焦）抽象化和强调，从而凸显出新闻的本质、事实和"人的特性"：技术改变了生活，使盲人能够"去看"。受众也看到事实确实如此，因为他们观察到了所展示内容对于主体的强烈（例如，通过近景镜头的强化作用）意义。

上述内容环节一经呈现，在一个设定好的最为突出的点位或者时刻，新闻就准备"收尾"了。在这个阶段，"收尾"工作是通过将受众重新定位在一个更加具有包容性（more-inclusive）认识的位置中来体现的。在一个充满封闭性、框架性和聚集性的认识过程中，受众"充分和必要的结局感"得以实现。"他们"——新闻的主体——被观察到正在离开受众，离开受众的认识和视觉位置。反过来，受众也开始退出这个参与过程（也就是说，在镜头拉回的时候，受众也离开了画面焦点），并在限定范围内以回顾的方式对这条新闻进行再次"概览"：这一切意味着什么……

受众关于"盲人学生"新闻的理解是通过自身"如何"认识的过程实现的。也就是说，理解是从他们看到和听到的关于这条新闻已知内容的位置开始的。这种认识有一部分是通过观察者作为主体在一系列位置——视觉的位置、认识的位置——上的介入来构建的，在节目貌似散乱的内容运作中获得支持和实现。这些内容运作将受众置放于一个认识过程中，即从困惑的无知感（这种神秘的点击声）到全面但有限定性的理解（这条新闻的真正含义）。另外，这条新闻的意识形态效果在任何意义上都不是通过这个定位过程实现的——例如，这种效果包括受众对人类技术的理解，以及生活是如何改变的；但是，意识形态效果在一定程度上却取决于"认识"过程是如何在这条新闻貌似散乱的内容运作中持续的，即在被连续确立和定位的统一场域中受众获得主动的构建。

六、发言人的身份和准入结构：主体和专家

话语的准入性是由节目团队成员控制的。问题在于"以谁的什么形式进入"，同时，参与者在节目以外的身份也是这个问题的重要变量。"低"身份的参与者倾向于（a）只被问及他们对那些已经被定义的问题的感受和反应

(Cardiff，1974)，(b) 他们如果偏离了主题，就会很快被打断。相反，"高"身份的参与者倾向于（a）被问及他们的想法而不是感受，（b）有更大的回旋余地，能够以自己的方式定义问题。

这种区别获得了明显的确认，节目倾向于使用更大的特写镜头来表现主体感受，而对于"专家"的设定通常与采访者的设定相同——使用近景镜头。这两种身份的参与者都被记者"提名"进入话语之中，由某个节目团队成员进行提问，并对他们的贡献进行框架化和"总结"。

因此，两类身份的人群的话语之间有一个明显区别，即那些主要以"主体"身份出现的参与者——他们身上发生了一些有新闻价值的事情——和那些作为某个特定领域的"专家"身份出现的参与者。

因此，对于那些有新闻价值的主体来说，他们的感受和经历是被探索的过程：

（1）问被狮子攻击的女士：你感觉如何……当攻击发生的时候？你一定以为你会死，是吗？

（2）问盲人学生学习绘画：……这种绘画系统给你平常的生活带来了哪些不同？

当面对各种各样的"专家"时，受众感兴趣的是他们想法和解释，而不是专家作为"主体的人"的感受：

（1）问绘图系统发明人：那个盲人学生有了自己的"观察视角"，这对你来说是一个惊喜吗？

（2）问纳德：例如，你对工业安全有什么看法？

当受访者身份被构造为"较低"的对象〔比如在帕特里克·米汉的案例中，因为他的背景。又比如在组织制作"垃圾/生存工具包"的讲师那个案例中，因为他们在自身特定的实践领域（在本例中是教育领域）中缺乏明确的权威性〕时，他们如果在谈话中出现"偏题"，就很容易被打断。

在讲师的案例中，作为采访者，汤姆·科恩觉得自己可以以一种强迫对方服从的方式让其进行自我描述。因此，在简要介绍了这条新闻之后，科恩很干脆地问道：

这到底是怎么回事？

而讲师觉得自己必须回应，因此半带歉意地说道：

嗯，我想我应该解释……

然而，面对科恩对该垃圾项目有效性的基本质疑，他没有提出一个合理解释，并且他的发言也被针对那些"真的去了垃圾场"的学生的采访立即打断了。

当受访者被认为拥有相当的地位时——就像在节目里的拉夫·纳德一样——他将有更多的时间来完善对问题的回答。他不会被非常粗暴地打断，甚至可能被允许用他自己的语言重新定义所提出的问题。格林对纳德竞选活动的合法性提出了尖锐质疑。显然，纳德在《全国新闻》节目内是一个麻烦人物：一方面，他声称要像节目做的那样维护消费者的权利；另一方面，他的行为又有一种特立独行的特质。但是，当格林提出对此的看法时，利用了"大多数人"想法的角度：

如果像很多人描述的那样，被视为一个煽动者，你会不开心吗？

纳德被给予了在回答中重新定义格林问题的空间，并能够以他自己的方式进行回答：

你可以看到包括煽动在内的任何变化，国王乔治早在两百年前就发现了这一点。当然，根据定义，任何改进都需要改变既有的现状，或者取代它；所以我认为，这是人们应该扮演的一个非常重要的角色，因为当今世界需要做出很多改变。

七、话语的控制：提名的作用

"今晚我们要见面的人是……"这种表达是《全国新闻》节目导语的特点之一，但问题在于，尽管受众在节目中可能会遇到很多人，但从来不会直接与他们见面。这个"见面"是由节目团队成员精心组织的。因此，受众在地方节目单中被告知，他们将要：

汤姆·科恩（面对镜头直接播报）：当那位在野生动物园遭受狮子袭

击的女士再次回去见狮子的时候,我们将会和她一起去。

在地方新闻第一部分结束之后,节目画面再次切换到由汤姆·科恩扮演户外链接人的场景。他首先提供文本链接,以便将此条新闻置于节目流程之中:

汤姆·科恩:当然,在节目之后会有更多的新闻。

然后,他继续介绍并框架化了这条特殊新闻,第一步是把它与节目早先报道的故事联系起来:

汤姆·科恩:我想知道,你是否还记得几周前我们给你看的这张戏剧性的照片,那是来自黑尔斯欧文镇的芭芭拉·卡特夫人。她在西米德兰兹野生动物园受到狮子攻击。在经历了这种遭遇后,你很难想象她会热衷于再次与狮子会面。但今天,卡特夫人去了埃文河畔斯特拉特福德附近的一个农场,与狮子见了面。

卡特夫人的地位和身份被构建成一个"有新闻价值"的人;她的行为被置放于节目所期望的"框架"之中,其焦点集中在她做出了一些你根本意想不到的事情之上,从而打破了受众日常期望的框架,因此具有新闻价值(参见"在英国的美国人"新闻导语:"让我们听听东盎格利亚另一部分的消息,即来自萨福克地区,尽管你可能会认为这地方有些美国化。")

汤姆·科恩:来自艾伦·塔的报道。

在采访的最后,主持人暂时离开了他公正的角色,添加了个人评论:

一个比我更勇敢、更有决心的人。

在进入下一个故事之后——一个警察试图从火灾中救出一个女人的报道,在这条新闻的最后,主持人的评论将它与卡特夫人的故事联系起来:

两个关于勇敢者的故事。

同样,对拉尔夫·纳德的采访以一段陈述开始,明确地表明了受访者的"身份":

科恩〔面对摄像机直接播报(d/a)〕:你知道美国顶级的消费者事务活动家吗?拉尔夫·纳德……

接下来是一个框架化/导语化的问题:

……我们听说你谈论了各种有争议的话题，是什么促使你进入这些不同的领域？

因此，导语和问题告诉受众纳德的身份和能力，并确定了他将要发言的主题。在帕特里克·米汉的采访中，能够再次发现有两个阶段的导语框架在起作用：

巴拉特［面对摄像机直接播报（d/a）］：今天下午，你可能听说了，帕特里克·米汉从彼得海德监狱被释放，现在有请位于阿伯丁的大卫·斯科特。

因此，巴拉特开始"提名"记者，他继续说：

斯科特［面对摄影机直接播报（d/a）］：7年后，米汉才被释放出狱。由于一直抗议对自己的判决，7年里的大部分时间他都被单独监禁。

作为主持人，"提名"的链条从巴拉特传递到地方记者，然后才到米汉——他绝不是通过直接接触或与受众见面而出现的：他是被"陷害"的，受众已经知道了他是谁，有什么特殊之处，以及他多久前出狱（两个小时）。他在该节目中的地位是预先确定好的。

在采访的最后，巴拉特［再次面对摄影机直接播报（d/a）］以一种语境化的方式总结了这条新闻，从而试图用一种倾向性解释对其进行编码：

巴拉特：帕特里克·米汉，被判决为凶手，从而获得7年监禁，又一次（他的重音，斜体为引者所加）基于身份证据的定罪。

在这里，巴拉特提出了一个主控性框架来解释所描述的事件，并回溯性地将这条新闻插入框架之中。作为主持人，只有他可以有权这样做，即对一种解释赋予优先权。另一方面，米汉只能在采访人设定的框架内说话，而这个框架本身也在主持人设定的框架之中。

对采访本身来说，《全国新闻》节目对话语的控制程度较低。因此，米汉多次试图打破为他设置的框架，他谈论案件背后的政治问题，而不是他在监狱里的感受：

米汉：……我认为这是不对的，呃，当事情发生在像美国那样的地方时，那儿的人应该都变得非常伪善和吹毛求疵。他们几乎不知道同样的事情正在这里发生，整个系统都已经准备好了，防止这些事情浮出水面。

事实上，在他声称自己被英国情报机构陷害的时候，《全国新闻》节目不得不求助于最高层级的控制手段（录影剪辑），以保持话语的主控性方向。

因此，控制不仅仅是由话语的结构"赋予"的；在演播室中，它不得不通过特定的话语策略来实施，有时也会通过持续的争斗来实现。在这次采访中，米汉多次试图回答一些他本来希望被问到的问题。而不是那些自己被问到的问题。也就是说，他试图从对自己有利的角度对话语进行粉饰和改变［参见康奈尔等人对于"是的，但是……"话语策略的分析（Connell et al.，1976）］。

> 我想做的第一件事是进一步调查这件事，呃，进行公开调查，呃，我希望在接下来的几天内我会回到法庭，申请允许我对某些证人提起诉讼，呃，是的，我们认为他们在作伪证。

然后，采访者面临的困难是如何将讨论引导到个人感受和经验的领域之中：

> 你听起来很痛苦……你在监狱里过得怎么样？

在这次采访中，能够看到一场基于整体话语形式的争斗。这不是关于什么"答案"是可以接受的争斗，因为严格地说，采访者无法精确地规定受访者将要说些什么；在不损害和破坏处于这种采访模式运作中的"协议"的情况下，他不能在得到难以接受的答复后直接反驳、回击或中断采访。这些采访是建立在采访者和受访者之间一种明显对等关系之上的，即谈话中各方地位平等，他们都受到规范的约束。这些规范在所有的时事电视节目中都提供了具体规则，即客观性（采访者）和平衡性（采访者和受访者）规范。但这是一场关于新闻框架化的斗争，即哪一种框架在起作用或占主导地位。框架是一种"装置"，虽然它不能绝对规定答复的内容，但却规定并限定了可接受答复的范围。这是一种意识形态策略，确切地说，当它起作用时，可以对某种自发的循环进行维持，即答案的形式已经以问题的形式被预设了。在某种意义上，这种框架也具有意识形态性，它保持着一种表面上的平等交换，但同时又建立在一种不平等的关系之上——因为受访者必须在一个他没有参与构建的框架内回答问题。

在采访过程中，要保持在这一限定性范围内的"倾向性"回答，在很大程度上取决于"规则"的可接受性,即回答必须看起来与问题相关,同时需要保持一种"自然的追随感",良好的对话实践以及流畅自然的连续性。如果要做出一个"不可接受的"回答,同时还保持连贯性、相关性、连续性和流动性,这就需要一种非常特殊的工作——在对话实践中进行争斗。首先,需要重新构架或重新措辞(例如,打破个人经验框架,用另一种"政治框架"取代它)。其次,在重构的框架内做出回答。在这个意义上,对于这类节目的主控性表达策略来说,(对发言者而言)采访和回答需要确保主控性框架的作用(因为它不能被认为是理所当然地、毫无疑问地给出),有时(对于应答者而言)也在与主控性框架作斗争或对抗(尽管这些对抗并不总是起作用)。

第四章 源自"家庭"的国家……

《全国新闻》节目在日常工作中特别关注为受众带来"当前英国生活中的有趣故事",并持续创造出对于节目所预设的"国民个性"的新理解。希斯和斯奇洛认为:

> 电视是一种用于生产-再生产小说的设备;它似乎在现有社会表征及主导社会关系范围内解决了个人意义形式的定义问题,为个体提供和维持对社会进行理解的条件。
>
> (Heath and Skirrow,1977:58)

我们关注的是一个特定电视话语的产生:

> 在这个有意义的小型戏剧中,跟随"节目感"的观点,"观看者"作为主体被带入进来,而事实上,个人在节目中成为了"观看者"。
>
> (Heath and Skirrow,1977:58)

《全国新闻》节目话语是特殊的——既针对其所构成的媒介(电视),也针对电视中的特定话语领域(地方区域的时事话题)。而且,这种特殊性也体现在"现有社会表征及主导社会关系"领域。我们试图在这一节描述这个领域,并且试图在此提供一些理由来论证,《全国新闻》节目意识形态的特殊性在于通过"地方化"策略,将个人(在他们的家庭中,参见下文)整合进电视镜头所呈现的统一的"当前国家"之中。冒险把这类问题笼统地描述出来,似乎有悖于该节目的不同内容和目标。但这种差异性只能在罗兰·巴特关于《今日神话》的评论中被发现。

> 相对于形式的数量丰富性，概念的存在却为数不多。
>
> （Barthes，1972：120）

我们认为，在《全国新闻》节目中，每晚播出的大量有新闻价值的新闻信息只与少数核心意识形态概念相对应。也就是说，新闻是通过一套对社会世界（以及受众和英国在其中的地位）的特殊理解而产生的，或者说被多元化决定的，而我们试图将这种理解指定为节目的基本主题（参见第二章）。

一、家庭中的《全国新闻》：日常生活的镜像

如果说《全景》节目阐明了制度政治、外交政策和国家事务的领域，那么相比之下，《全国新闻》节目则明确地将焦点从公共领域、行政机构转移到家庭空间。节目关注重点是家庭生活和休闲领域，个体可以表达个性的自由领域：爱好的世界、地方传统性和差异化的世界、日常生活的领域。

这首先要求必须通过家庭生活领域对《全国新闻》节目话语加以阐述。节目的不同组成部分都被统筹于《全国新闻》主控意识形态领域之下，这种情况与节目明确强调要重视那些影响"家庭生活"的问题有关。值得注意的是，《全景》或《本周》节目将个体视为公共机构中的社会角色，而《全国新闻》节目则将个体视为家庭成员，这一点至关重要。在节目话语中，个体和家庭是彼此关联的。这个核心诉求体现在两个层面，一是《全国新闻》节目将"家庭观众"作为目标群体，二是晚间节目时间安排会将个体从不同的、多样化的工作和职业领域重新整合到一家人同在的家庭场景之中。家庭生活同样解释了节目呈现方式：强调话题的普通性、日常性维度，以及一般性话题和问题对特定个人和家庭的影响。这个特征在《全国新闻》节目晚间拼盘式的节目"菜单"中得到体现——"呈现给每个人的东西"；它关注人们感兴趣的话题，但其中最重要的是面向普通生活的无限变化。家庭生活也通过节目中循环出现的熟悉话题或者花边新闻，《每日镜报》式的报道风格以及日常生活问题的角度获得了延续，一切都回归到了新闻的常识性推动力之中：这是一种"正常化"的推动力。即使在没有明确处理家庭问题的情况下，《全国新闻》节目主要表现方

式也是通过对世界的"家庭化"来确定的。

《全国新闻》节目关注的是人们都分享（或被认为要分享）的内容；它在许多方面显示了人们在地方和个体之间的差异化和异质性，而日常发生这些新闻的国内地区则构成了这些差异化的框架。除了个体之间的差异之外，节目还存在一个共同关注，那就是家庭和家庭问题。这种关注不但体现在许多层面（新闻的选择、处理方式等），而且体现在受众观看节目期间，节目主要负责人兼主持人迈克尔·巴拉特对其所做的有趣强调。

巴拉特在自传中强调了家庭生活的重要性；他的工作不仅妨碍了他的生活，还让他在平安夜为了与妻子和孩子们在一起，不得不从柏林飞回来。就像巴拉特在这里强调的那样，《全国新闻》节目具有家庭日历式的仪式感：圣诞节、星期二、银行假期，等等。同样，在《全国新闻》节目中获得的名声也不能代替家庭生活的乐趣；在节目中，那些取得了"成功"但没有朋友和家人的人［"不需要朋友的富人""科茨沃尔德的隐士"（1976 年 6 月 1 日）］被描绘成不快乐或怪异的人。

通过对自己"普通家庭男人"身份的强调，巴拉特讨论了作为一个普通家庭男人和电视名人之间的困难处境。在描述了各种旅行、刺激的冒险，以及与萨萨·佳博和阿尔贝特·施韦泽的会面之后，他写道：

> 在演播室之外，美好的生活有多好？漂亮的餐厅，豪华的酒店。飞奔的汽车，丰厚的支票。而另一个神话，我喜欢和琼或好友们（那些更像是乡村男人而不是"名人"的人）在离家不远的餐馆吃饭，最好在没有必要穿夹克或戴领带的地方。纸袋里的鳕鱼和薯片是我的最爱，它们唯一的竞争对手是周日午餐中的烤羊肉。
>
> （Barratt，1973：27）

就像迈克尔·巴拉特所说的一样，《全国新闻》节目即便想要表现"世界各地"时，它也会将其纳入到"家庭"场景之中。"家庭"概念有时是显性的，有时是隐性的，但始终居于《全国新闻》节目的核心地位。从这个意义上说，《全国新闻》节目话语整体上依托于一种对世界进行"结构化"的特定方式，以及确保这种"结构化"能够持续的"影像"和"社会关系"的复杂矩阵。本质上，节目话语取决于世界和家庭的对比，因此它是基于性别劳动分工的，尽管这很难被观察到（它是以节目清单编号形式出现的）：

在资本主义制度下,往往采取极端的形式,将一般的经济过程分离为"家庭单元"和"工业单元"。

(Coulson, Magas and Wainwright, 1975: 60)

社会生活被划分为两个截然不同的领域,而在这种理所当然的形式背后,在漫长的历史过程中,家庭逐渐从生产关系和交换关系中"分离"出来(作为一个独立的世界),它转变为一个私人领域,只关注维持和繁衍劳动者及其家庭的基本功能(Engels, 1975;Zaretsky, 1976)。伴随并通过最初的家务工作、个体以及家庭生活的阶级特定意识形态的发展,上述"分离"得以产生和构建(Davidoff et al., 1976;Hall, 1974)。从意识形态层面看,"家庭世界"已经被定义为一个受到保护的空间,与肮脏的制造、操作和生产工作相互隔离。它是产生"人"的地方,也是"人们"最能够成为"自身"的地方;它不仅是"人"成为"个体"的地方,而且是其能够最充分、最满意地表达自我个性的空间。因此,家庭生活领域具有把个体从外部社会关系网络中抽象出来,并把他们重新组合成统一家庭单元的功能。这个具有"亲密关系"的特权中心与外部社会关系网络的分裂性、差异性和复杂性彼此对立。因此,即使在这个词的字面意思里没有表达出来,但"家庭"仍然成为衡量一切有价值的东西的标准。

这种世界的"家庭化"可能与更普遍的意识形态效应有关。例如,霍尔认为:

一种思考意识形态一般功能的方法……是普兰查斯(Poulantzas, 1975)所说的"分离"和"联合"。在市场关系和以自我为中心的个人利益领域(公民社会的主要领域)中,富裕阶层的出现或被认为代表着(a)受个人和利己主义利益驱动的个体经济单位;他们为(b)大量无形的契约——资本主义交换关系"隐藏的手"——所束缚……这种表现方式产生了如下效果:第一,将重点从生产转移到交换;第二,将阶级分化为个体;第三,将个体绑定到被动的消费者群体之中。同样,在国家司法和政治意识形态领域,政治阶级和阶级关系表现为"个体主体"(公民、选民以及在法律和代表制度视野中至高无上的个体等等)。这些"个体化"的政治-法律主体作为一个国家的成员被联结在一起,被社会契约和他们共同和相互的"普遍利益"联结在一起。再一次,国家的阶级本质被掩盖了：阶级被重新分配给个体主体，而这些个体在国家、民族和国家利益的一致性想象中被统一起来。

(Hall, 1977: 336 - 337)

康奈尔等人（Connell et al., 1977: 116）指出，认为作为生产主体的个体只出现在上层建筑的结构关系中而不会出现在生产关系本身的结构中的看法是错误的。生产主体的"个体化"实际发生在商品交换过程中，同时也发生在劳动力作为商品的出售过程中。

由于交换活动本身，个体，每个个体都会在自身中被反映成为排他的、支配性（决定性）的主体。

(Marx, 1973: 244 - 245)

这里的重点是，市场交换关系中的"嘈杂的领域"

为那些上层建筑的实践和意识形态形式提供了基础，而在这些实践和意识形态形式条件下，人们被迫生活在一种与他们的真实（不平等的、集体主义的）生存条件对等的、充满个人主义的想象关系之中……［公民社会］不再是个人主义的根基和源泉。它只不过是资本扩张再生产循环过程中的个体化领域。个人主义并非制度的起源……作为资本必要的外在表现形式之一，它被资本生产出来——同时也是资本必要的而又依赖的效果之一。

(Hall, Lumley and McLellan, 1977: 62)

因此，个人主义就根植于一定的社会关系之中，而这些关系又特别指向了交换和消费关系。因此，对于资本主义文化来说，个体首先在与公民社会（这是典型的"利己主义冲动和交换的领域"）的关系中被赋予了一种特有的、优先性的地位。其次，个体在建立和维持司法（"法律主体"，从法律角度看与所有其他主体都保持平等）和政治领域（"政治主体"，平等代表了所有其他公民）的关系和意识形态过程中也被赋予了这种地位。但关注司法和政治层面往往遮蔽和掩盖了"个人主义"意识形态另一重要起源和基础，即家务工作和家庭空间。

二、处于私人生活中的劳工

从历史上看，工人阶级的繁衍和维持都是在家庭中进行的，这主要是妇女关心的问题。正如马克思所说，这是资本再生产的前提（Marx，1961：572）。越来越多的国家干预使得女性在道义上对这项工作负有责任，尽管其中某些职责［在不同时期有所不同（CSE，1976；Wilson，1977）］已经从有偿工作转为无偿工作，"商品化"对家庭的渗透已经改变了家庭性质。从历史上看，正是在家庭之中，作为交换行为中排他性和支配性（决定性）主体的个体在此得以繁衍和维持。

家庭，作为一个独立的、自然的领域，显然不受生产方式的决定，它本身是由劳动者与交换时段的关系构成的，在交换中：

> 它既设法疏远自身劳动力，又避免放弃它对劳动力的所有权。

（Marx，1976：717）

这种结构产生了一个关键性的分化：

> 因此，工人的生产消费和个人消费是完全不同的。在前者中，他是资本的原动力，属于资本家。在后者中，他属于他自己，并在生产过程之外履行自身必要的重要职能。

（Marx，1976：717）

在"家庭"这个由性别分工构成的"私人领域"中，个体被视为"性别主体"，而"个性"被理解为在生产方式的"决定性"和法律-政治的"约束性"之外的自我表达。"家庭"被视为在"制度"之外，作为生育、维持和再生产劳动力的物质实践场所，也是作为"制度起源"的"个人主义"意识形态获得最详尽表达的场所。

因此，"家庭"和"工作"之间的细微区别越来越明显（这导致了妇女在家庭中所做的工作被忽视），必须从理论层面上理解资本再生产和妇女从属地位的关系。

扎列特茨基总结了一个历史过程：

> 以雇佣劳动方式出现的工作被移除出家庭生活的中心,成为维持家庭生活的手段。社会被分化,家庭成为私人生活的领域。
>
> (Zaretsky,1976:57)

> "工作"和"生活"是分离的;无产阶级分裂了外部世界的异化劳动,而这种劳动来自个人情感的内心世界……它创建了一个单独的个人生活领域,似乎脱离了生产方式。
>
> (Zaretsky,1976:30)

如果不关注妇女在家庭这个独立领域的特殊地位,就不能理解家庭的运作方式和意识形态表达。这里存在着一种坍塌:女人不知何故就成为家的代名词,两者似乎互为彼此。因此,1868年罗斯金在其著名论断里谈道:

> 这才是真正意义上的家,它是宁静处所。这是一个庇护所,不仅远离所有伤害,而且远离所有恐惧、怀疑和分裂……但当外部生活的焦虑渗透到它的内部时……它就不再是一个家。如果仅仅只是有个屋顶,在里面生起火,那么它只能算是外部世界的一部分而已……*而当一个真正的妻子到来的时候,家总是围绕着她展开*(斜体为引者所加,表示强调)。
>
> (Millett,1971:98-99)

这是一个大男子主义的观点:

> 潜在的意象是一个不为人知的家庭主人,可以说,我们看着他所"创建"的家庭。"家庭成员"们都在等待着他的到来,他的归来。
>
> (Davidoff,L'Esperance and Newby,1976:159)

这种形象基于以下理解,即当女性作为"妻子和母亲"时,她们才成为"她们自己",即这种形象基于她们的社会经济不平等地位和依赖性,以及她们性心理的从属性。在历史上,这种形象首先成为资产阶级家庭中的主流形象;但是,它已经蔓延到资产阶级家庭以外,推广到许多妇女身上,她们自身现在即使可能是雇佣工人,但仍然会把它当作一种"标准化"和"理想化"的女性形象。生活在这种意识形态下的女性大都能深刻意识到它的矛盾之处——所谓的"回报",即作为"特殊"的妻子和母亲,不断地与她们被孤立、被剥削和被奴役的现实共存。但是,到目前为止,这种"家庭意识形态"的变体仍然占主导地位,它使妇女在家庭内外受到的压迫变得永久化和持续化:

无论是有意识还是无意识，这个世界一直都被想象成资产阶级家庭的形象——丈夫是养家糊口的人，妻子留在家里做家务和照顾孩子。家庭本身和家庭中妇女的家务劳动都是真实历史活动世界中不变的背景。

(Alexander, 1976: 59)

大卫·杜夫、埃斯佩朗斯和纽比认为：

在郊区的家中，妻子们仍然被要求创造一首微型版的家庭田园诗，它被设定在乡村城镇化的环境中，而她们的丈夫们则涌入市中心的办公室和工厂。妻子们仍然是真正社区的保护者，"永远是中心"；工人、旅行者和探索者可以回归的基本道德力量。在对日常生活的典型描述中，尽管不那么情愿，也不抱有太多希望，她们仍然等待着，等待着那扇门被打开。

(Alexander, 1976: 175)

这就是《全国新闻》节目基础（和时代）自身所依赖的家庭形象。从物质层面上看，家庭生活是通过男女的雇佣劳动提供的；而家庭作为一个经济单元，是通过妇女的无偿劳动和她们始终存在的从属关系来维系的。没有这些物质层面的支撑，家庭就不会存在。但是，作为日常生活的核心，在对家庭的典型描述中，它被重新呈现为逃离物质束缚世界的避难所，是衡量个性的真正尺度，也因此成为那些重要的"人类价值"的最后储藏所，而这些价值在其他地方几乎已经被"现代生活"的力量和压力摧毁了。《全国新闻》节目很少涉及上述第一个经济层面，但经常涉及第二个价值方面。因此，它通过这种转移到家庭空间的方式，不断阐明社会和性别分工的真正关系。在节目空间之中——这是休闲和娱乐、爱好和个人品味、消费和"个人关系"的领域，这些领域特别属于节目空间，能够将这个空间视为一个"生活"领域进行填补——人们（尤其是男人）可以行使那些在异化劳动范围内被剥夺了的"自由"权力。这是《全国新闻》节目的主要运作场域：利用人们的个人能力及其家庭生活，"反映"出构建国家的个人和家庭活动。

《全国新闻》节目话语建立在一种针对个人和家庭的特殊表达模式之上，并被认为是理所当然的。因此，在这里需要明确说明，必须让节目中那些隐性的但又持续被预设的内容变得显性化。正是通过这些预设，《全国新闻》节目在对新闻进行选择和表达时，制造和再现了一种特有的"英格兰形象"。这种形象持续不断地建立在自身显而易见（许多人会这么说）的基础上，而在这个构建过程中，节目受众既是建构的（constitutive），也是被建构的（constituted）。这些被采访的"主体"给这个"真实的人的世界"赋予了真实性，而这个"真实的人的世界"又通过它们的暗示和参与，为自身的"真实性"提供了"保证"，例如，《全国新闻》节目中举行的减肥运动。

为了勾勒出构成"英格兰"的形象内涵，我们创作了一个句子，在其中似乎能够找到节目中新闻内容的整体分布范围，这在某种程度上能够允许对节目所涉及的隐含意义进行某种排序。经过修改，这个句子也构成了我们使用过的新闻分类的基础：

英格兰，这是一个国家，也是一个民族，在现代世界中，

区域	来自家庭	技术进步
本地	来自个人	高速流动性
城镇和乡村		疏离性

有着自己独特的历史传承……也有着自己的问题。

传统	官僚主义
日历	价格体系
特殊癖好	联盟
爱国主义	收支平衡

三、《全国新闻》节目的地方主义和民族主义

在《全国新闻》节目话语中，"国家"概念并不是一个"整体性"的实体结构，能够涵盖所有的人——相反，国家的"整体性"建立在英国不同地方之间差异性和变化性的总和之上。如前所述，节目历史特别体现出其试图摆脱全部依赖大都市主导地位和偏见的想法；事实上，"地方生活"是节目配置的关键元素，也是在技术层面构架节目的组成部分。

在很长一段时间里，英国面对着一个破坏地方差异性的趋势——这是多重因素导致的结果，包括教育体制和电视本身的影响。然而，目前存在着一种反对"地方分离主义"的运动，表现在威尔士和苏格兰的"民族主义"、北爱尔兰争取民族独立运动的复兴以及某些形式的地域性消解现象。在《全国新闻》节目刚成立之时，为了拾起"地方意识"的"余烬"，它有大量事务要处理，

但是现在，问题变得具有双重维度了。首先，这是源于英国地方主义被不断弱化；其次，具有讽刺意味的是，这是因为凯尔特边缘地区"觉醒"的力量。在当前的语境下，《全国新闻》节目既要擦亮神灯，召唤出各个乡村中的"亡灵"，又要设法控制超越这些亡灵之外的那些"狂灵"。

在这种语境下，《全国新闻》节目采纳了一系列不同策略：一方面，通过国内地区的记者（他们自身也与地方建立起了密切联系），可以把地方活动的新闻带到国家关注的层面：把边缘地区的活动报道给大城市。但重点仍然在于为受众带来"来自你自己的英格兰边缘地区的新闻和节目"，即给地方受众带来本地新闻。对"国家性问题"的处理就采取了"具体化"策略，使它们好像发生在"你家门口"一样。例如，在节目的"今日中部地区"板块，就曾经处理了一个"国家性"话题（英国利兰汽车公司的未来），因为它会影响当地劳动力的近期发展前景。或者，地方直接关注的问题可以作为重要新闻呈现（当地著名建筑的未来），同时，地方问题也可以被赋予国家层面地位（例如，克雷利·希斯的狮子获得了全国范围内的恶名；安妮公主开办了一家地方医院）。

然后，《全国新闻》节目关于"地方性"的内容，包括两方面：

（1）通过节目自身"地方文化"生产的内部过程创造出"地方性差异"。例如，节目举办的游艇比赛，每个地区都有自己的游艇前来参加。

（2）地区间实际差异的采用和转化。麦克·内维尔连续不断地演绎纽卡斯尔人的"亚文化"，这些文化其实已经融入整个东北地区象征性/代表性的方言和生活习惯，但实际上它只是一个特定区域的一个特征。

"地方化"特征对节目自身定位具有明显的关键作用，使节目与众不同。将不同地区的新闻整合到统一的节目体系之中，与节目两个"极点"——"地方"和"全国"——之间的连接方式有很大的关系。节目似乎能够从受众所处的"地方"定位"他们"；另外，从认同的角度看，节目也能够为"受众"提供（也能使受众构建出）一个从整体节目中所呈现的"国家"观念。这些节目的"轴心"很明显地体现在"直播时刻"板块的节目单中（参见第一章）。节目往往从英格兰受众"所在地域"的有利角度来呈现"国家图景"。如果节目所构建的"国家"是一个象征性或想象性的整体，那么这是通过构建"地方化"视角来实现的。毫无疑问，这种表达形式在节目中不断被体现，它不仅将地方新闻（对于每个地区都是不同的和特殊的）与国家新闻结合在一起，同时，从新闻特征看还能够不断强调特定新闻的"地方性"来源，或者聚焦一个主题，并对地方性视角、反应和体验进行"整合"。如果说主要的"定位"角色是由伦敦演播室里的核心人物（在受众观看节目期间就是迈克尔·巴拉特）充当的，那么节目就会不断地从伦敦演播室"走向"各个地区，并最终"回归"到"大本营"，所以"国家"总是被"融入"到了"地方"之中。节目最受欢迎的视觉镜头之一就是巴拉特面向屏幕中的各个视框，每个视框中都有一个"地方主持人"的脸，这意味着所有"地方"都向他"开放"，每个人都可以从英格兰的不同区域（如曼陀罗的图片）被导入"中心"。如果没有这种在"中心"与"外部"、"地方"与"国家"之间的一系列复杂转换，节目将无法构建出"国家"的组成表征，而对于所有频道的全部时事节目来说，这种情况是非常特殊的。

那么以这种方式构建出的"国家"意识形态效应是什么，我们认为这是一种将英格兰构建为一个"地方主义"复合体的表达，即"国家"是主要由自身"差异性区域"组建的空间实体。在节目话语中，这些地方性差异和变化不会相互冲突、相互抵消或相互矛盾。在"硬新闻"报道中，地方经济不发达的问题有时会浮出水面，但在节目自身产生的特定新闻主题中，这种问题就不会存在。在节目的后半段，不同差异性由于各自独特而鲜明的风格获得呈现和体验，"国家"就是这些地方性特色的总和。通过对所有地区进行简单叠加形成一个"国家"——这是通过"并列"方式构建成的统一形式，代表了英格兰是一个复杂但不矛盾的统一体。

《全国新闻》节目中的不同地方几乎都具有自身独特的文化。这些文化传统、特征、性格以及与众不同的身份构建了"他们"，也使得"他们"在差异性中共同成为"英国人"。因此，节目的地域性与整个传统领域——地方手工艺、娱乐消遣等——形成了密切联系，这将在下面章节中讨论。但可以这样说，节目的地方主义文化同地方生活中的乡村内容有着广泛联系（参见第二章）因此，与过去以及对传统风俗习惯、价值观念和习俗的一种文化怀旧之情相比较，同时也与所有其他正在迅速消解这些重要文化差异的现代性趋势相比，《全国新闻》节目有幸能够重新发现并肯定这些重要的文化差异。

从传播技术层面也能发现不同地区的"地方性"，即英国广播公司的"地方性"是由它的传输网络决定的，而传输网络又由技术因素决定：发射机、放大器和演播室的选址。对于《全国新闻》节目中涉及地方身份认同的文化和常识地图划分，实际上正是基于技术和物质系统。通过地方电视制作中心之间的技术联系，节目才能够在整个国家范围内进行地方化运作——这一事实决定了节目的视觉形式及其组织形式的许多方面（这使得英国广播公司的地方新闻和专题节目中比其他任何单一性电视节目都受欢迎）。《全国新闻》节目在英格兰主要地区均有地方员工。例如，伯明翰地区的技术人员和设备包括三架摄像机和摄像师，一名楼层经理，一或两名现场工作人员，一名制片人、制片人助理/秘书和一名导演。

每个地方都要负责自己的节目预算。节目研究人员不断搜索各个区域以寻找可能的特色新闻。伦敦这个"神经中枢"需要大量资源和人力，除此之外，整个播映区域内节目制作机构的规模都很小。

然而，从技术上讲，伦敦也是受到严格控制的。《全国新闻》节目中有三种控制系统：

一般控制：地方—伦敦

国家层面控制：伦敦—地方

绝对控制：伦敦—地方（嵌入通信设备）

这种控制的最后一种形式是通过色彩分离叠加装置将地方节目信号与伦敦中心的节目信号相结合（参见下文）。

基于这些复杂的技术耦合形式，节目不同"地方中心"的有效播出要求伦敦和各地区之间必须保持非常谨慎的同步。除了非常细致的时间安排（当节目在地方与伦敦中心之间相互转换时，尤其是在开始部分），还包括线条、画面和色彩的匹配。各个地方都由英国邮政总局（GPO）的陆地电缆连接到伦敦。当伦敦收到来自一个地方的"信息"时，它必须回传相互对应的信息，以便做出正确调整（线条、框架、颜色）。这条"信息"实际上是在电视图像的前七行中进行的，每个地方都会被放大，以便进行相应的解码和调整。因此，节目具有复杂而专业的技术手段，使地方与国家之间的转换和过渡能够自然地进行——例如，观众可以通过明显的同步性来识别两者之间的转换。

"色彩分离叠加"是《全国新闻》节目最广泛使用的技术之一，它能够使"某个地方的影像"叠加到屏幕中"另一个地方的影像"之上，两个不同区域的图像可以出现在同一帧中，而且能在一个屏幕中同时呈现两幅图像。这种效果是通过将主体放置于"蓝箱"之中实现的；"蓝箱"背景不会被主摄影机记录，图像会留下一个空白区域，并由副摄像机拍摄的图像进行填充。当然，副摄像机也可以从另一个地方传送其他图像来填充背景。"计算机编辑系统"（CSO）的作用是将这两幅图像合并成一张合成画面。虽然这不太符合英国广播公司的专业规范，但合成图像可以实现如下画面效果，即将两个相隔几英里、处于不同房间的人置放于同一空间，彼此进行交谈。因此，节目使用的计算机编辑系统不仅大大拓展了不同地方图像的合成效果，而且建立了大量将不同地方进行"自然"链接的错觉。

　　从结构上看，用《全国新闻》节目内容来构建"国家"的统一性，与前面讨论的新闻之间的"链接"具有某种一致性。节目对于"国家"概念的表达意味着其自身必须保持流动性，不仅要在不同类别新闻之间进行转换（新闻的主要特点在于多样性和异质性），同时也必须在不同地方之间进行转换。正如我们所说的，这些转换必须被纳入到一个"一致性"的节目之中：作为特色鲜明的"新闻混合体"，节目常常一开始时就提供当晚的新闻清单，并在截然不同的新闻和话题之间进行自然转换。但是，就像这些新闻组合所构建的"国家"一样，这种"统一性"是一种开放式的表达，允许不同的新闻、故事和地点共存。因此，节目的新闻清单通常比较宽容，回避指令性和强制性，突出多样性而不是强行建立森严的故事层级。因此，从形式看，新闻清单中的"链接"被认为是"松散的"，另外典型的节目新闻清单还强调"偶然性"因素——就好像一切都是偶然发生的一样。正如《每日镜报》编辑胡夫·卡德利普曾经所说，"丰富的、充满活力的生命"会产生不同的观念，每一种都迥然相异，每一种都个性十足。

　　《全国新闻》节目通过两类策略提升影响力：一是突出地方化、特殊化的属性，二是强化"地方受众"的身份认同。与"都市化"时事新闻节目不同，《全国新闻》节目记者和主持人经常使用自身所在地方的方言。节目推崇电视地方主义；因此，喜欢利用地方口音开玩笑。

　　　　这条河是乌尔河吗？是的。是吗？是的。①

　　　　　　　　　　（《全国新闻》东盎格利亚节目，1976年5月19日）

---

　　① 原文是"The River Ure? The Yer. The Yure? The Yerr."，表明发音的差别。——译者注

值得注意的是,在报道贾罗游行(Jarrow Hunger March)[①] 周年纪念的项目上,《全国新闻》的记者被认为"熟悉和了解"兰开夏郡(Lancashire)这一特定地区,即抗议队伍所在的地点。既然记者熟悉当地的情况,因此有资格向中心传送"报道"情况。这是节目运作的一个关键条件。这些问题被具体化,并通过标记熟悉的地名实现"本地化"。实际上,它们被设定为地方性或区域性问题。约翰·唐宁(Downing, 1976)认为,这种地方化表达方式力量强大,其运作原理是将自身根植于对熟悉的、具体的感观印象的复制,从而再现和强化地方化、局部化阶级意识的自身形式(Beynon, 1976;Lane, 1974;Nicholls and Armstrong, 1976)。

最近有观点认为,对于《除暴安良》(The Sweeney)这类"民粹主义"电视连续剧来说,关键之处在于必须从词语使用层面建立节目受众的这种"认同"。

> 使用某种通俗语言……就算不是工人阶级的节目,也可以将节目定义为"人民的节目"……

在节目的视觉层面:

> 使用的并不是游客眼中"大本钟和白金汉宫"的伦敦,而是"伦敦人"眼中的伦敦:拉德布莱克树林,码头,牧羊人的布什……

(Buscombe, 1976:68)

很明显,与《除暴安良》电视剧相比,《全国新闻》节目更加面向小资产阶级(和较为年长)的受众,节目目标指向一个"平行的"方位:通过"地方性"和"区域性"的编码形式,呈现出"大众化"视角,并使用"民众的语言"说话。因此在方言使用层面,节目声称拥有"自己的"和"内部的"人士,他们是对事件进行认识和理解的地方权威。

四、国家的神话

然而,对于《全国新闻》节目来说,英格兰特殊的国家传统观念对由地方

[①] 1936年10月5日至31日的贾罗游行,也被称为"贾罗十字军东征",是20世纪30年代在英格兰泰恩塞德镇的贾罗地区举行的一场针对失业和贫困的有组织的抗议活动。——译者注

差异性形成的"分裂状况"进行了"框架化",即作为"个体",所有人都应当分享一种传统和一套价值观。

这种新闻文本主要出现在节目剧集中的"国家"和"保守主义者"等类别中(参见第二章)。在这些内容中,节目的"地方主义"和"民粹主义"倾向使它选择关注那些"复兴主义者"的行动,后者积极维护传统习俗和体系。同时节目自身也在执行这种功能,即从英格兰不同地方中寻找幸存的古老手工艺从业者。正如雷蒙德·威廉斯指出的:

> 所有传统都是选择性的,田园诗的传统与其他传统毫无二致。
> (Williams,1976:28)

尽管受到现代工业社会的威胁和侵蚀,但《全国新闻》节目中的"传统文化"仍然基于以"传统乡村"为主导的英格兰形象。节目省略掉了传统文化的"阶级基础",这种"阶级基础"作为传统只在历史中存在,而作为这个国家的组成部分以及传统文化的政治内涵却一直存在(Lloyd,1969)。

因此,作为根植于"过去的"传统,这种怀旧观点由来已久。但《全国新闻》节目也清楚地指出了"进步"的价值。我们已经摆脱了过去的某些东西,最基本的就是阶级概念,它属于"历史残渣"。在"贾罗游行"周年纪念报道中,节目呈现出这种新闻文本的双重变化。首先,这些事件是基于特定阶级历史和经验基础被解读的。游行被描述为一个城镇或地区的困境,而不是一个阶级或制度的困境。在这里,"地方性"成为代表阶级力量的社会组织的准则。其次,阶级结构建立在传统的"北方地区"形象之中,而北方社会本身也属于"过去"。

> 19世纪社会主义的阶级意识,这是一种毫无意义的工人阶级口号。
> (《全国新闻》,1973年3月22日)

有趣的是,尼科尔斯和阿姆斯特朗发现了相似的"模糊化"分类,这些分类存在于他们对"化工车间"中"工头"的分析中。他们认为:

> 这些人习惯于使用以下简称来指代其他人,"北方佬""工人阶级"以及"老套的家伙"。
> (Nicholls and Armstrong,1976:130)

这种"模糊化"分类对于分析讨论"工会运动"的矛盾性角色非常重要,

对于本书的研究亦是如此。工会被视为一个"积极的"社会角色["大多数人同意人们需要更多的钱。"——巴拉特对罢工运动工会代表的发言(《全国新闻》,1973年3月13日)],但它的消极性也同样明显[这些罢工的理由看起来确实相当愚蠢。——巴拉特(《全国新闻》,1973年3月14日)]。这种矛盾性是帕金(Parkin,1972)所提出的"阶层化"和"协商性"意识观念特征,它通常包括"和解"和"对抗"的元素。但在《全国新闻》节目中,这种矛盾性被"传统工会"的"积极作用"取代:

> 因为社会利益在"过去"已经被实现了,而"工业化危害"是在现在发生的,无论过去的斗争有多么必要,社会正义现在或多或少(已经)实现了。如果像一些激进分子希望的那样继续斗争下去,那就太过分了。

(Nicholls and Armstrong,1976:182)

"现在"的形象与"过去"的形象相互对立,它是一种突出"多样性"而非"结构性"差异的形象;不同于"过去"的话语,"现在"的话语中只有"社区"和"地区",而没有"阶级"。如果说《全景》节目中的"矛盾统一体"是基于对"整体利益"理念的建构,那么《全国新闻》节目显然是将"国家及其地方"作为某种"一致性想象"的理念进行运作。

在《全国新闻》节目话语中,国家的"社会结构"被否定;空间差异取代了社会结构,国家不是由那些存在剥削或对抗关系的社会单元组成,而是由地理单元构建的,但这种地理单元往往被简化,使之仅仅具有"地方化"的刻板印象或特征。

对"国家"概念的这种重构是在一组元素中进行的,而这组元素彼此之间的结构关系已经被取代了。后来,罗兰·巴特将其描述成一个"神话般"的层面,就像他对巴黎的分析一样:

> ……这些被取代的部分被重新排列成一种神秘的元语言。因此,凯旋门周围环绕的灯光,从巴黎这个历史商业城市的真实关系中转移出来,然后,作为空洞但壮观的形式,在第二种体系或元语言中被重新组织,成为夜晚城市的神话……

(Barthes,1972)

五、"常识"的呈现

在我们看来，《全国新闻》是一档常识类节目，面向普通受众，也来自普通受众。因此，巴拉特认为：

> 我可以做任何他们让我做的节目，因为我问的是那些每个人都想知道答案的天真问题。

（《每日镜报》，1977年7月1日）

我们可以借鉴诺威尔-史密斯（Nowell-Smith，1974）的方法来区分常识中"固有模糊性"概念的两层含义：

（1）它是一种基于对世界"直接感知"的实用主义推理形式，与那些"缺乏经验感知"的思维形式相反。

（2）它意味着对世界的任何认识都是普遍性的。

我们认为，这两种意义的"常识"都可以在构建和组成节目的多个层面发现。首先，诺威尔-史密斯提出的"直接感知"观点既可以用来理解节目的语言话语，也可以用来理解节目的视觉话语。因此，要说明《全国新闻》节目的视觉话语具有常识性，需要大量借鉴和大致总结近年来关于"现实主义"和"透明性"问题的丰富电影研究成果，它们发表于《银幕》期刊和其他学术刊物。

我们并没有对视觉话语进行更全面的分析，但我们认为《全国新闻》节目依赖于一种实践和意识形态，即电视作为媒介可以直接感知世界，并提供一种直接的、迅捷的"经验关联"，但节目自身的"生产性运作"在这个过程中被忽略了。

不同于罗兰·巴特的观点，《全国新闻》节目的许多视觉图像意义并未存在于图像本身（Hall，1972），而是存在于记者、受访者或参与者之中。迈克尔·巴拉特区分了报纸和电视新闻，他这样写道：

> 对于电视来说，你必须出示在场的证据。

（Barratt，1973：110）

因此，5月19日在"女士 & 狮子"的新闻中，霍尼奇的"相机神经质"做法被评论，当她用手拍镜头时，这种显而易见的"干扰"恰恰表达并证实了报道的真实性。这种"常识"的最复杂表达方式的目的在于对地方之间进行"链接"，即积极使用那些能够使不同区域同时传输图像的技术——屏幕中多重"视框"组合，它也被认为是一项可以同"地方性经验"直接进行联系的技术。

我们已经在一定程度上讨论了《全国新闻》节目的常识性"口头话语"，并考察了它与诺威尔-史密斯第二种含义之间的相互关系：对世界的任何认识都是普遍性的。对于这种含义来说，我们认为，节目建构了对世界的一种特殊理解，这种理解既针对节目自身，也针对节目中"国家"概念的生产，同时它也利用了现存的社会表征语境，并在其中获得解读。同时，"国家"概念的生产过程（在某种程度上与地方报纸和广播电台相类似）特征明显，它将矛盾性消解为差异性和多样性，并在自身的"民粹主义"中自我合法化，声称自己是对世界进行的普遍性理解。节目中数量庞大的演员代表着无数个体对这个世界观念的"普遍认同"，我们已经在第二章中尝试勾画出这种世界观念的轮廓，而现在则需要把节目话语的"常识性影响"更直接地与节目意识形态运作联系起来。

阿尔都塞将基本的意识形态效应描述为"显而易见"的（Althusser, 1971：161），它与意识形态的"概念化"有关，而常识的"非历史性"和"自然性"正是与意识形态"概念化"相关的，应该加以分析。常识具有直接的显而易见性，它的内在理论基础和认知结构不允许对它的判断进行"历史性"和"结构性"检查。当代的"常识"简单地对大量存在和不可改变的现实进行了即时解释，而这种对何为存在、何为众所周知事物的简单解释否认了事物的自身历史和特殊性，同时也否认了事物中存在的有力的、有时也是古老意识形态系统的组合性，这反映出常识的经验主义特征（Nowell-Smith, 1974）。斯图尔特·霍尔评论说，常识似乎一直就在那里，那是沉淀下来的，族群的基本智慧，一种自然智慧的形式，其内容几乎没有随时间而改变。他继续说：

> 你不能通过常识来了解事物的现状；你只能发现它们是否适合现有的事物体系。这样一来，正是这种被认为是理所当然的东西，把常识确立为一种媒介。在这种媒介中，常识的前提和假设由于它自身突出的"透明

性"而被忽略了。

(Hall，1977：325-326)

如前所述（第一章第四节），《全国新闻》节目的口头话语始终被建构为受众的"普通语言"。节目使用能够与公众想法产生共鸣的语言，特别是将日常用语的形式与公众的"智慧"联系起来。

> 口头传播的标签，神圣的概括，偏见和半真半假，提升到"警句"地位的格言。

(Hoggart，1957：103)

节目的这种常识性观点具有特殊力量。其中"感觉""个人经验"和直接经验知觉占主导地位，它建立在个人化和具体化基础之上，特别是基于地方性经验。它是实用的，而不是抽象化和理论化的。

> 它找出确切的原因，简单易懂，不让自己被花言巧语和伪深奥的、伪科学的形而上学的胡言乱语分散注意力。

(Gramsci，1971：348)

通过基于对世界直接感知的"电视化常识"，节目提供了一幅直观画面，反映出《全国新闻》节目内的事情似乎是怎样的，以及参与相关事件的人们对这些事件的看法如何。因此，必须联系当前对常识的充分性解释来理解节目的常识：

> 常识既不是直接的资产阶级的阶级意识形态，也不是民众自发的思想。这是阶级社会中从属阶级的生活方式。它是下层阶级对下层社会现实的接受。

(Nowell-Smith，1974)

威廉斯认为，常识必须与霸权概念相联系进行理解：

> 霸权……它与意识形态的不同之处在于，它不仅取决于自身对统治阶级利益的表达，而且取决于自身被那些在实践中服从于它的人接受为正常的现实或常识。

(Williams，1975：118)

常识也与霸权的另一维度必然相关：

它是一套意义和价值体系，当它们作为实践而出现时，就会相互确认。

(Williams, 1973: 9)

这种"相互确认"在某种程度上表明了常识观点的不可否认性。正如米弗姆所言：

它们一定具有一种足够程度的有效性，既能使社会现实易于理解，又能在其中指导实践，使它们明显可接受。

(Mepham, 1974: 100)

在我们看来，霸权不能仅仅用阶级（或阶级分层）来理解，如前所述，我们关注的是节目在"男性霸权"下所建立的家庭形象。常识的"自然属性"离不开利用"自然的""永恒的"妻子和母亲的角色对于女性进行的常识性定义，这些角色将她们定位为一种"基本的"或者"自然的"智慧承载者和拥有者，但这种智慧被理所当然地认为应当建立在以下基础之上，即她们必须与政治生活分离。马特拉特（Mattelart, 1975）提出了一些有趣的观点，即智利右翼是如何通过展示妇女们的示威活动，从而精确地利用女性运动来对抗阿连德政权的：

这是最具政治性的公众舆论部门的自发反应，聚集在一起并被一种自然生存本能激活。这种本能背后的需求似乎与阶级策略无关，因为它们覆盖了传统上被政治领域边缘化的领域，比如家庭、家庭组织……

(Mattelart, 1975: 19)

因此，《全国新闻》节目内部面临着常识的矛盾化属性。它自身的力量，具体的、特殊的性质，构成了一个至关重要的意识形态限制；在《全国新闻》节目话语中，问题总是以地方化、具体化的形式呈现的，这就排除了对广泛的结构性因素的认知。正如哈里斯对英国保守主义所言：

特殊性就是它自己的证明，被它自己的存在证明（它是真实的）。

(Harris, 1971: 128)

我们对世界的理解始终是：

或多或少有些局限和狭隘，这是僵化的、不合时宜的商业化或经济化。

(Gramsci, 1971: 325)

从这个角度来看，我们既不可能把握整个社会形态，也不可能把握政治机构的作用，同时也更不可能把握这个复杂整体内的性别分工。葛兰西在谈到农民时，将这种理解的某些方面描述为一种负面的阶级反应，其中：

> 人们不仅对自己的历史身份没有确切意识，甚至对反对方的确切界限也没有意识。人们不喜欢官僚机构，但这是人们感知国家的唯一形式。
> (Gramsci, 1971: 272-273)

这正是"国家"概念在节目内部呈现的层面。"国家"似乎是官僚机构和官僚主义令人厌烦的代表，它侵犯了个人自由。而主持人会就如何应对国家这一官僚机构的要求向民众提供建议（比如关于酒精饮料法规的建议等）；同样，主持人代表民众反对官僚主义、反对效率低下的天然气委员会或地方政府。《全国新闻》节目话语排斥的是阶级、种族和性别关系中的主导或从属意识。政治不是表现在权力和控制上，而是表现在官僚主义、低下效率和对个人权利的干涉上。

节目通过"个人角度"来处理问题以呈现自身的特色化表现风格，即处理问题中的"个人案例"，注重个人的体验和感受效果。通过这种表现形式，节目同常识性思维的形式建立了联系，后者深深扎根于受众自然形成的社会经验之中。

> 准确地说，常识不需要推理、论证、逻辑、思考；它是自发的，完全可识别的，受到普遍共享的。
> (Hall, 1977: 325)

而且，这一观点具有深刻的"常识性事实"基础，正是因为这些"事实"在经验中有一定的正确性，它可以反映出社会实际运作方式。

因此，《全国新闻》节目的表达涉及即时性、反映性：节目现在为受众呈现出这个国家的图像。节目话语总是在马克思所描述的日常生活的宗教范围内移动（Marx, 1961: 384），因为它只关注表象层面，但忽略了其背后的决定性社会关系。虽然资本主义社会的直接表象及其形式包含着它们所调节的社会关系的部分本质内容（Hall, 1973: 9），但是以一种扭曲形式来表现的，这种扭曲主要体现在把部分或外在表象（外在形式）当作（例如，误认为）整体（产生和构成表象层面的实质性关系）。这并不是说这些层面没有它们的自身重要性、实践性和相对自主性（Althusser，1977）。我们同基拉争论道（Geras，1972：301），资本主义社会的根本特点在于自身"隐蔽性"，意识形态产生于这种"隐蔽性"的现实之中，现实"呈现自身"的形式或其外在表象的形式，掩盖了产生表象的实质性关系。

> 意识形态幻觉起源于现实本身的表现形式，实质性关系的不可见性源于外在表象或形式的可见性，这是资本主义社会必然向其代理人呈现的机制，而不是它本来的面貌。
>
> （Mepham，1974：103）

因此，意识形态在常识层面的力量体现在其明显的正当性，这种正当性源自经验社会现实的感知形式和实践，即威廉斯的"相互印证"观点。毫无疑问，《全国新闻》节目话语是在这个封闭的、立即得到承认的循环中运作的。它的目的就是成为夜晚的一面镜子，向人们展示英格兰的图景。

> 这种话语不只是分散人们对实质性社会关系的注意力，同时不对其进行解释，甚至也不对其进行直接否认；它在结构上把这些关系排除在思想之外，因为社会生活中所遇到的自然的、自我理解的意义，以及资本主义下自发的言论和思想方式，都具有直接性和可见性……
>
> （Mepham，1974：107）

这种隐含在语言和常识结构中"给定的"意义网络是一个话语场域，《全国新闻》节目在其中运作。同时，这个场域也是由主控性意义或首选意义"地图"的轮廓构成的。

意识形态在这里被理解成为：

> 并不是隐藏的或者不可见的东西，而是最开放、突出、明显的东西；就是在表面和众人眼前所行的事。在我们日常经验和日常语言中运作得最明显和最透明的意识形式：常识。
>
> （Hall，1977：325）

因此，意识形态最直接的"外在形式"——对生活中意识的自发性支配形式——本身就是特定意识形态"运作"的产物：生产常识的劳动。

在这种"自然而然"的经验形式下，《全国新闻》节目生产出一种没有阶级、性别和种族结构差异的话语。受众看到了一群个性鲜明的人，他们在节目中构建了一幅"英格兰人"的画面,展现出自身多样性。因此,作为组成国家和家庭的不同地方成员,在共同关心的家庭生活基础上,这些"英格兰人"构建了《全国新闻》节目的常识性话语。因此,作为休闲领域的"家庭",既是节目话语的明确焦点,也是节目关注其他领域的视角。考虑到"普通民众"与经济和政治领域的分离性,《全国新闻》节目从政治和自然两个层面呈现自身独特的"家庭"视角:"这些都是常识。"

参考文献

Alexander, S. (1976), 'Women's work in 19th century London', in Mitchell and Oakley 1976.
Althusser, L. (1971), *Lenin and Philosophy*, New Left Books, London.
Althusser, L. (1977) *Essays in Self-Criticism*, New Left Books, London.
Barratt, M. (1973), *Michael Barratt*, Wolfe Publishing, London.
Barthes, R. (1967), *Elements of Semiology*, Jonathan Cape, London.
Barthes, R. (1972), *Mythologies*, Paladin, London.
Beynon, H. (1976), *Working For Ford*, EP Publishing, London.
Beynon, H. and Nicholls, T. (1977), *Living with Capitalism*, Routledge and Kegan Paul, London.
Brody, R. (1976), '*Nationwide*'s contribution to the construction of the reality of everyday life', M.A. Thesis, Centre for Contemporary Cultural Studies.
Buscombe, E. (1976), '*The Sweeney*', *Screen Education* n.20, SEFT, London.
Cardiff, D. (1974), 'The broadcast interview', Polytechnic of Central London mimeo.
Conference of Socialist Economists (1976), *The Political Economy of Women*, Stage 1, London.
Connell, I. (1975), 'London town: a kind of television down your way', CCCS mimeo.
Connell, I., Clarke, J. and McDonough, R. (1977), 'Ideology in political power and social classes', *Working Papers in Cultural Studies*, n.10.
Connell, I., Hall, S. and Curti, L. (1976), 'The unity of current affairs TV', *Working Papers in Cultural Studies*, n.9.
Coulson, M., Magas, B. and Wainwright, H. (1975), 'Women and the class struggle', *New Left Review*, n.89.
Davidoff, L., L'Esperance, J. and Newby, H. (1976), 'Landscape with figures', in Mitchell and Oakley 1976.
Dorfman, A. and Mattelart, A. (1975), *How to Read Donald Duck*, International General, New York.
Downing, J. (1976), 'Gravediggers' difficulties . . .', in Scase (ed.), *Industrial Society: Class, Cleavage, Control*, Arnold, London, 1976.

Engels, F. (1975), *Origin of the Family*, Pathfinder, London.
Geras, N. (1972), 'Marx and the critique of political economy', in Blackburn (ed.), *Ideology in Social Science*, Fontana, London, 1972.
Gerbner, G. (1964), 'Ideological tendencies in political reporting', in *Journalism Quarterly*, Vol. 41, n.4.
Gillman, P. (1975), 'Nation at large', *Sunday Times*, 2/3/75.
Gramsci, A. (1971), *Prison Notebooks*, Lawrence and Wishart, London.
Hall, C. (1974), 'The history of the housewife', *Spare Rib*, n.26.
Hall, S. (1972), 'The determinations of news photographs', *Working Papers in Cultural Studies*, n.3.
Hall, S. (1973), 'Signification and ideologies', CCCS mimeo.
Hall, S. (1977), 'Culture and the ideological effect', in Curran et al. (eds), *Mass Communication and Society*, Arnold, 1977.
Hall, S., Lumley, B. and McLellan, G. (1977), 'Politics & ideology: Gramsci', *Working Papers in Cultural Studies*, n.10.
Halliday, M. (1973), *Explorations in the Function of Language*, Arnold, London.
Harris, N. (1971), *Beliefs in Society*, Penguin, Harmondsworth.
Heath, S. and Skirrow, G. (1977), 'Television: a world in action', *Screen*, Vol. 18, n.2.
Hoggart, R. (1957), *The Uses of Literacy*, Penguin, Harmondsworth.
Kracauer, S. (1952), 'The challenge of qualitative analysis', *Public Opinion Quarterly*, Winter 1952.
Lane, T. (1974), *The Union Makes us Strong*. Arrow, London.
Lloyd, A. L. (1969), *Folk Song in England*, Panther, London.
Marx, K. (1961), *Capital Vol. 3*, Lawrence and Wishart, London.
Marx, K. (1973), *Grundrisse*, Penguin, Harmondsworth.
Marx, K. (1976), *Capital Vol. 1*, Penguin, Harmondsworth.
Mattelart, M. (1975), 'Chile: the feminist side of the coup – when bourgeois women take to the streets', *Casa de las Americas*, Jan. 1975.
Mepham, J. (1974), 'The theory of ideology in Capital', *Working Papers in Cultural Studies*, n.6.
Millett, K. (1971), *Sexual Politics*, Hart Davis, London.
Mitchell, J. and Oakley, A. (1976), *The Rights and Wrongs of Women*, Penguin, Harmondsworth.
Morley, D. (1976), 'Industrial conflict and the mass media', *Sociological Review*, May 1976.
Nicholls, T. and Armstrong, P. (1976), *Workers Divided*, Fontana, London.
Nowell-Smith, G. (1974), 'Common sense', *Radical Philosophy*, Spring 1974.
Parkin, F. (1972), *Class Inequality and Political Order*, Paladin, London.
Poulantzas, N. (1975), *Political Power and Social Classes*, New Left Books, London.
Robey, D. (ed.) (1973), *Structuralism*, Oxford University Press, London.
Rowbotham, S. (1973), *Woman's Consciousness, Man's World*, Penguin, Harmondsworth.
Smith, A. (1975), *Paper Voices*, Chatto and Windus, London.
Thompson, E. (1977), 'Happy families', *New Society*, 8/9/77.
Williams, R. (1973), 'Base and superstructure', *New Left Review*, n.82.
Williams, R. (1975), *Keywords*, Fontana, London.
Williams, R. (1976), *The Country and the City*, Fontana, London.
Williamson, J. (1978), *Decoding Advertisements*, Boyars, London.
Wilson, E. (1977), *Women and the Welfare State*, Tavistock, London.
Winship, J. (1978), 'Woman', in *Women Take Issue*, CCCS/Hutchinson, London, 1978.
Zaretsky, E. (1976), *Capitalism, the Family and Personal Life*, Pluto Press, London.

第二部分
《全国新闻：受众研究》
——结构化与解码 (1980)

戴维·莫利（著）

本书收入"电视研究专著系列"第十卷。《日常电视：全国新闻》节目研究是一部对电视节目的"解读"，这一研究致力于揭示该节目形态是如何构建其自身"受众图像"的方式和途径的。最近的这个研究版本是对上述已有研究成果的扩充和拓展，在此版本中，我们希望通过细致的经验性研究来展示在《全国新闻》节目不同受众之间实际"解码"行为的差异化程度，而相关的分析则是建立在那些对早期受众研究具有实质性批判的多重文本之上。

作者戴维·莫利系兰彻斯特理工学院传播学讲师。

目 录

序言
第一章 受众研究：基于传统范式
  一、传统主义范式
  二、从"效果"到"功能"……再次回归
  三、阐释主义范式
  四、传播的回路：断裂和对立
  五、信息：编码和解码
第二章 媒介消费：使用、满足与意义
第三章 阶级、符码与共通性
  一、自主性：相对化还是整体化
  二、唯社会学论
第四章 研究方法与策略的反思
  一、研究的阶段
  二、解码调查：语言的问题
  三、假设和抽样问题
  四、新近的受众研究笔记
  五、"不同的语言"：项目的方法
  六、焦点访谈
  七、小组访谈
  八、录音带的分析
第五章 观看反应：《全国新闻》的接受分析
  一、小组访谈
  二、节目描述（1976年5月19日）
第六章 不同小组解码的比较分析
  一、关于小组解读模式的说明
  二、小组的内部差异：概括性描述

三、主控性和对抗性解读：表达方式和意识形态问题

第七章　解码电视：理论化的进程

一、文本的有效性

二、意指和意识形态：具体化问题

三、意识形态的"内涵"

四、话语分析

五、解读的结构

六、文本、受众和主体

后记

参考文献

序　言

　　采取"单数第一人称"的用法来指涉这本书的作者并不具有如下隐含之意："我"是受众研究这一极具发展前景研究领域的创始人。当然，我不但必须对这一特殊理论观念的建构负有独立责任，而且必须对文本中存在的事实谬误和那些保留在文本中的争论负有独立责任。然而，这本著作所获得的任何荣誉与其说是我个人的贡献，倒不如说是在过去5年中所有参与和涉及这个研究项目的组织、计划和讨论的渊博学者们的共同成就。伯明翰大学当代文化研究中心媒介研究小组的成员们从不同层面提供了大量帮助，另外，如果没有夏洛特·布伦斯顿、伊恩·康奈尔以及斯图亚特·霍尔的参与，这项研究将没有面世的可能，对他们所做出的贡献，我难以表达自己的感激之情。

戴维·莫利

第一章 受众研究：基于传统范式

从我本人目标的角度来说，为大众传播领域的主流社会学研究提供一个全方位的"评判"实非本意。但是，我想对文化研究主流趋势和研究策略的不同关注点分别提供一个梗概，用于介绍和解释两者的具体情况。这种想法基于以下两个原因：首先，这项研究源自一种新的理论观念，而这种观念从许多方面都与那些至今还在统治受众研究领域的传统理论范式明显区隔。其次，由于这项研究同早期研究成果中许多重要的"断裂"关联密切。因此，我尝试从不同理论框架层面对以往研究进行新的拓展，而这些拓展的起点就是那些主流研究已经涉及但并未进行深入分析的研究内容。

应该说，受众研究的主流一直为一个基本的概念范式所统治，这个范式的形成对应于法兰克福学派所创立的"悲观大众社会理论"。这一理论折射出德国现代社会倒向极权主义法西斯社会的坍塌过程，这一坍塌过程一部分源自传统社会关系和结构的松弛，导致社会公众呈现"原子化"状态，成为一个个孤立的单位，他们暴露于外部之中，受到外部因素的约束和压制，特别是受到那些具有威权力量社会领袖的宣传压迫，而大众媒介则充当了这些压制和约束的最有效代理人。对于受众来说，法兰克福学派的"悲观大众社会理论"突出强调"大众文化"的"保守性"以及"可调和性"，认为大众文化压制了"潜力"，同时也否认了"单向度世界"中所蕴含的"矛盾意识"。该学派倾向于认为只有"艺术"才能保持和维系"否定"和"超越"的品质，而这种品质只能存在于艺术的"虚构化"和"戏剧化"形式之中。

法兰克福学派的理论中隐含了一个媒介模型的"假设",即媒介的"皮下注射"理论,该模型被认为是一种力量,可以将压制性的意识形态直接"注射"到社会大众的意识和观念之中。卡茨和拉扎斯菲尔德在谈到该模型时认为:

> 大众传播过程的图景已经被研究者们勾勒出来:首先,成百上千的读者、听众和电影迷们都已经做好准备,一同来接受媒介信息,而他们都呈现出一种"原子式"的状态;其次……每一条讯息都[被视为]一个强有力的、直接对行动产生刺激的要素,而这种行动代表了"被立即激起的反应"。

(Katz and Lazarsfeld,1955:16)

20世纪30年代,伴随着一批法兰克福学派领军人物(包括阿多诺、马尔库塞、霍克海默)移民至美国,于四五十年代出现了一个非常特殊的"美国"研究学派,并且得到了一定程度的发展。对于美国研究者来说,法兰克福学派的"悲观主义理论"对"大众社会"与"法西斯主义"之间的关联以及媒介在固化这种关联中作用的研究被证明是难以接受的。美国研究者认为,"悲观主义理论"关于大众传媒能够不通过任何中介机制而直接作用于受众的观点是值得讨论的。这种理论呈现出居于领导者/媒介和受众之间中介性社会结构的完全坍塌,这种境况无法表征出美国社会的"多元主义"本质,简单来说,社会学家认为法兰克福学派的观点实在是异常幼稚。毫无疑问的是,大众传媒能够对社会发生作用效果机制,而这些机制必须受到审视和研究分析。但同样明确的是,这些"效果机制"力量既非强大无比,同时也不是过于简单或者直接。这种复杂性和非直接性的本源值得进行探究和分析研判。美国研究学者们建构了一整套量化的实证主义研究方法,这种方法将广播受众的经验主义研究转化为一种"大众劝服社会学"。应该说,这种转化正是对擅长批判性社会理论、质性分析以及哲学分析的法兰克福学派的学术回应。

必须得到说明的是,"乐观主义范式"与"悲观主义范式"都隐含了一套共享的、同时涉及"权力维度"和"影响力维度"的作用机制。正是凭借这两种"维度",权力阶层(诸如统治者和传播主体)能够与非权力阶层(普通人群、受众)建立关联。从广泛意义上看,采纳这种范式的研究往往在策略和风格上呈现出一系列"钟摆状态":这种状态处于由"传播"与"控制"组成的链条之上两个差异化的、有时甚至是相反的"点"之间。"钟摆"的这两个点一端是将"信息"视为起点的研究，其涉及范围包括对信息的内容分析以及大众传播效果分析；而另一端则是从"受众"为起点的研究，其主要聚焦于社会的特质、社会环境以及与之相关的社会需求，这种需求要么能够通过信息进行满足，要么能够通过信息进行反映。

在上述范式中，许多最有特色的研究成果都有两个层面：一是针对"信息-效果"之间"关联"的"再度概念化"和"分析方式"的改进；二是针对"受众"和其被审视过的"需求"进行进一步研究。直到现在，在最初策略（即信息-效果范式）之后实施的研究在整体取向中都仍属于典型的行为主义路径，即关注信息接触对于受众的影响效果是如何通过受众行为体现的。而当一种关注于"认知因素"的理念被引介入受众研究中时，它修正但并不是取代了这种"行为主义取向"的研究范式，即只有当观念的改变导致行动改变的情况下信息才能够被视为具有影响效果的（例如，广告的狂轰滥炸往往会导致商品选择的变化）。第二种类型的研究（即受众取向）整体上属于极为强大的结构功能主义范式，侧重于关注不同受众的社会特征，反映了受众对于所接受信息各自不同的"开放性"程度。而当"认知"元素被引入研究的时候，它修正但不是取代这种功能主义的视角，即受众在反应层面的差异化与个体需求和"使用"的差异化相互关联。

在主流研究之中，这种基本的概念范式引申出了多样化的研究策略，我们将要对其进行分析审视。受众研究领域的学者们直到最近才提出要对结构功能主义范式进行扬弃，他们不再关注传播的社会功能与行为效果，而是试图从社会意义的角度考察传播。后者的研究工作在这里被称作阐释主义范式，其同主流研究中的传统主义范式相对立，它的的确确蕴含了与传统主流研究取向的明确分裂。本研究项目更倾向于采纳阐释主义范式而不是传统主义范式，但我自己试图提出一种当下已经应用于研究实践、与阐释主义和传统主义都不同的新型观念，这种观念同时对上述两种范式进行了批判。

一、传统主义范式

战后美国大众传播研究学界从三个维度对法兰克福学派的"悲观大众社会

理论"提出了批判：首先，反对"日常传播"在现代社会中只具有次要角色的理念；其次，反对受众是"社会原子化个体"所构成的群体，而这种群体往往被视为"乌合之众"的理念；最后，反对将传播内容与效果直接进行等同的理念。

作为一本具有高度精密论证水准的早期学术著作，《大众劝服》(Mass Persuasion)的作者罗伯特·默顿（Merton, 1946）在该书中利用自己对于"美国凯特·史密斯公司的战争债券"项目研究对法兰克福学派进行了批判。这项研究尽管被随后的传播学专著引用，但其所提出的原创性思想和观念却始终没有得到更为深入的拓展。根据默顿的观点，已有研究基本都属于仅仅关注"内容而并非宣传的效果"范畴。默顿指出，这些研究总体上没有脱离传统研究方法，这主要由于其侧重点仍然是"关注构成宣传材料的吸引策略和修辞手法、刻板模式和煽情话语"。但需要指出的是，"劝服实际过程"在研究中却没有得到应有审视，导致研究材料的"效果"往往成为研究者假设或臆断的产物，尤其是那些注重"暴力内容"消极效果的研究人员。默顿对这种从"内容"到"预期效果"推论的路径依赖提出了质疑。

《大众劝服》这本早期学术著作提出了诸多原创性观点，例如，做出了将信息研究和信息效果研究结合的尝试。社会心理学已经指出，"要重视那些具有刺激性特征的'扳机式'词语（trigger phrase)"，这些词语对我们需要实现的价值观念进行了暗示。需要说明的是，默顿提出："如何依照标准区分那些扳机式词语？或者更深入一步，劝服对于哪些人群有效？哪些人群无效？类似这样的劝服和反劝服的过程有哪些组成部分？"出于对以上问题的解释，默顿准确地提出研究中必须依照如下内容进行考察，"同时对宣传内容和受众反应进行分析，对内容的分析……能使人们知晓宣传中哪些内容可能会产生作用，而对受众反应的关注则能够让预测是否准确得到检验"。默顿的观点非常明确，信息对记录在案的受众反应特征具有决定性作用，但他否认信息是唯一决定性要素，同时也否认信息与受众反应之间仅存在简约化因果逻辑。实际上，默顿认为，"如果割裂了信息与其赖以生存的文化环境的关联，信息将无法得到准确解释"。

很可惜，默顿的批判观念并没有对信息分析方法的普遍变革产生推动力。甚至相反，它产生了副作用，导致相关研究仅仅聚焦于信息接受主体和信息接受状况。研究重点发生了偏移，小型群体和意见领袖得到更多关注。这种偏移首先在默顿的"影响力人物"和"参照群体"研究中得到体现，随后卡茨和拉扎斯菲尔德也接受了这种"研究偏移"。同默顿观点一致，他们同样否认媒介能够直接影响个体受众的观点。从根本上说，两人在《个人影响》(*Personal Influence*，1955)这本书中提出了"大众传播的二级流动模式"(two-step flow of communication)和"意见领袖"(opinion leader)等重要概念，这些概念是通过对小型群体隐含框架的研究而提出的。毫无疑问，按照卡茨和拉扎斯菲尔德的观点，大众传播媒介的影响力不但与公众的影响力不相上下……［而且］……能够通过终极消费者的个人化环境所折射"。

在"重新发现"主要群体以及个体角色在决定个体对大众传播反应中的作用之后，"皮下注射模型"——信息能够直接产生影响效果且不受信息中介物的影响——就遭到了完全抛弃。拉扎斯菲尔德等人在《人民的选择》(*The People's Choice*，1944)一书中提出，无法证明公众政治行动的变化是媒介影响的结果，这是因为通过研究发现，群体被认为为个体提供了一种"保护屏障"。这种理论背景与克拉珀(Klapper，1966)提出的观念相对立，后者总结道："劝服性传播(persuasive communication)的作用更大程度上是基于强化，而不是调整，或者可以讲是观念的恒定化——这被典型地认为是最具统治性意义的效果。"

二、从"效果"到"功能"……再次回归

上文提及的，特别是默顿的学术著作，形成了受众研究的分水岭，我已经就此进行了详细的阐述。尽管在受众研究领域产生了大量新的开拓性观念，但它们对于在早期研究中所涉及的同时有可能得到更为深入拓展的领域却没有足够重视。

受众研究领域在上述早期著作出版之后没有得到应有的发展，后续相关成果乏善可陈。对信息的内容分析更加呈现定量化的趋势，大量的"信息素材"被分割处理以进行效果分析。主流研究范式将信息定义为一种"显性信息"，总统竞选以及广告宣传可以作为判断的标准，而对它们的内容分析过程被化约

为"传播的显性内容定量化描述"——这即是贝雷尔森的名言所指。因此，默顿对于"凯特·史密斯"研究的复杂性顿时消失不见。而与此同时，"效果"研究也呈现出更为定量化的趋势，并且越来越呈现出按部就班的特质。出于这种情况的考量，贝雷尔森和其他研究者推断：大众传播研究已经到了穷途末路的境况。

值得一提的是，大量的新颖观点和理念被生产出来，最为值得称道的是这些新思想都基于研究的"社会性取向"以及它的"近邻"——"功能主义分析"（Riley，1959）。这些取向侧重于依据媒介整体社会性功能进行分析［参见赖利尝试列出的一份"功能清单"（Riley，1960）］。功能主义取向的另一个研究支路则偏向于对个体动机和媒介使用者进行阐释。就此方面而言，卡茨（Katz，1959）提出，个体功能主义取向的研究具有如下假设前提："如果个体无法在其生活的社会和心理双重环境下使用媒介内容，那么无论媒介内容如何强大，都不可能对受众个体产生作用力。'使用'取向预设了主体的价值观念，个人的兴趣……联系……社会角色，是居于影响之前而存在的，因此主体可以对自身所观察和接触的信息有选择地进行整合。"英国"使用与满足"取向的理论研究再次为功能主义分析提供了栖身场域，在经历了长时间的缄默后重新获得注目，这种现象成为大众传播新的研究指向。

毫无疑问，这些具有差异性的功能主义取向曾经作为效果取向的替代品，并受到了广泛的推介。但是，许多研究者——包括那些从事媒介批评的人群和大众——仍然保持着对效果研究的高度关注。研究者们利用大量实验室研究和社会心理学研究拓展了媒介消极效果或者"功能紊乱"的分析。从实际情况看，这些研究恰恰弥补了功能主义后续研究的真空场域。效果取向，而并非与之竞争的功能主义模型，才是20世纪60年代主流大众传播研究的核心选择。通过利用实验的特殊条件，研究者可以尝试详细解释那些规模较小但可以进行数理统计的传播效果，这些研究都可以利用刺激/反应、模拟、习得理论等心理学取向来实现。

班杜拉（Bandura，1961）和贝科维茨（Berkowitz，1962）是该项研究的肇始者。他们将信息视为一种去模仿化或者说是行动化的简约视觉刺激。与此同时，研究也重视媒介中暴力重现对于个体行动的影响机制，即观看主体是否会受到"影像作品中攻击性角色模型"的影响，从而导致受众的暴力行动或者其他攻击性行为。哈洛伦也遵循上述研究路径，对英国电视和暴力研究进行了深入讨论。

针对电视暴力场景的效果研究在20世纪60年代中后期再次复苏，并获得良好发展，但是研究重点开始向学生叛逆行为和美国贫民窟黑人骚乱转移［参见《暴力成因与预防中的国家责任：卫生总署报告》(National Commission on Causes and Prevention of Violence: The Surgeon-General's Report)］。许多卷入到研究项目的研究者和州议员都在各自的总结报告中认为，电视并非暴力的本质根源，但却是其形成的重要构成要素。他们同意这样的说法，如同卫生总署报告中作者陈述的那样："电视毫无疑问是在社会环境中运作的，而其效果也会被其他社会影响弱化。"但是，尽管存在其他可以削弱以及实施干预的社会影响力要素，但大量充斥于媒介中的暴力镜头仍旧会产生直接的影响效果，这一点毋庸置疑。问题的关键在于，采纳主流范式进行研究的学者们仍然无法构建任何令人信服的媒介效果理论。卫生总署试图通过定量方式对电视暴力的公共影响进行测量时，各种责难和批评蜂拥而至，这种景象的出现充分佐证了想要"确定"直接效果是何等困难重重。

通过对这一研究领域的回顾，麦克·库尼汉将大众传播研究的发展概括如下：

> 曾几何时……忧心忡忡的评论家们将一种"永恒的全能力量"(eternal omnipotence)归结于大众传播中出现的新兴媒介。在这种角色模型的"马克思主义"版本中，媒介被视为完全为一个精明的统治阶级所控制，他们利用提供面包、马戏团娱乐表演等策略来潜移默化地向大众传输贪腐文化和新型法西斯主义价值观念，以及暴力、非人的性虐待，消费者洗脑，政治悲观主义等。
>
> 一侧是这些用于"说服"的工具，另一侧则是原子化、同质化、易受蛊惑的大众，他们被相互关联并嵌入了一个简单的"刺激-反应"模型。然而，随着实证研究的深入发展，调查和实验方法被用来衡量媒介改变"态度""意见"和"行为"的能力。随即人们发现媒介与受众的关系不是简单直接的，而是复杂和中介性的。只有充分考虑到所谓的"重要群体"、处于大众传媒和受众之间的意见领袖以及其他干扰性因素的时候，"效果"才能够得到有效测量（这就是信息扩散流动中"两级传播"或者"多级传

播"观念的由来)……

由于发现受众能够以一种选择性的方式来"关注"和"感知"媒介信息，同时倾向于忽视或微妙地解读那些对其自身特定观点怀有敌意的信息，因此现在开始着重强调从"媒介对人们有何作用"到"人们如何对待并使用媒介"的转变。由于媒介所拥有的负面说服力量和其他反社会力量已经开始衰减，现在的媒介被认为受到更多的限制、也更为含蓄，具有更为正面的社会角色：即媒介没有改变，而是"增强"了"传统气质"；不是为了培养"逃避主义"或者"被动性"，而是构建能够契合"使用与满足"理论的高度适应力；不是造成"文化平行主义"的工具，而是不断推进文化的民主化进程。

(Counihan, 1972: 43)

三、阐释主义范式

在同一时期，一种"修正主义"的社会学观念开始在大众传播研究中获得运用。一直以来的固有观念认为存在这样的假定，即社会所有成员之间往往存在共同和稳定的价值体系；这正是阐释主义范式所引发的问题，因为它断言某一特定行为的意义不能被认为是理所当然的，其与行为者的行动相关，因此意义总是无法被明确限定的。基于此，互动作用被概念化为一种阐释的过程，也即在特定情况下行动者之间的"相互类型化"过程。

随着这种阐释主义范式的出现，在强调语言和符号的作用、日常交流、对行动的解释以及强调在互动中"产生意义"的过程中，传播学理论研究获得了进一步的发展。然而，在民族志方法论的表现形式中，阐释主义范式在发展中暴露出了它的弱点。尽管规范性范式将个体行动视为对共享稳定规范的集中复制，但在民族志方法论形式下，阐释主义范式对规范性范式进行了颠覆，它将个体的每一次互动行为都视为一种"新现实的生产过程"。这里的问题是，尽管民族志方法论能够揭示人际交流的微观过程，但这与任何关于制度权力或阶级和政治的结构关系概念却是脱节的。

莱斯特大学大众传播研究中心及其主任詹姆斯·哈洛伦（Halloran,

1970a：20）讨论并接受了电视的"互动主义"效应，提出了一些与规范性范式之间具有差异化的概念。他指出，强调受众是块白板，正在等待并接受那些发送给他们信息的观念正在消失。现在应当考虑的是媒介和受众之间的互动或交流。我们认识到，受众用一种复杂的过滤设备来接近每一个电视观看情境。

上述文章还强调，需要考虑"情境和事件的主观定义"的重要性，而不用过分重视"使用与满足"理论的影响。哈洛伦指出，"提供给我们的世界的照片、情况和问题的定义、解释、替代补救措施及解决方案，可以重塑对'电视影响功能'的回答"。莱斯特大学大众传播研究中心的经验主义研究表明，从行为分析的形式到认知分析的形式有一个重要转变。哈洛伦（Halloran, 1970b）的《展示与传播》（*Demonstrations and Communications*）一书试图对"整个传播过程"进行分析，研究"制作过程、展示和媒介内容以及观看和阅读受众的反应"。后来，埃利奥特（Elliott, 1972）在他的《电视连续剧的制作》（*The Making of a Television Series*）一书中进一步发展了这种综合性研究方法。他特别提出了公共传播的概念：公共传播即是一个信息的"回路过程"，它把信息从"信源社会"像传递接力棒一样传递到"受众社会"。

对认知和解释性分析水平的发展强调了对"媒介影响"重新开放和发展的整个问题的可能性。正如哈特曼和赫斯本德所指出的：

"媒介弱效果"理论的部分问题在于，他们不充分的方法论取向使他们倾向于这个结论，因为从态度的简单变化中寻找影响可能导致研究方向偏差……"媒介弱效果"的高发生率试图证明大众传播效果，试图展示大众传媒的影响对于研究的问题取向要求……

……媒介可能对社会科学家通常的评估态度没有直接影响，但似乎它们有其他重要的影响。特别是，它们可能在为人们定义重要的问题和应该讨论的条款方面起着重要作用。

（Hartmann and Husband, 1972：439）

这种观点允许重新评估"效果"研究。例如诺顿斯登（Nordenstreng, 1972）认为，根据他对芬兰电视受众的研究，看电视新闻对受众来说只是一种"毫无影响"的"仪式"。他的研究显示，虽然80%的芬兰人每天至少观看一个新闻，但在第二天接受采访时，他们几乎不记得新闻所提供的具体信息；留下的主要印象是"没有发生什么大事"。在这个基础上，他认为，"新闻的内容对他们无关紧要"。

哈特曼和赫斯本德的观点超越了这一理论困境，因为它澄清了一个观点，即不能仅仅因为受众不记得特定的内容如部长的名字等等就贸然认定新闻广播对受众"毫无影响"。阐释主义范式的关注焦点是问题的"定义"和"议程"，而不是具体的内容项目。重要的是，受众虽然在具体信息方面可能保留得很少，但很可能保留了对一般"定义"的认知，特定内容结构所嵌入的意识形态范畴。哈特曼和赫斯本德对种族和媒介的研究确实聚焦于媒介对概念框架的影响，而不是具体的态度或信息水平。

尽管有这些重要的理论进步，中心的工作却受到了信息概念不足的损害。在格布纳的著作中，这被认为是"交流的硬币"，但同时，它被认为只有一个"真正的意义"。这种提法在最近哈洛伦参与的受众研究项目"理解电视"中明显呈现［参见林奈和马洛西的1976年丹麦无线电研究报告（Linné and Marossi, 1976）］。该项研究主要关注点是检查传播者的"真实/预期"的信息是否已经传达给受众。简而言之，该框架是有效的"理解"研究——受众是否"理解"计划的（预定义的）意义（一部在越南的纪录片），而不是关心不同阶级受众产生的各种可能的意义和理解。这种信息误解产生的影响可以通过将其与上述传播过程的整体模型联系起来进行评估。

四、传播的回路：断裂和对立

在过去几年里，当代文化研究中心媒介研究小组的大部分工作集中于以下焦点，即试图去填补和阐述一个精致的"整体传播过程"研究模式，这种模式是由哈洛伦（Halloran, 1970a）提出的。当然，这涉及在这个过程中"特定时刻"的详细工作，或在这种"特定时刻"之间的传播系统上的链接。这个研究项目的目的是完善一个这样的特殊化时刻的某些特定假设，将电视信息的制作与某些受众的接受联系起来。没有必要在这里详细描述这个通用的研究模式，但是，我们应该为这个模式的"理念"勾勒出对应的一般性理论框架。虽然被认为是一种"传播链"或"流动"，但电视话语并不是在平等的结构性元素之间流动。因此，这种"传播链"必须被认为是一个展示"断裂"和"非连续性"的过程。它将不完全相同的"元素"或"瞬间"连接起来，它们在传播系统中具有不同的位置，并具有自身可识别的结构。因此在传播链中，一个点和另一个点之间的流动依赖于以下方面：（a）两个终端（发送者和接收者），它们有各自的内部结构，即电视生产系统以及受众接收系统；（b）彼此是不同的，但却有联系，因此有需要关联；（c）有具体的机制或形式来将它们表达成一个统一体；（d）一个复杂而不是简单的统一。也就是说，尽管它们倾向于以某种特定的方式流动，并表现出某种逻辑，但它们既不封闭也不是绝对化的（Hall，1973）。

首先，这是对那些表达"塌陷"理论的拒斥，这些理论"瓦解"了媒介的运作模式，它们认为媒介完全是由国家控制和操纵的（Althusser，1971；Garnham，1973），或者直接从媒介机构的经济结构（所有权集中）到权力和意识形态的"影响"来论证媒介运作机制（Murdock and Golding，1973）。众所周知，这些理论对符号化过程的分析没有给予足够的关注。

然而，对于其本身来说，仅仅考虑到传播链上这些"断裂"是不够的，我们必须允许"断裂"处于传播的接收端，而不是假定受众被纳入到了一个完全隐蔽式的传播系统中，其中所有的媒介文本意义都可以被"明确清晰地"解读。广播公司试图与受众建立这种"共谋关系"是毫无疑问的（如同在《日常电视：全国新闻》中讨论的那样，例如，通过提供"认同的价值点"），但是，需要假设这些尝试的成功是为了解决关键问题。

五、信息：编码和解码

这一范式取向的基础性前提如下：

（1）电视话语的意义信息生产过程是"有问题的"，同一事件可以有不同的编码方式。因此，研究关注的重点是如何以及为什么某些生产实践和结构往往产生某些信息，这些信息在某些重复形式中体现了它们的意义。

（2）社会传播过程中的信息在结构和形式上都是复杂的。它总是包含不止一个潜在的"意义解释"。信息接近或倾向于某些解释意义往往多于其他意义，但它们永远不能完全被封闭在一种固定的解释意义之中，信息自身仍然是多义性的。

(3)从信息中可以"获取特定的意义"的观念也是有问题的,因为不管信息看起来是多么隐蔽和"自然",以一种方式编码的信息仍然可以通过不同的方式进行解释。

在这种取向中,信息既不是一种只有单一意识形态内涵的"流动性符号",(Woolfson, 1976),也不像"使用与满足"理论认为的,作为一个完全多义性的符号,可以根据解码者的"需求满足"结构来任意解释。电视信息被看作一个具有主控性解读的复杂符号,但如果解码方式与它的编码方式不同,那电视仍然保留了它被多重解读的潜力。因此,信息是一个结构化的多义词。这一论点的核心是,所有意义在信息中"都不是完全一致的、平等的",信息由占支配地位的意义主要构成,但它的意义永远不能被完全固定或"封闭"。此外,主控性解读本身就是信息的一部分,可以在其语言和传播结构中加以识别。

因此,当研究分析转换到编码信息本身的"环节"时,就可以考察主控性解读产生的机制,即通过观察主控性解读如何压制其他解读方式来分析传播形式和结构。编码者试图"赢得受众同意"的方式是什么?在这里应当特别注意编码者对意义的控制,以及传递给受众阅读信息时易于接受的"认同价值点"。

表达或采访风格也是赢得受众对编码者意义认可的关键。在这里,我们可以尝试重新整合、分析一些关于信息内部结构与受众理解反应客观形式之间的一致性见解,这些见解的很多内容在默顿的早期研究中都探讨过。克里山·库马尔(Kumar, 1977)指出了"专业播音员"的关键作用,专业播音员和主持人往往从公众观点出发来构成"BBC的观点"。正如库马尔所说,这些人为公众绘制了一幅识别BBC的"地图",他们形成了被受众高度识别的"主持人的外形和特征"。

获得受众的高度识别,这正是主持人所希望达成的明确目标。关键是,通过这些识别机制,我认为,他们在确实获得受众"认可"的情况下,将解读的意义通过"建议"的方式推荐给受众。当这些识别机制被削弱或破坏时,信息就会在一个不同的意义框架中被解码,而这一框架也是编码的结果。

我们现在可以在传播链中找到这些编码的信息。在这里,我想要强调的是,像信息生产者一样,受众也必须进行某种特定的"工作",以便有意义地解读传播的内容。在信息能够对受众产生"影响"之前,它们必须被解码。"效果"是短暂的,也是不充分的,它标志着受众对被传播的信息进行了不同的解读和理解，并在他们所处的情境和经历的语境中对这些意义做出反应。此外，我们必须假设，在传播链的编码和解码端之间并不存在完全的"对应"，或者说，传播并不是完全"隐蔽"的（Hall，1973）。正是由于这种"模糊性"，以及其对传播的影响，本研究项目才试图对其进行分析研究。这是将媒介受众概念化的问题，我们现在必须转向对其的关注。

毫无疑问，在这个国家，受众研究的主流范式是由布鲁姆勒等人发展出来的"使用与满足"理论。因此，最好尝试通过对"使用与满足"理论局限性的批评来定义这个研究项目中所采用的视角。

第二章　媒介消费：使用、满足与意义

大众传媒研究中的一个现实问题是，人们不能认为媒介对受众的"影响"是无可抗拒的，受众面对媒介完全是消极被动的。事实上，人们从媒介中吸收、选择和拒绝信息，这推动了"使用与满足"理论模式的发展。哈洛伦建议说：

> 我们必须祛除媒介对待受众可以为所欲为的惯性思维，而以受众可以有效使用媒介的观念取而代之。

这种方法强调了一个重要事实，即大众媒介的不同受众可以用完全差异化方式来使用和解释任何特定节目，而这与传播者意图是完全不同的，同时与其他受众也存在相当大的差异。这种观念正确地强调了受众在意义建构中的作用。

然而，这种"使用与满足"模式至少在两个方面存在着根本性缺陷。

（1）正如霍尔（Hall，1973）所主张的，该模式对信息的"开放性"进行了过高的估量：

> 多义性不能与多元化相互混淆。同时，隐含意义在"使用"和"满足"之间的关系也并不平等。尽管媒介信息的意义既不是统一的，也不是没有争议的，但其中仍然存在一个具有统治性的文化秩序。

信息有可能会保持多重解读，并且：

> 并没有任何规则可以确保受众在某个文本片段中采纳主控性或者主流意义，而这种意义是被生产者精心编码进文本中的……

（Hall，1973：13）

然而，信息的"主控性意义"仍然占据了被优先解读的位置。从文本被生产出来那一刻开始，受众"解码"行为在传播系统的连续运作中产生出一个"绝对化"效应（虽然不是完全的封闭性）。

正如埃利奥特正确地指出的那样，"使用与满足"理论的一个根本缺陷是，其隐含的传播过程模型没有考虑到电视消费的事实：

> 更多的是可用性，而不是选择性；从这个角度看，可用性取决于熟悉程度，受众更容易接触熟悉的体裁，部分原因是他们理解语言和习俗，也因为他们已经知道了这种类型输出的社会意义。
>
> （Elliot, 1973：21）

同样，唐宁也指出了这种假设的局限性（"使用与满足"理论隐含的角度），这是一种非结构化媒介信息的"差异解释"。正如他所指出的，在原则上，给定的"内容"可能会以多种方式被观众解读：

> 在实践中，主流意义为大多数人所接受，而其他意义只有少数人解读出来。[这是因为]考虑到一套在整个社会中占主导地位的文化规范和价值观（例如说罢工一般不受欢迎），人们习惯于维持和恪守既有的特定刻板印象（比如说工人和/或工会发起罢工），而任何将罢工"特殊化"的报道都可能会挑战上述主流价值观和规范。
>
> （Downing, 1974：111）

（2）"使用与满足"理论的第二个局限在于其缺乏社会学性质。使用与满足本质上是一种心理问题，它依赖于精神状态、需求和对个人社会背景的抽象化——在这个意义上，与早期在美国对这个理论框架的应用相比较，当前对于这一理论使用更缺乏"社会学"气质。早期研究涉及特定类型内容和特定受众，而当前的"使用与满足"理论倾向于寻找"需求"的心理起源以及"满足"的潜在基础，而没有将这些内容有效地置于社会历史框架内考察。

正如埃利奥特所主张的，"使用与满足"理论研究的是"个体内化"过程：

> 可以普遍聚合的个体，但他们不能以任何有意义的方式转换成社会结构和过程……
>
> （Elliot, 1873：6）

因为受众仍然被认为是一个原子化个体（就像早期的"刺激-反应"模型），他们的行为意义框架是从群体和亚文化中抽象出来的。

格拉汉姆·默多克正确指出：

> 为了提供一个在大众传媒参与下主体与整体社会环境和意义体系令人满意的关系，必须从社会背景而不是个人出发：用结构性矛盾的概念代替个人"需要"的概念，并介绍亚文化的概念……亚文化是指群体在社会结构中的特定部分，在其共同努力的过程中，在共享情境中对矛盾产生一致性的意义系统和表达方式……因此，他们提供了一种可用的象征性资源，特定个人或团体可以利用这些资源来进行充分的自我理解，并构建一种可被接受的身份。
>
> （Murdock，1974：213）

这是为了证明意识本质上的社会性，因为它是通过语言形成的，就像沃洛希诺夫所做的那样：

> 毕竟，只有在个体意识和其他意识相互作用的过程中，才会出现各种迹象。个体意识本身充满了符号。意识只有在充满意识形态（符号学）的内容时才会成为意识，因此只有在社会互动的过程中才被体验到。
>
> （Woolfson，1976：168）

正如伍尔夫森所说的那样，这个符号在这里被看作社会交流的载体，并且渗透到个体意识中，所以意识被看作一种社会意识形态的事实。伍尔夫森认为：

> 语言表达完全是社会学性质的。话语总在某种程度上是对其他事物的回应。它是一种相互关系的产物，因此它的引力中心就位于言说个体之外。
>
> （Woolfson，1976：172）

因此，话语是一种类型化心理的具体表达，而不是一种个体特有的表达，它是受社会实际环境状况和周围的社会历史背景调节的一种表达形式：

> 一种特定社会群体的生成过程，是一种不断变化的对话过程。
>
> （Woolfson，1976：172）

伍尔夫森在这里所争论的是，需要重新定义对"个人"言语的分析——正如对"社会个体"交际话语的分析。我认为这与分析"个人"的观看模式和反应有关。我们需要从根本上打破"使用与满足"理论的心理主义倾向，以及它对个体差异解释的强调。当然，总会有个别的、私人的意义解读，但我们需要调查这些个人解读是如何形成文化结构和集群的。这里所需要的是一种将差异解释与社会经济结构联系起来的方法，展示不同群体和阶级的成员分享不同的"文化编码"，这种方法将会以不同方式解读一个特定信息，而不仅仅从个人的、特殊的层面出发，我们需要将信息解读与受众的社会经济地位"有系统地关联"。简而言之，我们需要看到受众中不同的亚文化和结构，以及不同群体和阶层之间不同文化规范和能力的分享性，并以此来"决定"不同受众的信息解码。

哈洛伦认为：

> 大众传媒研究真正的任务是……识别并绘制出不同的亚文化群体，以及确定各种次级代码的意义，这种代码由特殊地区的具体电视或文化政策决定。

哈洛伦认为这是必要的，因为我们必须看到：

> 电视消息……与其说是一个消息……［但］更像是一个信息转轮，它包含几个消息承担可用代码或次级代码的含义。我们需要了解每一个转轮中所有相关亚文化的潜力。

(Halloran, 1975: 6)

这里拟塑造出一种受众模型，该模型不是将受众视为个体的、分散的原子化群体，而是将其看作一些亚文化的编组或群体，作为这些群体的成员，他们将以具体方式分享对解码信息的文化定位。受众必须被认为是由不同社会地位个体构建的群体，个体意义解码将以共享文化形态和自身既有经验基础为框架；共享的"方向"取决于受众个体在阶级结构中的客观位置。这些客观位置必须被看作个体经验的设定参数，虽然它不是以机械的方式"决定"意识；人们了解他们的处境，并从亚文化和意义体系层面对其作出反应。

首先，这让我们看到社会结构和意识形态之间的关系问题。伯恩斯坦

（Bernstein，1971）和其他教育社会学领域的工作与此有明显关联。上述工作对媒介受众研究的可能影响体现于莫利（Morley，1975）进行的研究，即"媒介受众的重新概念化"，我将在下一章中简单地阐述这个"臭名昭著"的问题即阶级和编码之间的相关性，以及它对这个受众研究项目的意义。

第三章 阶级、符码与共通性

一、自主性：相对化还是整体化

近年来，保罗·赫斯特和他的助手们对"决定论"问题或者说阶级结构与意识形态之间的关系进行了一场极具深远意义的讨论，并提出了自己的看法。他们认为，细致阐明这种"决定论"的意愿或者企图注定是难以成功的，这是源于如果我们认定"决定论"是基本前提，那么在这种情况下意识形态特殊性或"表意行为的程度和层次"就将被否定，或者适当承认这种自主性，那就意味着否认意识形态拥有绝对化的"决定"功能。当然，这一论点的前提是拒斥"相对自治"这一源于阿尔都塞的概念，尤其是在文化研究领域拒绝使用这一概念（Coward，1977）。

约翰·埃利斯在 1976 年 11 月的《经济与社会》（*Economy and Society*）中，以赫斯特的观点为基础，提出了这个问题。他否认了试图从阶级立场上获得对意识形态/政治实践的期望，并否认了任何"典型位置"（例如来自帕金的编码/解码模型中的阶级概念嵌入）的有效性。他认为，这是不合法的，因为"按照现在的情况，店主可以投票给共产党，以便相信集体的努力"（"The Institution of the Cinema"：58）。因此，一旦面临"关键时刻"，店主可以以一种非结构化的方式，在任意数量的不同框架/代码中进行节目文本的解码程序。

这一"激进"意指行为/意识形态在实践层面的自主性似乎在两个方面体现得不够充分：首先，在为社会结构中地位差异个体提供不同选择时否认文化语境的作用，表现在除了未对"关键时刻"进行明确说明外，这种观念也仅仅关注那些从具体社会历史语境中抽象出来的个体随机行为（投票、解码）。

我们如果要保留对受众的任何理论敏感性，并将其作为不同类型的社会结构综合群体，就必须拒绝这种方法论上的个人主义。这就是沃洛希诺夫提出的"社会个体"的概念。如果我们不回到一个"孤立的人"（与马克思主义不同）的概念，即人被视为一个被封闭在"盒子"中的客体，那么他就必须被视为社会化个体。

其次，更重要的是，埃利斯/赫斯特的方法似乎是把婴儿和洗澡水一起倒掉了。他们采取反对机械解释的论点：

人们通常认为以下观点完全正确，即按职业分类的人口统计学研究策略可以忽视对政治和意识形态的考量（Ellis，1977：65）。正是因为这种方法不需要对意识形态具体性进行真正的探索，那么研究中往往假定 X 类别群体和 Y 类别群体在经济层面只有纯粹的数量差异，而不考虑他们在经济地位上的不平等因素。

然而，如埃利斯和赫斯特所做的，他们从这一立场转变到另外的立场：所有试图通过阶级结构来确立结论的企图都是错误的，这种观念并没有得到赞同或者认可。现在这里的争论变得两极分化：要么是完全的决定论，要么是完全的自主论。

问题是店主不像埃利斯假设的那样行事。其原因在于资产阶级政治科学在任何立场上都是有意义的，甚至对自己来说也是如此。这是因为它探索的是一个结构化领域，即对决定性问题进行讨论，但其仅仅是在统计概率水平上产生各种各样的关联和模式。

现在，简单地分析整理这些模式可能是一种相当平庸的做法，但否认它们的存在是可笑的，它们与阶级结构的关系模式正是我们要探索的。

有趣的是，与埃利斯/赫斯特的做法相反，哈罗德·罗森（Rosen，1972）在《语言和阶级》（*Language and Class*）一书中精确地分析了语言和阶级，从一种非机械的、非经济的角度描述了语言对阶级形成的作用，而埃利斯/赫斯特则认为这根本不可思议。罗森对巴兹尔·伯恩斯坦的观念进行了深刻批判，认为他完全只是提供了一种机械主义的、经济决定论的分析范式。在伯恩斯坦的著作中，工人阶级是一个没有区别的整体，仅仅由经济地位来定义。"可以区别利物浦码头工人……考文垂汽车工人的语言"，但在意识形态和政治实践层面的因素被忽略了（Rosen, 1972: 9）。然而，罗森的精确目标是插入这些决定性因素用以扩展分析的术语。他驳斥了语言代码仅仅由"共同的职业功能"决定的论点，并意识到需要在意识形态实践层面区分不同类别的群体：

历史、传统、工作经验、民族起源、居住模式、组织水平……

(Rosen, 1972: 6)

然而，核心问题依然存在。罗森的《语言和阶级》一书横空出世，它的影响力直接产生于唤醒了人们对意识形态以及碎片化政治实践程度的关注（这与伯恩斯坦的机械主义/经济主义观点相反）。该书将这些因素加入阶级决定论需要考量的范畴之内，而它们对解码领域的扩展作用一直为人们所期待。但是，所指行为的相对自治性意味着它们是由阶级因素构成的。它们如何被结构化，在不同受众群体组合中的语言、阶级和代码的关系如何，这些都是"必须通过人种学调查的问题"（Giglioli, 1972: 10）。

问题关键在于，这到底是一个本质主义还是机械主义的观念。我认为将其视为纯粹的机械主义是没有道理和无法证实的。事实上，通过对结构进行边界和规则设置，结构、文化和传记（Critcher, 1978）中所阐述的概念决定了文化选择和反应的可能性，而不是直接决定其他层次和实践，从而明显地回避了走向完全决定论或者完全自主化的极端观点。这个问题很明显涉及某种形式的文化能力、符码和解码的阶级结构，同时也力求避免机械主义的方法论。

《全国新闻》这个研究项目最初旨在探索的问题是，信息是在多大程度上按照最初编码信息的倾向性方式被解读的。然而，这一问题的另一个层面出现了，即这些解释或解码方式在多大程度上受到受众所接触的其他符码和话语的影响。我们在这里关注的是，解码是如何被决定的，而这种决定性来源于不同受众群体拥有的社会文化符码，也就是受众解码策略和能力范围大小的差异性。

将这一问题作为研究对象已经表明：文本和主体相遇时所产生的意义不能直接从文本特征中读出，需要确定主体如何使用特定文本，特别是处于某一制度空间中，文本功能在具体时刻与特定受众的关系是怎么样的。

(Neale, 1977: 39-40)

文本不能孤立地考虑其生产和消费的历史条件。

因此，确定文本意义必须考虑到它在任何具体环境中所遇到的话语集合，以及这种相遇如何重构与之关联的文本和话语的意义。文本意义将根据受众话语（知识、偏见、抵抗等）而有所不同，而在受众/主体和文本的相遇中，起决定作用的关键因素将是受众所掌握的话语范围。

当然，"每个人都具有不同的话语范畴和形式，这与他们的社会位置有关，他们在现实中的定位将决定他们可能遭遇到什么样的话语类型，也将决定他们如何处理与这些话语类型的关系"（Willemen，1978：66-67）。

显然，韦尔曼在这里回到了社会地位与话语结构形成之间关系的一系列问题议程上，这些问题是伯恩斯坦著作中教育社会学的核心工作，并由布尔迪厄、鲍德莱尔和埃斯泰布莱共同发展的。此外，韦尔曼的作品可以被看作这一理论发展的一个重要因素。正如他所言，决定性不应被视为一个封闭和最终的过程：

> 认识到现实的决定性力量，我们也同样需要理解现实并不是永恒而固定的。按照拉康的观念，现实总是也只能是被理解的现实。这就是说，通过话语……现实在相当大的程度上决定着话语之间的接触，以及现实与话语之间的接触。同时，这种特定的接触构建并生产出现实，随后又反过来对主体在现实中的行踪实施影响。
>
> （Willemen，1978：67-68）

或者正如尼尔所言：

> 受众是由经济、政治和意识形态（斜体为引者所加，表示强调）决定的。
>
> （Neale，1977：20）

二、唯社会学论

所用的尼尔引文中强调的重点，是为了突出另一个重要理论主体的主要问题，该理论试图解决意识形态与社会结构之间的关系问题，或者用它自己的术语说，是一种主导规范秩序、角色和个人之间的关系。当然，秩序问题、阶级意识问题等等都被看作社会学中需要完成的大量研究工作之一。但既有研究工作的不足之处在于，试图将社会类别（如阶级）立即转化为意义（如意识形态的立场），而不注意那些控制这种转变的必要性因素。因此，目前的人口/社会学因素——年龄、性别、种族、阶级位置——作为客观性或决定性因素，影响着差异化的解码立场，不解释它们对传播过程的影响作用机制是不合适的。我认为，问题的关键在于如何将意指行为实践的相对自主性（这被大多数社会学理论忽略）与决定性的阶级/性别/种族等因素的运作相互结合。

遵循赫斯特和其他人主张自主化、具体化分析的理论家们不断告诫，必须警惕简单分析倾向所带来的危险。这种分析只关注意识形态和意义的程度，它所希望发现的仅仅是那些可以被当作描绘了"阶级意识形态"的"数字化模板"。我们必须注意到拉克劳对"将某些阶级意识形态要素进行形而上学式分配"的观念的严厉批评（Laclau，1977：99），以及其对另外一种理论模式的严苛责问，即以"阶级类别"和"纯粹意识形态抽象假设"对"决定性要素"进行识别和分析，而实际上这两者是相互依存的。如果依据此观念，我们可以继续尝试分析复杂的决定论模式，而这种模式恰恰是从"意识形态要素"的预设出发的，采取孤立主义立场，只对必要阶级含义进行关注，而这种含义只是具体意识形态话语中上述要素表达的结果（Laclau，1977：99）。

作为分析对象，特定传播过程以及具体意指实践不是一个完全独立的领域，而是包含了阶级、意识形态和权力问题的复杂结构，这种结构被认为是语言、意识和意义的社会基础。伴随着具体的文本分析，就回到了问题的关键所在，即由伯恩斯坦和布尔迪厄提出的问题（并由韦尔曼重新设计）：探讨产生不同文化和意识形态能力的结构性条件。

确切地说，阶级、社会经济或教育地位和文化/解释性符码之间的"契合度"到底是什么？这是问题的关键。帕金（Parkin，1973）将阶级结构视为不同意义体系的来源，在这方面是一个富有成效的探索，尽管观点还不太成熟，但为斯图尔特·霍尔所开发的假设/典型的解码立场提供了一些基础性工作。当然，我意识到帕金简略概念框架的局限性；正如我在"媒介受众的重新概念化"中所说的，事实上帕金的框架构成只有逻辑性取向而不是社会学取向的声明……他向我们提供了一个概念，即特定的受众群体要么接受要么排斥信息传递的主导性符码。从这个角度来看，问题的核心在于应当如何试图将帕金的三种理想类型的意识形态框架（主控的、协商的和对抗的）转化为更充分的媒介受众多元化解码类别模型。这方面的工作重心在于将帕金"协商代码"的所有类别划分为一套以经验为基础的、基于这一基本范畴的次级变量，可以阐明不同形式的机构和商业组织意识形态的社会学研究〔Beynon，1973；Parkin，1973；Mann，1973；Moorhouse and Chamberlain，1974a and 1974b；Nicholls and Armstrong，1976；同样参见霍尔和杰弗森关于"协商和回应的安排"（Hall and Jefferson，1978）〕。

事实上，帕金的理论模型并不太完善：

（a）它过分简化了节目中"意义系统"的数量，仅仅只定位了三种模式：即主控性、协商性和对抗性。

（b）对于每个"意义系统"，只定位了一个意义来源。

（c）在每个案例中，这些意义的产生都被认为是源于不同层次的社会结构。

就（a）而言，需要指出的是，任何合理的理论模型都需要在社会构建过程中对其多样性的话语进行分析。或者至少在帕金概念类别中所提出的系统性差异源于意识形态不同"表现形式"或每个主流话语的变化。

在（b）方面，我们必须承认话语的各种可能来源和话语中存在的矛盾。因此，例如帕金的"主导意义体系"的范畴，就像阿尔都塞（Althusser，1971）的文章一样，忽略了任何主流意识形态中的矛盾问题。此外，主流意识形态或者说它的不同表现形式，可能源自许多不同因素，如媒介（这是帕金的抽象概念"主导的规范秩序"所暗示的）、政党、工业组织、消费者协会等等。

关于（c）我们必须对这些意义系统与其来源要素关系中隐含的"必要性"提出质疑，而这种必要性由帕金提出。因此，正如争论的那样，主流意识形态的版本并不仅仅来自媒介，媒介也没有专门制造这样一种意识形态，一个"协商"或"从属"的意义系统就像"当地工人阶级社区"一样容易产生。这样的"社区"也不只是产生"从属"的意识形态，而且有时（帕金的列宁主义假设）也会自发地产生激进的意识形态。因此，"对立"的意识形态不但由"以工人阶级为基础的群众政党"产生，而且在社会构建的其他地方产生。此外，我们要避免帕金的一个失误，即必须注意公民社会中政党和组织所产生的各种意识形态。正是聚焦于社会经济结构与意识形态的关系，以及通过另一种表达方式，才能发现这些社会结构问题与文本的差异解释或解码的问题有着根本联系。

要强调的是，无论帕金模式有什么缺陷，它确实允许我们设想出一个为社会结构化所构建的受众,并且对于任何一个将受众视为"个体"(或"主体")的非结构化集合模型,这都是一个相当大的进步。实际的文本解读与不同类型的阶级意识和社会地位有什么特定关系仍有待阐明。这是一个需要具体研究的问题。这里假设的是,认为尝试关联(无论形式多复杂)社会或阶级位置与解码框架具有可行性。

第四章　研究方法与策略的反思

> 英国有一种倾向，即对"电影语言"等概念的专一性和极为重视的调查，以及关注于电影的意义生产方式问题……伴随有一种考虑不周且毫无帮助的假设，即所有在社会研究中研究接受或电影文本使用的企图，只能是最严重的经验主义表现。倒洗澡水（很多被使用的方法具有明显局限性）常常把婴儿（关于消费条件的研究）一起泼出去。
>
> （哈维，1968 年 5 月《电影文化》）

这里引用上述文本，以确认这项研究工作在方法层面上存在悬而未决的问题。显然，我们致力于一种坚持"经验对话"必要性的立场，而不是试图以一种先验方式来推断受众的立场或文本解码［参见汤普森关于经验主义者对于经验主义的混淆认识的论述（Thompson, 1978: 196）］。然而，在为解决这些问题设计的合理方法方面仍然存在严重不足。这些不足只有在这里进行临时分析，下面是这个项目在研究过程中采取的一些临时策略框架，用以试图解决这些问题。

考虑到这些要点，研究项目的总体规划可以被认为是依据埃科的思想（Eco, 1972）提出的。

一、研究的阶段

（1）对研究中使用的概念和方法进行理论澄清和定义。

(2) 通过信息分析试图阐明意义的基本代码，也即信息中反复出现的模式和结构，它们指的是隐含在信息概念和范畴内的意识形态传播（关于这些研究阶段实质性成果的说明可以在《日常电视：全国新闻》中找到，同时信息分析也帮助解决了一些节目内容分析问题。专著的篇幅空间只允许简要说明研究中所使用的分析方法的主要内容。这些节目主要是根据它们的结构形式进行分析的：主题如何表达，背景和解释框架如何在视觉和语言上进行动员，如何整合专家评论以及监控讨论和访谈。其目的不是提供单一的、明确的节目解读，而是建立对传播体系和意识形态结构的临时性解读。具体关切点是那些旨在使节目主题具有可理解性的传播方法和策略，并说明这些节目对目标受众的影响）。

(3) 用一个框架来分析以下三个基本概念的典型可能性，通过访谈来确定先前分析的信息是如何被媒介受众在不同结构立场上接受和解释的。

(a) 受众在哪些层面使用与传播者相同的符码进行意义解释。例如，当这两者都属于主导意识形态范畴。

(b) 受众在哪些层面使用协商性策略来解读意义符码。例如，信息接收者采用了协商性方式来处理主导意识形态意义，而这种意义是由传播者对信息进行编码的。

(c) 受众在哪些层面使用对抗性策略来解读意义符码，通过使用与传播者不同的符码来解释其含义。

(4) 所有接触的信息是如何收集到的，并将这个过程与之前的信息分析进行了比较。

(a) 哪些接受行为显示了文本意义中的不同层级，而这些行为并未引起我们的注意。

(b) 不同意义的"发生可能性"与受访者的社会经济地位关系如何。

(c) 不同受众的信息理解有多大程度不同，以及在多大程度上自动依附于他们想达到的信息意义。例如，我们可能会发现，受众群体在信息解码时拥有充分自由，从而使得媒介影响力比人们想象的要弱得多，或者恰恰相反。

《全国新闻》受众研究项目的研究步骤如下：

项目的目的被定义为建立一种解码模式的类型学。

分析它们是如何以及为什么变化的。

展示不同的解释是如何产生的。

将这些变化与其他文化因素联系起来，探寻在阶级、社会经济或教育地位和文化解释能力/话语/符码之间的本质是什么。

首先要确定不同受众是否在一定程度上共享、修正或拒绝广播公司编码主题的方式。这涉及试图确定广播公司使用的"词典参照系统"以及根据米尔斯提出的对词汇指数化分析的建议。他认为我们可以这样做：

> 通过确定他的功能词汇表包含了哪些词汇以及这些词汇所体现的意义和价值的细微差别，在政治和社会双重框架中确定一个思考者。通过研究词汇，可以发现其隐含意义和它们背后的群体模式，从而为社会行动提供观察线索。一个有思想的人对词汇的选择和使用往往隐含着社会性和政治性意图。词汇往往是思想的表征和表达渠道。
>
> （Mills，1939：434-435）

因此，需要问的问题是：在对主题不同层面进行讨论时，受众是否使用与广播公司相同的词汇？受访者对这些方面的排名是否与广播公司相同？是否有一些广播公司没有讨论过却被调查者特别提到的问题？

此外，在词汇量之外，关键问题是：主持人在多大程度上通过公共话语内容向受众展示自己的形象（通过其他的，更隐晦的定义和假设，关于常识/普通人对 X 的看法）？不同的主持人在多大程度上获得了他们（隐含地）声称的流行身份？哪些受众将主持人风格作为他们"合理的"识别标准？并且，接受或认同是否意味着受众将会理解"元信息"以及主持人开场陈述的理解框架？迈克尔·巴拉特在《全国新闻》报道的"总结"评论有多大的分量？在过去不同时间发生的事件与当前的语境和关注兴趣有多大差距，哪些受众会与主持人/受访者认为的"我们"保持一致？不同受众在多大程度上认同一个采访者，并认为他们是在"借"他权力来代表他们在公众生活中对信息进行质疑？

二、解码调查：语言的问题

我在其他地方提出过，语言能够对个人思想和行为问题产生决定性影响。正如麦金赛尔所说：

141   我所能做的极限是由我所能提供的描述的限制性决定的，我所能得到的描述就是我所属社会群体的现状。如果行动的限度是描述的限度，然后分析社会中的思想潮流（或它的子群），也就是辨明理性的界限，有目的的行动必然在那个社会（或子群）中进行。

(Morley, 1975)

在这些术语中，思维是对"可用"符号材料的选择和操纵，从群体能获得什么取决于社会结构中主体文化选择与能力的差异性。

米尔斯认为：

        只有利用他的团队所共有的符号，一个有思想的人才能思考和交流。语言的社会构建和维护，体现了含蓄的规劝和社会评价。

(Morley, 1975：433)

米尔斯继续引用肯尼斯·伯克的话：

        事物和行动的名称带着好与坏的内涵。名词往往带有无形的形容词含义，动词则带有无形的副词含义。

他继续说：

        通过语言分类，我们获得了一组结构化的"模式"，同时伴随着语言发展，我们也理解了这些模式的价值含义。我们的行为和感知，我们的逻辑和思想，都是在语言系统的控制之下。随着语言的发展，我们获得了一套社会规范和价值观。词汇不仅仅是一串单词，其内在含义是社会的肌理，即制度和政治坐标。

米尔斯提出了他关于社会决定论的观点，这种观点是米德"普遍的他者"概念的改良版：

        与思想者交谈的"内在受众"，处于行为和经验的社会领域中，他们决定了那些抽象化组织中的人的态度……这些是社会已经限定和正在限定的……受众限定了谈话者，而另外条件限定了思考者。

(Morley, 1975：426-427)

142   然而，米尔斯继续坚持"集中指向性"的限定（这一点也同样适用于对拉康的另一种概念批评）：

> 我不相信（米德……）普遍的他者包含"整个社会"，而是认为它所代表的是经过选择的社会群体。
>
> （Morley，1975：427）

这不仅是关于社会和心理而且是关于政治的一种理论，这是涉及语言和思想的一种决定论观念。

三、假设和抽样问题

我试图构建一个小组的样本，他们可能被期望通过协商性或者对抗性解码框架来改变"主导意义"。我的目标是，用这个样本不仅要找出关键的不同点，还要指出不同群体解释之间可能相互重叠的部分——鉴于我没有假设具有直接、唯一的一致性，所以一个小组只属于一个符码。很明显，这里一个关键点是，同一群体受众可以居于不同符码中，它们在不同语境中被使用，相反，不同群体可能会使用相同符码，尽管可能采取不同形式。

这个研究项目的目的是探索那些可能被期望改变的假设：

（1）基本的社会人口因素：年龄、性别、种族和阶级结构的地位。

（2）参与各种形式的文化框架和身份认同：无论是在正式组织和机构，如工会、政党或不同的教育组织中还是涉及日常生活层面的不同亚文化群体，如青年或学生文化，或基于种族和文化的少数群体。

显然，由于拒绝了机械决定论的形式，在第二个层次上主要的关注点是集中的。然而，对第一个层次和第二个层次之间的关系调查，以及它们与解码模式的关系仍然是重要的，因为它允许人们考察或者至少是概述这些基本的社会人口因素在多大程度上可以体现出结构和模式——如果不是直接地确定的话——以及进入第二层次文化和意识形态框架的模式。

此外，有必要调查不同解码行为变化的不同程度。

（3）主题：主要是关于与特定群体自身经历有关的被分析的主题是"遥不可及的"还是"抽象化的"，以及相对于那些更具体的社会结构性位置，主题的信息和观点的替代来源在哪里。在这里，这个项目旨在发展帕金（Parkin，1973）、曼恩（Mann，1973）和其他人著作中那些在意识层面的"抽象化"和

"固定化"的观点。这些著作的论点是,工人阶级的意识往往"接受"抽象层面的主流意识形态框架,并以此为特征。这种意识凭借自身特定社会经验,依据社会某一具体的、处于固定位置的价值取向,对抽象性的主导意义框架进行修改和重新解释。简而言之,在意识层面之间的这种意识"摇摆性"或者概念上的矛盾性,是协商性编码或意识形态概念的基础。我们需要知道的是,当解码者对媒介所描绘的事件有直接体验时,它会对信息解码产生什么样的影响。相比之下,媒介渠道是受众与事件的唯一联系途径。受众的直接体验,或者依据媒介提供的接触方式,会导致信息的协商性或对抗性解码倾向吗?如果是这样的话,这种倾向可能只是短暂的,或者只适用于某些信息的解码,例如直接有关解码者自身利益事件的消息,或者可能存在某种"传播"效应,这种趋势是通过协商或对抗性解码来实现的,或者是各种各样的信息(在该项目中,最清晰的部分是第一阶段中不同的学生团体对"学生新闻"的解释,以及第二阶段中不同的工会组织对"工会新闻"的解释)?

研究项目原本希望探索另一层次的变化,但从那时起,由于研究资源的缺乏最终导致我放弃了,这就是"语境"因素的作用,例如,在某种程度上解码变化的可能范围。

(4)背景:这里特别令人关切的是,受众的教育或职业背景对于一个节目解码方式可能产生的差别,这种差别需要对同一受众群体在家庭结构和家庭环境中的解码方式进行比较。

研究中缺乏这方面的因素是令人遗憾的,人们只能希望后续研究能够将其进行下去。特别是在研究的调查环节中,例如,最初在家庭背景中进行的解码和讨论必须在其他语境中重新讨论和解释。然而,我认为这种缺失并不会损害我的研究结果,就我所做的假设而言,这是一种在不同语境中解码方式更基本的一致性。与那些依据教育背景进行分析的团体相反,在家庭环境下观看节目显示出的解码差异是一种语境差异。但是,个体的文化和语言编码使用问题是一个比"语境"更基本的问题。语境变量将在解释领域产生差异,但这一领域的局限性是在更深层次上被决定的,即在人们对于语言/符码的使用层次上,沃洛希诺夫认为,这种情况并没有从根本上改变:

> 当下的社会情境和社会参与者决定了话语的"偶然"形式和风格,而言说者与之接触的更深层次的结构是由更固定、更基本的社会联系决

定的。

(Voloshinov，1973：87)

在家庭语境中，有关男女性别之间解码差异的研究涉及一个与此相关但却没有得到严肃关注的问题。这就是为了摆脱一种对"家庭"的传统认知观念，这种观念认为"家庭"也是一种对信息解码和"意义消费"行为进行分析的合理语境。对这一领域的兴趣最初是受到一个研究项目成果的刺激，该项目正在分析1972年萨尔特里矿工事件（Saltley Gate pickets）电视报道的解码问题（结果由查尔斯·帕克提供给我）。调查显示，这次事件中的矿工和他们的妻子在家里关注电视上的事件时，他们对观看内容的理解有显著差异。对于夫妻双方来说，想要调和彼此对电视事件的理解存在相当大的困难。这种材料表明，有必要探究"家庭主妇"的地位。例如，到目前为止，她在工资劳动经济之外的地位以及她在家庭中的地位，将其视为一种我所定义的（Morley，1976）作为媒介工业冲突报道中"消费主义"的表述。

再一次，时间和资源的稀缺使我无法追踪这些重要问题（鉴于女性在《全国新闻》受众中的重要程度，确实存在一些特殊的问题），我们只能寄希望于当代文化研究中心的多萝西·霍布森和其他有关媒介受众研究的工作人员，他们目前正在进行的研究将有助于澄清这些问题。

四、新近的受众研究笔记

从本研究项目角度看，这一领域所做的最重要工作体现在皮耶普等人（Piepe et al.，1978）的《大众传媒和文化关系》（*Mass Media and Cultural Relationships*）的研究之上，其次是布鲁姆勒和尤班克的研究《工会、大众传媒与私人罢工》（Blumler and Ewbank，1969）。在我看来，这些研究项目虽然把注意力集中在一些重要问题上，但在理论和方法上都有严重缺陷。

在我们看来，皮耶普的研究存在缺陷，即它所宣称的关注"规范化整合问题"及其实现方式（Piepe et al.，1978：Ⅸ）。这是对我在第一章中所描述的"规范化"的坚持，而不是一个"解释性"的传播模型，尽管作者后来提出了免责声明，但这并不能有效地解决意义问题。事实上，这是一种空白，或许反映在作者的决定中，不分析任何特定媒介文本的解释，而是只关注受访者对媒介的总体性看法。

该研究对差异解码模式与社会结构模式之间的关系提出了重要质询，包括阶级地位、住房市场地位和社会地位等。它坚持把媒介消费的心理理论与社会因素联系起来，如"选择性感知"：

> 将人们对媒介的选择性反应定位在与阶级和社区结构有关的集体环境中。

(Piepe et al.，1978：7)

此外，该研究证实了工人阶级与媒介（尤其是独立电视台）关系的一个维度，其维度涉及工人阶级中的地方主义和部门意识。此外，媒介也在一定程度上寻找一种颠覆性的娱乐形式——一种"有趣的"形式，而英国广播公司主导的"严肃电视"被认为是没有提供这种形式。然而，该研究是基于一个特定框架构建的，该框架似乎从伯恩斯坦的阐述和限定性符码的概念中自然衍生出来，它们分别被非常简单化地用来描述中产阶级和工人阶级的主要解码实践。我们被告知：

> 中产阶级使用电视［是］有选择性的和有主见的，而工人阶级对电视的使用模式则相对同一，并缺乏自主性。

(Piepe et al.，1978：44)

而中产阶级的特点是：

> 选择性理解。有拒绝与自我认知不一致信息的能力……对于媒介有自我认知取向。

工人阶级则被描述为具有如下性格特征：

> 全盘接纳。接受与自我认知不一致的信息……完全相信媒介对于现实的描绘。

(Piepe et al.，1978：46)

我想说的是，这种对于阶级刻板印象的定义太过粗糙（例如罗森对伯恩斯坦的评论），而且我自己的研究显示了在工人阶级群体中存在很多选择性理解、拒绝不和谐的信息、对媒介保持特殊认知倾向的例子。这些例子表明，与样本中的中产阶级一样，工人阶级同样具有复杂的反应和解释能力。

布鲁姆勒和尤班克的研究项目被锁定在媒介"效果"问题中。作者们找到了证据,证明受访者对于某些工会问题的看法和他们接触电视、广播和新闻的程度之间具有显著相关性(Blumler and Ewbank,1969:41)。他们所面临的问题是"大众传媒对工会问题的影响"(Blumler and Ewbank,1969:33),以及工会会员对他们所看到、听到和读到的东西的敏感性或非敏感性(Blumler and Ewbank,1969:36)。他们的结论是,在近年来导致工会会员对非正式罢工担忧的所有力量中,电台和电视台扮演了一个不太重要但有意义的角色(Blumler and Ewbank,1969:51)。

作者们当然不认为媒介提供了任何"皮下注射效应",他们意识到,受众可能对说服有抵触,同时也认为信息是通过他的社会背景来传递给个人的。他们并没有把受众看作一个分散的群体,而是明确地认识到,"工会主义者不会孤立地面对媒介对他们社会状况铺天盖地的评论","群体关系可以作为中介变量,阻碍或促进大众传播信息的影响"(Blumler and Ewbank,1969:34)。

尽管如此,对于"信息"受众来说,这仍然是一个"效果"程度的问题:受众被认为是"接受"或"拒绝"给定的信息;对于仅仅是"同情式"的传播来说,选择性理解和参与被认为是一种受众可以随意支配的"防御机制"。但是,他们没有认识到的是,受众在建构信息意义时,必须扮演积极的角色。信息仍然被认为是一种刺激物,它会对态度改变产生非此即彼的影响,而不是一个有意义的标志载体(Hall,1973)。在"产生效果"或"被使用"之前,受众必须"解码",但其解码操作的程度如何尚未被探究。

此外,虽然受众被认为是不同群体的成员,但其成员身份却能够影响其与信息的关系、讨论和辩论的过程、含蓄和明确的评价和反评价,这些都未被探讨。这是一个群体化过程,通过这种过程,个人作为一个或若干重要群体的一部分产生了理解和解码行为。事实上,作者们甚至否定了调查这一过程的可能性,宣称"媒介效应无法在发生时被检测到"。我想说的是,如果没有对这一过程的分析,那么对职业家庭或亚文化群体意义的"认可",只不过是对问题的一种仪式而已。

相关的研究工作被定义为对个人观点和态度的调查,而媒介被视为能够在态度和意见确认或改变的层面产生影响。玛瑞娜·德·卡马戈(Camargo,1973)在研究中写道:

> 在当前的政治科学中,研究意识形态材料的社会学家通常会发表意

见，通常是那些在采访中给出的意见，这些都是对非常精确问题的回答，比如你投票给哪个党派？为什么？

（在布鲁姆勒和尤班克的例子中："你认为报纸/电视是支持工会，还是支持雇主，抑或是公平对待双方？"你认为他们对权利、罢工给予的关注是太多还是太少？）卡马戈继续谈道：

> 针对这些观点，研究者已经从意识形态的综合概念转向了更有限的"意见"概念，这似乎是更具"操作性"的，而且更容易被详细说明，但它倾向于将个人表达"意见"的整个框架认为是给定的和中立的，并且是不容置疑的。需要指出的是个人在这个框架内的位置，或者他们的位置因受到某些"刺激"而改变。

她进一步指出，从我们的观点来看，最重要的一点是，大多数此类研究仅仅是对特定信息意识形态内容的接受或拒绝程度进行测量，而关于特定的信仰或问题则没有触及媒介传播中意识形态运作的可能——通过对话结构和解释与意义框架的提供。在这后一阶段的框架和结构中——而不是在"态度"或"观点"的层面上，我们试图在这个项目中研究意识形态的运作。

正是这种理论观点，使我在方法上决定不再使用如布鲁姆勒和尤班克采取的固定选择式调查问卷，也没有使用正式的结构化个人访谈。两人向受访者提出了固定选择的问题，并记录了他们观点的"实质"（例如，"是的，我认为电视过于关注罢工"），因为他们的结论可以基于量化数据得出。我认为，将内容（"是"）与所表达的形式（被调查人用来表述自己答案的实际词汇）直接关联是一个重大的错误：因为这不仅仅是答案——这很重要——的"实质"，而且是答案的表达形式，后者构成了它的意义；不仅仅是对特定问题的"yesses"或"noes"的数量。只有对于可量化的内容/实质进行分析，才能用实际反应的情境逻辑来代替统计的因果逻辑。可以肯定的是，当"使用的逻辑"被用过之后，量化分析程序可能会被应用到后面的阶段——但是定量分析本身并不能提供对这些"逻辑"的分析。

布鲁姆勒接下来的工作是研究在 1974 年大选中政客们使用的实际词汇，他承认这些限制，并修正他先前的立场。然而，即使在该研究中，他也专注于描绘特定单词的出现频率，而不是它们在某些情况下使用的首选意思，而单词的形式和结构"更倾向于"表达出某些其他含义。在这里，合理的研究重点肯定是将词语置放于现有的概念框架范围内,即遵循"使用的逻辑",它将特定主题分配给特定意义语境。

五、"不同的语言":项目的方法

当我们怀疑所有这些反应都基于相同假设时,例如假设把所有的"yess"和"noes"都加到一个特定的问题上,一个纯粹实证性方法的不足就凸显出来了。正如多伊彻指出的那样:

> 我们是否应该假设"yah","da","si","oui",或"yes"的回应都是相同的,以回应同样的问题?或者在不同的语言中有不同的肯定内涵?
>
> (Deutscher,1977:244)

他接着说了一点:

> 一个简单的英语"no"往往被阿拉伯文化的成员解读为"是"。一个真正的"不"需要被强调;简单的"不"表明了进一步协商的愿望。同样,不加强调的"是"通常会被理解为礼貌的拒绝。
>
> (Deutscher,1977:244)

然而,他认为,这些并不仅仅是与语言差异有关的点;这些差异也存在于生活在不同区域的群体之间和我们通常称为"同一语言"的区域之内,正如米尔斯所说:

> 作品让观众重新解释,因为他们解读出的不同意思体现在细微差别之中……当人们在一种文化中展示着不同的文化或阶层的时候,一个符号具有不同的含义。
>
> (Mills,1939:435)

戴尔·海姆斯指出:

> 这种情况在双语环境中很明显;我们不认为一个孟加拉人将英语作为第四语言是为了某些商业目的,商业通过英语语法对世界观层面产生深刻影响……有必要认识到,单语情况也是有问题的。人们在不同场合或者同一件事上使用语言的程度不尽相同。
>
> (Deutscher,1977:246)

因此，在第一个例子中，我研究受访者实际说话的录音，而不仅仅是他们回答的实质内容，从而试图开始分析表达形式的层级和受访者词汇、言语形式与媒介的匹配程度（尽管这方面的研究仍不完善）。出于类似原因，我主要分析的是公开讨论，而不是预先安排好的访谈内容，试图尽可能少地限定问题回答顺序，并确实以受访者对问题进行排序和谈论的顺序为前提，这本身就是研究的一个重要发现。

六、焦点访谈

使用的关键方法是焦点访谈——设计，如默顿和肯德尔（Merton and Kendall, 1955）指出的：

> 对特定化传播的确定性反应……以前一直由调查员进行分析。

关键是提供一种焦点化的方法。

> 在预先分析的情况下，人的主观经验可以确定他们对情境的定义。

访谈最初阶段是开放性的；只有在访谈后续阶段，在试图建立受访者用来界定情境的参考框架和功能词汇的基础上，我才开始根据先前对节目内容的分析提出有关节目内容的问题。同样，在默顿之后，我试图追随默顿进行同样的操作，引入的具体问题不会打断谈话的流程，而是涉及并试图发展受访者已经提出的观点。因此，讨论的进展是从开放式的提示性问题开始的，例如你对那条新闻是怎么看的？更具体的问题，例如你认为用那个词来描述 X 是对的吗？通过相互讨论的方式，讨论的最初阶段使受访者能够细致地对节目进行重构。而在节目分析中，后续阶段则能够更直接地考察那些被认为是重要内容的影响效果。简而言之，我们的策略是从最自然主义的反应开始，然后逐步对各种假设进行更有条理的探究。

七、小组访谈

选择与团体而不是个人一起工作的理由是，（考虑到资源的限制，我们不能同时享受两者的奢侈）以个人为基础的访谈研究是有缺陷的，因为人们把焦点放在个人，而"社会化原子"往往会脱离他们的社会语境。该项目的结果证实了皮耶普等人的发现（Piepe et al.，1978：163），尽管"人们对报纸、广播和电视的使用各不相同，但在次级群体中却是相当一致的"。虽然在不同群体中对于特定新闻的解码存在一些分歧和争论，但不同类别群体之间的解码差异要远远大于群体内部差异和变化程度。这似乎证实了最初决定使用小组访谈的有效性，其目的是要发现如何通过谈话和在群体情境中被调查者之间的交流来共同形成解释，而不是把个人看作独立于社会语境的一组固定自我观点集合。

在这里，我同意波洛克在"公众意见的经验研究"中的观点（参见康尔顿编的《批判性社会学》），即认为以下观点是错误的：

> 把每一个个体看成一个单子，他们的意见都是固定的，好像永久存在于一个真空之中。"现实主义"的民意研究［必须］在研究方法上尽可能接近实际意见形成、持有和修改的条件。
>
> （Pollock，1976：229）

我认同波洛克的地方在于，他拒绝幼稚的经验主义，同时提出不能将一个抽象的"民意"概念作为研究对象而反对个人实际"意见"的立场。

我不太赞同波洛克的地方在于，他对幼稚经验主义的排斥使之转向至一个抽象（黑格尔式的）的"民意"的概念，并将其作为研究对象个人的实际"意见"，使得调查方法走向了对应的哲学意义范畴，而不是经验意义范畴。

八、录音带的分析

我关注的是研究实际的语言形式、工作词汇、隐含的概念框架、表达策略及其背后的逻辑，通过这些逻辑来构建解释或解码，简而言之，就是"文化能力"的机制。由于目前还没有一种有效方法来分析复杂的、非正式的话语，我使用了一些相关策略来分析受访者的"反应"。在第一层级上，我试图在不同群体的词汇库中呈现清晰的"特殊性"——在这些词汇库中特殊的词语和短语模式将不同群体的话语区分开来。在这种情况下，由于整体观点的差异性，确定为"相同的"词语可以在不同群体的话语中以不同方式发挥作用，这显得非常有趣。

在第二个层级上，我一直关注确定论证的模式，以及不同群体主要采用的引用证据或阐述观点的方式。在这里，例如，已经尝试确定节目分析中明确的中心主题领域（常识、个性、家庭、国家等）是如何由不同的群体决定的。在这方面，首先特别重要的是，试图建立"常识"的不同定义；其次，试图确定"优秀"电视节目的不同定义，这些节目由不同团队进行运作，并能够作为一种评价的参照标准，用以评测那些被生产出来的节目中的特定新闻或不同组成部分。这里的困难在于如何解释这些被认为是理所当然的概念。直接考察这些概念的尝试常常遭到受访者的抵制，他们可能和西库里尔的观点相同，认为对"显而易见"的概念进行精确定义的努力剥夺了他们的权利：

> 作为群体中有"能力"的成员，他们可以使用那些特有的"模糊的"或"自然而然"的词语和短语。
>
> （Deutscher，1977）

在第三层级上，我关注的是潜在认知或意识形态前提，它们构成了论点及其逻辑。这里格布纳关于主题分析的研究工作（Gerbner，1964）提供了主要指导。正如格布纳所定义的，这种分析方法的目的是确定出隐含的命题、假设或规范，并使其在逻辑上能够被接受，以促进特定的意见或观察视角的形成。这样，陈述性语句可以根据支持或支撑它们的简单命题重构（例如，在访谈中对可能存在的假设进行解释，以便合理地提出这个问题）。因此，以下问题就具有隐含前提（参见《全国新闻》的"今日中部地区"节目板块）：

问：但是这项研究将如何帮助我们呢？它会为我们做什么？

该问题将会被重构成如下形式：

每个人都知道大多数学术研究都是毫无意义的，你能否用所受的教育做一些有实际应用价值的研究？

第五章
观看反应：《全国新闻》的接受分析

本研究项目参照共同的标准，对《全国新闻》两集节目的播出和接受效果进行分析，其中一集播映于 1976 年 5 月（一个扩展性的分析也存在于《日常电视：全国新闻》之中），它覆盖了《全国新闻》节目中所有代表性特色话题。另一集则在 1977 年 3 月提供给受众观看（前文对其有简介），这是《全国新闻》的一集专题报道，节目主题是"预算及其经济后果"。

其中一集节目被播放给 18 个小组收看，这些小组成员具有不同层次的教育、社会和文化背景。其中一部分成员来自米德兰地区，该集节目曾经在这个区域被播映过，另一部分成员则来自伦敦。小组成员都是学生，分非全日制和全日制，他们的受教育程度存在差异。

另一集节目提供给 11 个小组收看，其中一些来自不同层次的教育体系，但另一些则来自工会和管理培训中心，这一次主要是在伦敦。这些学生都是全日制和非全日制学生，后者都是全职和兼职的工会官员和银行机构经理。

我们的研究程序是进入一个小组群体之中，他们被看作一个存在着的"社会实体"——至少在观影时间内。然后，我们将讨论安排在他们各自的观影环节中，并在他们已经建立的、习以为常的语境中放映合适的节目录像带。

这些小组主要由 5 人到 10 人构成，在观看了录影带之后，我们录制了随后的讨论（通常是 30 分钟时间），这是后来转录的，为分析提供了基础数据。

一、小组访谈

第一阶段：《全国新闻》（1976 年 5 月 19 日）

组号	所属机构	小组特征描述	人数
1	伯明翰理工学院	实习工程师；脱产进修国家高等技术学校毕业证课程；白人；男；20～26 岁；工人阶级	10
2	伯明翰理工学院	冶金学徒；全日制脱产进修国家高等技术学校毕业证课程；白人；男；21～25 岁；工人阶级	6
3	伯明翰理工学院	实习电讯工程师；脱产进修（城市 & 工会）；白人；男；18～20 岁；工人阶级	13
4	伯明翰理工学院	实习电子工程师；脱产进修国家高等技术学校毕业证课程；白人；男；21～29 岁；工人阶级	13
5	马修·博尔顿技术学院	实习电子通信工程师；脱产进修国家高等技术学校毕业证课程；白人；男；17～19 岁；工人阶级	12
6	马修·博尔顿技术学院	实习实验技师；脱产进修（煤矿技术人员）国家普通合格证书；白人；4 女 9 男；17～19 岁；工人阶级	13
7	伯明翰大学	艺术专业学生；白人；3 女 3 男；20～24 岁；中产阶级	6
8	伦敦印刷学院	摄影专业学生；白人；男；24～26 岁；中产阶级	2
9*	哈克尼高等教育学院	全日制 A 级社会学学生；6 白人 6 黑人；4 女 8 男；17～29 岁；工人阶级	12
10	克里斯托弗·雷恩学校	在校生（三年级）"O"级水平；8 白人 5 黑人；14～15 岁；工人阶级	13
11	哈克尼高等教育学院	全日制商业研究学生；黑人；女；17～26 岁；工人阶级	9
12	克里斯托弗·雷恩学校	在校生（四年级）"O"级水平；3 白人 3 黑人；15～16 岁；工人阶级	6
13	伦敦城市学院	全日制 CSE（识字班）学生；黑人；5 女 2 男；17～18 岁；工人阶级	7
14	菲利帕·福塞特学院	教师培训课程学生；白人；女；19～20 岁；中产阶级	12

续前表

组号	所属机构	小组特征描述	人数
15	菲利帕·福塞特学院	教师培训课程学生；白人；女；21～46岁；中产阶级	6
16	哈克尼高等教育学院	全日制"社区研究"专业学生；黑人；女；17～19岁；工人阶级	9
17	哈克尼高等教育学院	全日制"社区研究"专业学生；3白人5黑人；女；17～19岁；工人阶级	8
18	伦敦印刷学院	摄影专业学生；白人；3女8男；19～26岁；中产阶级	11

※由于录音中出现错误，第9小组后来被排除在分析之外。

第二阶段：《全国新闻》的预算专题报道（1977年3月29日）

组号	所属机构	小组特征描述	人数
19	伯明翰大学	艺术专业学生；白人；2女1男；19～21岁；中产阶级	3
20	工会教育培训学院	接受在职培训的专职工会官员；白人；男；29～47岁；工人阶级	6
21	米德兰银行培训学院	接受在职培训的专职银行经理；白人；1女6男；29～52岁；中产阶级	7
22	工会教育培训学院	接受在职培训的专职工会官员；白人；男；24～64岁；工人阶级	5
23	伦敦中央理工学院	非全日制学习劳工课程的工人；白人；2女5男；23～40岁；工人阶级	7
24*	哈默史密斯高等教育学院	非全日制工会学生；白人；2女1男；24～32岁；中产阶级	3
25	哈克尼高等教育学院	全日制A级社会学专业学生；黑人；6女2男；18～37岁；工人阶级	8
26	伦敦印刷学院	印刷管理培训生；3白人1黑人；男；22～39岁；中产阶级	4
27	伦敦印刷学院	印刷学徒；白人；男；18～19岁；工人阶级	2
28	伦敦印刷学院	印刷管理培训生；黑人；男；22～39岁；中产阶级	5
29*	米德兰银行培训学院	接受在职培训的专职银行经理；白人；男；35～53岁；中产阶级	9

*由于磁带上的错误，第24组和第29组后来被排除在分析之外。

英国广播公司（BBC）受众研究部门的一项调查（1974）对《全国新闻》受众的构成进行了如下分析：

	受众（000's）	构成比例（%）	作为整体的人口（%）
总计	5 899	100.0	100.0
上层中产阶级	321	5.4	6.0
下层中产阶级	2 140	36.3	24.0
工人阶级	3 438	58.3	70.0
总计			
男性	2 772	46.1	
女性	3 177	53.9	

二、节目描述（1976年5月19日）

总结

时间	新闻条目	解释
00	地方新闻	使用表现"认同"的代词
02	全国新闻	"我们见面"／"那个人"
03	**"今日中部地区"新闻** 考文垂汽车工厂的员工被解雇了。 沃尔萨尔电影公司清除了未能保护工人的指控。 Plessey管理层向工人发出了关于薪资纠纷的最后通牒。 基德明斯特地毯公司面临倒闭的危险。 特伦特河畔斯托克市的轻微地震。	一系列工业新闻。除了地毯公司的所有简要报道，还包括电影和一些"背景"／信息。
	卡特夫人回去见了在西米德兰兹野生动物园袭击她的狮子。	只询问她的感受／控制单元（c.u.）基于面部表情。
(06)	**新闻** 切尔滕纳姆的警察因勇敢而受到验尸官的赞扬。 西米德兰兹农展会在什鲁斯伯里举办。 6个劳斯莱斯考文垂公司的员工赢得20万英镑彩票大奖。	"罢工工人"被评论人士重新定义为"成功个人"。
13	对拉尔夫·纳德在消费者问题上的访谈。	对"魔鬼代言人"的访谈考察了纳德的公信力。

续前表

时间	新闻条目	解释
15	**天气预报**	使用儿童绘画。
	米德兰大学一项新发明的报告声称，它将使盲人学生能够绘制三维图。	这两条新闻都着重于"技术开发"的角色。 在控制单元（c.u.）中强调视觉机制。
	一组来自伍尔弗汉普顿的设计学生的报告，他们正在用垃圾材料建造一个"救生包"。	将前一项发明的显性价值与后一项发明的可能价值进行潜在对比。
25	**全国的《全国新闻》** 在诺福克湖区的《全国新闻》游艇上，《全国新闻》的成员们乘船出游	自反性新闻：《全国新闻》节目团队成员成为他们自己故事的"演员"。
28	对萨福克美军基地中美国军人及其家属的报道。	在"英国佬"的"入侵"报道中大量使用了"英国范儿"/"美国范儿"的刻板印象。
37	对帕特里克·米汉的采访，他因被判谋杀罪入狱，后来无罪释放。	聚焦于主体感受：控制单元（c.u）基于面部表情。
40	在比赛中穿什么/吃什么/喝什么！ 《全国新闻》的马：Realin。 关于英国马赛的财务问题的报告。 采访赛马主克莱门特·弗洛伊德。	为《全国新闻》节目受众带来"国王的运动"，这是一条具有高度综合性的新闻，包括演播室模型、户外影像、图表和演播室采访。

第1组

该组成员主要是白人男性实习工程师，非工会组织成员，有工人阶级背景，年龄20～26岁，在伯明翰理工学院进行非全日制学习，无政治倾向或倾向于保守党。

这个小组的节目文本解码结果显示了许多相互矛盾的倾向。一方面，他们有时会识别并能够表达出话语意义的一些表述性符码，这些符码将其解码结构导向一个主控性/主导性解读的方向：

> 像巴拉特这样的人必须有某种控制的影响力。他们好像总是处于发号施令的位置之中……他说完最后一个词……这就像是一个总结句。
>
> 他们是其貌不扬的专家……
>
> 他们比想要表达的自我更为深沉。
>
> 他们试图与观众保持一致。

他们意识到在节目采访中的控制性操作：

> 记者试图引导其走向……离开牢狱的幸福……但当他回过头说要把这种怨恨从自己内心中清除出去时，记者却并不想讨论这个内容。

> 我想他们是想表达他的感情……但他的观点却始终如一，是什么让记者大吃一惊？他不想让它……

他们讨论了本集节目的观点，但这些观点并非是"他们观点的真实表达"；

> 节目倾向于用40岁"普通男性的方式"来表达这个节目的基调……

他们对该节目的基本态度是冷嘲热讽和高度怀疑的：

> 我不明白他为什么坐在倾盆大雨中——他对节目抱怨说太冷——我的意思是，他完全可以像其他人一样舒舒服服地坐在他的扶手椅里。

> 我个人认为，记者是个白痴……他只是一直重复自己……愚蠢的问题。

但是，尽管他们表达了冷嘲热讽和"相当的距离感"，但他们分享了许多隐含在话语之下的文化向度和假设。

他们批评节目的表达方式——"我想记者真的有点白痴"，他们对节目的"中立性"立场持怀疑态度。"我想他们是'完全中立'的……我认为他们只不过在当时想竭力表现出自己是'完全中立的'"。他们意识到这个节目将一些既定的态度和指向植入给受众：

> 我并不认为记者非常喜欢他。

然而，他们共同的准则和假设仍然使他们接受了节目对事件和问题的许多解释。他们认为纳德的手法是有敌意的，但是：

> 他们不是为了钱……纳德的薪水非常高……《全国新闻》正在这样做，以为之服务……另外，他们希望能制定标准……我们必须接受一些变化，但纳德说，他的态度是，如果你不按照我的方式做，那么你就别做……他的力量强大到足以决定关闭公司……

从这个内容层面看，尽管他们对节目关于纳德的陈述持保留意见，但他们也都接受节目中对他的定义，即认为他是一个"特立独行"的人物，这又回到了金钱利益的问题上：

纳德是为了钱……这是一种勒索……他说，消费者需要保护，但消费者最终要为此付出代价……他经常走向各种极端，导致更多的钱被花掉，而这一切都由消费者来买单——难道这个社区真的需要他吗？

有趣的是，他们反对这样一种观点，即认为《全国新闻》这个节目承担起了"第四等级"的角色，它的立场是"保护"受众/消费者，而不是像纳德那样的自诩。他们将《全国新闻》节目的角色定义为"自然"和"隐蔽"的：

这并不是为了保护我们不受像纳德这样的人的攻击，人们就喜欢他那样的。

他们认为，节目关于学生的废弃材料设计项目这条消息的处理手法使这条新闻看起来无足轻重：

158

节目可以在这个问题上有一个完全不同的观点，他们本来可以通过其他技术处理手段使学生的工作看起来像一个重大科学突破。

从这个角度它看起来很有些滑稽，节目忽略了所有那些可能已经出现的重要性。

然而，尽管对节目技术处理手段持保留态度，但是作为非全日制学生，又基于他们在实践/职业培训课程中的身份角色，以及对"教育"本身的强烈怀疑，这些具有"艺术气息"的学生接受了《全国新闻》节目的视角：他们认同记者所提供的观点。

问：你认为他是在表达你的意见吗？

是啊，他们到底在干什么？

问：他在问你想问的那种问题吗？

是的，那些学生显然是依靠纳税人和地方纳税人的钱以实现某种教育目标。这是很明显的问题，他们为什么要这么做？为什么我们要把钱扔到垃圾堆里？

事实上，这一项目对他们来说是不可思议的：

一群学生……住在威尔士一堆旧垃圾堆里——真让人难以置信。

他们觉得在采访中，学生对这个项目的思考完全是失败的：

一堆垃圾……他无法回答……是的，他没回答……他没有给出答案……这不是答案。

就第 1 组的成员而言，学生的项目在任何意义上都是毫无用处或不切实际的，但这和那条"盲人学生"的新闻有明显区别，对于这一组来说，实用性是最重要的考虑因素。

照我说，这是他们把事情的轻重缓急搞错了——他们和那些学生相处的时间太长了……我的意思是这是"真的有用"，不是吗？

我的意思是事情应当就像是那群盲人做的一样——如果有这样的设备，他们可能会保住一份工作……一个是有用的，另一个则没用……

这一视角对他们来说是如此自然，因此在节目和他们之间被分享。根据他们的观点，这种视角基本上没有任何的特殊之处。

他们只是进行了显而易见的评论，难道不是吗？

他会先想到人们看完后会问的那些显而易见的问题，然后再亲自问他们。

在一段节目中，这个小组成员自身相当自信的常识性思维方式无法接受的一个环节是对米汉的采访，他们认为这种表达具有戏剧性，即"特写式"采访：

它往往会增强当时情境的真实感，因为你可以看到受访者的表情。

他们认为，这比传统的"严肃时事新闻"表现要好得多，因为"圆桌会议"讨论时的距离感有时会"变得不那么真实"。

通过这次气氛高度紧张的采访，有些端倪已经显现得非常强烈，但如何解释它们却并不明确。

他们给人的印象，他哦，我不知道如何解释它，你知道的，他显然非常生气，嗯……这是非常大的怨气……

问：这条新闻是关于什么的？

……体制的不公正［笑声］……一个人花掉了自己生命中的七年时间的事实……这不是他自己的错……而是被误判了……他说的那些事情发生在美国，也发生在这里。我的意思是，你并不知道，这些事到底是真是假……

这并没有引起强烈反响,因为他只说了一次(指英国情报机构),而且只是顺便说了一句,但确实有,不是吗?有些事情……

第 2 组

该组成员都是白人男性,冶金学徒,年龄 21~25 岁,有上层工人阶级背景,在英国中部的伯明翰理工学院为取得国家高等技术学校毕业证进行学习,无政治倾向或倾向保守党。

该组群体强烈声明他们对 ATV 的《今天》节目的偏爱要大于《全国新闻》:

ATV 的《今天》——哦,是的,非常好看。

这种偏好被解释为他们认为 ATV 节目采取了更为幽默的方式,同时也被认为少了些《全国新闻》/BBC 那种"温恭谨慎"的模式:

ATV《今天》节目的克里斯·塔兰特[主持人]——他属于那种"爱笑的类型"……有点赖赖的……肆无忌惮地大笑。他总是试图把人给拽下来,或者给他们一个无法回答的问题,让他们看起来,你知道,好像他们是错的。

这是对一种不同表达方式和不同类型新闻的偏好,也是工人阶级报纸杂志"星期日版"中那种"可怕的"或者"流行的"传统更直接的体现——令人感到奇怪和不可思议。它所表达的是承认这不是"新闻",而是可以看作"一种笑料":

他们在 ATV 上播送的新闻——一个血淋淋的女人像炮弹一样被冲过了河……每次她径直走到河里,那棒极了[大笑]……很奇怪不是吗?我不知道他们管这叫什么新闻……

但这种疑虑是无足轻重的:在《全国新闻》范围内,小组成员们选择的新闻内容是最接近这种模式的——就像卡特夫人和狮子那些新闻一样。

它具有更多的地方性价值。她并不是很重要,但有了她会更好,不是吗?你知道,所有人都会去看节目,但米德兰地区的人们不关心苏格兰的问题,他们只关心米德兰地区,不是吗?像布朗夫人的猫等诸如此类的事情很吸引人，不是吗？她住的那条街上的每个人都会坐下来看这个节目……

在这里，在社会结构中的"位置感"（参见在《今日伦敦》节目板块中的伦敦工人阶级团体）是关键的线索，在这一点上认同的发生是可能的，这就是汤姆·科恩的角色：

就好像他是我们的一部分……来自伯明翰。

关于盲人学生发明项目那条新闻的意义：

因为这是一个米德兰地区的发明——它显示了这个地区为盲人做了一些事情。

米汉那条新闻则不能利用这些术语来进行充分解读——因为所有这些都是非常消极的解读：

他非常生气……很痛苦，他想要报复……
从表面上看，他只是想报仇……

社会结构中"位置"被粗暴简化为一种司空见惯的东西：

毕竟，每个人都会对社会系统有些心存不满……

鉴于对这些新闻缺乏自身的理解，因此他们必然依赖于主持人的解读框架：

我不知道他［米汉］是什么……嗯，巴拉特是名人，所以他说什么，你知道……

如果不太留意，那么主持人的角色往往被认为是最具代表性的身份认同：

你知道，因为他是一个名人。你可以看到的大多数主持人一定都具有权威性。因为，他们有点像是控制者。你一开始就不信任他们采访的对象，不是吗？我的意思是，你不了解他们，你很怀疑，你知道，他们是为了自己，而主持人则不是，他只是主持节目……

然而，在某些情况下，主持人/采访记者被认为是"越界"——体现在这个小组如何解读对纳德的采访：

在纳德的采访中，他［采访记者］表达出了站在纳德对立面的人的观点。他没有提出纳税人和消费者群体会向纳德提出的问题……你知道，他是站在资本家一边的……他或多或少问过纳德："你认为自己是专家吗？"并且不断追问这一点……你知道的，他几乎把纳德称作"煽动者"……纳德只是捍卫自己的立场……

……他［采访记者］特别提到，纳德的出场费是 2 000 美元，这似乎一开始就给人一种错误的印象，纳德是一位消费者权益保护人——在新闻开始前你就不信任他了！

但是，对金钱的强调可以在另一个维度进行解读。就像第 1 组一样，他们对整个节目表现出的恰恰是一种在金钱方面愤世嫉俗的态度：

看来人们，我不知道，他们……很多人仿佛是为了钱，更重要的是……嗯……即使像这些家伙为盲人设计了"T形广场"，你知道的，他们其实申请了专利，所以，你知道的……

因此，节目中对学生的"垃圾"回收项目的价值提供了一个类似于冷酷的、愤世嫉俗的解读态度，而这个小组的成员都支持这种态度。他们的观点不同于那些全日制学生团体，他们认为这个学生项目的表现是"相当开放的"，并认为"缺乏让人对它产生感觉"是因为项目的质量，而不是对它的表达。

他［导师］看上去有点像疯子，不是吗？……我在猜想，到底是什么？我们付了钱，我们刚付了钱，你知道的！

这是一个合理的问题，你知道，你知道，这是浪费时间和金钱！

同样的，这个小组也毫不犹豫地推定了这张照片——投票优胜者组（六名男子穿着工作服在工作的工厂里举起拳头）——显示的意义，理所当然是：

关于一个罢工——它的后面有个"罗孚"汽车的标志！这通常是他们正在做的，不是吗？［笑声］……当你听到英国利兰汽车公司①时，你首先想到的是："谁参与了这次罢工？"

简单地说，这些都是常识问题。

与"商店店主"（第 23 组）相比，他们认为自己是一个"社会定位"式的

---

① 英国著名的汽车公司，曾经多次发生过该公司工会成员通过游行示威争取个人利益的激进运动。——译者注

"解码者"群体，非常具有凝聚力，他们让争论回归到个人层面：没有一般的观点，只有随机的、无序的个体集合，因为：

> 他们说，他们问你想知道的问题，但每个人都有不同的问题想问。他们试着去问那些对每个人来说都很普遍的事情。当他们说道："有些人想知道……"很可能，你知道，呃，那个家伙，他在晚餐时喝过酒之类的东西，这是所有个人，不是吗……他想，好吧，我想知道的弗雷德想知道……

尽管在性别方面存在差异，他们仍然意识到节目正在进行一种视角和解码分类：

> 那是一个盲人……你知道，它得到了……〔被编辑过的演说——引者注〕，你知道……女人进去了，你知道……好，哦，不是，你知道——"盲人可以做类似这样的事情"……尤其当你看见他们走出来的地方，我认为这是人们真正想要得到的，你知道，手挽手……眼泪滴下来……你知道，我真的以为他们是针对这种情况的……

第 3 组

该组全部为白人男性，都是正在接受培训的电讯工程师，有上层工人阶级背景，属于邮政工程工会成员，在英国中部的伯明翰理工学院进行非全日制学习；无政治倾向，这使得他们具有对政党政治排斥的特征。

这一组和第 2 组很相似，相比《全国新闻》节目，他们表达出对于 ATV 的偏爱，主要是认为后者呈现出"一种更多的、非正式的特点"，"这不是如此……的正式"。〔米汉的那条新闻〕对米汉的采访似乎太正式了。重要的是，在 ATV《今天》节目里，采访记者看起来更年轻，这一点是他们试图同《全国新闻》相区别的地方，并且他们积极地放大这个区别：

> 这档节目，他们都是中年人……有十年的年龄差距……他们就像 20 世纪 50 年代那个时代的人……但与我们的年龄……你知道……十年之内时代已经发生了快速变化，我们和他们思考的东西完全不同……

ATV 电视台《今天》节目的这种"非正式性"与他们所具有的一种更大的现实感相关联，即"看到"事物实际上是如何自然地成为"自我"的，这与他们所认为的《全国新闻》那种被"过度设计"和"精心编排"的叙述风格截然不同。

> ……美国人：在 ATV《今天》节目中，他们总有一个采访者出现在校园里——你会看到……你看到没有人在这里……他们没有问萨福克的人在思考什么问题。

他们解释了自身所认为的可接受的/现实的表现模式，正如 ATV《今天》所展示的：

> 在《今天》中有个节目……有一间学校……采访记者到处走动，他同采访对象进行交谈，就好像他们正在工作，所以你把自己和采访记者关联在一起，就好像你正在和采访对象谈话一样。
>
> 你实际上看到的是工作中的人而不是家里的人。
>
> 但在这里（盲人的那条新闻）本来是可以计划的。
>
> 你所看到的……他们就座的方式……可能是要完成一个脚本；这就是在《今天》节目中呈现的那样，你知道的，挺随意的，一切就好像正如它们自身发生的那样。

第 13 组和第 14 组成员认为对米汉的采访是节目中最好的和最有趣的新闻，但这个小组成员的观点与之相反：

> 这真的很无聊……他入狱七年。

他们对"好电视"的概念有不同理解。他们的判断为以下观念所影响：这是《全国新闻》节目里最接近"严肃性"的时事新闻。

对于这个小组来说，米汉的采访本身并没有什么意义；他们感到相当困惑：

> 我甚至不知道他是无辜的……你知道……这可能只是他说他是……

而他们的困惑使其依赖于该条新闻的报道框架，这是唯一能让他们理解的方法：

> 当他［巴拉特］解释说，最后，你知道……我是说……我可以看到完整的细节，很明显，所发生的……在那之前……我并没有感觉到什么，因为……我不清楚足够的细节来判断他是正确的还是错误的。

事实上，在这条新闻的"空间"中，即巴拉特提供的这种"类别"作为一种解释被重构了：

> 这就像是"搞错了身份"，不是吗？

在乔治·戴维斯事件之后，"搞错了身份"只是最近才出现的一个类别，它是在大众常识的话语中建立起来的。正如这个小组成员所说的，当谈到主持人的时候：

> 你认为他们所说的是事实，因为他们通常……他们通常说新闻——正如在最后的新闻综述时……其他的你就……他们给你所有的个人观点。

尽管这种力量在其运作中并非铁板一块。在纳德的采访中，他们会觉得能够采访他的人拥有更大的权力，因为你从来没见过他……（顺便说一下，其他小组在"隐形"和"力量"之间画上了等号），他们仍然拒绝接受对纳德的消极性解读，正如他们所说的：

> 这是正派人的焦虑，但这是件好事，实际上这需要很多的改变［用纳德自己的话］，他在做一件好事。

当涉及学生垃圾项目和盲人学生发明的新闻时，他们清楚地发现并赞同主持人做出的相反评价——同样，在其各自的实用性和使用价值的范围内。"垃圾项目的学生"：

> 他们是守财奴……他们并没有真正地解释他们这样做的原因，你为什么要在垃圾中生存？你为什么想做刀叉衣架……尤其当你可以从大学食堂获得这些东西的时候！

该项目缺乏吸引力的基本理由被认为是项目本身的质量，而不是在节目中的表现方式。最关键的是，在这个小组的观点中，这个项目是根本不值一提的，因为"他们似乎并不适合干任何事。"

与此形成鲜明对比的是，盲人学生的发明项目被认为是完全理性和明智的——这再次被视为一个项目的质量，而不是它在节目中的表现方式：

> 他们告诉你……他们解释这是在做什么。我认为你可以从采访中获得

183　第二部分　《全国新闻：受众研究》

更多的东西……

……关于盲人的那条新闻是最有趣的……

是的，盲人那条新闻。

另一个［学生的项目］完全是在浪费时间。对于盲人来说，他们或多或少都能从中获得生命的感受，不是吗？然而，学生们却有选择的余地——他们可以出去找一份工作，而不是围着垃圾到处闲逛。（参见第1组：他们可能会保住一份工作……）

但是，在接受和支持对这两个项目相对价值的主控性解读时，他们一直进行更广泛的关于项目实施资格和条件的陈述和讨论，就好像这个项目和他们自身生活有着非常紧密的关联，从总体上看：

不过，这两个项目跟我们都没有关系，你知道，难道不是吗？你可以说它们都有点儿说不清楚的有趣，但就是这样，一旦结束，结束了，你知道……你可以想想之后，这……你知道我的意思是你说"很好"就行了。

这也许是哈瑞斯（Harris，1970）提到的一个例子，他提到了工人阶级与政治和教育话语主导形式异化的理性基础。也就是说，到目前为止，这些小组觉得他们对媒介所提供的信息无能为力，他们对这一信息的看法几乎是毫无价值的。

第4组

该组成员为白人男性，实习电子工程师，有上层工人阶级背景，在英国中部的伯明翰理工学院为获得国家高等技术学校毕业证进行非全日制学习，基本无政治倾向。

这个小组能够迅速"解构"《全国新闻》节目的自我表达方式。他们认为主持人是：

记者往往以一种邻居式的身份把自己的观点解释和表达出来。

这是为了给人留下这样的印象：汤姆·科恩是你的本地老乡，并能够从你所处的位置来代表你。

你觉得他是吗？

我想他是处在我自己的层面上。

在最后，我认为我自己很容易忘记他受雇于英国广播公司（BBC）的事实。

尽管他们对《全国新闻》节目自我表达方式的接受程度模棱两可，但他们认为这对他们的父母来说是一个不同的问题：

……他对我父亲的影响，我的意思是我爸爸称他为"汤姆"："汤姆在电视上。"当汤姆对学生说话时，我爸爸认为他们都是慵懒的，留着长发，油腻的等等……无论汤姆说什么，我们的爸爸都说："他是对的，你知道吧，汤姆是对的。"

我的意思是我会永远告诉自己，当我看到他们……等等，他们只是为了钱……所以我有点愤世嫉俗……但是我知道……我妈妈总是笑他［汤姆·科恩］无论怎样节食都没有取得什么效果，你知道的。

这个小组完全熟悉该节目的话语和角色结构：

鲍勃·威灵斯看起来似乎是一个在《全国新闻》中不受信任的人，是一个令人感到滑稽的人，而且是一个经常扮演傻瓜的人……

这使得汤姆·科恩看起来非常具有个性化特征，就像你所知道的，他一直按照这种方式进行行动。

此外，他们还解构了《全国新闻》的主要表现模式。

你不会只是关注那些在屏幕上出现的"爆炸性"的东西，你总是事先有所准备，你知道……期待被设置，你在等待事情发生……

就他们所关心的而言，他们对该节目的总体方向仍然保持距离和玩世不恭：

你知道，他们花了半天的时间在船上拍摄，绝对没有任何意义。但他们想告诉我们，他们肯定在，呃，东部，要么它可能与"东部"处于一个演播室……但是你知道，诺福克湖区与他们想传达的相关联，这就带来了……

……他们想表明他们会在任何事情上不断投入关注。另外，他们还想表明他们在所有事情上都进行了大量的经济成本投入。

愤世嫉俗似乎变得带有一定敌意：巴拉特，他看起来并非那么足智多谋的，他经常发出一些让人恶心的笑，"故作聪明"那种，不是吗？哪怕他们认识到，作为一名主持人，他在节目的结构中确实拥有相当大的权力。

米汉的那条新闻使他们感到困惑："他说他是无辜的……你不知道为什么……""……这仅仅是'孤独的六年'……""你得不到答案"。在这种混乱中，他们依赖巴拉特的框架陈述来澄清，他们对此相当不满：

> 是的……这导致了差异化……也正是巴拉特忽悠你的方式，他说这是我们在《全国新闻》中展示的英国审判体系……出现错误的另一个例子……

他们在节目设定的主控性解读框架中对纳德那条新闻进行了细致理解，并凸显这种解读的沙文主义性质。纳德被视为一个典型的"大块头美国人"：

> 他往往和大多数美国人一样，他们能言善辩，他们倾向于把持麦克风……他传达了他想表达的东西……很显然他被问到了正确的问题……

他们甚至把这些问题（绝大多数小组认为这显然是对纳德的敌对态度）解释为对他有利的正面偏见（参见第3组）：

> 他希望面对这个问题的对立面，这样他可能会说，"不，我不是"……我认为这个问题是专门给他量身定做的……

在关于学生垃圾项目的那条新闻中，他们很清楚节目表达的效果：

> ［主持人］把学生设置成……一个单独的类别……他和那些体面人一样，刚下班回家，坐在家里，然后……"看看电视上小无赖"，很明显他［主持人］在说什么，"他是一个小无赖"……

然而，尽管承认了这一点，这里仍然还有一个重要条件：

> 但这就是你所支付的……如果这就是利率已经……

这个项目被认为缺乏任何意义：

> 我不认为这些学生回答了他们为什么要这么做……他们只是做事情……我仍然不知道他们为什么要这么做……

这种情况被视为与一个项目的质量有关，而并非节目对于项目的表达方式，尽管在这个小组中有一个未被发展出的、试图单独尝试去"解读"这条新闻的方式：

> ……也许是想看看他们是否能发挥自己的想象力，并在课堂之外将其付诸实践……

"美国人"的那条新闻，就像纳德一样，是通过一种激进沙文主义式的解读方式来理解的，这种解读方式被分解为一种完全排外的"他们/我们"的模式：

> 他们难以改变……他们都令人毛骨悚然……他们似乎非常虚假……非常"随和"……令人恶心……完全令人恶心……大约有三次，他们说……他们是多么"愉快"……他们是多么和善的人。

他们对主持人的立场很有信心：

> 采访记者说美国人有多"好"，但实际上，他的意思是，嗯，你知道，他们不是那么好……采访记者瞧不起美国人，即使表面上试图仰视他们，你懂的……

这种解释的前提是在小组成员和采访记者之间建立一种"我们"的感觉，这种感觉是由我们所知道的东西构建的，同"我们"之外的那些人完全不同：

> 问：你认为他[主持人]认为女王和警察都很棒吗？
> 答：不，他在挖苦讽刺他们，难道不是吗？
> 问：你怎么知道的？
> 答：只是因为我们谁都不这么想，对吗？
> ……我们是一个愤世嫉俗的种族，你懂的……
> ……你和他完全趣味相投……
> 英国人认为对女王……应该是毕恭毕敬的……有些事就像你知道的那样，他试图创造出一种幻觉，但我们知道自己的真实想法……

然而，虽然这种身份认同在国家文化认同层面上得到了有效证明，但在一定程度上，这种认同却因小组成员在阶级层面与节目所呈现的形象相互脱节而被削弱。

> 我认为在《全国新闻》节目中的大多数人……呈现在节目中的人，对我来说他们似乎都很势利眼……我不是说上层阶级，但以这样的方式……

那些去像纽马克特①这种地方的人……他们处于阶级顶层，但装出一副处于阶级底层的样子，并试图表现出他们认为的阶层底层人群应有的形象……

因此，这里存在一个在表达层面的明显区别。这个小组赞同对于特定节目的主控性解读，如关于纳德、学生、美国人的新闻——但在表达层面上，他们拒绝接受他们在节目中看到的受众形象（以及适合受众的表达语气）。从阶级角度来看，这根本不适合他们：

你不会认为有人真的在工厂工作。在晚上的那个时候：对他们来说，下午5点正是下午茶的时间，每个人都在家。一种真正的中产阶级态度……他们就这样生活。

……这是一个中产阶级的态度，他们报道的是中产阶级在做什么。

观众……你可以想象都是上班族……通勤者。

但是，这个小组的成员确实在持续讨论他们与阶级和中产阶级价值观的关系，并通过某种方式显示出这个小组观点中的矛盾性和不稳定性。

但是，难道大多数工人阶级不都渴望成为中产阶级吗？

他们不就是针对这个目标吗？

我从来不去看比赛，我想这里也没什么人去。

但是你想……

他们表现得好像你可以……他们以你想要的方式表达出来……

只要你想，你就能做到……

但你内心深处知道，即使你想很好地去做，你也永远无法真正做到。

最后，这个小组对他们的回答做出了重要限定。当然，如果没有这个特别的强调，这些回答对所有小组可能都适用：

不过还有一件事……回到关于太过挑剔的那一点……我的意思是，我很挑剔……我被要求看电视并回答问题……但在家里，一般来说……当《全国新闻》节目在播的时候……一直在播，我就在那儿看，喝着茶，就像……

---

① 英国赛马会举办地。——译者注

第 5 组

该组成员都是白人男性，实习电子通信工程师，有上层工人阶级背景，大都是非工会成员，年龄在 17～18 岁①，在英国中部的马修·博尔顿技术学院进行非全日制学习，基本无政治倾向，同时对政党政治表现为拒绝态度。

这个小组成员开始与节目保持距离：

> 这都是一些非常琐碎的新闻，没什么特别重要的……节目中大部分就像华夫饼干式的无聊闲扯。

他们后来提到了"乘船旅行"那条新闻：

> 任何人都明白他们在胡闹……应该是晕船的人：你不会认为是真实的。

就他们而言，《全国新闻》节目并不是为了他们，而是为了：

> 全家人围坐在那里，没人有什么特殊的……就是全家人聚在一起……

他们抵制主持人话语具有结构化力量的观点，并且弱化了那些能够提供"幽默感"的角色：

> 他们有更多的个性，但得给其中添加点幽默感……汤姆·科恩在那里显得毫无诚意、言不由衷……

而事实上，他们一字不差地保留了巴拉特在米汉访谈中的陈述框架：

> 他还谈到了"另一个错误判决的案例"。

但是，框架的效果被削弱或者否定：

> 在早些时候的一个节目中，他们就陷入了关于错误判决的主题之中……之后他说的什么就相互联系在一起……

毕竟，对框架陈述的效果提出质疑，就是在电视讨论的正常话语之外提出问题，而这些回答迅速地封闭了意义空间，（重新）将问题/话题视为技术问题。

> 他只是在总结，将其整理了一下。

---

① 前文提到第 5 组成员年龄在 17～19 岁，与此处略有出入，原书如此。——译者注

这个问题纯粹是承认，作为文本的"链接"问题，如果处理得当就可以产生一个良好的/一致性的节目：

> 我认为他们只是和其他人一样在工作。他们有一份工作要做，所以他们就做了。我想这只是偶尔发生的，当他们对某事有强烈的感觉时，他们可能只是稍微改变一下，试图影响人们。通常我认为他们只是有一份工作要做，于是他们就做了……

在我看来，这似乎是由节目制作人自己的技术/专业意识形态决定的，他们抛开了所有其他因素，并以秉承"好电视/有效传播/兴趣"的概念进行工作。这些概念似乎在很大程度上为受访者所接受，而且都是试图拒绝和回避其他问题的理由。另外，更进一步说，为节目里的批判性评论设定范围，这样的批评表达方式就会显得很无聊（不是很熟练/愚蠢/愚蠢的问题/业余）。

> 其他的节目制作得更好。《全国新闻》完全像个外行节目，很不专业……就像那条关于盲人的新闻，本来可以在"明日世界"板块中做得更好，尽管他们已经做了些工作。（参见第1组和第4组：采访记者缺乏技巧……）

和第4组一样，纳德被认为对采访进行了合理控制：

> 他们让他想说什么就说什么……尽管他［主持人］不同意他的观点……我的意思是，他回答得很长，这通常意味着他占了上风……

然而，下列情形却与之相反：

> 关于学生们的那条新闻，汤姆·科恩在主持节目，他提出问题，学生们给出简短的答案。他通过和学生接触来获得所有自己想了解的，而这个叫"纳德"的家伙则想说多长时间就说多长时间。

造成这种情况的原因看起来很简单，似乎是因为纳德的个人技巧：

> 纳德这家伙之前已经多次经历了这种状况……如果他们有一个更好的采访记者……他可能不会这么走运……就像《罗宾日》这个节目有一天可能会击败他……

这是他们所希望的结果，因为他们基本上接受了《全国新闻》对纳德的负面描述。

随着学生们的垃圾项目新闻的出现,节目从常识层面对这个项目进行了批评,这得到了小组成员的认可:

> 你可以看到,坐在家里的人会说:"这有什么好处?"每个人都要为此付钱,那些孩子试图进行学习,他们想从中进行学习……嗯,但是你看不到这有太大意义……

即使如此,他们还是意识到学生的这条新闻是被节目构建出来的:

> 在节目中你可不能当真……似乎总是在浪费时间!……汤姆·科恩把这作为一种笑话,试图把它作为一个笑话来展示,完全是在浪费时间,去威尔士做塑料帐篷……他[汤姆·科恩]对这些进行了嘲笑……

他们可以看到学生们已经被准备成一个笑话了,而且他们完全同意汤姆·科恩关于学生们的观点。

当小组成员谈到美国人那条新闻中对家庭的描述时,节目的观点被他们认为非常恰当,这显得有些奇怪。当被问及为什么皮弗雷格斯夫人在厨房里接受采访时,他们首先回答说:

> 这就是家庭主妇的形象。

但他们继续颠覆了节目中对她的构建:对他们来说,她在"家庭语境"中的存在是如此自然,以至于认为这个节目只是展示了她是谁,而不是关注她处于什么环境之中。他们争辩说,她出现在厨房里,因为她"一直在谈论洗碗机"之类的事情。因此,节目在表达这种文化"定位"方面的具体作用被视为一种对自然事实的反映。

同样,和其他学徒小组一样,他们根据实用性来区分"垃圾项目"新闻和"盲人学生"的新闻:他们发现,由于新闻发生时所处的地理位置,盲人新闻具有特殊的吸引力:

> 我认为这可能主要是因为是在伯明翰发生的……它的特殊性就来自伯明翰。

但是,最为重要的是:

> 因为学生们都是盲人……这是一个糟糕的情况……而在第二个地方,他们用塑料袋搞得乱七八糟……只是浪费时间,没有什么益处……

191　第二部分　《全国新闻：受众研究》

"美国人"那条新闻则确定无误地处于沙文主义视角下被解读：

> 好可怕啊［笑声］。他们用一种可笑的语言说话。非常有钱……
>
> 只要他们去国外，比如日本……他们就会把棒球和可口可乐带到那里，他们就好像要入侵一样……
>
> ……你正在安全地送走美国人……

隐含的沙文主义显然具有常识性特征。

第 6 组

该组成员主要为白人男性，实习实验技师，都在英国中部的马修·博尔顿技术学院进行非全日制学习，工人阶级背景，主要是科学、技术和管理人员协会成员，无政治倾向或倾向于英国工党。

该组成员对于《全国新闻》节目毫无热情：

> 他们的讲述最明显的特征就是……没有任何醒目的点……如果有一个盲人采访者和一个盲人摄影师的话会有意思得多。
>
> 我告诉你那完全是在浪费时间——巴拉特在船上纯粹是瞎胡闹。

与他们所认为的中产阶级不同，就节目中幽默、随意的方式而言，他们认为《全国新闻》作为 BBC 时事新闻节目应当具有严肃性。对于这个问题的回答显然是由这个视角背后的教育背景决定的，但是，《全国新闻》的特点是一个"一般性"的研究项目：

与之相反，ATV 的《今天》节目则被视为：

> 不像那个节目那么虚伪。你可以开心大笑。
>
> 他们的体育比赛内容更好……
>
> 我认为他们更为人性化……［＝更像我吗？］
>
> ……这是一个更为现实的节目……
>
> ……他们加入一些奇怪的东西，使它变得有趣和幽默，而不是严肃和无聊。

ATV《今天》节目因为更加"本土化"而受到赞扬，因为它涵盖了"荒谬但有趣的"东西：

像西葫芦种植的世界纪录被打破……这些事情让人看起来很轻松……这是一些能够对人们产生影响的事情；至少他们会告诉你他[西葫芦种植者]的家庭背景，他多大年纪，类似这样的事情，他的爸爸在他之前所做的，他爸爸……过去是怎么做的……当他种植西葫芦的时候会怎么做。

他们有时会批评《全国新闻》的不足之处，而这种观点似乎接近于严肃时事新闻的标准：

> 学生们只被问到了一些没有实际相关性的问题。另外，这家伙……[米汉]没有真正的相关性……他们没有问到一个调查应该问到的问题类型……你知道那些陷害你的家伙是谁？为什么你认为是他做的……

在这里，对《全国新闻》的批评主要是以认为其太过"保守"和"不具挑战性"的角度来表达的：

> 这些采访记者，他们想保住工作……这是一个傍晚的新闻节目，他们不想得罪太多人……他们处理事情的方式可能过于老练了，尤其是汤姆·科恩。

这并不意味着他们会赞同"严肃的/时事新闻"的做法。当被要求想象一下《全景》节目会如何播映关于米汉那条新闻时，他们说：

> 他们会告诉我们他坐牢的原因，而你可能会关掉电视机。

米汉的采访被认为"严肃"的新闻内容是这样的：

> 这是节目中最无聊的事情。

这个小组似乎对这条新闻的强度和模糊性的结合感到困惑和沮丧，产生了一种非常矛盾的解读。视觉效果（持续面部特写）的重要性被完全否认：

> ……没关系，如果你看到他的脸，他们完全在浪费采访对象的时间，拍摄他，跟他说话。而其实电话交谈也同样有效。

在《全国新闻》节目中以这种方式呈现米汉的观点（即作为"受苦的主体"）被明确否认：

> 我看不出任何东西，你无法从采访记者的采访中得到什么，仅仅五分钟谈话总结不出什么东西的……

但在节目表达的精确性效果层面，特别是视觉性和主体性维度上，体现出了明显的效果：

>……但他坐在沙发上，衬衫也没遮住他的肚脐，一直在抽烟，另外可能还有一罐啤酒拿在另一只手上……

事实上，他们对米汉的印象很大程度上是建立在视觉基础之上的，但把这种效果归结于视觉刻板印象（粗鲁的罪犯？）无视了以下事实——受访者自身明确的"信息"对于视觉效果是完全多余的。这条新闻产生的压抑感——因为这个案件的政治背景被编辑得非常粗糙——导致这个小组成员会问道：

>为什么？他们说为什么了吗？
>
>他为什么入狱？
>
>我知道他声称自己是无辜的——为什么他是无辜的？

这里出现的迷惑性感觉与"盲人"那条新闻的阅读形成了鲜明对比，因为没有类似背景/连贯性的压抑感，该小组能够清晰地阐明新闻的结构：

>记者解释了如何使用它，以及这个家伙是谁，怎么发明了它，并且解释了为什么他发明了它，以及孩子们……他们如何使用它。

该小组成员很清楚主持人的角色：

>这就是巴拉特，他把节目内容整合在一起，到处都是很机智的评论……把不同的东西都混在里面……[例如是风格，而不是特殊的内容]……每个人都认识他，新闻每天都在发生变化，你很高兴看到的其实并不……的东西。
>
>……所以你……走进房间，你会想"这是什么？"——这可有点儿，有人掉进了运河里，然后你看到汤姆·科恩，于是你说："哦，《全国新闻》！"

此外，他们意识到主持人的"框架"和问题的结构性角色——在学生项目的报道中：

>他们正在试图构建问题……他们只是想让你相信评论员、编剧是怎么想的。他们不想让你有关于这条新闻的自己的想法。
>
>他们试图把你定位于一个既有的方向……

实际上，就像他们看到的：

他们开学生们的玩笑——因为那确实很好笑。汤姆·科恩问他的工作服是用什么做的，其实他早已经知道了。

这并不意味着对该节目的立场持批评态度，而是一种宽容的仁慈态度：

是的，他就像汤姆，有点胖。

在节目里，科恩和其他主持人都被"救赎"了，因为这个小组分享了他们对学生项目的评估，这意味着他们赞同主控性解读，尽管他们看到了它是如何被构建机制构建的：

这是一个笑话……他们无法生存——因为他们吃自己的东西……他们只是为晚上做了几个庇护所。

他们确实设法用旧的斧头来做一把新斧头！我想，这只是一个登上电视的机会吧！……我的意思是，他们［《全国新闻》］只是说——这是一群孩子——看看他们做了什么！

与"纳德"那条新闻相似的是，尽管他们非常清楚这个节目"让他成为一个坏家伙"，尽管他们意识到了这个结构，但是他们仍旧赞同这种主控性解读方式，因为按照他们的话来说，纳德是这样的人：

让自己看起来更强大更优秀……他太顺利了……他赚起钱来也是。我的意思是讲到他们付给他2 000英镑——我也想为了2 000英镑那样做……

他们接受了《全国新闻》节目对这种情况的定义，他们拥有相同的文化世界，而在节目中通常意义上"显而易见"的东西，对他们来说也是显而易见的。与信息中嵌入的主导性结构一致，他们的解码行为建立在自身与节目在意识形态观念之间的互补性上。

在《全国新闻》节目中，"美国人"那条新闻主要在一种沙文主义框架内被解读。像其他的学徒小组一样，沙文主义似乎被或者作为一种基于阶级对美国富裕阶层表达不满的形式和替代性表达在《全国新闻》节目内部被强化了：

他们有更高的生活标准……所以她的丈夫不喜欢这样……而她的手鞍裂了——例如，在这个国家我们是那么"落后"……

在这一点上，对抗性解读的一个次要线索出现了，其从与"美国人"这条新闻的沙文主义相反立场出发，同时以阶级的角度来表达这种不同意见：

> 他们认为我们都是落后的，因为我们还没有人均拥有三辆车、两台洗碗机和你所拥有的，但他们的国家其实更加落后〔反对：重新定义〕，因为他们已经有了一个更高比例的失业率和由此导致的所有其他不利因素……

这种意见还隐含着对新闻中"美国人"的批评：

> 他们没有告诉你为什么美国人在这里……你只是看到他们的社会生活，但看不到他们装载战斗轰炸机……

> ……他们试图表达他们想要的生活方式，可这些其实只是当地人的生活方式……

但这并不是这个小组占主导性的观点，这种观点又一次（如第4组、第12组等）围绕着一种"认同"而建立起来，这种认同有两个层面，一个是基于节目中所表达出的"我们"，另一个是反对美国的"他们"的"我们"，而这两个"我们"具有相当的一致性。

> 问：你认为在《全国新闻》节目中的人对"美国人"有什么看法？
> 答：可能像我们一样讨厌他们……

这一观点采纳并赞同了该节目中对于美国人是"简单种族"的讽刺表述：

> 他们说美国人幼稚……把警察想得那么好，还有王室……我们知道我们的警察并不是那么好。（参见第12组：我们知道另一边。）

该组成员具有《全国新闻》节目的"常识"。当被要求描述和定义他们的"当今英格兰"的照片时，他们的表达与节目内容非常吻合。他们说：

> 通货膨胀……他们会遥遥领先——工资飞涨——我认为这是每个人都赞同的事情，因为我们每个人都知道我们处在一个不好的状态。

尽管这一观点并没有受到挑战：

178

> 是的。但事实并非如此——并非所有人都如此。没有……迟早会有一天这些会得到清算。

> 不……没有……虽然有几个在美国的机会……

不。会有一个清算，有些人会感到遭受冲击，而不是其他人。

整个讨论的结束伴随着一个无聊的合唱：

叮嗒叮……叮嗒叮……叮嗒叮……

这就是该组成员对这一正在出现的政治激进主义的最后评论。

第 7 组

该组成员为白人学生，有中产阶级背景，在英国中部的伯明翰大学学习戏剧，年龄 19~25 岁。像第 14 组和第 15 组一样，这个小组成员把《全国新闻》视为一档为"他者"制作的节目：

节目显然是针对一部分特定的人群……它有一种"简单"的形式……就是它的"多样性"，不是吗？

他们认为：

节目试图给你传递一个清晰的主持人形象——"迈克尔·巴拉特是一个非常不错的家伙"……

这就是这个节目处理的方式……他们进入节目场景后侃侃而谈……许多你所看到的东西都具有共同之处，同样性格的人物，按照同样方式行动……

节目想要表达出一种我们都在一起的印象：作为一个国家，我们是一个巨大的、幸福的家庭，我们一起做这些事情……他们通过非常私人的方法……他们都互相聊天……

但是，他们觉得，《全国新闻》往往是这样的：

每一个人都在忙忙碌碌地做着什么……有一些事情发生在典型的中产阶级下层或工人阶级上层……但事实上，你如果仔细观察这些事情，则仍然对这些个体的人无法全面了解，同时对这些人实际上在做什么也一无所知。

根据教育/信息评估标准，《全国新闻》这档节目显然未能实现他们认为的这种电视节目应该实现的重要目标。

事实上，该小组对《全国新闻》节目选定的内容非常不满——例如，这个节目宣称关注的是"全国的"新闻：

> 节目内容真的很狭窄。即使这是个去东盎格利亚的借口……没有处理东盎格利亚文化……我没听到东盎格利亚人的口音……你可能看到了美国文化，以及所谓的东盎格利亚。他们走出去说"我们在东盎格利亚"：那又怎么样？……这家伙可能在任何地方。

《全国新闻》节目所宣传的它能够代表区域多样性的特点被质疑了，另外它被认为是仅仅代表了一种单一的阶级视角：

> 节目中内容庞杂……都是从一种源自中产阶级的观点出发，所有主持人使用的语言……使用的语言有方言，但很少有口音……大多数人是中产阶级口音……[他们]以中产阶级的角度来看，它基本上是对中产阶级的人播报的，该如何适应，就像他们对警察的看法……

再一次，就像教师培训学院小组一样，坚持与节目时事新闻标准保持一致的做法使他们这么看对米汉的采访：

> 这是节目中最好的部分，是一个非常有意思的主题。

从"主题"角度看，"米汉"这条新闻最接近于"合理的"时事新闻。但是，在此基础上，这个小组对《全国新闻》节目的事件叙述模式非常不满：

> 他们不停地把他挡来挡去……他显然很乐于谈论它，而且所有人都想知道怎么回事……他们强调痛苦和愤怒……因为与"深度"相比，这些更耸人听闻，也更易于接受……是的，这就是"那个人，他的外表"……我看到它……这就是那个人的感觉……"一个男人经历七年单独监禁后的样子"……如果你看到他的脸，就好像他在和你单独谈话……
>
> ……他们问他感觉如何……但是他们没有问他是怎么被定罪的——这在理论上毫无意义。

对他们来说，"理论"地位显然是至关重要的。然而，他们也会利用"参照"的方式来调整他们对该新闻的反应，即想象这条新闻在其他广大受众面前会是什么样子：

> 在一天中的那个时间段，我所做的，这种采访，这种语气，可能是人们或者说一般公众所喜欢的那种电视节目。同你或我对于这种深度的不满

意相比，这更为重要！……

我们不喜欢它并不意味着其他地方的人也不喜欢它，我的意思是他们喜欢它。他们不是这样吗？

"纳德"那条新闻被以直接对抗的方式解码，他们认为在节目中：

把他作为一个诡辩家开始……他因为2 000英镑而羁绊在这里……他们事实上说："纳德做这些事是为了2 000英镑。"所以，在你看到他之前，你对他的印象就已变得负面。

但这样的尝试还是停止了：

实际上他表现得很好。他很好地回答了他，把它（问题）转了一圈。他小心翼翼地回答了这个问题。

在"垃圾"和"盲人"的新闻中，他们认为节目暗含了一种含蓄的、对比鲜明的评价：

有个人说"这是一个很好的项目，可以让盲人男孩的生活变得更好"，另一个人说"你'可以'这样做"……但这个项目到底是否真的好却值得怀疑。"他们依靠国家生活/我们付给他们补助金来做这件事"才是这条新闻想要表达的。

然而，他们觉得这个叙述的目的是要"融入"一个刻板印象，即"一个关于学生浪费时间和金钱的流行观点"。他们的回答很复杂，因为如下原因：

实际上这是背后存在的现实问题——用公众的钱来做这件事情本身可能是有问题的——因为这是八九岁的孩子做的事情……做一个帐篷……也许点就在这里……你不能忘记。

在这种情况下，这是滑稽的——学生们确实会去做这些没用的东西。

因此，他们对这两条新闻各自价值的评价实际上与节目的价值观念相符，尽管对节目所塑造出的学生的刻板印象有抵触：

对于我来说，盲人项目非常有意义……我认为这值得……你不会做和学生同样的事情。你有一堆垃圾，你能用一个塑料袋做什么，对我来说没有什么是值得的。

而盲人孩子……那个发明很好……这是非常明智的。

他们还指出，这是对"盲人"这条新闻清晰性的高度建构，使其产生影响：

> 你知道匿名的声音属于谁［评论员］，所以你能体会……它把你引导进来，并把你带出去……那个设计这件东西的小伙子……他是专家，他告诉你它是什么。你有两个孩子，他们让你感到了人的价值所在。告诉你，它是有用的。然后这个声音总结道："这就是你从这条新闻中应该得到的。"

> 在你准备开始之前这个声音就让你做好准备……这就是你会看到的，这个应该是什么……

对"美国人"那条新闻的回应是矛盾的。一方面，他们认为这条新闻是"如此傲慢"，因为它展示了"美国人"的形象，包括以下方面：

> 有垃圾处理装置……女人也不再做清洗工作了。这有点荒唐……我的意思是，这个女人说他们有两个冰箱和一台洗碗机。这是典型的美国人的生活吗？其实也不一定。它可能是媒介所希望呈现的美国人的典型生活……

另一方面，他们意识到了节目所持的对于美国人的沙文主义态度：

> 但是在美国人当中确实存在这种观念，比如关于英国、关于警察的古怪之处，他们询问时间，喜爱女王，在白金汉宫外走来走去……

他们意识到了该条新闻中的"不在场"：

> 他们不会说美国人对劳斯莱斯工厂或环境的看法，他们说的是女王和警察。

他们"不安地"处于节目构建的包括自己和英国观众在内的"我们"之中，以对抗"入侵者"：

> 问：你认为《全国新闻》对女王和警察有什么看法？
>
> 答：你不知道，因为如果美国人在对待英国问题上真的很愚蠢、很幼稚的话，也就是说，如果美国人说女王是个好女人，英国警察很好，那么他们就是白痴，他们很幼稚，因为他们不是这样的。但是实际上《全国新闻》没有办法对各种观点进行充分清晰的解释……

但是，这一反应也来自与一种立场的协调，这个立场赋予《全国新闻》呈现的形象一定的真实性：

> 我对这一集节目没有什么反对意见……它很好地反映了美国人对英国的看法。当他们第一次来到英国时，他们可能会改变对英国警察的看法……

节目声称能够"代表"它的受众，这一说法并没有被完全否定。但在确定节目的"价值观念"时，这个小组与节目的立场不太一致，只是部分支持这些观念：

> 他们不能怀疑一切……即使在这个节目中……他们倾向于赞美某些事情……盲人画画的事情……诸如此类……他们对于老太太……以及一些无法开车和行走的人的态度都是很严肃的……这样的事情……可能有人打老太太的头，行凶抢劫者，对待这些问题都是很严肃的。给人一种很强烈的印象……
>
> ……和盲人一起工作是件好事，学生们浪费纳税人的钱真是愚蠢，赛马将是英国的一大损失……"物有所值"……"社会的实用性群体……"

但他们却对《全国新闻》的主张给予了信任：

> 他们下个星期会在卡拉汉。他们问他属于我们的问题，而这实际上就是我们要问的问题，因为你必须用明信片把这些问题寄给他们，他们说"又是这样的一个人"，然后回答……

事实上，尽管他们提出了批评，但在某种程度上，《全国新闻》仍然是一个吸引人的节目：

> 对我来说，你知道，我认为这是一个非常成功的节目，我认为它非常有趣，我从来没有真正分析过我为什么喜欢它，但这是一件值得关注的事情，仅此而已。

第8组

该组成员都是白人男性，学生，都在伦敦印刷学院的摄影专业进行全日制课程学习。

这个小组坚决反对节目的表达策略，他们认为这是在操控：

> 使节目看起来很"有趣"，但我发现这非常令人毛骨悚然……"嗯，让我们看看本周在诺威奇"……所有的朋友……"老伙计"……他们都是相似的……都在微笑……我发现我对那些人有点特殊反应，这些主持人，无论他们怎么说，往往都受到明显排斥……

这是一个不适合他们的节目，但是，也许因为：

> 青少年……母亲哄孩子睡觉……我不认为有人观看是真的为了它的新闻价值……就像花絮，它真的是一本杂志……充满了周末的事情……
>
> 他们就像是世界新闻的一个整理版，有很多零零碎碎的东西，他们不想冒被当作是种冒犯的风险。

他们非常清楚在节目中的控制性结构，即巴拉特的角色：

> 那个人是最终决定者——在一段影像的最后阶段表明自己的意见，已经很明显，连接句……所以他把《全国新闻》节目的立场建立在我们刚看到的事情之上。

但这个节目的主控性解读在很大程度上遭到了该组成员的拒绝。在"米汉"那条新闻之中，他们认为节目以一种简单的方式将自己框定：

> 这是在司法系统内的一个小问题……对不起，观众，但实际上没什么重要的，它只是一个小小的错误认知罢了。

就像有高等教育背景的其他一些小组一样，他们认为"米汉"那条新闻，在符合严肃时事新闻标准的条件下，可能是整条新闻中最有趣的一件事……但这样的处理手法还不够充分。

> ……反正我觉得很平淡。
>
> 这些采访都是预先安排好的，每个人都得到了单独说话的机会。有些他们正在做的事情当时看来还是蛮有趣的——就像米汉——他们对他谈论的事情进行了回避，最后你听到主持人说："嗯，还有另一个人的情况也一样，也被误判定罪了。"——根据情况看，其实并非如此，你知道的，米汉其实还是有其他话要说的，而且完全不一样。
>
> 这样就把它变成一个小心翼翼的抗议……把它变成一个观众不会太觉

得震惊的情况。他们不会觉得司法系统，那些英国情报人员，在进行活动……

这个小组感觉到了这个案件的政治背景，这显然也是米汉最关心的，但这些却被这条新闻给压制住了：

当米汉想要提问的时候……做出指控……但主持人拒绝其进行表达……主持人几乎忽略了他所说的……他几乎是在说："你就在那里，老伙计，你痛苦吗？"……这是很严重的，假如他真的没有认真对待他们，那我们应该知道，我们想要知道米汉的意思……

事实上，该小组关于"米汉"这条新闻中问题的解释，正是源自这条新闻与节目所属的"类型"和"收视时段"不太一致。

在某种程度上，米汉所考虑的问题与他们设定好的看法完全不是一回事……节目组只是偶然发现，他们可以把这条新闻高高兴兴地视为"独家"新闻……他们根本不知道这到底是怎么回事。

正如他们所说，《全国新闻》可以做到的是：

天啊，专注于……你是一个多么幸运的家伙，你刚刚被赦免了……你知道……也许你有点痛苦……多么轻描淡写的经历！

我觉得问题是空洞的……他的回答是想对提出的问题有所回应，但其实并不允许他这么做……

对"纳德"的新闻他们采取了一种对抗性方式来解读：他们看到并拒绝了由节目框架提供的对纳德的隐含评价，并继续重新定义讨论的规则，以理解"纳德"这条新闻的主题：

嗯，采访纳德之前他们非常小心地插入了关于他是怎么收到那 2 000 英镑的一些卑鄙的评论。如果他们费心去想，一个像我一样想要生存的人，我的意思是……你不能靠慈善生活……你得……我不知道……你不生活在慈善中……他积极地提供服务……我的意思是……你不能只是……我的意思是人并不是某种圣人……你知道的，他只是一个跨过大西洋来工作的人……作为服务的一部分，真的……他必须得到报酬……（参见学徒小组：拒绝纳德，这是《全国新闻》，而不是他，那个提供服务的人。）

他们看到了纳德和米汉在各自采访中所表现出来的对比,这是纳德的专业技巧和专业能力所导致的:

> 纳德可以自己来操控采访时间,他是一个表达非常流利的人……具有高度的一致性……提出他的观点……而米汉,主持人面对的是一个六年内几乎被单独监禁的人……我不认为这能让他进行流利的表达……你知道的……

他们认为纳德成功地击败了采访记者敌对的策略:

> 是的,他做了……我认为他做了……
>
> 他或多或少说……他说他准确地感到那个有煽动性的意义,然后他回答这个问题……我的意思是他很小心……我的意思是……他发表了大约5分钟的免责声明,然后接受了交易……

而"美国人"那条新闻则毫不犹豫地摒弃了这一观点,正是因为其刻板的沙文主义:

> 我简直不敢相信我们接触到的美国人……他们像是直接来自1952年,你知道,有这些奇怪的人……叫美国人……奇怪的习俗。天哪,他们也一定觉得我们很奇怪!看到他们还把那些东西放出来,真是太奇怪了。
>
> 你知道,没有做任何事情来破坏你的偏见,这些偏见从战后一直保持到现在……
>
> 然后你可以看到,一些家庭主妇谈论她们消费的所有奢侈品……上帝知道许多美国人都是这样!这些在很大程度上加强了我们对于美国的观点……或者错误的观点——美国人和美国精神,你知道,那些孩子在唱:"上帝保佑美国!"这是一个空军家庭,他们相隔着一个种族,实际上……我的意思是,我见过在全世界不同国家的美国人,而且他们跟其他多数美国人不一样……

而且对于这条新闻的某个部分,在他们看来,是对实质性问题的回避与逃避:

我的意思是，他们遇到一个有争议的问题……你知道，这实际上是一个非常严重的问题——美军黑市，它的运作方式对社区的建立具有最非凡的影响……

对于学生的垃圾项目新闻，他们觉得，关键在于问题形式和表达方式：

一些学生在浪费纳税人的钱，是这条新闻显示出来的信息……

但与此同时，他们赞同该节目的信息：

这是一个任何人都不会感兴趣的奇怪项目……我能想到是……这是一个"令人好奇"的新闻……

而对于盲人学生发明的新闻：

这其中会发现很多有趣之处……我不知道你怎么样，但我坐上巴士的时候在想，上帝啊，在他[盲人]的脑海里能看到什么呢……真的很奇怪……这些图纸是非常有趣的……

对我来说，最有趣的是这两个失明的人说，他们怎样摆脱了困境……

就像学生一样，小组成员把自己的地位与垃圾项目新闻相互关联。事实上，他们提出了一些关于"身份认同"的复杂问题：

很多学生不确定，因为如果你不是……不是同一个种族，通常你会认为自己是"他们"，而不是"我们"。我的意思是，你是不是到处想"天啊，我是个学生！"……所以学生观众可以坐在那里思考，"上帝，他们浪费纳税人的钱"——忘了自己是个学生的事实。

这个小组更进一步，相比"忘记"了他们的学生身份，他们承认自己仍然赞同该节目对这条新闻的评价：

但是，那条关于学生的新闻——我是一个学生——这是一种时间的浪费。

第9组

由于磁带录音的错误，这个小组后来被排除在分析之外。

第 10 组

该组成员主要是白人学生，14 岁[①]，有工人阶级背景，在伦敦西区的克里斯托弗·雷恩学校学习，无政治倾向或者倾向于"工党"。

该组成员采纳并认可了许多《全国新闻》节目认定的"好节目"标准，他们赞同《全国新闻》，认为：

> 它所涉及的内容更为宽泛……它有不同的新闻条目、不同的报告、不同的故事……那些没有从新闻或报纸上读到的东西，他们则把有关这一切都告诉你……

> 他们到处跑……走到户外以及进入家庭内部……使新闻看起来更有趣……他们在全国各地都有演播室……这能够给他们一个更好的视野范围……

> 这让它与众不同……充满了更有趣的改变。

这与他们如何看待"严肃"时事问题有着明显区别：

> 这全都是政治问题之类的东西，它主要面对成年人，《全国新闻》多多少少有些孩子气，就像有些成人的节目一样。

> 《全景》节目，或多或少，都是成人的……成熟的政治诸如此类……有些无聊，我们都不太懂这些。

同样的，这类新闻在《全国新闻》内也不受欢迎。关于这类新闻，这个小组说：

> 他们对日常生活等不感兴趣……他们只想知道关于政治的事情。世界杯……他们看起来真的很关注这些。关注的是政治，政治……

而在《全国新闻》节目内：

> 这是属于个人性的节目……民众的节目……所以更有趣……就像那些你能够做的事一样……

从这一点来看，他们赞赏《全国新闻》节目对"米汉"那条新闻报道的时

[①] 前文提到第 10 组成员年龄在 14～15 岁，与此处略有出入，原书如此。——译者注

效性和可接近性：

> 你可以看到他脸上的表情。
> 你看到了情绪状态。

这是一种宝贵的观看经验形式，与新闻所提供的经验相悖：

> 你只是对情况稍有了解，即发生了什么。

他们评论说，在《全国新闻》节目里面，你只看到一个人的自身，即从他的社会/政治环境中提取的人性主题。

他们发现这是因为采访记者想让他做到的：

> 谈论"内部问题"……他的一天是什么样子。
> 他在那里所做的……
> 他们不谈论这个事件……只是……在那里的样子……
> 他没有谈论他为什么会在那里。

他们知道这不是米汉想要讨论的，对他来说，案子才是重要的，甚至要是在《全景》节目中可能会这样：

> 他们会给你更多的信息……他们会让他说出来，难道他们没有吗？……让他说出他的想法。

但是，尽管有这些条件的限定，他们还是觉得《全国新闻》节目能让自己掌握和控制一些问题，而《全景》或《新闻》两个节目则对这些问题不予理睬。他们将"米汉"这条新闻的模糊性归结为一个"错误"的故事，而他们觉得自己已经掌握并了解了这个故事：

> 他们把他错误地关进了监狱。
> 他并没有真的这么做，但他当时就在那里，他在告诉我，当他不是真的打算在那里的时候，情况有多糟糕。

的确，后来在讨论警察的缺点时，他们变得更加明确：

> 他想要正义，不是吗？
> 他是一个"小人物"，不是吗？因为警察是想让他做这些……
> 是的……但是他不能什么都不做……

对纳德的采访产生了一个明显的对抗性解读。当他们看到采访记者时，认为：

>记者往往质疑……他的工作……试图把他从其中抽出来……试图抓住他。

这并不影响他们对纳德的反应，他们认为纳德是这样的：

>严肃的，一个严肃的家伙。
>
>他试图把某些事情解释清楚……他看起来是严肃的。
>
>他试图阻止它发生在其他人身上……
>
>他想保持干净……
>
>他们不想建立一个发电站，核废料……

对盲人学生发明和学生垃圾项目新闻的理解是他们新闻解读问题的主要方面。就他们而言，后者是：

>就主要的问题来说……他们想要做点什么……
>
>所以他们……不是真的那么聪明。
>
>他们只是想做——他们可以走路回家，你知道的。

而《全国新闻》节目对盲人学生发明项目更具同情心的表达被认为是完全合理的，准确地说：

>因为他们失明……他们无法确定他们的第五感觉。
>
>［但］学生，他们有四肢，有所有的感官，可以出去工作，可以找到时间来摆弄垃圾……

类似的，"美国人"那条新闻的解读与主控性解读是一致的。他们支持（参见第7组）节目对于这条新闻内容的定义：

>入侵者……
>
>他们是入侵者……
>
>是的，像一个"老大哥"……

他们对待英国警察的态度当然是幼稚的——在这里，这个小组被纳入到节目关于"我们"该如何理解这些问题的设计之中，尽管他们对节目是否能够呈现自己真实感受的能力持保留态度：

他们只是，你知道，就像，我们必须学会忍受……

他真的不能出来说……如果他们不喜欢警察……他们真的不能说……你知道……英国警方正在做错误的事情，你知道，他们完全是垃圾——他们可以哔哔他……（引自第2组、第6组）

第11组

该组成员都是黑人（主要是西印度群岛/非洲裔）女性，年龄在18～26岁[①]，有工人阶级背景，在哈克尼高等教育学院进行全日制学习，主修作为商业课程组成部分的英语。

对于这个小组来说，《全国新闻》节目和她们几乎毫不相关：

太无聊了，《全国新闻》这类节目实在是太无聊了。

看一次就已经足够了。

这是给老年人看的，不是给年轻人看的。

该节目与她们的文化世界没有联系：

我们对这样的事情不感兴趣。

我在看这个节目的时候头脑里毫无概念……

我更喜欢看一个电影——爱情故事……

这种文化距离意味着《全国新闻》节目的前提是主导性白人文化，是对这些成员日常生活的反映，这就是为什么这个节目会对大部分受众具有吸引力，同时也说明为什么会对这个群体影响甚微：

《全国新闻》节目实在是有点无聊……它很普通，不像ITV……

《全国新闻》节目告诉你的是，那些普通人在做什么，而这些都是《今天》节目不屑于报道的。

就像一些白人工人阶级小组一样，她们也表达了对独立电视台（ITV）的一些偏爱，因为这个媒体更接近她们的利益：

我主要是在周六看《销售世纪》《大学挑战》。《今天》节目更加活泼。这

[①] 前文提到第11组成员年龄在17～26岁，与此处略有出入，原书如此。——译者注

是他们展示的方式。它更加短小精悍。你可能正期待着去看《十字路口》。

[《今天》节目]他们真的告诉你事情应该是什么……即使你看了很短的时间，你也能理解它。

他们把很多人都吸引到电视节目中来了……它不是特别严肃……有点搞笑。（参见学徒小组。）

根据布尔迪厄（Bourdieu，1972）的说法，这个小组根本没有适当的"文化资本"来理解节目，或者从另一个角度看该节目也没有适当的"文化资本"来对她们产生意义——尽管到底是什么构成了"缺失"，另外它们与主流文化的距离是如何设定的这些问题本身都是矛盾的：

我不看这个节目，它不是很有趣……

这是他们处理事情的方式……

是的，他们在《全国新闻》中应该有更多的政治。

问：当你说"政治"时，你指的是什么？

答：在这个国家发生的事情。

这不是真的，是不是，《全国新闻》不是你想的那样，是吗？

它正在进行……它正在发生。

离家更近的地方，我的意思是……哦，不，我不喜欢政治。

我不理解它，这就是我不喜欢它的原因。

有趣的是，她们的文化世界和《全国新闻》的文化世界之间的脱节使得其对主持人的"框架性表达"不感兴趣，以至于她们不再受到任何影响，同时让她们对简单的"文本功能"之外的内容毫无兴趣：

问：你是否注意到这些框架？

答：没有，他们只是介绍事情……他们在这些事情之后不做任何评论。

她们对于这些新闻的反应大部分都漠不关心：

关于纳德的新闻：

我不能理解他在说什么……我不知道他处于什么样的水平……我真的不知道他在做什么……任何他所做的。

学生垃圾项目的新闻：

我没有认真考虑过。

关于米汉的新闻：

我认为，在你考虑这些事情之前，你必须对它感兴趣。

然而，在米汉的案件中，她们确实注意到案件中政治层面的压制，以及对警察渎职的看法：

他们把他关进监狱长达7年——他什么也不能做。

你真的不知道发生了什么……

他们不想听到它……

他们不想让公众知道，他们就那样做了。

而在"美国人"那条新闻中，她们意识到了节目中的沙文主义，并且明确拒绝了它：

他们试图贬低美国人，他们竭尽全力想贬低美国人，并且说美国人傻……

那对夫妻……他们使那两口子看起来很傻。

有趣的是，与白人学徒小组相比，这个小组与节目中所构建的英国的"我们"的关系是含糊不清的，而这个"我们"也不同于"美国人"。

对学徒们来说，很明显，这个节目是在说美国人天真地认为所有的英国警察都很棒（这与我们所知道的事实相反）。这个小组的成员根本不确定作为"我们"即英国白人对警察的看法其实与她们的观点是不同的。

问：在《全国新闻》中警察都很出色吗？

答：没有。

问：他拿那取乐吗？

答：嗯……

问：很多英国人不这么认为，是吗？

答：他们认为警察不是很好。

他们认为警察很好。

是吗？我想知道……

除了与警察有关的问题外,她们注意到节目的另一个方面,即节目的沙文主义体现在只关注英国,他们对此感到不满,外国或者第三世界的新闻整体上都没有涉及:

问:你为什么喜欢《全景》节目?
答:他们出国,这是非常有趣的……你看国外的事情……
《全国新闻》只是关于这个国家的事……
我看新闻……如果有趣的话……像阿明的新闻。
我想听听这些坚果有什么作用……
《全国新闻》主要针对那些关心这个国家发生了什么的人,但是有一部分人想知道其他国家发生了什么。
他们很兴奋到东盎格利亚那么远的地方……

第12组

该组成员是15岁左右的学生,一半是白人,另一半是西印度群岛人,所有人都有工人阶级背景,在伦敦西区的克里斯托弗·雷恩学校学习,无政治倾向。

就像学徒小组一样,该小组对于《全国新闻》节目的评价不如对英国独立电视台(ITV)的那么好——后者与他们的关联更为紧密:

《今天》节目要比《全国新闻》好多了,因为他们对于在真实生活中真实发生的事情更为关心,这些事情正是他们所展示的。
《今天》节目,对于新闻来说,伦敦的节目更好……因为《全国新闻》面对的是全国各个地区……但《今天》节目则集中于关注伦敦发生的事,这就是它为什么是更好的节目。

这种对《今天》节目在更大程度上产生地方认同的感觉,也是该节目处理问题的方式。它的傲慢不敬和"现实主义"特征吸引了这个小组的成员:

《全国新闻》节目应该有一个受众[演播室]……《今天》节目更好……
他们不断后退……
他们应该让观众提问,而不仅仅是采访记者这些家伙……

在《今天》节目里——他们经常把王室成员带入进来——他们不只是谈论他们做的东西……像说他们做错了什么——他们在谈论那些事,而且他们不会试图掩盖这些问题。这就是我喜欢《今天》这个节目的原因。他们谈到了更有趣的……像住房在伦敦,它是多么糟糕……喜欢……朋克摇滚乐团"性手枪",这些你在《全国新闻》节目里完全不会看到,在《全国新闻》节目里没有像这样的……《全国新闻》这个节目的内容太"干净"了……

在《今天》这个节目里,你会看到一些不好的东西。《今天》节目更加真实和现实,而《全国新闻》节目则更像是对公众的视听进行操控,而不是给公众展示他们应该听到看到的……

这是他们批评的明确边界。从另一个意义上说,他们也可以在《全国新闻》节目中欣赏到"严肃的电视"、时事和新闻等"干货"。

在《全国新闻》节目中,他们把摄像机对准更多的面孔……

《全国新闻》报道更为复杂的事情,这个节目更为多元化……

他们有更多的故事和神话之类的东西。

《全国新闻》节目更多的是想带给你愉快,它的新闻就像是那个样子的……

《全国新闻》他们似乎更加关注细节,并且非常重视历史感,以及其他的一切……

因此,"米汉"那条新闻因其新闻的时效性/接近性而受到赞赏:

这比你看像《全景》这样的节目要好,因为你可以看到新闻发生在哪里。

你得到了关于事情所有的细节。

你懂得他经历了什么……垃圾,不是吗?

(参见第15组。)

你可以看到他的反应……看看他反应是什么……

与许多小组不同,该组成员认为对米汉访谈的结构并未受到控制,他们不觉得节目在发号施令,在他们看来,采访记者是这样的:

就在那儿做他的工作,不是吗?

这个采访对他们来说很清晰：

> 他只是谈论……接下来会发生什么……他要采取什么行动……会发生什么……他要怎么做……他要做什么……

他们通过与自己在"犯罪领域"的经验相联系的推断，准确地理解了米汉的表达，做出了一个事实上不正确的解读，然而却保留了基本观点：

> 有个老头或者老太太被杀了，我不记得了。
>
> 有人闯进来，或者别的什么。
>
> ……他被陷害了……

另一方面，他们意识到，他们自己对米汉的同情可能并不具有典型性。他们在一般层面上的假设是：

> 毕竟，大多数人都不这样看——他们只会说："哦，好吧，只是运气不好罢了。"

他们意识到，对于某些问题而不是其他问题来说，这个节目将米汉定位为一种特殊"角色"，但它们证明了角色与问题之间关系的"自然性"：

> 问：他们能这样采访政客吗？
>
> 答：不会问那样的问题。
>
> 因为名人……拥有更大的权力……他们要看问题。他们必须有一个更充分的答案，而不是站在那里只说一点儿答案。
>
> 问：他们会以那种方式询问政客的感受吗？
>
> 答：没有。显然……不需要，是吗？
>
> ……你不会这样做，是吗？

同样，节目对纳德的表达显然是以一种特殊方式在诋毁他——这是由他的"知名度"决定的：

> 问：他们给了他〔纳德〕足够的尊重吗？
>
> 答：不……他们没有，他们确实没有。
>
> 因为他不出名，你看……我怀疑不是很多人知道那个律师，而一个议员就不一样了，所以他们没有很好地对待他……
>
> 如果这个人是名人的话，他们就不会采取那样的对待方式，你知道

的，他们问了他这样的老问题……这就是他们的方式，你知道的……

当他们采访总理或某人时，他们围着圆桌坐在旋转椅上，桌上放着水杯……但是当他们采访这个人的时候却处在冰冷的环境中，风吹个不停，他们就那么站着——他们不怎么关心他……难道是他不受欢迎吗？如果是像哈罗德·威尔逊那样的人，他们就会显得很殷勤，你懂的，那是个大人物。

在"学生"那条新闻中，他们觉得记者对垃圾项目的态度是：

嗯，他并不觉得这是件严肃的事，记者没有把它当作一件严肃的事对待……

他只是呈现了他们在四处走动。

那个女人在说一件外套，他一点也不关心这件事，他只是在继续做别的事情……

他匆匆忙忙地把所有的事情都处理完了……

他把这些事过了一遍，然后就离开了……

另外，他们明确注意到了本条新闻与"盲人学生"那条新闻在表达上的对比：

这更加严肃。

是的……他们处理得更加严肃。

他们问了一些更严肃的问题。

他们就是这样做的。他们告诉人们自己如何看待它……

然而，他们一直都对节目关于学生垃圾项目价值的评估持赞同意见：

他们没有说他们为什么要这么做，他们只是说了他们是怎么做的等等。他们没说重点。

问：你认为这是一个严肃的项目吗？

不，这事真的不重要。

如果这个项目是在威尔士的一座山上。

是的。但大多数人不是这样考虑的，不是吗？

这个小组将他们对学生垃圾项目的批判性解读延伸到不相信该条新闻实际

内容的程度：

> 完全疯了。这些事的危险之处在于……
>
> 这事我连一半儿也不相信……你在垃圾堆里找不到那些大塑料袋的……这些想法也不知道是从哪里来的？

"美国人"这条新闻再次被直接放置于主控性/沙文主义的框架中进行解读：

> 他们是非常"友好的"……
>
> ……他们有更好的房子，不错。
>
> ……他们对自己出生的地方感到很骄傲。
>
> ……他们比较奢侈。
>
> ……他们坚守自己的文化，而且他们从未改变自己的生活方式。
>
> ……他们自大和懒惰，但是他们通过赚钱获得了一些东西，他们努力工作赚钱……
>
> 这表明他们在美国拥有的要比他们在英国拥有的好多了。是的，他们为奢侈所围绕……
>
> 他们看起来有点……他们更有钱……就是这样！美国什么都好……

同样，这个小组也加入并认同了节目所构建出的"我们"这个身份角色——就像女王和警察那样——而这恰恰排除和否认了关于美国人非常幼稚的想法：

> 我们了解很多……我们知道他们〔警察〕的另一面。
>
> 他〔主持人〕知道事情的另一面——他知道他们像什么……（参见第6组、第13组。）

这同样是常识，他们对待劳资关系的态度也是如此，投票胜利者的照片再次被认为是关于罢工的故事：

> 因为外面有劳斯莱斯，人们总是在那边罢工。
>
> 总是有罢工发生……总有纠纷。
>
> 总是有罢工，难道不是吗……
>
> 没有意义，对于这个国家来说——因为如果他们一直罢工，这个国家

197

就会不断走下坡路，不断滑坡……

第 13 组

该组成员主要是学习文化知识的西印度群岛学生，年龄 17～18 岁，有工人阶级背景，在伦敦城市学院进行全日制学习。

就像第 11 组一样，这个小组对《全国新闻》节目话语感到迷惑和疏远：即使是"盲人"那条新闻被认为是这个节目中最清晰、编排最好的新闻，但对于该小组成员来说却是令人费解的。因为这是一条相对较长的新闻，这个小组成员认为：

没有足够的时间把所有的内容都看完……
你不知道他们在做什么……
点击……我真的不知道……我们知道在点击……（即关于画板的发明）
我还是不明白这些画为什么有用。

然而，有一点确实出现了，或许是主要的一点：

我想它还是有点令人惊奇的……

类似的，"米汉"那条新闻让这个小组也感到十分困惑。他们认为，这条新闻的"关键"是"俄罗斯的一个家伙，一些俄罗斯人"。据推测，这可能与米汉那些关于"英国情报机构"隐晦且经过编辑的说法相关。然而，再一次，尽管新闻内容的实质令人困惑，但对专业性"编码价值"的判断层面上，他们还是有一些认知的：

问：那么结果是什么呢？
答：一个"独家专访"……

事实上，这是一个位于伦敦的小组，正在观看一部在英国中部地区制作的电视节目——在识字扫盲课程的语境之中。提出了与解码行为相关的方言/重音的问题，以及在词语收听技术层面的"清晰"程度与节目话语权力结构之间的内部联系。

他们评论了卡特夫人（那位与狮子交谈的女士）：

她有很重的口音，你都听不懂她在说什么……

然后，节目参与者的地方口音由《全国新闻》主持人的标准口音来修正。巴拉特据说是：

> 可以将那个小伙子刚才说的话解释得更加清晰……

198

这被看作一种超越技术层面的权力的行使：

> 实际上可能是危险的……因为我认为……"哦，那就是关于……"
>
> ……最清晰的声音可能传过来了……你知道这是怎么回事……

但这种对主持人的依赖感也为他们明显的"低认同感"所影响。乘船旅行的主持人在表达出他们"想要去"的愿望后，并不让他们感到有趣，他们说：

> 就像那条可怜的《蓝色彼得》① 的新闻。

事实上，该小组建议与巴拉特相关的节目应该是这样的：

> 最好是让他吃早餐，对着妻子大吼大叫。

他们拒绝了《全国新闻》节目中对于"学生"角色性格在"垃圾"那条新闻中的描述。他们很清楚节目对于这一点的建构性，但不像那些学徒小组，该小组一直拒绝这一点：

> 我想他［主持人］对于他［接受采访的学生］来说实际上是非常可怕的……
>
> ……他开始说话，他只是说"非常感谢，那是非常有趣的"，然后就走开了……
>
> ……这个人说了什么并不重要，但听起来他自己确实不感兴趣……

类似的，他们也很排斥"美国人"那条新闻：

> 我实际上认为美国人真的很讨厌……
>
> 所有的职员都在说"好人"……他们说"好人"的方式让你觉得其实他们很讨厌这种人……这是说话的语气，不是吗？

特别是他们反对节目对家庭性别角色的描述。他们认为节目对其进行了构建，而不是真实反映这些角色的事实。一个家庭的特殊形象被视为这个领域的

---

① 《蓝色彼得》是一部英国流行的儿童电视剧。——译者注

形象，而这种形象与他们经历中的根本不相匹配：

> 问：为什么他们会这样做？
>
> 答：因为妻子应该在厨房里……
>
> 但大多数男人在厨房里……我的意思是他们……
>
> 就像他们展示一个非常传统的家庭是如何工作的：这是女人应该待的地方，但现在男人在这里。就像那些，你管它叫书的……吉尔和那些名字……

第 14 组

该组成员都是白人女性学生，有中产阶级背景，年龄为 19～20 岁，在伦敦的菲利帕·福塞特学院学习，无政治倾向或倾向于保守党。

对于《全国新闻》节目来说，该小组认为这个节目并不适合她们。她们将其定位为针对更为成人化家庭受众的一个系列国内电视节目：

> 《全国新闻》更适合……一般家庭受众……就比如为准备晚饭不停忙碌的妈妈……

《全国新闻》节目的受众被明显视为：

> 年龄大的，他们都是年龄大的人……
>
> 这就是节目的类型——就是一天的那个时间段，不是吗？

典型的《全国新闻》节目被看作一个这样的节目：

> 他们把有意义的事情关联起来，比如，我不知道，比如烹饪……以及全国各地。
>
> 这是一个"我只和父母一起看"的节目。

这个节目的表达方式与她们不同，尽管她们提供了一个有点精英主义的理由，解释为什么这个节目是这样的：

> 我想对于一天的那个时间段以及这种类型的观众来说，节目并不想提供一些有可能影响观众思考和想法的东西。

这个节目与小组成员自身所处的教育背景体系完全不匹配：

> 它的诉求是独立的——对于那些想要看电视的人来说，尤其是希望看到像《全景》这样的一般性节目的受众……就像他们自己一样……这个节

目吸引的是个人……尽管它是一个全家人一起看的节目。

对于《全国新闻》的受众来说：

给观众提供新闻——全国的新闻——让他们在家里观看。

我认为无论谁来制作节目，本地新闻都是非常重要的。

小组成员对节目进行评价的主要标准来自时事新闻领域，这与她们的教育背景描述相吻合。节目新闻的内容受到批评，因为：

节目内容没有细节，不是吗？

通过与《全景》节目进行比较，《全国新闻》对于"米汉"那条新闻的表达也遭到了批评，她们推测：

他们会再现案子的一些情况……它会非常非常详细……

很多细节……

绝对详细。

这显然是一种她们在家里会感到更自在的话语方式。

关于"米汉"那条新闻中个人化情感方面的内容，对有些小组来说是最好的，但对于这个小组来说，却被认为是对问题进行"合适"处理的拙劣替代品：

这条新闻更真实……而《全国新闻》节目更个性化。

……他们更放松……他们试图克服他的个性，展示他正在抽一支雪茄，如果他摸了摸自己头或者其他地方，就进行强调，你知道的，那是表明所有的压力都被显示出来……这让你能感受到他的情绪和感受……

"米汉"那条新闻的实质内容几乎没有引起任何评论，除了在很大程度上引起了对《全国新闻》节目以前关于乔治·戴维斯案件的报道的质疑——这被认为是对戴维斯有利的"偏见"：

他们是有偏见的……不是……当他们报道乔治·戴维斯的情况时……他是一个真正的骗子……每个人都认为他是好人……充满了偏见的……

节目主持人被认为在报道话语中处于权力支配地位：

我想有些情况往往会在迈克尔·巴拉特做出反应之后突然出现，如果他面露笑容，说明事情应该是有趣的……如果他板着脸，你就会觉得这事得严肃对待了。

他们试图让自己的个性或者他们想让你看到的东西展示出来，让你认同他们，或多或少看到他们在采访中看到的东西。

但这种策略并不成功，乘船旅行的主持人被发现：

尴尬……只是尴尬……他们走得太远，这很荒谬。

另外，巴拉特被认为是：

对于我个人来说，不，我不喜欢他……他在采访中竟然可以对一些人如此打击和压制，我觉得他很可怕，是个可怕的人。

在《全国新闻》节目中，对纳德的采访被认为是错位的。在这一背景下，"严肃播报"的这个元素令人不快：

这对于节目来说沉重了点儿……

她们清楚地看到，《全国新闻》节目针对纳德的"框架"是非常有敌意的：

他们说了些关于他的事。"人们叫你煽动者，那么你会说什么？"采访记者说……你觉得他是，你知道……他无法在这么短的时间内很好地保护自己……他开始说他每次都会通过发言挣那么多钱……你知道，他只是围绕一个话题进行工作，挣点儿钱……

但她们理解的内容与节目表达的内容刚好相反，她们觉得纳德的表现很好，因为毕竟：

好吧，他是一个专家。

他是一个专家。他可能说为它花了大量的时间……

与学生垃圾项目那条新闻类似，她们发现节目以一种不讨好的方式将新闻呈现出来，即采访记者是这么做的：

看起来根本就不搭理他，我相信很多人看了都会说："嗯，浪费时间……我想知道成本是多少……"

她们拒绝这种刻板的学生形象，推断出采访记者对实际谈话的态度：

他评论说："这一切都很有趣，但我瞧不起你。"

她们确实试图解读这个项目，并评论说这个项目可能被利用了：

　　他们剥夺了这个项目的教育价值——"想象力"。

这是一种对学生更有保护性的支持形式：

　　……虽然……我认为这是非常浪费时间的……我的意思是那些应该组织它的家伙们并没有做得很好……

但最终，她们认为报道的表达层面出了问题，而不是项目本身。这个项目没有什么技术问题：

　　……愚蠢的问题，就像你为什么不去买一把斧头，当整个重点是社会毁灭时……这真是可笑……

有趣的是，与此相反，对于学徒小组（他们完全赞同并支持《全国新闻》认为盲人学生发明项目比垃圾项目更加重要的暗含评价，因为它是实际的、有用的），这个小组重新阅读了各自对于项目的评估。她们可以看到垃圾项目背后有一个想法，而这正是教育的兴趣所在。盲人学生发明项目的实用性，它的立竿见影的效果，对她们来说有部分的兴趣。

　　我仍然不理解该设备是如何工作的……我感觉……
　　你不需要理解它……你，只需要为他们感到难过……
　　对他们来说……这与它的实用性有关，他们也在谈论它。他们后面也没有实际的解释为什么或它是如何工作的。

对"美国人"那条新闻的主控性解读也被拒绝。他们意识到：

　　往往会强化一些英国人的态度——你会变得非常英国化！

她们反对这条新闻的沙文主义色彩，认为这意味着：

　　给你留下了这样的印象：他以为英语是智力优越的表现，即使他们没有好的设备和奢侈品……

她们发现报道令人反感：

　　一个"好人"……这是他整个的说话方式……
　　……他站在线上。他还没准备好。他想激怒人们……
　　他们在以一种方式嘲笑。当他们在百货商店或任何……采访这位女士时，她说她尊重这些事情……我觉得……他在嘲笑……

可怜的美国女人。

是的，她是非常公平的，她也非常直率，他觉得这个女人笨得出奇……

最后，她们拒绝接受他们在这条新闻里暗含的信息：

就像"早餐吃什么不光彩"一样。不关他的事，真的，她吃早餐……为什么他们应该归咎于美国人在英国打棒球？我是说，我们去那里打板球！像……他们不应该被允许带着任何的美国东西过来。

第 15 组

该组成员是白人学生，全部是女性，年龄 21~46 岁之间，有中产阶级背景，在伦敦的菲利帕·福塞特学院学习，政治倾向于保守党。

就像第 14 组一样，这一组也发现了《全国新闻》节目的整个表达模式，其关键在于她们自己的教育背景，她们把这个项目描述为：

混乱……很业余……跳来跳去的……

一本杂志，并且旨在计划让你面带微笑。

也许这可以减轻你的抑郁。

……船上发生的事……本该是有趣的……我认为这是很愚蠢的。

……似乎并没有一个很好的理由、一个有效的原因，他们只呈现出事情的一半……就像关于美国人的愚事……

在这里，她们显然站在了与赞成《全国新闻》节目的工人阶级（例如学徒）相反的一端，但更特别的是，ATV/《今日伦敦》节目现在正提供"更为多样化的"内容，"令人会心一笑"，而不是那些充满着所谓"正当理由"的新闻。

对她们来说，这个节目缺乏连贯性是问题所在：

里面有大量的参与者……从一个地方跳到另一个地方……

她们根据"严肃"时事广播新闻的标准再次评估该节目：

没有什么真的能……捕获你的想象力——节目不是很引人深思的。

>我认为这些［它］会让那些对于有"深度"新闻感兴趣的人感到没意思……节目就像是《太阳报》和《镜报》。
>
>它不像我……一个年长的观众……它不仅仅是那样。
>
>我能想到，相比听到傻女人被狮子咬这样的新闻，听到帕特里克·米汉和拉尔夫·纳德这样类型的人会更有趣……

这个节目显然未能获得该小组任何成员的认同感。就她们而言，受众显然不是她们自己，而是其他人：

>你不觉得这些人压根儿就不看时事新闻节目吗？他们如果用遥控器换台，就一定会从《全景》节目换到《警界双雄》等节目吧……

节目提出的问题并不是该小组成员关心的：

>也许他们认为这是人们期望的典型问题……在这种情况下，我觉得受到了侮辱。

小组成员识别出但同时拒绝了节目的运作策略：

>他们试图把他们带到你家里……把一些个性带到家里……一个更友好的气氛，巴拉特……和"哈哈"之类的……我们应该与他站在一边……他们试图让观众更多地参与进来。不幸的是，它往往对我造成了负面影响，因为它会刺激我的生命……让你一会儿就神经质……

从时事新闻的角度来看，"米汉"那条新闻是唯一符合标准的：

>这是唯一提供出来的，帕特里克·米汉的新闻……真的很有新闻性……非常有趣。

尽管她们立即开始批评《全国新闻》节目对这条新闻报道的不足之处：

>……这里应该有很多潜在内容——当他说"我知道他们陷害我的时候，英国的情报机关"是唯一可以做到这一点的机构。如果他们真的进入……这是唯一有趣的一点……他们避开话题——而这些话题却是你真正想知道的一点东西……

她们拒绝《全国新闻》那种关注"人性"的角度：

>他们问："你的日常生活是什么？"——这是表面的，没有什么是真实的。

她们推测导致这种情况的原因是：

也许他的日常生活对大众来说很有趣。
问：你从中得到了什么？
答：非常无知的意见。只是坐过牢的人走出监狱……
他们试图制造出这一种……家伙的类型……
他们做了一件大事……独家……两个小时出狱……看起来《全国新闻》的采访团队一直在那里……

她们被激怒了，因为意识到一种连贯性的缺失，一种被压抑的东西：

我想米汉真的很想了解一些事情，不是吗？……继续说，"但是……"他真的想搞清楚他自己的事情……但无法做到……

时事新闻中"严肃话题"的标准甚至被这个小组应用到关于卡特夫人和狮子事件的采访上。在这里，这个小组再次对节目关注"人类经验"的角度感到不满，认为其中存在"话题"缺失：

我们想要的是有人问她是如何被狮子咬伤的——因为在那些野生动物园里，无论如何你绝对会被告知不应当下车的。那是不能被接受的，是吗？

该小组对关于纳德的采访进行了直截了当的对抗性解读，并指出该报道对纳德有"偏见"：

他们说……纳德为了获得2 000英镑而发言——这是要受到谴责的……这是有点狡猾的新闻挖掘……
他们问了他一个有趣的问题，问他听到有些人说他非常可怕时是怎么想的？……

而这一特征并不符合她们对纳德的看法：

……他们诋毁他，不是吗？毕竟，他是个很有趣的人。
问：他们是怎么诋毁他的？
答：不允许他做这么好的工作，他想做的所有工作都不让他做。他们通过问他一些愚蠢的问题而贬低他……
……他们总是批评他对体制的抨击，而这是他们不可分割的一部分。

这个小组以一种不同寻常的方式诠释了《全国新闻》节目对学生垃圾项目和盲人学生发明新闻的看法：

> 这些东西……都是很乐观的……我认为他们想说的是，我们的希望在于青年。

她们也看到了两个项目潜在的价值对比，但相比第14组，她们在拒绝这种对比时更显得犹豫不决。她们对学生垃圾项目新闻的回应是对节目表达方式的排斥：

> 那家伙几乎被指责成浪费纳税人的钱。
> 就像"你是在浪费我们的钱吗?!"……

与此同时，她们对于该项目实际价值的态度犹豫不决：

> 我真的看不到他们想建的是什么……
> ……似乎都像是在玩一样……
> 你不能真的认为这是工作。

另一方面，对盲人学生发明新闻的反应远没有那么模棱两可，她们赞同节目中的潜在评价：

> 哦，我想他们对此有不同的态度，不是吗？他们似乎采取了非常严肃的态度……
> 我觉得这是节目中为数不多的几件能得到解释的事情之一。你能理解。
> 你可以看到它的相关性……采访记者问盲人学生……他实际上有理由或需要这样做，而其他人没想过这些或者压根儿就没遇到过……
> 在这里他们走到最后，然后说："噢，这是一件非常值得的事情。"

然而，就像第14组一样，她们参与严肃/教育话语的讨论。这使她们认为，如果把重点更多地放在"话题"而不是"人性"的角度，这条新闻就会更好。

> 这可能在《明日世界》节目板块里是最好的——更多的机械设备和更少的学生——集中于实际的发明之上……在这个板块里你可能会得到对这条新闻更好的理解。（参见第10组和第12组。）

在"美国人"那条新闻中,她们看到了这个节目的沙文主义倾向:

> 很有优越感……他们的"好人"……一个简单的种族。我认为这一切都是基于"我们在这个国家和美国人在做什么"。

但是,她们对这条新闻的解读即意识到"沙文主义"角度和她们对美国人尤其是对普菲戈夫人的实际反应之间是难以调和的。

> 我认为他们的目的是让我们自卑……
>
> 她屈尊生活在一幢二百年的老房子里。我是说,这在一定程度上是我们的传统。我的意思是我想住在这样的地方……但我知道我不可能负担得起。但她要放下架子住在那里……这使我很紧张。

第16组

这是一组西印度群岛的女学生,年龄18~19岁①,有工人阶级背景,在哈克尼高等教育学院全日制"社区研究"专业学习,无政治倾向或倾向于工党。

对于《全国新闻》节目来说,这个小组完全没有兴趣,并且基本不接触:

> 我一看到那个人[巴拉特],就换台了。

她们对整个节目话语毫无了解,以至于无法区分这些新闻。在盲人学生发明和学生垃圾项目两条新闻中,大多数白人小组认为在新闻结构中有明显的对比,而她们认为两者都是一样的:

> 问:这两个项目都是严肃的故事吗?
>
> 答:是的。
>
> 不,这是个玩笑。
>
> 问:哪一个?
>
> 答:一切。
>
> 太无聊了,一点都不有趣。
>
> 它应该被禁止,太无聊了。
>
> ……我认为这就像个笑话,真的看它的话……它无法让你感兴趣……它

---

① 前文提到第16组成员年龄在17~19岁,与此处略有出入,原书如此。——译者注

就像一个笑话。

……我不认为任何人会看它……

……我想我是睡着了。

……他们说起来很严肃……但实际上对我来说，这压根儿就没有……没有……只是废话。

我从来没有见过像……我永远无法理解为什么人们会坐着看。如果我的电视里播放它，我就爆炸了……如果我只是进来……这是在电视上，我就把它给砸了……很长很长的垃圾，垃圾……只是告诉你你已经听过的事情……

你在观看《全国新闻》节目，有人对你说："发生了什么事？"——你也不知道！

报道者的策略是希望实现与受众的认同，但在这里这一点并没有成功：

节目中的那个人［汤姆·科恩］坐在放着一把雨伞的桌子边……没有雨，但他却去打开它……他们向你展示一些下雨的照片（即天气预报是一个孩子的画）……我认为这是很愚蠢的，这是愚蠢的……

很明显，该小组成员认为《全国新闻》节目是针对其他受众的，而不是与她们自己有关：

问：《全国新闻》是给谁看的？

答：年龄大的，比如像你。

中产阶级……

那些已经下班回家的父母，尤其是那些还没有吃东西的父亲。

然而，她们了解同一类型的其他节目，她们认为那些节目与她们自己更相关：

问：有没有针对像你这样的人的节目？

答：有的，《今天》。

《今天》还挺不错的……

《本周》……

《世界行动》……

《十字路口》——（是的）。

她们对这种类型的ITV节目的热情是相当明显的,并且看到了这些节目与《全国新闻》的明显对比:

> 这些节目让我感到无聊……我不爱看——因为我喜欢看《十字路口》,你知道的……
>
> 《今天》节目更短小精悍……比较有意思……然后,后面还有《十字路口》节目……

《今天》的节目风格特别适合该小组成员:

> 《今天》节目告诉你白天发生了什么……一整天……那是一整天,所以你知道发生了什么事。
>
> ……有时它有一些很好的东西,你可以看看……

该小组成员主要在时事新闻的枯燥性、详细性以及严肃程度等方面将《今天》与《全国新闻》进行对比:

> 《今天》节目……他们告诉你发生了什么以及他们是怎么想的……
>
> 《全国新闻》注重太多的细节了……这使它更无聊……
>
> 《全国新闻》……他们关注背景——使它更糟,这是因为《全国新闻》太关注细节。
>
> ……《全国新闻》,他们总是旁敲侧击……他们说一遍,再重复一遍……我感到很无聊。(参见教师培训组第14组和第15组,以对"细节"一词的不同使用来评价节目。)

该小组成员并不是简单地对《全国新闻》表示拒绝,而是对包括其在内的英国广播公司的大部分电视节目都表示拒绝:

> 我待在家里,听着让我能犯困的消息。
>
> ……我不能看。
>
> ……我不喜欢这样的新闻。
>
> ……有太多的,你看到它无处不在,在报纸上、电视上的每一个频道中……

被拒绝的范围还包括:

> 像他们的政党政治新闻……上帝,这是垃圾……这些事情让我厌

烦——我要关掉它！

事实上，这种态度也扩展到了整个BBC的节目：

我认为BBC很无聊。

BBC非常无聊……它属于应该被禁止的电视台之———BBC 1 或 BBC 2。

就该组而言：

所有这些事情都应该被禁止。

在没有权力禁止这些节目播放的情况下，显然，下一个最好的策略就是忽略它们：

问：对纳德的采访怎么样？

答：我看到的一点都记不得了……

……他在那里，事情还在继续，所以我看起来……听着，但只是进来又出去了……

问：对米汉的采访怎么样？

答：毫无概念……不知道……真的不知道……我听到的是，他刚出狱……谋杀……他没有做那些事，这就是我听到的。

不过，在这种情况下可能是与自己和警察打交道的经历有关，她们因此有足够能力来批评该条新闻内容，这是从一些相对温和的对立意义上来说的：

这是愚蠢的……他们应该告诉你发生了什么事、为什么他在监狱等等……

不管怎样，对于我来说，他［米汉］看起来不需要怀疑……

令人惊讶的是，她们最强的对抗性解读是针对卡特夫人和狮子那条新闻，她们试图重新定义《全国新闻》的报道形式：

问：每个人都是平等被报道的吗？

答：不，有一个不是，那个回到狮子身边的女人，我认为她是个白痴。

问：她是被这样呈现的吗？他们把她当白痴了吗？

答：没有，但……

他们想把她报道成那样……他们把它看成是一个笑话……

但是……他说她是一个非常有决心的人,她非常勇敢:"她比我勇敢。"

我不认为她真的很勇敢,她很愚蠢。

在盲人学生发明/学生垃圾项目的新闻中,她们把这两条新闻都视为一致的,而忽略了两条新闻在节目结构上的对立之处:

我认为这是惊人的那些人应该抓住这个机会,使用那些刀叉,你知道……

他们做的所有的东西。

盲人,嗯……真的很有趣的……做些事情……他们是盲人,但实际上他们可以像那样画画……

然而,她们质疑这些新闻可能恰恰是因为这些引起她们的兴趣的地方:

我认为学生的事情与教育无关……

……这很有趣,不过……

问:但是你觉得《全国新闻》节目认为这是有趣的吗?

答:不……我认为他们认为这是一个错误。

……也许他们认为,"哦,年轻人"。

……真的没什么,对于我们来说,他们是一种推动力量——"年轻人"。

如果是这样的话,她们显然认为这是对她们兴趣的一种不充分的"敷衍"。这个节目如果想认真对待她们的话,就该那么做:

他们为什么不采访鲍勃·马利?

……有些事还在继续。

《全国新闻》节目话语习惯于真正地宣称自己专注于人们对日常生活的定义。但是,在《全国新闻》呈现的这种主流文化的"日常生活"中,人们只会认为这与工人阶级、黑人、内城社区成员所看到的生活毫无关系。

第 17 组

该组成员主要为西印度群岛和白人女学生,17~18 岁[①],都有工人阶级背

---

① 前文提到第 17 组成员年龄在 17~19 岁,与此处略有出入,原书如此。——译者注

景，在哈克尼高等教育学院的全日制"社区研究"专业学习，政治倾向主要为工党和社会主义。

在某种程度上，这个小组回应并验证了《全国新闻》对国内世界的报道：

> 你在《全国新闻》节目里能看到不少好内容……比如他们举办比赛之类的。

> 他们举办了年度最佳竞争对手、年度最佳护士……年度最佳邻居的评选……他们更有趣，那些东西……像《加冕街》……至少对于我来说。

此外，她们认为节目对不同地位的参与者构建差异性的空间是合理的。在她们看来这是常识：

> 问一个政客的观点比问他的感受更合适。对于一个政客……他们会问他实际的事……他们不会询问他的感受……这是你应该得到的，你想从这个男人那里得到的……

就主持人的优势而言，她们意识到了节目的结构：

> 巴拉特似乎是最重要的……似乎做了很多……在节目中不断"控制和改变方向"……

> 总是回到巴拉特……有人经过他……

> 摄像机总是回到他的位置。

这种"支配性"仅被视为一种文本的必要功能，在话语中产生秩序：

> 我认为他必须说些简短的话，这大概是它的核心内容——让你有点感兴趣的东西——然后你准备看……

这并不是一种政治和意识形态上的主导地位，因为她们说，如果你碰巧"不同意"主持人的具体评论：

> 如果你感兴趣，那么他所说的所有事情都不会让你有负担……

事实上：

> 我认为他们并没有影响你。

关于米汉的报道被认为是关注主观的、情感的角度，但这被认为是一个相当恰当的选择，而对案件政治背景的压制并不是一个问题：

> 我认为采访记者感兴趣的是人的感情……你知道……他……他一直在里面，他们一直想尝试解释他的感觉如何、孤独对他的影响。对于其他人，则显示了在监狱里会是什么感觉……监狱对于人有什么影响……
>
> 你可以看到那个人……顺便通过他坐姿和他脸色来辨别他真实的感觉……

在类似情况下，《全国新闻》节目对纳德的编排处理方式被认为是恰当的。她们觉得这个节目帮助他获得了同情心。

> 他就像……有人做一些他认为是正确的事情……关怀……照顾人。

这些都清楚地反映出她们对"社区研究"专业课程观点的理解。

她们用"年轻"来表达她们的关注，这同她们表达对 ATV 电视台《今天》节目的偏爱有着一样的意义：

> 我更喜欢《今天》……这里有大量的……它有更多关于青年人的事情，你知道的。

她们从《全国新闻》节目中挑选片段的角度与她们特别相关：

> 问：在《全国新闻》中是否有些部分感觉是针对你的？
> 答：是的，关于学生的，关于狮子的……
> 事实上，他们试图按照自己的方式来做……
> 是的……那真的很好……

在这里，她们用《全国新闻》节目视角来表达她们最显而易见的"前卫性"。在她们看来，学生垃圾项目是有意义的：

> 这是为了向人们展示垃圾是有用的东西——东西可以用它来做。

她们可以清楚地看到主持人对它不屑一顾：

> 你可以根据他说话以及他问的问题类型，清楚地看出来采访记者对某件事感兴趣，或者不感兴趣——那个人采访这些人用垃圾做其他东西……你可以看到他不感兴趣……演播室派他去采访，他就去采访了……
>
> 我知道一件事，我不会问他们［学生］"从教育的角度看，你得到了什么"，我做梦也不会去问。我会说……你知道，"你喜欢吗？"我说，"你认为这有……实际用途。"

在她们看来，认为在学生垃圾项目与盲人学生发明的新闻之间存在隐含对立是不恰当的：

> 节目对垃圾的态度是"肮脏、肮脏的东西"……但对于盲人学生来说……他们对这事是真正感兴趣的……

这与学徒小组强烈支持这两条新闻之间存在隐含对立的意见形成鲜明对比。

在主控性/沙文主义者的条件下，她们解读了"美国人"这条新闻，看到这个节目在讽刺美国人，但她们接受这一点，因为她们觉得自己在《全国新闻》节目中属于"我们"，而"我们"不包括这些"入侵者"：

> 那个女人［普菲戈夫人］就像是离开水的鱼……
> 问：他们在嘲笑美国人吗？
> 答：是的，因为他们是……他们谈论事情的方式……
> 《全国新闻》节目认为也许英国警察和女王并不是那么好。

很明显，一位知情人透露，美国人天真到不愿与人分享：

> 我认为，即使是那些我们看来习以为常的东西，即我们接触到的日常事务，这些属于正常接受的东西，他们也必须学习，因为他们做事的方式不同，所以他们是愚蠢的。他们表现得很落后。
>
> 他们把美国人表现得就好像是笨蛋什么的……他说，"简单的美国人"等等……

从作为"自然常识"社区成员的角度看，这种存在于这个小组和《全国新闻》节目组之间的认同在某种程度上是有限度的：

> 我认为他们在努力报道那些画面……但是他们并不能［代表我们］……
>
> 我不认为他们可以清楚地了解内涵非常广泛的情感，这种情感能够代表我们……

这是一个不完美"样本"的问题，或缺乏全面性，而不是一个观点相悖的问题（参见第2组："这都是和他一起吃午饭的那个家伙干的……"）。

最后，该小组成员拒绝因为没有处理好像工作场所这样的"严肃问题"而对《全国新闻》节目进行批评。把这视为一种中产阶级"严肃"电视的形式是不恰当的。就学徒小组而言，所谓"好"电视节目的概念，意味着节目应当能够提供一些令人会心一笑以及多元化的内容。

难道你不这么认为吗？不应该把关于工作的任何事带回家，人们白天已经工作够了；当他们晚上回家时，根本不想再看关于工作的事，因为他们工作的时间够长了……当他们回家时想看一点不一样的，内容丰富多元的……这些额外的东西……能够调剂一下他们的日常生活和工作。假如他们播放的是……你会让所有为福特公司工作的人都说："哦，好吧，我一直在看这个——一天足足看了12小时了。"

第18组

该小组为白人学生，大多有中产阶级背景，在伦敦印刷学院进行摄影专业课程的全日制学习，无政治倾向。

该小组成员的专业化训练使他们能够从技术角度对节目进行批评：

我有点不明白为什么那个家伙出来坐在帐篷外面……节目原声带里有风声的原因是什么？——这其实很容易被过滤掉的。

我总对《全国新闻》节目有种感觉——他们从来没有把相关的内容聚合在一起，几乎每一集都有那么两三个失误，下一集也没有完全准备好之类的……

除非让它变得更轻松点儿，看电视就会犯错误，这是"人性"……

该组成员认为，主持人拥有相当大的权力：

他们宣称代表受众……但实际上在做的是，他们告诉你应该想什么……

……它试图表现出这是关于"人民"的，不是吗？……为了人民……普通的人……而且他们往往说这是"大多数人所想的"，其实这是他们告诉你的多数人应该想的，根据他们……或者对人们的暗示……

然而，该节目具有与他们有关的这种权力可能不是必需的：

不幸的是，我想说的是，大多数在《全国新闻》观看比赛的人都接受了巴拉特的观点，因为这比不接受更容易。……尤其假如观众……观众主要是女性……可能是相当麻烦的……他们无法在其他角度以任何其他方式讨论……他们能采用的唯一观点就是节目中的观点——这是他们第一次被提供一个特别的论点的机会。

此外，对于某些新闻，他们运用自己立场的论点是有争论的，例如在对"米汉"那条新闻的讨论中：

> 我不了解情况，所以我唯一可以解释的是巴拉特说了什么——"认同"……

因为，毕竟：

> 他那权威的声音……你每天晚上看到的这个家伙，坐在那里告诉你一些事情。

在"米汉"的新闻中，这种权力源于它所采用的压缩和模糊的形式。他们认为关于米汉的报道：

> 使它显得非常私人化……只是呈现他的脸……他的个人经验……就在那家伙的脸上……我认为他们想要的是一种强烈的视觉效果……存在带有感情色彩的一系列问题……
>
> 所有他们想要展示的是这个家伙的情绪感受。

这使他们对案件的相关事实感到十分困惑：

> 我以为他说有人被抢劫了。

正是因为这种困惑，所以他们不情愿依附于一种在主持人报道"框架"之下的新闻理解。

他们认为，是主持人提供了关于参与者的可信度和地位等级的线索；毕竟：

> 你通过主持人〔见到了参与者〕对其进行了解……
>
> 一些用于"人性"故事……就像在萨福克的狮子或美国人一样，有些东西是"社会"问题，就像为盲人学生所做的发明一样。

然而，这并不是说他们必须接受节目团队关于参与者的"分类"。在"纳德"的新闻中，他们觉得节目：

并没有给他很大的压力。

此外：

……他们让他听起来有点古怪。

我认为在户外对他进行采访是很有意义的……这在手法上看起来没有太受控制，也很严肃，而不是他们把他带进演播室。

……他们暗示他的存在［并不是］那么重要——他们只是出去做一种"街头采访"。

这是一个不能接受的表达，因为他们已经从其他来源了解了纳德：

还有一个问题：就保护消费者权益而言，他是一个非常重要的人物。但是他们对他说话的方式却有点愤世嫉俗。那是一连串的问题，总的来说就是："你这么做是为了什么？"

他们事实上意识到了这一点，尽管节目进行了充满敌意的表达：

……他回答得很好，很充分……因为他可以应付这种局面——他……经常性地处于这种……情况之下……

这个小组拒绝接受他们所认为"美国人"那条新闻中的沙文主义，并在对立的"框架"内对其进行了解读：

……美国人的那条新闻似乎是一种公然的宣传……英国式的爱国主义……嘲笑美国人……傲慢……美国人显得更愚蠢……大型科技，他们嘲笑……唔，唔，花哨的早餐。……这讽刺的是美国人……他们可能很奇怪，但是他们有正确的价值观……

……取笑美国人……如果他们要住在这里他们应该努力成为英国人……而不是打棒球……

该小组成员拒绝了节目对学生垃圾项目的描述，他们认为这很简单。

这意味着纳税人的钱被浪费了。

他们把它当作轻浮的事。

这是一种对待学生的流行性话语和态度……你知道，他们说："你们都有一个非常激动人心的时刻。"这里有个学生正躺在睡袋里的镜头。

采访记者似乎想把所有人都隔绝开……每一位学生……他看起来想把

他们都隔绝开……

最后一点——讨论是如何被剪切以致不连贯的——事实上是最关键的一点：

> 垃圾的事情……我无法理解它意味着什么。

他们把这与盲人学生发明那条新闻的连贯性做了鲜明的对比：

> 在对盲人采访时，它致力于形成一个完整的结论……你看到他们一起走出大楼……这个环节更有结构性和计划性……密切相关……花了大力气使这些内容变成一个整体……

这里的关键点似乎是，"连贯性"作为理解或记忆的前提，只在某些特定话语或新闻中产生，而不会在其他新闻中出现。这意味着对于"理解的政治"概念来说，除了主控性解读观点之外，所谓新闻报道的"平衡性"观点可以允许其他的、从属的观点和话语在节目中出现——但这种情况在采取连贯性形式的新闻中却不存在。至少在某种程度上，这种新闻往往依赖于构建非常紧密的连贯性来确立主控性解读的主导地位。

研究的第二阶段：《全国新闻》的预算专题报道（1977年3月29日）

该研究项目的第二阶段，使用了《全国新闻》节目在1977年3月一则关于预算的专题报道，目的是更明确地集中于对政治和经济问题的解释，这同研究项目的第一阶段所使用的节目中囊括"个人"和"社会奇闻"的报道内容相对立。

特别挑选了这些小组样本，以强调在话语和实践中参与工会对解码模式的影响。被选中的群体成员包括管理人员、大学和哈克尼高等教育学院的学生、专职工会官员和商店店主。

该节目由弗兰克·博夫介绍，内容如下：

> 在6点20分的时候，这个"一些现在的、一些后来的"预算将对你意味着什么。哈马·胡德森和我将观察全国的三个典型家庭会受到怎样的影响。我们会问……工会领袖休·斯坎伦和实业家伊恩·弗雷泽经济预算将意味着什么。

该节目的三个主要部分被选定向各小组展示：

(1) 关于税收系统的问题，位于伯明翰市中心的店主们下午接受了一组街头采访。

（a）税收太高了。

（b）税收系统太过复杂。

随后，他们将对税务专家埃里克·沃辛顿进行专访。沃辛顿先生从税收的技术讨论到阐述个人主义和自由企业的哲学，以及减税以增加"激励"的必要性，再加上削减公共开支的必要性。这里值得注意的是，采访记者根本不打断说话者；访谈的功能是一段冗长的独白，在这种独白中受访者会受到鼓励而不是被质疑。

（2）《全国新闻》调查的主要部分：

> 该预算将如何影响三种典型家庭……一般来说，大多数英国人的家庭同我们节目中设定的一样，分成三种主要类别：其中占10%的幸运的经理和专业人士，其年收入超过7 000英镑；那些不幸处于底部的第五层级人口，年收入很低，只有不到2 250英镑；绝大多数在中间部分，年收入大约3 500英镑。

这三类家庭一次只采访一个。每一项"个案研究"都以一份包括家庭概况和经济状况的影像报道开始，并在采访中丈夫被问及他们希望财政大臣在预算中做些什么。在影像报道之后，报道画面又转回了博夫和胡德森的演播室，他们试图搞清楚由于预算的原因，每个家庭能够在多大程度上变得"更好一些"。每个家庭（丈夫和妻子）都被要求发表评论。

他们选择的是农业劳动者肯·鲍尔、技能熟练的技工肯·达拉森以及人事经理约翰·塔夫纳的家庭。该节目的总主题是，预算无法"为任何人做更多的事"，尽管人事经理（作为中层管理的代表）的困境得到了最同情的处理。

（3）博夫再次介绍了第三部分：

> 好吧，现在根据进一步的薪酬协议，希利先生的减税计划价值10亿英镑，我们现在——不管我们是不是工会成员——实际上都掌握在工会手中。

在此之前，休·斯坎伦（工程工人联合会）和伊恩·弗雷泽（劳斯莱斯公司）进行了一场讨论，由弗兰克·博夫主持，博夫专注于工会有权向政府下达薪酬政策的问题。在这里，斯坎伦为伊恩·弗雷泽和弗兰克·博夫的直接提问所吸引，而弗雷泽则被问到开放式问题，这让他有空间来界定他是如何看待"商业责任"的。

第 19 组

该组成员是男女混合的白人学生，有上层中产阶级背景，在米德兰的伯明翰大学学习戏剧，年龄 19～21 岁，没有占主导地位的政治倾向。

该组成员根据"严肃"的时事新闻标准对《全国新闻》节目进行评判，发现该节目整体报道方式不符合他们的利益标准，也不符合他们所接受的教育理念的核心价值：

就像《蓝色彼得》节目……它也没什么意思……基本上来看……不需要集中太多精力……除了实际故事本身，没什么意义……

……有一些戏剧性……喝茶时间看的节目，不是吗？……

……都是非常明显的……这是一个带有大图表的大黑板——就像在教室里一样：非常单调。

……只是新奇……他们假装一本正经地把他们打发走了……他们无中生有地编造了一个故事……一些人收集无聊的东西做火柴棍模型什么的……

然而，矛盾的是，他们后来争辩说（例如，对拒绝这种个性化模式的第 21 组成员来说情况正相反），《全国新闻》节目中的报道确实具有这样的优势：

记住一个性格特征要比记住一个表格数据更容易……我记得这三个人……然而，如果他们谈到"三个普通家庭"，你就会忘记所有的细节。

这条新闻中"三个家庭"的内容部分被认为旨在克服上述困难：

对这三个家庭来说意味着——他们试图把"人性的利益"放在这上面……报道对这些内容进行了整理，让它们变得很容易理解……英国家庭可以分为三个类别，而你自己可以对号入座……

然而，这是一种他们不乐意接受的认同形式：

根据你父母的收入情况，我想你应该将自己对号入座地划归其中一种类型……他们……不管怎样，你也会对他们进行社会类别划分……

然而，与工会小组不同的是，他们并不认为这条新闻提出了一个特定的阶级视角，而是认为：

实际上，节目中这三个家庭都不太满意……这仅仅是三个例子，证明对于所有人来说，该预算计划实在是不怎么样。

的确，他们评论道：

整个事情对预算有偏见……竟然没有一个政府发言人坚持它，我觉得这有点不太合适。

重要的是，就他们而言：

每个人都有不同的说法。

对于这个小组来说，这是个人问题，而不是阶级问题。因此，在街头采访中，针对中产阶级，工会小组（如第22组）评论道对他们来说：

这是七个不同的个体。

然而，"阶级"在这里以一种"不光彩"的方式重新出现，并带有"语无伦次"或"莽撞"的特征。

我很惊讶那些人的条理是如此清晰，没有人会说，你说什么？你经常会遇到这种情况。

……如果他们中有人缺乏条理，比较莽撞，那么我们已经对此进行了批评……

这个小组拒绝以下观点，即节目的互补性，或者关于某一特定阶层的观点使节目能够以不同方式与不同家庭进行交流。相反，从整体上看：

我觉得他们都有点傲慢。

事实上，我并没有说他以不同的方式与这三个家庭进行了沟通。

正如他们所说，阶级只是"生活的事实"：

当然，他已经接受了，这可能是错误的，收入明显存在差异……不同的阶层，不同的教育，他并不是想说……你们都是平等的，他推测说……这就是生活的事实。你面对三个不同的人，1英镑对其中一个人……好吧，这挺无情的，对另一个人的影响要大得多。所以，是的，在某方面他是……受到歧视……当你分析它的时候……但这就是生活的事实……

在这条新闻中，他们确实发现了一些倾向性，在某种程度上，节目被认为关注以下主题：

工作的动机……

中层管理……他们一直讨论中层管理。

并以这样的方式报道各个例子的情况：

他们这样报道，就好像他必须（例如，人事经理）努力一样，因为要偿还抵押贷款，但他也生活在一个挺不错的地方……

更重要的是，这里还呈现出这条新闻中一个重要的"隐含信息"：

他们试图通过报道对这三个家庭进行整体描述，但事实上他们已经脱离了第四阶层，收入超过 7 000 英镑……

然而，该组成员是从女权主义视角，而不是阶级视角对这条新闻进行了最强烈的批评，尤其重要的是，他们认为这条新闻主要针对特定受众：

女人……她们是唯一 6 点钟回家的人群。

预算方法……所有这些都指向预算，有多少家务……

肯定所有都指向女人……

……这有非常严重的导向性，即女人会得到多少钱。在所有这些情况中，都是 X 太太——妻子付不了这个，也付不了那个。

即使上班的女人……他们也会说，你怎么花他的钱……但她其实是有收入的……

他们问那个女人："你丈夫是做什么工作的？"她打断说："我也有工作……"

尽管有这些批评，但实际上他们认为该节目的话语在于：

所有的中产阶级……这是非常普遍的事情……特别是国家的某一部分……而"今日中部地区"似乎有点……更多……嗯……因为有大量的工厂工人在收看……

一般来说，节目还是处在 BBC 观众的水平上……常识性的、平淡的关于中产阶级的报道……

他们不愿意拒绝自己认为仍然有效的整体性话语，例如，评估针对三个家庭税收/预算情况专家所提供的内容，这是出于以下原因：

> 你不能怀疑这些数字，除非那个人只想编造事实……他对于每一个图都进行了解释，它不是，哦，一个观点，而是一个事实。

就税务专家（沃辛顿先生）在节目开始时所接受的采访而言，这个小组认为他在正式层面已经出现"失控"状态，他们没有展示出一种特定的政治经济学视角：

> 嗯，他只是放松……至少……他没有人反对……你想，上帝，这让人吃惊……他让他胡闹……他说话太绝对了……我的意思是他可以抨击所有商品品牌……这个人已经失控……只是给出了一个非常个人的观点，我说，我认为……

在评论工会和雇主的讨论时，他们认为博夫对斯坎伦的攻击，"在这种情况下"是合理的：

> 他说，考虑到工会的责任，我的意思是它依赖工会投票，所以他不能完全平等，因为一个问题在讨论中比另一个问题更重要。

我认为（Morley, 1976），这是接受了媒介的构建，即工会对通货膨胀负有主要责任等等，而并没有看到这是一个构建过的观点。事实上，他们否认其构建的过程：

> 我不认为他们做了什么让我们有偏见的事情，他们无能为力。
> 斯坎伦推卸责任……

实际上，他们觉得博夫：

> 对休·斯坎伦来说，他比弗雷泽更友好。（参见最右翼团体之一第26组的观点。）

斯坎伦是在逃避，而不是有说服力：

> 他说话语速很快，他能摆脱任何情况。

他们认同弗雷泽所偏爱的"负责任"的观点，尤其是当他直截了当地要求斯坎伦告诉我们"他是否想要另一阶段的薪酬限制"的时候：

被问到的最好的问题是我想问的问题,这个问题是由伊恩·弗雷泽引起的。

他们证实了《全国新闻》节目团队声称仅仅代表"我们"的观点:

博夫只是在理解每个人的意思。……问他们自己的想法……我不认为这是他本人的观点。

并且把这条新闻的表意机制简化到"个性化问题"的程度:

这只是个性的问题,而不是它建立的方式。

在这种情况下,处理问题的形式(对工会成员的攻击)根据情境的性质而被"自然化"或"合法化"了(工会负有责任),而媒介在构建这种情境的定义中的作用被抹杀了。

这毫无疑问,弗雷泽,或者其他任何人,不管怎么努力,在知道斯坎伦会怎么做之前,都无能为力。我想说的是,实际上,斯坎伦才是重点……

第20组

该组成员为全职的白人工会官员(全国袜子和纺织品工人联合会、全国公共雇员联合会、卫生服务雇员联合会),年龄为29~47岁,正在学习工会教育培训课程,有工人阶级背景,政治上倾向于工党。

这个小组成员处于一个主控性/民粹主义的协商性解码模式版本中,支持右翼的工党观点。他们是标准的《全国新闻》节目受众,同时积极接纳节目报道模式和意识形态立场。

他们接受并认可了《全国新闻》的"节目价值",他们赞同该节目的实际表现如下:

比较轻松……反应很快……更自发……碰巧,在那一天……具有更多个人化色彩……我发现很有趣的……节目中有很多内容是给每一个人看的……

这似乎是大多数人都能接受的节目。

他们在很大程度上完全认同主持人,接受其代表自己进行"发问"。他们评论主持人，认为他是这样的：

> 基本来说，去年我们中的许多人认为……他问的问题可能数以百万计的其他人也想问……

在这个群体的解码中，唯一的完全对立因素与那些对高水平公共开支感到不满的右翼保守派税务专家有关。

> 你要看看这样的事实，在这个国家你可以获得服务……医院、社会保障那些不能工作的人，或者那些没有被提供工作机会的人，它们为这些人支付费用……现在……如果你有了社会地位……像他这样的人，应该说他们会做什么……

但这是在全盘接受《全国新闻》节目框架的情况下，对某一特定立场的拒绝，这是一种典型的协商性代码结构（Parkin，1973）。

他们觉得采访对待沃辛顿先生有不寻常的宽容，这与他们期望从媒介那里得到的待遇是不同的：

> 我很惊讶采访记者没有问他其他问题……一个工会成员永远不可能逃避的……除非是吉米·里德……

他们对农场工人的描述深表同情：

> 谁能比那些尽自己最大努力做得最好的农场工人更让人动容呢？但是现在对他的疾苦漠不关心……
>
> ……住在农村的人都知道农业工人的问题……

但是，在这方面，大臣们是否对农场工人实施了不公平的待遇，这是一个悬而未决的问题，因为从节目中可以看出：

> 做得最好的家伙是农场工人……

他们批评了中层管理者的抱怨：

> 关键是如你所知，我们知道中层管理人员没有遭遇全部损失……他们的工资没有提高，但在其他地方却并非如此……我的意思是面对现实吧……让我们坐公司的车……我的意思是，他没有自己的汽车，"可怜的孩子！"……他们不是说……车费可能得每周20英镑或30英镑。

245　第二部分　《全国新闻：受众研究》

但是，同时他们接受了节目的个人主义、反税收的主题：

> 唯一的理想状态是有尽可能多的收入……他们找到一些把它从你那里拿走的办法。

从这个维度看，小组成员认同节目对中层管理人员困境的构建，因为如果"我们讨论的是激励……它也会找上我们……"

他们认同节目所构建出的"我们"。此外，他们也接受节目另一种构建，即这个国家没有出现社会层级化，并正在遭受经济困难：

> 这种情况下让人感到有些伤感……
> 现在不是富者更富、穷者更穷……而是"我们"都在变穷。

226

对右翼联盟政治的参与体现出他们在工会和雇主的讨论中接受了博夫只是代表"我们的利益"的观点。此外，就像节目提出的问题一样，应该对这个问题负责的是工会而不是雇主。他们接受弗雷泽的自我介绍，认为他是一个不感兴趣的、客观的旁观者，不能"做任何事"。

> 弗雷泽说的一些东西……基本上对他所要说的没有什么支持……

他们接受《全国新闻》节目对工会的看法，认为那是实事求是的：

> 让我们面对现实吧，这是工会联盟，它能决定任何事情……采访记者的意思是说，我代表你，代表这个国家的每一个人，你们愿意合作吗？这样我们就能获得［减税］……

他们认可《全国新闻》节目的问题机制：

> 我认为这是一个公正的节目，就是说它没有任何动机想要美化……你自己。

这种"现实主义"意识其实走得更远，表现为工党版本的现实政治联盟主义，即他们如何描述自己作为工会官员的地位：

> 本周，我们坐在这里［工会教育培训学院］……学习如何让其他人失业……这基本上就是我们所做的，我们认为这就是我们要做的，因为我们知道，其实对于绝大多数生产计划来说……唯一的办法就是让人们领取失业救济金。

第 21 组

该组成员主要是白人男性，银行经理，拥有中上层阶级背景，在米德兰银行开办的一所私立学院进行为期两周的在职培训课程学习，年龄为 29～52 岁，政治倾向主要是保守党。

该组成员关注的焦点是节目的报道或表达方式。与他们自身习惯的学术性或严肃性话语形式不同，他们认为，电视和媒介的话语形式与自身的经验是完全冲突的，他们无法同这种话语层级建立联系：

> 嗯，对我而言，如果我想了解预算我可能借助于第二天的消息……类似《每日电讯》……或者《财富计划》……（从一个完全不同的角度看他们重复了主要是黑人的哈克尼高等教育学院小组的评论，参见第 12 组：老实说……如果在家看的话，我就关掉它。）

另外，当他们被问道：

> 这是如何传达预算信息的？

他们回答说：

> ……这并不足够，坦白讲……
> ……它对我来说什么也没做……
> ……我发现这种情况很尴尬……
> ……我只是感到尴尬不安……
> ……我宁肯在三个或四个的反对意见中有些讨论……
> ……我的意思是更有回报价值……更多的想法……他们明确表达……

对他们来说，重点在于"想法"，而不是"人"：

> 问：实际的顺序是什么？——进入人们的家庭？
> 答：我认为并不需要——如果我们讨论的是想法。

界定"好电视"的标准不是直接"亲眼看看某人的经历"，这是许多工人阶级小组（例如第 1—6 组）的观点，对于这个小组来说，"好电视"必须基于深思熟虑的判断和事实。

> 在节目中，我们听到了什么？我们听到过许多人的意见，但不一定与

事实有关……有一些信息……和背景……你看到的人们的反应……都缺乏深思熟虑……

我的意思是……［劳斯莱斯公司的伊恩·弗雷泽］已经表明了这一点："我不准备对预算发表评论，直到我明天看到完整的预算报告……"

对于这个小组而言，《全国新闻》节目：

利用原始情感……他们鼓励……

能够引起轰动的东西……

这是娱乐……原生态的娱乐价值……

这基本上是不诚实的……

……我不认为它代表……

作为娱乐的……也许……可以接受……你现在可以牵着别人的鼻子走……如果你在谈论同公众进行的沟通，并且你想引导他们，我认为这是不诚实的……

与第17组坚持认为节目应该简短、高效和主题明确形成鲜明对比的是，这个小组认为《全国新闻》节目在这方面做得不够：

试着把太多的东西塞进一个特别的节目里。没有人真正有时间对问到的问题进行解释……然后就轮到下一个问题……你实际上没有了解到什么……

我忍受不了……我认为这是可怕的……从一件事……然后压缩、压缩，就到了另外一件事。

这种对论点的连贯性和发展的关注使得他们觉得，税务专家沃辛顿先生在接受采访时是值得称赞的。他们觉得这条新闻有点不平衡：

尤其是那个来自伯明翰的会计……非常明确地表达了自己的观点，而一般情况下这只会由坐在桌子另一边的人来表达……

但他们的主要感觉是，该条新闻至少包含了一个充分发展和连贯的论点：

节目中他被允许发展这个观点……

这条新闻无法为这个小组提供身份认同，这大概是由于在表达方式层面上两者无法取得一致。

我无法认同他们中的任何一个。

我不确定自己属于中层管理者……

对他们来说，整个节目的基调使他们无法接受，他们推测对其他人来说也是这样：

> 存在着极大的危险，我相信弗兰克·博夫没有认真地做这些事，而是充满了傲慢和居高临下……这是我发现的令人愤怒的地方——"你的收入将会是1.2英镑"……对我来说，博夫每年有20 000英镑收入……这足够了……

他们认为目标受众应该是：

> 汽车工人……中产阶级……以及更低阶层的人。

并且大声地质疑该节目可能是：

> 贬低……工资最低的工人。
> 他们强调这些对英国工人意味着什么……
> 这个范围内的工人……我认为它需要一种更聪明的方法来做同样的事……吸引更多聪明的人参与进来……
> 我想知道他们是否在轻视观众。

但这是一个不容置疑的观点，他们对中下层人群的看法也让他们产生了怀疑：

> 会有那么多人理解这些信息吗？……即使是问题的简单部分……特别是在那种节目中……

因此，他们认为：

> 他们并不理解——那些在大街上的人并不理解这个话题：他们只知道一周能挣10英镑。

节目隐含的意识形态问题几乎没有引起任何评论。他们基本上没有关注这个问题，因为它与他们自己的观点非常接近。我认为，在意识形态问题上没有争议和保持一致的证据就是缺乏相关评论。事实上，他们甚至否认存在任何意识形态框架，这显而易见：

> 问：节目隐含的框架是什么？
> 答：我不认为存在所谓的框架……
> ……没有任何主题……就像是一个预算大纲……

对于他们来说，这个预算专题报道唯一的要点在于：

留给你一个观点……比较深的印象就是［西雷］不要为任何人做得太多……

但他们对这种肤浅的观点持批判态度,因为它没有分析他们关注的重要的社会政治背景:

从另外一面看,他做得不够,但当时他有充分的理由……这一点几乎被忽视了……

第22组

该组成员全部为白人男性,全职,工会官员(运输和普通工人联盟、商店联盟、分化与联合工人协会、建筑工会、商业和技工联合会、面包师、食物和联合工人协会、农业和联合工人国家联盟),年龄为29~64岁①,有工人阶级背景,在工会教育培训学院学习培训课程,政治上是坚定的工党。

这个小组的成员认为该节目的问题完全不可接受,并伴随录影带的观看做出了很多自发性的评论。

节目	评论
街头采访后的链接: "我们在这里,大多数人似乎同意税收制度太苛刻……"	"这是一份血腥的声明,不是吗……来自四个被编辑过的采访,都充满了血腥味儿!"
采访沃辛顿先生: "……雄心勃勃的人……" "……当然拿低工资的工人将受益……从……呃……呃……"	"这家伙是税务专家吗?似乎像个傻子……" "可怜的中层管理者!" "啊哈!" "贪婪的人,他说了什么?" "工人们怎么办?!" "让我们看《十字路口》节目" "从桌子上掉下来的面包屑!"
三个家庭中的人事经理部分: "他没有一辆汽车……" "一间不起眼的平房……" "我们不再有鳄梨了……"	"哈哈!这是很好的一个!" "豪宅!他的洗手间比我的客厅还大!" "我们必须让女仆走!" "你听到了吗?"

---

① 前文提到第22组成员年龄在24~64岁,与此处不符,原书如此。——译者注

续前表

节目	评论
塔夫纳先生在他的花园里劳作。 "无论你得到什么——有些人正准备把它拿走。" "什么，当然是一个悲剧，他的孩子仍在读大学……" "一个人必须要开一辆车……" "他的孩子还在读大学……" "实际上都掌握在工会手里……"	"他穿的不是玛莎百货卖的鞋子。" "好！财富和利润的再分配……" "他们没有提到其他农民。" "开一辆车，他并没有'开一辆车'。" "我晚上工作就是为了这个。" "是的。"

231　　这个小组首先这样评论该节目：

显然是造作的，不是吗？整个事情……所有从头到尾的图像看起来都很造作……我认为，我们需要关注的是本地节目。

他们认为不可接受的右翼观点也被视为节目的特点：

最普通的电视节目；连续剧……你知道，呃，《平民医院》，它是如此右翼，令人难以置信。——任何时候它在民众面前都向高级管理人员施加压力，"你必须尊重顾问和医生"，"他们是做出决定的人……他们知道自己在做什么"……

他们认为节目的街头采访太过狭隘，而且提供的观点样本太过具体，又带有"阶级固化"色彩，无法用作背景信息，而这种背景信息的实质在于节目代表自身提供对"大多数人想法"的"总结"。

然后，实际采访的方式是……非常仔细地选择在伯明翰市中心，午后……与商店店主和商人——没有一个清洁工……没有任何穿着"威利靴"的农业工人……纯粹是商店店主这些中产阶级在购买他们的鳄梨或者其他东西。最后他说"大家都同意"——他遇到了四个人。我不知道有多少人住在伯明翰，但是肯定超过四个人……他只展示了他想展示的内容。

税务专家沃辛顿先生，被认为是一个"傻瓜"：

当然，每个人都相信这家伙是专家，电视告诉我们他说的那些话，他可能也会读一份托利党中央办公室的简报，我想大概他就是这样……他们不只是让他拿出事实，还询问他的意见。对我来说，一个独立专家应该告诉你事实，而不是在整体政策层面上告诉你他的意见……

这个小组认为，沃辛顿先生被允许在节目中"自由发挥"，这与他们接受媒介采访的经历截然不同：

这个场景的发展是可以持续下去的，不是吗？魅力男孩[即主持人]只是坐了回去，并让他继续……

我们发现，作为本地媒介——你知道我们有良好的关系，但与管理层的观点相比，我们总是被弱化。

这个小组成员对节目的陈述或者表达方式进行了评论：

我对大多数《全国新闻》节目的主要抱怨，除了政治节目之外，就是他们似乎对要讨论的每一个话题都以轻描淡写的方式处理。当一个话题开始被深入讨论的时候，他们突然说："好吧，就是这样……"

但至关重要的是，与第21组认为的关键问题不同，对这一组来说，节目的政治观点或问题是他们关切的主要焦点，而前者则关心节目的报道形式问题。他们强烈反对的观点是：

他的观点是，这个可怜的、压力重重的管理部门……他们让农场工人在这儿……好吧，"你拿到了1.90英镑——你对此满意吗？——现在离开"，然后"现在，你，可怜的家伙，你有每年13 000英镑……和免费的汽车……上帝，他们只给你1.10英镑——我敢打赌，你说不出话来！"……

……让人同情的是，你很穷，你的薪水很低，我们都知道这一点，因为不管怎样，这都是你自己的错。整个节目从一个前提出发，即无论预算如何做，都不会使国家受益，除非中层管理人员大幅增加。这是节目的主要前提，他们从那开始……他们把农场工人简单地扔到天平的另一端。

这个明显的"假设"对于该组成员来说是显而易见的，同第21组对其的忽略形成了鲜明对比，后者认为节目并不存在这类特别的"主题"或"假设"。出于政治原因，这个小组认为《全国新闻》并非他们的节目：

不是为工会官员的，是为中产阶级的……

毫无疑问，他们认为中产阶级是国家的支柱……他们允许农业工人进来，因为中产阶级可以看不起他，说"可怜的家伙，但是我不能给他任何东西，因为我没有我的第二辆车"等等！

就他们而言，整个工会和雇主的讨论对斯坎伦完全有偏见：

  他[主持人]将他推入一个角落……这是第一次评论，立刻让他到一个角落里，然后对手（即弗雷泽）应该被平等对待的……或多或少支持博夫对斯坎伦的攻击。

  是的，除了你必须意识到斯坎伦熟练地把大部分的攻击都化解了——他真是一个老手。

  但需要指出，直接问题……

然而，该组成员的评论中还有另一个主题，特别是关于税收和激励问题的。对"累进税制"的辩护体现出他们重要的政治观点：

  那么社会工资呢？只有税收分配……税收把它从你那里拿过来给我……我的意思是，如果你不能从那些能够支付的人中获得所得税，你将无法为那些无法支付的人承担费用。

  只要我能从我纳的税中获益，我就心满意足了。

就这一点而言，这里似乎出现了一个更为"协商性"的观点，它与第20组关于工党"现实政治"的评论有很多共同之处。他们认为，对于《全国新闻》节目在税收和激励方面观点的批评是错误的：

  这并不一定是对该节目的批评……许多高收入的熟练工人落入了完全相同的陷阱……他们可能自己收看节目……

就像他们不方便表达的那样，从某种意义延伸出来，斯坎伦的一些自我评价需要"照顾"到强大的技术元素……

  全职官员的主要对象目标之一是保持差异化……

  我不是说有差异就好……但作为工会成员你必须维护它……

事实上，他们将此扩展到对《全国新闻》节目观点的部分辩护之上，至少在税收问题上达成一项关于什么是"合理的"含蓄性协议：

  我认为我们应该把这个国家的所得税定在一个合适的水平，让每个人都能工作且从中有所得……

  因为毫无疑问，你越往上爬，就越难从所得税中获益。

他们把这个国家的所得税提高到了这样的程度，不管你工作多努力……

事实上，他们也讨论了主流媒介关于工会主义报道的另一个主题：

在这个国家有很多……工会，它们能够产生更多……英国利兰是一个开始。

这并不是说他们完全赞同这种协商性/"现实主义"的观点，因为这与他们整体政治观点的其他部分是矛盾的。更确切地说，这是对于一种协商性编码的讨论，而在讨论的不同领域或层次上存在着不同观点的矛盾。

第 23 组

该组成员都是白人，男性和女性都有，职业有商店店主和工会积极分子（运输和普通工人联盟、公民及公共服务协会、全国印刷技工协会、图像与媒介个体工作者协会、图像与关联行业协会），有上层工人阶级背景，23～40 岁，在伦敦中央理工学院兼职攻读劳工课程，政治倾向主要是社会主义或工党。

和第 22 组一样，他们自发地对节目进行评论：

节目	评论
沃辛顿先生：	"啊哈！糟糕的中层管理。" "他代表谁？" "啊呀。"
"少有的非常好的辛勤工作者" "受益于额外的……呃。"	"哦，不。" ［中断］"剥削！"（参见第 22 组） "似乎人人都渴望成为中层管理者！"
达拉森："不以牺牲服务为代价。" 博夫："一点也没有帮助……" 经理："他没有自己的一辆车……"	"好小伙子。" "该死的混蛋！" "告诉我们另一个。"
塔夫纳夫人：	"听那个口音！哎呀。" "是的，每年 7 000 英镑你就会饿死。"
"……无语……是正确的词。" "必须开一辆车……" "……他在做特许会计师。" "我们实际上掌握在工会手中。"	"闭嘴！" "这是由该公司支付的！" "学习税务诈骗游戏！" "我们走吧！"

就像其他许多工人阶级小组一样，他们对 ITV 电视台所表现出的灵活和

玩世不恭风格表示偏爱：

> 太不可思议了，《全国新闻》和《今天》两个节目差异明显——BBC总是显得高人一等。

> 过去《今天》节目在周五晚上有一场辩论，开放性的论坛，没有经过任何彩排……你会看到普通公众的代表、发言人，他们都完全没有做事先彩排，你将会看到大伦敦市议会的领导者们将遇到真枪实弹的质询，听众随意地站起来，说出他们要说的话，我过去认为这种辩论是很合理的。

他们在某种程度上认可《全国新闻》节目的报道模式，或者至少不会以"严肃时事新闻"的标准来否定它。他们认为节目是这样的：

> 只是娱乐，不是吗？我的意思是，你知道，就是这样……他说："这涉及当天的问题，而且相当有趣。"

> 这节目看起来挺轻松的……

> 你知道，你看到那个家伙试图斗争，鹦鹉学舌似的，后来他输了！……

然而，总的来说，他们反对《全国新闻》节目中的以下方面：

> 这是一种抚慰人心的方式……就好像你可以解决一个棘手的问题，然后把它包起来……你懂的——我们都在同一条船上，而且很明显我们都要活着战斗到明天……你会有理性，是快乐的人……最后让我们高兴一点，所以也没那么糟糕。

但节目"风格"不是他们的全部关注点；即使会以对"风格"的评论作为开始，中途也会转向他们的主要兴趣点，即节目的阶级政治：

> 我并不是在讨论这些论据的实际可信度，而是它们所营造的一种欢乐的表演气氛，所有人都在自嘲不幸……就好像他们［制片人］会鼓励他们辞职一样。

> ……除了中层管理者之外——当时他们并没有被鼓励这么做——那是"你一定说不出话来了"，那里没有欢乐。这是"悲剧"……那个很有同情心的"裁判"对这个家伙说……他有一个词至少用了四次，他在一分钟内至少说了四次"不幸"，这真是太棒了。

他们认为自己无法接受节目对人事经理的高度偏见。

　　我也不相信……我不相信泰莱公司的人事经理只能得到这些。

　　是的，他有一辆轿车……奖金……7 000英镑是申报纳税的金额，剩下的来自资金……

　　他们对他充满了大量同情……他们用"不幸"这个词……不幸一直伴随着他……

同样，他们认为工会和雇主的讨论也是具有高度偏见性的。

　　即使对BBC的节目来说，也不存在任何的中立态度……

　　来自劳斯莱斯公司的家伙甚至都没开口。我很惊讶，他只是说："我们可以问斯坎伦先生，他挺尴尬的。"

　　（参见这些小组，它们的成员认为弗雷泽发言机会很少，这意味着节目对他存在偏见。）

　　他对斯坎伦说："瞧，责任在你身上。你调整他的工资。"……工会领导人总是被告知："嗯，你是在治理国家。"

　　然后，当他对那个家伙说："你肯定心烦意乱，工业一定会变得萧条。"（这是对的！）"……一切都在我们掌握之中"（就是这样！），"作为成员……"（这种关联一直存在）……是的，就像你说的，争论被限定在一个非常狭窄的范围内……你看，这就是问题。

但是，他们用一种嘲讽式的口吻，觉得斯坎伦"做得很好"：

　　实际上，斯坎伦非常狡猾，所有"工党普通党员"……"我的工党普通党员将决定。"——可他的工党普通党员直到工资政策被强制执行时才知道。

他们反对节目声称代表"我们"的说法：

　　令人恐惧的是整体节目的第一行，它告诉我们"松鸡"[①] 是什么，主要的松鸡，不是吗？你知道的，是所得税。

此外，他们拒绝接受节目的"前提"是国家整体利益的看法。

[①] 松鸡代指对所得税的抱怨。——译者注

> 我的意思是，节目的全部意义在于，大家的利益是一致的……
>
> 那些认为税收太高/缺乏激励的工人——这就是我所记得的托利党所推行的（右翼）和媒介所大肆宣扬的没有人想工作……社会各阶层的穷人都受到同样问题的打击。
>
> 当他们说"他们是如何应对的"时，他们让可怜的老年中层管理人员，呃，在花园里挖土……
>
> 他们有一些共同点——如果不得不这样做的话，他们都得去干点儿挖土的工作，你知道，所有的人。这就像战争爆发时，"各个阶层都得各尽所能"，呃，你知道的。

他们不认同"我们"这个概念，认为这是节目试图构建出的视角：

> 我的意思是他们想要"我们"，他们希望观众，普通观众，都认为……"我们"……这就是为什么我们有这三个家庭（是的），而且他们表现得很有同情心，所以"我们"坚持，"我们是……"。

小组成员对以下现象持高度批评态度，即他们发现节目存在一系列的"内容缺席"（即未涉及的新闻主题），而这些主题都被节目的问题机制排除在外。

> 没有关于投资、增长、生产、创造就业的讨论。
>
> 嗯，没人提到失业率。我的意思是，这很神奇。
>
> 总体来说，我的意思是……过去的预算一直是与就业水平有关的，在没有提及失业问题的情况下，就能完成整个事情……
>
> 我的意思是，这并不是真正意义上的经济学讨论。你知道，没有人谈论，他们，投资，呃，生产力，如何发展经济，诸如此类……
>
> ……如果所有的经济取决于税收控制，或……（是的）没有增长，也没有投资。

特别是他们对节目在税收问题上的"片面"观点持批评态度。

> 问题的主线在于……我们没有任何减税，这个国家是怎么了……
>
> 整个事情里，根本没有提到税收的问题。你知道，我们应该缴税吗？唯一的答案是，当然，我们应该被征税。
>
> 这里没有提到"税收不好"和"你不应该支付这样的水平"。有一些人，他们自己没有过错，他们的工资是如此之低，他们必须让它在别的地

方体现出来，而这必须从税收系统中脱离出来。

> 是的……税收是一种拖累……但就像要把车开到路的左手边一样——我是说，试着把车开到另一边去。

他们意识到在节目中有一些奇怪的时刻，这些时刻让人觉得这些问题开始浮出水面，但同时又觉得这些问题很快就会被抹掉。

> 有一个人［达拉森］提出了一个非常有趣的观点——是的，我们需要激励。但这并不是以牺牲医院和学校为代价——这一点从未被接受。

类似的，他们感觉到：

> 薪酬政策简短地被提到了。斯坎伦在最后两分钟里提到了这一点。不管怎么说，他是一个很坏的工会成员。

至关重要的是：

> 没有任何关于股票和分红的参考意见。你知道的，有了这些东西，积累起财富来轻而易举，但是你知道，根本没有任何参考意见。

这个小组的观点与节目是完全对立的：他们不只是简单地拒绝特定新闻的内容或偏见，而且用完全不同的概念重新定义了这条新闻中存在的问题和隐含的评价。

> 总是假设有些人超过某一水平……例如，在一份工作中，你有权利吃鳄梨，而其他人都没有。我的意思是，我们可以跷二郎腿，然后说有人做体力活，是体力活！再加上他的头脑，因此他不会将拖拉机撞到树上，你知道，每个人都需要吃得好，如果（右翼）吃得不好，那么中产阶级也吃得不好。

他们恰恰认为《全国新闻》节目是：

> 假设应该把重点放在这里……你懂的……就好像你是一名注册会计师，比那些实际上只是讨论我们吃喝问题的人更重要。

就他们而言，节目代表的不同类别劳工的相对价值和重要性与节目里提出的标准有偏差：

> 几乎所有人都强调这一点，主持人，专家，除了个别工人，还有中层

管理人员。（对）现在一直是按照这个思路走的。就在最后，你突然意识到，是斯坎伦和所有这些可怕的工会成员正在摧毁工业，因为他们持续要很多钱。（是的）你知道，我的意思是，一个农场工人，生产我们吃的东西。没有人认为他重要。一个熟练的工具车间工人，也没有人认为他重要……但是就我们的经验而言，人事经理却被认为很重要。你知道［笑声］明天他们可以挂断电话，没有人会注意到差异，他突然变得至关重要，对整个行业都非常重要，经济，国家（右翼）……这是一条贯穿始终的政治路线。

这种简单的理论预设与他们自身经验不太匹配：

关键问题是，似乎农场工人和工具车间工人都无关紧要，他们都不是经理。而工业领域内的这个小型群体（管理阶层）却很重要……我的意思是，根据我们的经验，他们做得挺残忍，有害无益，应当摆脱他们——最近发生的福特事件，领班罢工了两天，但他们不得不重新开始，因为这并没有造成任何不同……人们突然发现，自己没什么价值。

此外，这不仅仅是一种在"体验"层面上的拒绝，也是一种理论维度上的拒绝，就价值起源的经济学理论而言，这与他们在节目中看到的古典经济学理论相反。

这是一种对企业家特殊技能的信仰，这种技能让财富像魔法一样，通过告诉这些白痴该怎么做，你知道，嗯，这是一种特殊技能。注意，这是真的有关系……在古典经济学理论中，你可以看到生产要素、投入、工人……成本核算和其他东西……这只是管理者和所有高管的技能。这些人能够利用技术和机器等资源进行获利，他们利用判断力和技能创造利润，而不是凭借辛苦的劳动。工人也能够得到一些利润，并把它带回家，你知道的，显而易见，这是对财富来源两种完全不同的解释——基本常识。

就节目对女性的表达来说，这个小组也持保留意见：

有趣的是，他们也利用女人，"我问凯西关于家庭预算的事"，就像她待在家里照顾孩子和喂猫一样。

此外，他们没有对这条新闻和《全国新闻》节目进行简单拒绝：

> 我觉得在某种程度上不能孤立地看待这个节目，我的意思是，《全国新闻》节目和《太阳报》、《镜报》以及《每日快报》都一样——全是废话。
>
> 然后你开始意识到，你知道……所有事情都是被设计过的。

有趣的是，这个小组最清楚地表达了自己"解读"节目的社会和政治条件，他们清楚地以社会政治结构而并非仅是"不同个人观点"问题为依据。

> 让我们做到公平……就是说我们看到的是一群专注于工作的人……我的意思是，毫无疑问，你对银行经理的反应会完全不同。

第 24 组

由于磁带录音的错误，该小组后来被排除在分析之外。

第 25 组

该小组成员是黑人（西印度群岛人、津巴布韦人）学生，主要是女性，年龄从 18 岁到 37 岁不等，具有下层工人阶级背景，在哈克尼高等教育学院全日制 A 级社会学专业学习，政治上主要倾向于工党。

这个小组成员对《全国新闻》节目基本都是负面反应：

> 节目做成这样我真不如去睡觉……很无聊。

这在一定程度上是因为他们不认同《全国新闻》节目的受众形象。他们明白这不是自己的节目，而是以下这些人的节目：

> 富裕的人……中产阶级……他们在谈论税收形式［即观众们在街头采访中看到了自己的"替代形象"，所有这些人似乎都是中产阶级］。

这几乎是在重复第 22 组的评论：所有的中产阶级，多数是商店店主和商人。

当被问及如何看待节目的基本观点时，他们再次表示无法接受。他们先从自身社会学专业角度对这种拒绝进行了解释，随后转向自己的观点。

节目很保守。它总是体现主流秩序……最近节目非常保守。他们仿效艾斯翠德·普雷尔①做了一件事——让德国的监狱看起来非常舒服，你可以在任何想去的地方活动——他们让那些支持她的人看起来似乎沉迷于自己的政治游戏，这些人生活在"公社"之中。

他们更喜欢（某种程度上也认同）的节目是那些直接植根于工人阶级生活的地方性新闻，而这些新闻是通过限定性的、中介化的方式呈现出来。

相比较《全国新闻》而言，他们更喜欢ITV的电视节目：

有大量的影像图片，而且不太唠叨……也许是因为它的地方性特点更强，这不是全国性的……也许是与观众有更多的联系……

他们认同（在某种程度上令人惊讶，考虑到他们的黑人亚文化和新闻中的白人/北方文化之间的差异——尽管他们有共同的阶级意识）：

《加冕街》……也许［笑声］……好的……或许，我们听到有人进来说："你听说发生什么事了吗？好像和我有关……"你知道，人们确实倾向于认同这一点。并不是他们所说的那样，"这是一个精确的复制品"。当然不是，但你知道，就像当地酒吧里的八卦一样，剩下的那些……

但除了这些间接性的认同之外，还有一小部分电视节目可以直接与这个小组进行关联，主要是黑人成员。由于他们觉得这些节目被白人观众忽视了，所以引发了他们的不满。

我还记得当《根》在上映的时候，我就冲过去看它，坐在电视机前，我可能会坐下来讨论《根》这部剧，然后我就去工作，但没人对它进行评论。如果最后是你提出说看了这个剧，并说："是的，这是一个很好的剧。"——那么闭嘴，《大屠杀》正在播映，所有人讨论的重点是这部戏，而不是《根》……

它在《根》和《马丁·路德·金》的基础上找到了一个共同部分。我的意思是你可以自己谈论它。你可以在你的朋友和亲戚之间谈论这件事，

---

① 艾斯翠德·普雷尔系20世纪70年代的联邦德国左翼组织巴德尔-迈因霍夫集团的女性成员。——译者注

因为他们可以和你一样认同它，但是，假如你……我不是说所有人……但是是大部分白人……他们对此一无所知。他们会说："哦，那是部好戏"，或者"是的，我明白金为什么必须那样做"……你知道的，他们正在反抗的东西，其实他们毫无兴趣。

他们不知道这和他们有什么关系。他们压根儿不想知道那么多……

这个小组始终对节目保持对抗性解读姿态，主要集中在它的问题机制上，并对此进行了全盘否定；相比之下，节目的报道模式没有被评论。由于他们的阶级观点，他们拒绝接受节目在不同发言人之间进行的"可信度等级"划分：

从阶级角度看，相对于管理人员，我对农业工人更加同情。

他们可以看到节目话语倾向于管理人员（节目对某些语言和表达编码的倾向性被另外的社会/教育等级取代了），因为：

一个农场工人，从他自己的经验和生产方式来看，我的意思是，他不可能像管理人员那样知道该如何进行生产，不是吗？

他们承认，自己的解读方式与节目的倾向是脱节的，但由于后者缺乏阶级视角，他们拒绝接受它：

问：你的解读与节目内容相符吗？

答：不，我不同意。不，我不这么认为。我认为这个节目或多或少都在说（即从"元语言"的内涵层面看）不仅仅工人阶级，也不仅仅是下层阶级的人受到这样的对待，而是所有的阶级。我认为这就是它所做的一切，我不认为它真的从任何真实的（＝阶级？）角度来对待自己的观点。

这个小组完全从相反角度对税务专家沃辛顿先生进行了解读，与"普遍性机制"——它意味着从"特殊利益"转向"普遍利益"——相反，这种理念是沃辛顿发言的核心。但他的发言被简单地解构为一种"利己主义"。

你明显感觉到税收是有利于沃辛顿的……他说，税收将直接使中层管理人员受益，并增加激励，同时工人阶级也会间接受益（参见工会教育培训学院小组针对沃辛顿的发言的感叹词）。因为中层管理人员会得到更多好处，所以会提高生产总值——他完全支持激励性方法，上层社会……

这段解读与伦敦印刷学院小组（第26组）的解读形成鲜明对比，后者认为沃辛顿并没有在谈论"自己的工资……再投资可以获得更多利润……并创造就业机会……"很明显，第26组是从"大众利益"角度对沃辛顿的发言进行了解读。

与第26组另一个不同之处（第26组认为节目在工会讨论过程中偏向斯坎伦）在于，这个小组明确认为，工会讨论是围绕着一个"反工会"问题展开的，他们对此无法接受。劳斯莱斯公司的董事长和主持人被视为联合起来对斯坎伦进行强有力的攻击。

> 他们一直在说斯坎伦，说工会统治了国家……我看得出他们在故意刺激休·斯坎伦……专门针对他，还有其他管理人员……劳斯莱斯公司的董事长平静地坐在后面……就像和"我们"一起坐在后面，说道："看看他对我们做了什么，我也被卷入其中。"

但他们也认为，尽管存在这种"结构"，但斯坎伦并没有被"问住"：

> 我不那样认为……有些问题他回答得很巧妙，尤其是最后一个……他们试图让他说些什么……他说："好吧，我把这个问题带到工会，看看他们说什么，你知道的，我不得不那样做。"我觉得……斯坎伦确实摆脱得游刃有余。

在对这条新闻中"家庭"部分的全部内容进行解读时，这个小组明显支持人事经理：

> 我认为那个中层管理人员在某种程度上是自由的——因为他们只问了他一个问题，然后他就继续说下去了……
> 他们把他带过来的时候气氛很好……他被视为合适的人选……这对公司的未来是必要的……所以他应该处于一个更好的位置——是的，当他的1.10英镑出现的时候——喘息、休克、恐惧……他走了过来，好像很穷似的……你知道的，1天只有1.10英镑哪！
> 你能养活你的孩子吗？
> 我是说，他们真的受够了！

他们尤其批评节目关于经理的看法并不全面：

> 他们没有说任何关于这位经理的娱乐……经理的娱乐方式，休闲，他们什么也没说——我的意思是，除了她［经理的妻子］说："哦，我们再也没有鳄梨了！"……作为一名经理，你希望他能有一点娱乐，而他们却一点也没说，他们在闲暇时间花了多少钱。……他还开了公司的车，他们付了钱。

当经理的妻子抱怨她再也买不起鳄梨时，他们从单纯的批评变成了觉得难以置信的笑声：

> 她就是这么说的［即用一种非常"圆润"的口音］。"现在，我们得减少饮食了！"你知道，她们其实压根儿就没那样做！……她说的真是太奢侈了——她说你不能再吃鳄梨了！

此外，他们还意识到节目所显示的底层阶级以外的另一种贫困表现形式：

> 另一件事……他们只呈现出农业劳动者，他们没有呈现工业城市的劳动者……农业劳动者……好的，他的收入如此这般，但他能拥有一小块土地来种植蔬菜……他可以增加收入，而工业工人则不行。

与其他小组相比，这个小组的成员依据对节目中的"性别角色"描述，专门对"三个家庭"内容部分进行了具体的女权主义批判。

> 当他们谈论钱的问题时……他们对她说："肯的钱是怎么花掉的？"他们没有问她自己的钱的情况，她用自己的钱做了什么……在他们看来，这只是零花钱……就像他们谈到农业劳动者，就会说到他的奢侈品，那属于他，而不是她，我觉得这真的很典型。

此外，根据麦卡比（MacCabe，1976）提出的观点，意识形态的作用是"描述"或"解释"受众的生活，而这种"描述"或"解释"的成功或失败，往往伴随着"文本意识形态观点"的接受或拒绝。这个小组成员拒绝接受节目对他们"生活"的描述。他们在这种关于"家庭的话语"中找不到任何"认同点"，而主持人博夫则试图让我们相信，"绝大多数英国人都应该同意这种对生活的描述"。在内城的黑人工人阶级家庭结构的特殊经历根本没有被考虑在内。对他们来说，家庭生活的图景就像是儿童读物《彼得和简》的阅读主题一样不合适。

它没有展现单亲家庭，他们如何计算，一个普通家庭的房产……所有这些人似乎都有汽车，有自己的房子……财产。

此外[这是为了验证约翰·O.汤普森（Thompson, 1978）对《全国新闻：日常电视》一书的重要评论，他声称，解读《全国新闻》节目话语既是对弗洛伊德的逃避，也是对马克思的逃避]，家庭领域也充满着斗争和矛盾，但在对这种情况没有任何概念的前提下，这个小组的成员仍然非常清楚《全国新闻》节目对于家庭生活描述的不足：

他们呈现家庭……就像所有的丈夫和妻子一样，为了应付这个问题，他们也要面对问题。我的意思是，他们没有表现出冲突和斗争，我们知道将要发生的事情。我的意思是，这不是，对我来说这不是真实的画面——它太和谐，太做作了！

或者，更简单：

他们不考虑普通家庭吗？

当然，《全国新闻》节目也会进行上述表达。这简单地表明，对于"家庭"这样的"中心能指"来说，缺乏统一的"符号共同体"。节目话语对于"家庭"的表达同这个小组自身话语和经验中对"家庭"的表达并不一致，因此遭到了拒绝。

第 26 组

该小组成员为男性，主要是白人，印刷管理培训生，年龄在 22 岁到 39 岁之间，多数属于上层中产阶级，政治上主要倾向于保守党。

这个小组对节目的基本态度是批评和缺乏认知的，但从一种明显的右翼保守主义观点看，《全国新闻》节目被认为是政治"左翼"。这可能是由于这些成员自身的国家政治体制具有差异性——南非、比利时、希腊和大不列颠；这种政治层面的脱节与他们对英国电视编码规则的缺乏了解，以及自身主要的政治观念并存。

第 25 组批评该节目缺乏任何"真正的"的观点，这个小组则认为节目观点是可以接受并符合他们自身立场：

我认为这是相当平衡的，他们说："这个人的境况并不太好，低收入阶层情况也不怎么样。"你知道，这是一回事，实际上大家情况都没有好转。

然而，当涉及具体收入时，不同国家之间标准的差异带来了一些复杂问题：

他们认为，人事经理已经算是高薪了——难道不高吗？7 000英镑！

从讨论主题的维度看，《全国新闻》节目被视为具有"左翼"立场：

在《全国新闻》节目里，一个可怕的事实是，它们非常主观。人们非常倾向于同情劳工……我经常看节目，他们总是有偏见。例如，如果有人获得了10 000英镑，节目就会盯着他，仿佛他是一个有钱的混蛋。这就是我发现在《全国新闻》节目中一直存在的……他们提到有些事情……有的人收入超过20 000英镑。然后他们说："噢，是的，混蛋……"我认为这是极度偏见，按照这样的提法……我经常看着他们，《全国新闻》节目，这就是为什么在我脑海里有这个想法，他们也有着同样的想法……

从他们的角度来看，这个小组将节目内"激进的民粹主义"令人不安地组合解读为一种纯粹的"激进主义"。从某种意义上说，这个小组并不认同节目话语的文化符码——在某种程度上，他们甚至将节目解读为对小型商业的敌视：

我一直发现，在《全国新闻》节目内，他们会对人们进行排名，一旦他们有了太多的钱，就真的会把人们拖进泥潭，因为他们是小商人，他们没有受到重视。

此外，这个小组对工会和雇主讨论的解读只集中在形式上——谁说得最多，而不是基于雇主观点的结构性主导地位，这种主导地位建立在谁提出的问题能够为讨论设定"条件"的基础之上，而不是基于谁发言时间多谁就有优势：

来自工会的那个人说了什么，然后他们问了来自劳斯莱斯公司的那个人一些问题，然后他马上又问了那个工会的人。

……他们没有给他一个机会，做管理的那个家伙。

后来，对节目所谓"政治激进主义"的解释是通过严密的经济学视角表达出来的：

> 我的意见是BBC和ITV。ITV不可能是社会主义的，因为它是私营企业。BBC是国有的，所以是社会主义的。这就是它在这个国家的运作方式。

这一观点显然与媒介机构"相对独立"的借口无关！

然而，这个小组中也存在一种次级解释，它多少与这种鲜明的保守主义观点相背离。学生们（作为培训经理）沉浸在商业经济学的学术话语中，这让他们对这条新闻中争论的复杂性感到不满：

> 你不能在没有说明公共支出的情况下谈论税收水平……我指的是更高税收可能意味着你有一个更好的邮局服务……方便沟通传播……这不是你收入的减少，这只是你收入的另一种方式。你如果没有看到公共支出的数字，就不能真正谈论更高或更低的收入。

再一次：

> 我发现这是一个很蠢的观念——天真地说你可以降低公共开支……我的意思是你可以说削减公共支出，但以何种方式？是防御，是运输，还是什么？住房吗？

针对税收问题，一位比较沉默的发言者把讨论从批评节目缺乏"复杂讨论"层面转移到了"政治批评"的层面，体现出工党分子立场：

> 实际上，我不理解或不支持之处在于他们给人们的额外津贴。我认为应该给那些工作的人提供足够的基本工资，这样他们就不用非得接受额外津贴了——这是不公平的，因为很多人都羞于接受额外津贴。

在那些被《全国新闻》节目视为"左派"的人士看来，这是一个明显的问题。但是，这个观点与小组其他成员所表达的意见不一致，因此没有被展开讨论。

占主导地位的"保守主义"主题也受到了"学术性"的批评，即认为节目没有产生足够复杂的讨论。令人惊讶的是，在对沃辛顿先生（税务专家）的采访中，许多小组都认为沃辛顿先生被允许自由地表达自己的观点。

> 在《全国新闻》节目中，他们总是试图让你说出他们想让你说的话。他们不给你时间，也不给你机会去解释你的想法，让你更深入。

尽管存在对采访形式的批评，但沃辛顿所提出的古典自由市场经济学的观点还是得到了这个小组的由衷赞同。如前所述，第25组将沃辛顿的发言解读为一种真正的"意识形态"演讲，即将个人/局部利益伪装成大众/整体利益的代表。这个小组则用恰恰相反的方式为沃辛顿的论点辩护：

> 这不是他个人的观点……他没有说经理应该支付更多——他说，商业应该允许更多的利润以便投资，它盘活周转资金和创造新的就业机会……周转资金……所以我不确定他在谈论工资或福利——他是在谈论支出和投资。

而且，对于利润增长不一定会导致投资增加的建议，他们发展了自由主义市场问题机制来予以会回答：

> 这是因为这个国家的管理层害怕投资。他们让管理层害怕投资，因为这是一个非常不确定的时期。
>
> 问：谁让管理层感到害怕？
>
> 答：工会教育培训学院，政府的代理人。一切似乎都是为了工党……但在以错误的方式运作，但是……他们不展望未来……明天的情况……

这个问题具有内在的连贯性和复杂性，与个人反应的合理性无关：

> 我来自一个非常保守的家庭。我曾好几次想在《全国新闻》节目中接听热线和拨打热线，因为我看到有些人因为资金雄厚而渡过了难关。
>
> 对于《全国新闻》节目来说，他们都是猪，猪抢了这个社会所有的钱。

为了对古典经济学价值起源理论进行充分辩护（参见工会小组在此插入了劳动价值论），他们指出：

> 但你们不要忘记，正是"这些人"为这个国家提供了一切……"这些

人"是雇主……

当然，这是他们应得的。人们的工资不是根据他们在这个国家能做什么而定的。

综上所述，重点在于：

如果你有一个自由市场体系，每个人都能自由地做他想做的事情…………如果你想得到什么，你可以去做。

注释：从某种意义上说，这个小组在政治层面上明显"右倾"，他们可能会被视为基于"右翼"立场对《全国新闻》节目进行对抗性解读，认为这是一个左翼/社会主义的节目。然而，他们的观点实质上和节目话语是一致的；除了国与国之间的差异和不了解情况的困难之外，他们与节目在观点上的相似之处可能比他们意识到的要多——仅在正式意义上考虑。例如，作为"主体"的群体之间关系的形式与话语的"意指链"有关。第25组和26组的回答可以认为是对等的；两者都属于与这个意指系统相对的位置之外的主体。然而，这种形式主义方法的不足之处，恰恰体现于用两个小组在政治/意识形态层面的差异性取代了这种形式上的对等性。作为话语及其解码在形式和意识形态层面的表达，这是需要质疑的。

第 27 组

该组成员为18～19岁的白人男性，有上层工人阶级背景，印刷学徒，全国图像协会成员，没有占主导地位的政治倾向。

他们和第26组一样，把《全国新闻》节目描述为：

比较左倾……大多数人认为这个节目是左倾的……

再一次，像第26组一样，他们把注意力集中在工会和雇主讨论的形式而不是结构上，把它看成是对工会的偏袒：

他们跟休·斯坎伦说得更多，是吗？
向他问了更多的问题……

他们显然对节目支持工会的立场感到不满。他们认为印刷工会就是把"犬儒主义"和"利己主义"伪装成一种原则。从这个角度看，他们对利兰工具车间工人肯·达拉森的报道持怀疑态度：

> 那个工具车间工人有点儿不可靠，他说自己一周只赚 45 美元，但如果了解的话，那只是加班费……

他们对这个问题的解读至少部分来自媒体制造的"贪婪的"汽车工人/"愚蠢的"工会激进分子的刻板印象，并引出一个概括性的表达：

> 他们的权力太大了……汽车工会的权力太大了，他们进行罢工，政府把更多的钱投入到〔英国利兰〕，税收增加了，但还是无济于事……他们发起抗议，工会，只是想向工人们表明他们在那里，在努力帮助工人。但如果有选择，我不会加入工会……对我来说，它带来的麻烦大于价值。
>
> 汽车工人，他们可真"优秀"。他们解雇了一个偷东西的家伙，结果导致整个地方都在罢工，他们只好重新雇用那个家伙，付给他所有的欠薪，尽管他一直在偷东西……工具车间工人，他们是队伍中最差劲的，通常造成麻烦的是这些人或者那些随处可见的油漆店……

此外，他们对这种刻板印象深信不疑，因为他们自身经历多多少少与此相关，它在现实中确实有部分依据（Mepham，1972；Perkins，1979）。

> 问：你认为福特的工人怎么样？
> 答：我的朋友……他在利兰工作……你知道。他一般去那里玩足球游戏，这是真的，他有一个足球游戏机房，闲荡，玩飞镖……他们一玩好几个星期才结束……
>
> 他们几个星期都不工作，因为这个地方太大了，我的意思是，我对福特员工了解很多，因为我认识很多在那里工作的人，他们可以连续玩好几周……因为他们人口过剩……你可以整天坐在那里打牌，咱们轮换着玩……你可以开小型出租汽车……甚至在我们这儿都有出租车司机……他们能赚一大笔钱……

无论这个小组成员自身的经验基础是什么，这种对待工会的观点都在意识形态层面上被视为对工会和商店管理阶层的主要刻板印象的接受，甚至在玩笑层面上也是如此：

> 你看过彼得·塞勒斯演的那部电影〔《人不为己，天诛地灭》〕吗？关

于工会的那个？……很典型的，大约是在两周之前……绝对典型，我的意思是，这难以置信——他是商店店员，整天坐在他的小木屋里说着兄弟们这个，兄弟们那个。

很明显这个小组拒绝接受质询。

与这种对工会"消极态度"相关的是对"自力更生"的强调，节目中"农场工人"部分就是以此为条件被解读的。这里并不强调把"同情"作为主要参考框架，而是工人自己解决问题的责任。

如果你觉得那个农场工人……这是我的观点……如果你负担不起正常生活……岂不是最好不要有两个孩子、三个孩子？……他的妻子出去工作。你必须搬到一个能提供很多工作的地方。这些地方税收的负担更小一些……

在这里，这个小组采用了节目的"右翼"观点，即大多数小组认为的这是在以一种颇有同情心但也有些傲慢的眼光来看待农场工人。在减税方面，正如税务专家沃辛顿所提议的那样，这个小组的观点显然与节目所倡议的一致：

他们可能会削减所有社会福利，比如失业救济金……有些人靠领失业救济金生活……他们应该为人们支付低于社会平均生活水平的工资，以便于后者能利用一切时间去找工作。这样的话，你［纳税人］的负担就会少一些。

尽管与沃辛顿先生阐述这些主张时相对学术化的表达方式相比显得格格不入，但就这一点来说，这个小组基本上与节目的问题机制保持一致：

我不知道他在说什么……好吧，他继续，这里一点，那里一点，没给一个明确的答复。

然而，尽管这个小组对工会冷嘲热讽，强调工作和自力更生，但他们对节目的解读并没有体现出直接的"保守主义"立场。他们的观点以相互矛盾的形式存在；因为尽管他们拒绝接受任何与工会和"不劳而获者"有关的阶级观点，同时也拒绝接受和厌恶自己所看到的节目对富人们的偏爱，就此而言，他们拒绝不加批判地报道人事经理的境况：

他们似乎特别关心赚钱最多的人……这似乎不仅仅是他能赚多少钱，

还有他的抵押贷款，以及他需要负担多少支出……

他总是可以得到津贴……他有一辆车在公司……汽油……旅行费用补贴……漏洞。他得到了一切……

此外，他们对"工会"的批评并不仅仅是对整体的"工会化"的批评，而是对一种特殊的、局部的"工会化"的批评。

目前正在印制的货币数量，太蠢了……工会，只关注媒介产业，并不关心其他人……他们只关注媒介产业……对其他事并不在意……

此外，他们一直不赞同这些工人进行自由集体谈判，即使这不是后者的错，因为工人们没有印刷或汽车行业工会的权力：

那些人看起来收入极低人却做着最重要的工作……警察、消防员……救护车司机，他们做得很好……你必须依赖那些维系社会运转的人……必须有清洁工，否则你不会得到垃圾清除服务……

显然，这个观点也可以用社会主义者而不是保守派的政治观点来表达。

事实上，他们的观点在政治层面上明显是模棱两可的。他们显然不认为自己站在任何一个主要政党的立场上。"政府更迭"本身被认为是一件好事，也许这是一种与既有政党政治领域的疏离，而不是内部的混乱。

很高兴政府无论如何有一个改变……

就我个人而言，我更愿意工党继续执政南方，我的意思是，我认为他们正在慢慢地解决问题。似乎没有一个政府能在足够长的时间里把事情搞清楚。

如果再招募一群白痴，他们会把一切都搞砸，你就会得到另一个只有三天的星期……

……我不知道任何人都可以投票给自由党。

……我认为政府改变是件好事。

……我认为工党政府将在5年内回归。

我认为他们会，因为撒切尔会做出正确的决定……好吧，我认为这是好的改变。因为现在的舞台……我投票给保守党，我只是不知道投给谁，你知道……所以我投票给保守党，因为他们在改变。

同样，他们对"管理"的看法是矛盾的，而不是一致的。

  一些经理就像那样……出去工作，但所谓的"出差"却出现在高尔夫球场，"谈生意"，所有这些"垃圾们"……但如果解雇他们，这个地方将会停滞不前。

  显然，与商店店主（第23组）激进的"反管理阶层"立场，以及实习经理（第26组）针对管理阶层的一致性观点（低收入工人阶层为这个国家提供了一切）相比较而言，这是一个不同的视角。

  最后，这种模棱两可的态度也被用于工会：在压力下，他们明显的反工会立场变得更加复杂。问题焦点从对工会本身的攻击转向对一种特殊的"工会化"的批评——对于那些没有权力的工会来说，这是一个自相矛盾的评价。

  是的……有工会是一件好事，但没有权力……
  你必须获得工会权力，但不能太大……
  我的意思是，你最好加入小型工会，但是如果加入大型工会，情况就会变得糟糕……腐败，我认为。

第28组

  该小组均为黑人（主要是尼日利亚人）男性，管理培训生，年龄在22～39岁，主要有中上层中产阶级背景，无明确的政治倾向。

  这个小组对英国政治或英国电视的编码规范和文化习俗非常不熟悉。因此，"税收问题"被转化为抽象问题并在抽象层面上进行讨论，作为一个国家必须面对的长期问题，对其的探讨主要基于哲学层面。小组成员对实际节目内容的详细讨论很少，这表明他们在内涵层面上很难理解节目的大多数内容——这可能仅仅是因为他们不认同或不理解支撑节目话语那些"自然而然"的文化语境。在很大程度上可以认为，除了节目给出的事实和数字，这个节目对他们来说简直莫名其妙。作为英语语言群体的一员，小组成员可以理解节目的"事实和数字"部分，但由于不属于节目所关注的文化符号群体，他们对节目的文化/内涵信息做出了矛盾和不可预测的解读。

  主要反应是这样的：

  节目很不错！

的确，他们认为：

> 你应该看看这个节目，因为它会让你更多地思考这个社会正在发生什么……如果你不看这类节目，你就不知道人们如何受到这样的影响，也不知道这个社会正在发生什么……

在这里，他们可能将《全国新闻》解读为一个教育性/严肃的时事新闻节目，并在这种背景下对其进行审慎的解读，也与之保持一致。

他们声称"赞同"节目的内容（尽管我们稍后会看到，他们对节目内容的看法非常矛盾）。

此外，工会成员和社会学学生小组等与之相反，他们批评节目是因为其人口抽样不平衡和排斥了某个特定群体，而这个小组可能是因为缺乏判断问题的经验标准，从而赞同节目所代表的群体范畴：

> 我喜欢它，因为节目展示了整体大众的一个横截面。

同一位发言者继续说，他赞同节目，并提出了一种"类马克思主义"的"税收"理论，这种理论与节目所偏爱的解释大相径庭。

> 是的……严格地说，应该根据需求削减税收。各尽所能，按需分配。

这个小组在理解节目的文化信息方面存在困难，因此针对节目中具体新闻的问题在原则上被重新解释为关于"主题"的问题。在由此产生的抽象层面上，对任何一方的任何承诺都被回避了。讨论的重点变成了需要进行"广泛的思考"，并"坐下来制订计划"：

> 我的意思在于……税收并不能解决问题。问题是你需要为医院和学校等等机构去征税。你必须激励那些正在工作的人。税收这种事情有两面性，这是一个非常困难的决定，政府必须坐下来制订计划。
>
> ……实际上，这是一个相当棘手的问题，很困难……
>
> 我现在想说的是，整体上看，正如我所说的，我们出了问题是因为没有广泛地思考事情！……我不站在政府一边，也不站在任何行业的一边……

当被问及节目对工会作用的看法时，这个小组的反应又是自相矛盾的，一开始就将自己置于节目的主控性解码模式内。

……我知道我刚到这个国家……我会说工会的权力太大了，如果工会协助开展这项工作，政府肯定会做一些事情来帮助普通工人……

但同一位发言者在继续表达的时候，显然没有评论与现在提出的主控性解读之间的矛盾：

……工会是为普通人争取权利的人组成的。与公民关系非常密切的人，是他们的代表。这就是为什么我不会说工会被赋予了太多的权力。他们实际上是在做他们的工作……

在具体的解码行为中，这种层面的矛盾也表现在不同小组成员提出的不同政治观点之间。这更可能源于"文化陌生感"对他们节目解读的影响，因而可以与截然不同的政治观点共存：一方面，对国家问题进行直截了当的"保守主义"解释。

如果你继续征税……即使你每月有2英镑，拿走1英镑，然后投资在哪里？投资需要资金，资金来自哪里，如果你削减投资，税收来自哪里？……很多投资者已经离开这个国家，因为税收……

另一方面，它也可以用相反的英国工党观点来表达。有趣的是，正是在这一点上，小组成员开始对节目具体内容有了一致性的理解：

在节目中，我们请来了人事经理，我想他拥有一个男人想要的一切，一份好工作，一个好家庭，一部电话，一个读大学的儿子……但他不满意……我的意思是，这对我来说是一大笔钱，但他却在抱怨。

对我来说，我认为高层管理人员不需要任何激励，因为他们不生产任何东西……需要的是技术熟练工，应该给予他们一些激励——因为对于每周要挣400英镑的男人来说，他不需要任何在工作上的激励，因为他不生产任何东西。他说，那个在利兰工作的人，他们正在把外国汽车进口到这个国家。我知道他在说什么，他在说丢了工作。他说自己干这份工作已经有20年了，所以如果像他这样的人受到激励，或者是农场工人，那么他肯定会做得更好，那么他在农事年结束时就会生产出更多的农作物。

第29组

由于磁带录音的错误，该小组后来被排除在分析之外。

第六章
不同小组解码的比较分析

一、关于小组解读模式的说明

总的来说（这是以忽略同一组内相互矛盾的立场为代价的），学徒组、在校男生和各种管理人员都是最能代表接受节目主控性解码的群体。

在协商性解读模式范畴内，教师培训学院学生更倾向于主控性解读，摄影专业学生（由于受到"媒介专业主义"意识形态影响）和大学的学生（在"利维斯主义"版本中）则更接近对抗性解读模式。

黑人学生几乎与《全国新闻》节目话语毫无关系。节目所关注的并不是他们所关心的，但他们并没有产生对抗性解读，而是拒绝解读。

具有"工会主义"话语和实践经验的小组，根据他们的社会地位和在教育和政治话语中的定位，结合上述自身经验，产生了协商性和对立性解码模式的不同复杂版本。

这里所提出的问题并不是试图直接从社会阶级地位推导出解码模式，或者将其还原为解码模式；这始终是一个"社会地位"加上"特定话语地位"如何产生具体解读模式的问题。解读是结构化的，因为进入不同话语结构是由主体的社会地位决定的。

在最明显的层面上，如果我们将解码与政治派别联系起来，那么似乎由保守党话语主导的小组——学徒、教师培训学院学生和银行经理产生了主控性解读，而那些由工党或社会主义话语主导的小组更有可能产生协商性或对抗性解读。这并不是说解码只是一种对无差别主流意识形态进行复制或者简单接受和拒绝的行为。相反，它是一个通过具体节目的话语和表达方式来呈现特定意识形态模式的问题。解读总是被区分成不同的主控性和对抗性的意识形态表达，它们的不同主要集中在意识形态问题机制和/或者节目的表达模式和话语模式上。

"意义符码"的概念在某种程度上总是不确定的。以主导性意义符码为例，它有三种不同的版本：对管理者来说是传统和激进的保守主义形式，对一些教师培训学院学生而言是利维斯主义形式，对学徒小组来说则是平民主义形式。

根据我们对《全国新闻》节目特定意识形态问题的描述，这三种小组中，与节目意义符码最接近的是学徒小组——这部分受众的意识形态可以与节目中的"民粹主义"政客相媲美。的确，解码最适合这些小组。对于银行管理者和教师培训学院学生来说，节目制定的主导性意义符码和意识形态问题并不能完全符合他们自己的理解范式（从他们的角度来看，节目的表达是一种"侮辱"，因此在一定程度上是不可接受的）。此外，两者在对节目表达方式的理解层面上也与节目本身存在脱节：这些小组发现，一个"经典的"电视节目话语，应当具备"好的、严肃的并且具有教育意义"的特征，但这些特征《全国新闻》节目都不具备，所以其表达方式是不可接受的。

然而，即使是学徒小组也存在一些问题。这些小组中的一些组别（如第6组）对ATV的《今天》节目表达出偏爱（而不是《全国新闻》），因为前者（更人性化、更风趣等等），《今天》节目话语与他们有更大的"契合度"。因此一种"民粹主义"的评价认为，与BBC过于严肃的/中产阶级的风格相比，ATV娱乐化倾向更加明显。

相反，我们必须区分协商性和对抗性解读的不同形式和模式，包括黑人小组产生的"沉默批判"，一些接受高等教育的小组以清晰形式表达出的批判性解读（基于教育角度），以及工会小组基于政治维度做出的不同形式的协商性和对抗性解读［我们可以参考理查德·戴尔（Dyer, 1977）对主控性和对抗性解读问题的评论，例如，针对那些带有自由主义或进步倾向电影的分析。戴尔的评论所关注的是,源自帕金的三重"意义系统"/解码模型假定,它所处理的总是一种处于占主导地位的或反动的意识形态视角下的信息或文本。戴尔对"美学"和"实质性"解读的评论也与下面对意识形态问题和表达方式的概念讨论有关]。

下面这张图需要从空间维度而不是线性维度（就像一个从对抗性解读到主控性解读的单向连续统一体）理解,因为解读行为并非基于这样一个连续体。例如,在相同维度上,哈克尼高等教育学院黑人学生的对抗性并不比大学的学生更明显,他们的解读反应是在自身与节目的关系上沿着不同维度变化的。

节目两个阶段的内容与不同小组解码策略的总体示意图如下:

第一阶段：1976年5月19日《全国新闻》。

第二阶段：1977年3月23日《全国新闻·预算专题报道》。

因此,就主要解码类别（主控性、协商性、对抗性）而言,出于大致比较的目的,我们可以辨别出对所谓"同一符码"产生的不同解码类别和变化。

主控性解码模式:

组别	
第 26 组	印刷管理培训生：激进的保守主义
第 21 组、第 24 组	银行经理：传统的保守主义
第 1 组至第 6 组、第 27 组	学徒：民粹主义-保守主义/犬儒主义
第 10 组、第 12 组	在校男生：顺从的？

协商性解码模式：

组别	
第 14 组、第 15 组	教师培训学院学生：保守的利维斯主义
第 7 组、第 19 组	大学艺术专业学生：激进的利维斯主义
第 8 组、第 18 组	摄影专业学生：技术人员的专业视角
第 20 组、第 22 组	工会官员：工党的官方观点

对抗性解码模式：

组别	
第 11 组、第 13 组、第 16 组、第 17 组、第 25 组	哈克尼高等教育学院黑人学生：异化的"沉默批判"（亚文化视角）
第 23 组	商店店主：激进程度和职业视角（阶级观点）

因此，社会地位与具有相同"阶级立场"的学徒小组、工会/商店店主小组和哈克尼高等教育学院黑人学生小组自身解码行为之间没有直接联系，但是，自身所处的话语和机构体系却对他们的解码行为产生了不同维度的影响。三个案例分别体现出主流工人阶级的民粹主义传统、工会和工党政治传统以及黑人青年亚文化的影响。

事实上，就 1976 年 5 月 19 日那集节目的解码案例而言，除了黑人小组外（他们通过不同的、亚文化的方式得出相反的观点），教育制度对这些小组的解码模式会产生影响，受教育程度较高的人（一般来说，主要是具有中产阶级背景的人）更接近对抗性解读视角。

有趣的是，在预算专题报道（更直接地涉及阶级和政治问题）的解码行为中，除了学徒小组之外，受主流的/民粹主义传统影响，他们转向了主控性解读视角。正是在这里，我们发现中产阶级立场与工人阶级立场更趋于一致，前者具有主控性或协商性视角，后者则更多体现出对抗性视角。而在前面类似的小组情况也是如此：一旦小组成员直接面对特定的政治经济问题，而不是文化相关性，那么艺术专业大学生就会对第一阶段节目产生带有明显对抗性色彩的协商性解读，而类似的其他小组则会对第二阶段节目产生更接近主控性解读类别边缘的协商性解读。

此外，同一类别小组之间——不同学徒小组之间，或不同工会小组之间——当然也有一些差异。这些差异需要进行系统的调查，而且需要花费大量时间和资源。我只能重申我的观点，在所采取的观点中，这些是次要的差异，就像每个小组中个别解读的差异一样——这些差异是必须承认的。但我认为，这并不能抹去小组内部观点的一致性和相似性，我试图在更基础的层面上建立这种关系。

为了证明这一主张，我现在通过概括性描述的方式，提供一些不同类别小组之间差异性解码的基本情况。

二、小组的内部差异：概括性描述

（一）学徒小组

这些工人阶级小组所处的话语空间，一方面为保守主义所支配，另一方面又为反对整个政党政治体系的民粹主义所支配（他们都是激进的不投票者：他们彼此都一样坏/他们的想法都一样），在某种程度上认同"国民阵线"（National Front，NF）（这些小组是我的样本中唯一显示出受到"国民阵线"组织影响的组别）。他们对节目的总体反应是一种犬儒主义和疏离感。

然而，尽管存在拒绝和犬儒主义的总体基调，这些小组仍然利用了节目确立的主要框架或主控性解读对主要新闻进行了解码。这里的情况似乎与帕金描述的工人阶级群体相反。根据帕金的观点，工人阶级会在抽象或整体层面上接受主流意识形态，但在自身特定情况下则要么拒绝主流意识形态，要么对其进行协商性接受。这里恰恰相反，我们的访谈小组里也有工人阶级，他们在整体层面上愤世嫉俗地宣布与节目划清界限，但又接受并认可节目中特定主题的意识形态表述。

这种分裂性可以用两种不同的方式来定义。第一种方式，我们可以假设愤世嫉俗的反应总体上相当于一种防御姿态。这是试图表现出老于世故的态度而不是为电视所接受的一种立场，这种立场不能提出任何可以表达所处理的特定主题的替代方案，因为它不是由任何明确的、意识形态层面的问题产生的，而是由节目提供的。因此，它使受众在默认情况下接受节目模式，这是一种特别无足轻重的玩世不恭的态度，能够同对节目确立的意义框架的接受行为非常容易地结合。

还有第二种方法可以概念化上述分裂性。我们在这里可以引用史蒂夫·尼尔（Neale，1977）在文本的意识形态问题（文本表征可能性的场域和范围）和文本的处理方式（与受众的关系和定位）之间的区分。"意识形态问题"这个概念不是指一组"内容"，而是指一个"概念"的操作空间，即对"问题"的选择、构思和构建其参照系的方式。这就构成了一个具体的"可见"或"不可见"的问题议程，以及一个"发问"或"不发问"的问题集群。关键是，问题的重点在于它的否定性——这些问题或主题不能（很容易地）被转化为一个具体问题，同时也在于它的肯定性——这些问题或主题能够被转化为构成一个体现节目主控性或者倾向性的主题。

"表达方式"的概念指明了一个节目具体的传播和实践形式，这些构成了文学批评中所提到的基调或风格。在沃洛希诺夫的术语中，这些是"表达的偶然形式"，这些形式被认为是"适当的"。"适当性"的定义主要与节目自身受众的概念有关。表达方式建立了节目与受众之间关系的形式。因此，上述分裂性也清晰地表现为这些小组在整体层面排斥节目的表达方式或发音方式——太正式的/中产阶级的/BBC传统——但这些小组中仍然存在着同样的"民粹主义"意识形态问题，从而也产生了对特定新闻文本进行的主控性解读。

要想对意识形态问题的共识性进行分析是非常困难的，也不容易表述清楚。因为意识形态属于常识问题，被认为是显而易见和自然的。然而，关键是常识总是具有一个特定的历史形式。它始终是由各种意识形态领域和话语要素组成的特定组合——而学徒小组成员只是对"常识"的一个具体概念取得共识。

这些小组有时会对被问到的问题怀有敌意，对被问及一些显而易见的问题感到恼火；对他们来说，把这么明显的事情讲清楚似乎很困难。另外，还有一种防御策略在起作用。对诸如"更好的""无聊的"等判断性词语不加解释就进行使用，因为常识不需要进行解释或者根本就拒绝对其解释，"只是常识，不是吗"？《全国新闻》节目的提问被认为是"自然的""显而易见的"，因此不存在问题："他们只是说了显而易见的评论，不是吗？"

《全国新闻》节目团队被视为只是"在做一份工作"，一项技术维度的工作，处理技术传播问题。在这个问题上，提出关于节目中实际的社会政治影响的问题被认为"有点过头了……手段……有点太深奥了……毕竟人们不会像我们现在这样每晚坐在火炉边讨论节目，对吧"？

在这些讨论中，批评性术语本身往往来源于节目主播自己的专业意识形态。因此，最关键的术语正是偏见或平衡："尽管他们有偏见……不是吗？""还没开始就存在偏见了。"但偏见问题也设定了批评的边界：特定的新闻可能会有偏见，在一些特殊时刻，"他们"可能"插入一些奇怪的评论，稍加改变一下"，但这些只是在一个平衡的世界里的例外，节目制作人和其他人一样做着同样的工作。这是普兰查斯所描述的意识形态结构：

> 统治阶级通过统治政治话语的形式来维持他们的政治生存条件。这意味着，他们常常在统治合法性的框架内以反抗体制的统治为生。
>
> （Poulantzas，1973：223）

当我开始这项研究时，我期望找到一个明确的划分，这样解码实践要么是无意识的（没有意识到主控性解读的建构机制），因此与主控性符码相一致，要么是有意识的，他们会识别主控性解读的建构机制，并采取拒绝态度。事实上，主控性机制在小组[①]中普遍存在，并与接受或拒绝主控性解读相结合。对建构的认知绝不意味着对被建构内容的拒绝。

这使我明确了主体被定位在意指链中的意义层面之间的区别（Stevens，1978：18-19）。在这种意识形态层面上，特定的问题被复制、接受或拒绝。这两个层面实际上可以在互动组合中运作：一方面，主体的定位并不能保证意识形态的再生产（由文本产生或源自文本的同一主体位置可以支撑不同的意识形态问题）。另一方面，相反，如果存在一个"潜在的"一致性和可接受的意识形态问题，打断或解构节目的意指机制（把采访视为"负载"问题等等）并

---

① 这实际上是关于约翰·O.汤普森（Thompson，1978）对于《日常电视：全国新闻》一书评论的有趣延伸。在评论中，他质疑这个研究项目本身在多大程度上能逃脱这样一个预设，即由于一些不确定因素，只有媒介研究人员被视为能够摆脱"主流意识形态"的影响。

不会自动产生对抗性解读，或使对抗性解读具备必要性。

（二）工会小组

布鲁姆勒和尤班克的研究显示，普通工会成员和全职官员之间在解码上没有什么区别，而我的资料显示，参与"工会主义"话语和实践的不同种类和程度对解码有着重要影响。

通过对第1组至第6组与第20组、第22组、第23组中基本类似的工人阶级群体的比较，在社会经济和教育背景上不参加工会或者只是工会成员的小组和积极参与并致力于"工会主义"小组之间有着深刻差别。后者（第20组、第22组、第23组）在节目中产生了更多的协商性或对抗性解读。因此，解读的结构不是一个简单的阶级地位的结果，而是对话语结构不同程度介入和定位的结果。

然而，这并不是一个简单和无差别的结果。这三个工会小组之间也有显著的差异，这需要对话语的介入差异程度进行探讨，而这些话语导致了这些解读。一方面，这两组全职工会官员之间存在差异——第22组明显比第20组产生更多对抗性解读——我们只能假设，这归因于在不同工会工作的影响，在公共/私营部门和生产/服务部门的不同岗位，简而言之就是工会政治话语中的差异性。

此外，商店店主所做的清晰的、纯粹的对抗性解读与第20组和第22组（全职工会官员）所做的协商性或对抗性解读之间也存在显著差异。我认为，之所以会出现这种情况，是因为作为店主，第23组成员没有受到工会全职官员身上多重压力的直接影响，他们倾向于对工会主义采取较为"左翼"的解释。这些小组之间的差异还必须考虑到第23组自身的影响，即他们正在融入的高度政治化的教育背景，作为非全日制学生，他们持有由学生群体机构参与管理的劳工研究文凭。这种教育背景与作为一名商店店主的工作经验相结合，可能是这个小组对这条新闻形成一致性且明确的对抗性解读的原因。

（三）教师培训学院学生小组

而教师培训学院学生（第14组和第15组）与学徒（第1组至第6组）都属于保守主义的主要政治派别（尽管在每种情况下影响有所不同）。他们与这种保守主义相结合，并嵌入了高等教育的话语，将他们的解读进一步转向协商性领域，而不是主控性领域。正是这种话语将他们的处境和解读与其他保守主义小组区别开来。

以对教育话语的参与度为变量，我们可以将第 14 组和第 15 组教师培训学院学生的解码与第 11 组、第 13 组、第 16 组的黑人学生相比较。相比黑人小组抵制或无法接触到这一特殊的话语，他们则高度重视严肃的教育性电视，关注信息和细节。从黑人学生的角度来看，节目被认为"直奔细节"，结果是"无聊的"，主要具有娱乐性和令人愉快的，未能达到"好电视"的标准。对教师培训学院学生来说，节目很失败，因为它没有足够的细节或信息，不够严肃或毫无价值。

上述对"细节"这个术语的不同评价，是沃洛希诺夫关于"符号多语调"概念的一个完美例子，因为它在不同的话语中发挥了作用，也体现出在不同话语内部和话语与话语之间将符号纳入不同话语结构的斗争。

教师培训学院学生小组和非学术性黑人学生小组对于正式教育话语的不同介入程度，可以准确地解释他们对节目的反应，以及他们表达和判断这些反应的不同框架。此外，教育话语中差异性参与的概念可以被一些教师培训学院学生小组而不是大多数其他小组利用来解释学生垃圾项目新闻的解码。处于相同教育话语背景的小组倾向于解读这条新闻的"意义"，而其他小组则倾向于接受节目对学生的含蓄描述，这是在"浪费时间"。

这些小组的观点对立最为尖锐，因为他们站在教育话语参与范围的两端。教师培训学院的第 14 组、第 15 组可能是整个样本中最接近正式教育话语的群体，而工人阶级黑人小组（第 11 组、第 13 组、第 16 组）可能是最偏离正式教育话语的群体。

（四）黑人继续教育学生小组

这些小组与《全国新闻》节目话语完全疏离，他们的反应直接体现出"沉默批判"，而不是对抗性解读。事实上，他们对所有的新闻都可以理解，其中一些小组有时倾向于接受节目的意义解读框架。比如"米汉"那条新闻："我只听到他刚出狱，并且也没做什么。"从某种意义上说，他们没有或拒绝充分体验节目话语，以对其进行解构或提炼。然而，他们对特定新闻的反应是由他们与整体节目事实上的疏离关系决定的。

有观点［参见卡斯韦尔和罗梅维特的《信息的社会环境》(Carswell and Rommetveit, *Social Contexts of Messages*, 1971)］认为，任何话语的作用和解释总是涉及其他话语主体（在话语内部的位置）的作用，以黑人为主的小组（第11组、第13组、第16组）对《全国新闻》节目的不同解读（和拒绝）不能被解释为"自然的传播流"出现某些中断的结果［参见霍尔对传播回路中"变形"模型的批评 (Hall, 1973)］。相反，这表明这些小组，不仅仅是因为他们是黑人，而且是因为他们被嵌入到特定的文化/话语形式之中，从而造成他们拒绝接受或排斥他人（从他们的身份看，虽然不是机械地由生为黑人的事实决定的，但这种嵌入有结构性），无法或不愿做出与节目表达一致的解释，或者对节目呈现的任何职位或人士进行认同。

正如亨利所言［"在语境中对信息指示的处理"，参见卡斯韦尔和罗梅维特 (Carswell and Rommetveit, 1971)］：

> 表征之间的差异表明了对真实的、假设的或想象的事件的分析存在差异……这种情况源于发言者的不同立场，它还能表明发言者在社会结构中所处的不同位置，因此他们在经济、政治和意识形态立场上也有差异……
> ……为了解释他所接收到的信息，接受者必须用这些信息进行详细的表述……如果接受者不能建立起这样的表达方式，那么这条信息对他来说是毫无意义的。
>
> (Carswell and Rommetveit, 1971: 90 - 91)

在这里，我们有一个明显的例子，在节目和黑人学生的文化之间存在一种"表征"的脱节。然而，这种"效果"——似乎是传播的"断裂"——提醒我们注意一个更广泛的问题。在这里，这些小组所关联的文化和话语产生了阻止或影响他们对《全国新闻》节目进行分析的作用；作为消极因素，这是显而易见的。然而，我们必须注意到，对于有些小组（即第11组、第13组、第16组以外的其他小组）来说，情况则相反。他们没有涉及这些特定话语，因此体验不到这种针对节目分析所产生的特殊影响和阻碍。在这里，它不仅仅是没有"矛盾"话语的例子，相反，它表明存在着与节目并行运作的其他话语——使这些小组能够产生相应的表征，无论是正面还是负面的，其他话语总是涉及文本和主题关系，尽管它们的作用在消极情况——是矛盾的而不是正面的——下更加明显，即一种增强效应。

(五) 接受高等教育的学生小组

这些小组中被嵌入了高等教育话语背景。但与恪守保守主义立场的教师培训学院的第14组和第15组明显不同的是，我们在这些小组中发现了一套清晰的协商性和对抗性解读，以及对节目提出的解释框架的重新定义。此外，由于他们特殊的教育背景，他们不断地产生解构性解读；也就是说，他们特别注意到建构节目话语的方式。

有时就像银行经理一样，这些小组认为，节目风格和表达方式只是面向一些没有"价值需求"的娱乐/茶点服务员，他们再一次用BBC"严肃的"时事新闻的价值框架（即代表"高雅文化"的利维斯主义）对节目进行了批判。

如上所述，他们对预算专题报道的解码（与他们对《每日》节目的解码不同）始终没有体现出强烈的对抗性。在节目中，在税务专家和三个家庭的内容部分里，他们和经理们一样，对节目提出的问题很少或没有发表评论。他们批评这种风格具有一种高高在上的优越感，而且更进一步，也像经理们一样，在三个家庭的内容部分没有看到特定的阶级主题，同时接受节目在个体层面刻意弱化阶级结构的做法："不同阶级……这是生活的事实……"我认为，这种缺乏评论的现象是因为"忽略"了节目主题，而不是主题不存在，这种"忽略"是由于在这方面小组的问题意识和节目的问题意识相同造成的。

符码	小组	表达模式	意识形态问题
主控性	银行经理	极其重要*	很少评论——不可见的/不具有争议性的/共享的
		集中评论	
协商性/对抗性	工会成员	将其作为次要问题	拒绝-关注*

* 这些发现与西尔维娅·哈维（Harvey，1978：147）的发现进行比较很有趣。保罗·塞班（Paul Seban, *La CGT en mai'68*）讨论有关管理和工作人员对电影放映的不同反应时，指出："这种情况经常报告给我。工人们看了电影后说：'那是我们的罢工。'工程师和办公室职员看了它说：'它做得很好。画面非常棒。'"

三、主控性和对抗性解读：表达方式和意识形态问题

银行经理与工会成员不同的解码方式（如下图所示）提出了有关解码本质

的重要理论问题。如果我们在尼尔（Neale，1977）定义的传播模式和意识形态问题这两个维度上对比这两种小组的解读，我们就会发现，主控性解读和对抗性解读关注的是节目两个截然相反的方面。

有趣的是，银行经理几乎没有对这个节目中意识形态问题的实质做出任何评论。他们的注意力几乎完全集中在节目的表达方式上，认为这只是一个"属于下午茶时间的娱乐节目，尴尬……傲慢……利用原始情感……哗众取宠"。他们始终认同"严肃的"时事新闻电视节目；他们提到《每日电讯》《全景》和《财富计划》才是对这些主题进行"优秀报道"的典范，并批评《全国新闻》节目对上述主题没有涉及，是因为它没有达到这个框架所确立的标准。

相比之下，商店店主可以在一定程度上接受节目的表达方式："它是轻松的娱乐/不太沉重/容易看/很好的娱乐"。他们反对的是节目中"主题"的意识形态模式！因此，对于预算专题报道来说，主控性解读将他们的评论（主要是批评）集中在节目不可接受的风格或表达上，对他们来说，意识形态问题的传递很不明显，毫无争议。相反，在这里对抗性解读立即将他们集中在不可接受的意识形态问题上，而表达方式则被视为次要问题没有得到评论，更别说受到重视。

为了对这些发现进行理论化，在编码的"问题对象"与解码的"问题对象"一致的情况下，我们可以将伊恩·康奈尔关于节目话语"透明度"的论述扩展到意识形态问题"透明度"的案例之中，正如康奈尔（Connell，1978）分析中所主张的那样：

> 我们必须提问，是谁和什么原因使得话语中的这些角色或空间被接受、修改或拒绝。我们将确定一个"接受"行为的"指示标准"，例如，对话语没有任何自发性的评论，以及这些评论在话语中的角色作用。换句话说，对于那些认可专业性秩序规则的人，话语不会产生作用，他们会自发地谈论相关主题。当出现修改或拒绝的情况时，我们会期待关于话语组织的明确评论。

同样，对于那些与节目具有共同意识形态问题的小组成员来说，意识形态问题并不是障碍（事实上，银行经理和学生否认存在任何特定问题），他们会自发地谈论话语和表达方式。但如果小组成员与节目没有一致的"问题对象"，那么意识形态问题会变得很明显，因为话语和表达方式对他们来说是存在争议的。

这是为了提出一个普遍的原则，即在解码行为中，"未明确的"前提（被认为是明显的/自然的/常识的）优于并支配"明确的"前提（特定的意识形态立场在这个"自然而然"的框架内被强化）。只要（未明确的）"框架（或前提）"在编码者和解码者之间具有一致性，那么这个"框架"中所包含问题的"通道"是"不易察觉"的。在此基础上我们可以说明四个解码位置，如下图所示：

（1）问题未被明确并具有一致性的时候，框架（或前提）是透明传递的〔例如，一个报道中未挑明的框架（或前提）存在种族主义问题——这个框架（或前提）会被解码者"无意识地"分享〕。

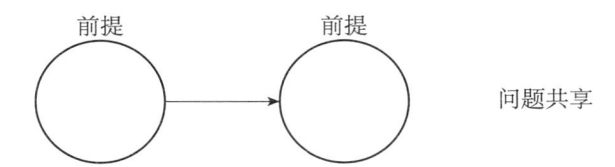

前提 → 前提　　问题共享

（2）当问题被明确并具有一致性的时候，解码位置具有特定性：编码的位置被解码者接受，但它被有意识地设定为一个相对于其他位置的位置（不是一个"自然事实"）。在某种程度上，这是对任何位置必要偏袒的承认，这是一个比（1）更弱的结构（例如，明确作出和接受黑人导致失业的结论）。

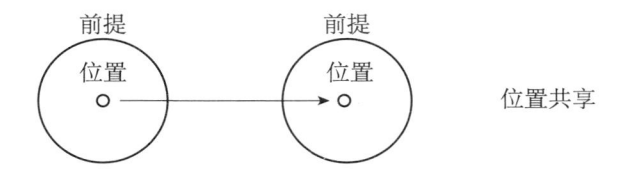

前提/位置 → 前提/位置　　位置共享

（3）当问题中的特定位置被明确但受到拒绝，那么问题本身并不会受到质疑（例如，拒绝接受黑人导致失业的结论，认为这仅仅是政客们为自己失败找的借口，而种族主义问题本身则没有受到质疑）。

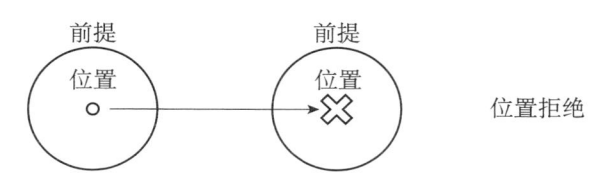

前提/位置 → 前提/位置✗　　位置拒绝

（4）当潜在的问题被有意识地记录和拒绝的时候［例如，一个带有种族主义框架（或前提）的特别报道被解构以揭示框架或前提的存在，同时将另外一个问题嵌入报道之中］。

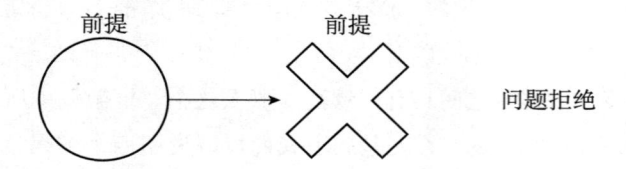

前提　　　　　前提　　　　问题拒绝

第七章　解码电视：理论化的进程

一、文本的有效性

媒介和电影研究似乎仍然受到第一章中所描述的"摆动"的影响。在一段时间里，本领域的主要理论（如近年来"使用与满足"理论）认为媒介很少或没有直接对受众产生影响，但在另一段时间里，理论"摆动"到另一侧，即强调文本的决定性作用，这种观念占据了主导地位（如最近在《银幕》杂志上出现的一些观点）。他们认为"主体处于一种被（文本）定位的状况之中"。为了摆脱这种在理论上的"摇摆不定"，我们需要发展一种理论，该理论会对方程式两边的"文本"和"受众"两部分给予应有的重视。

把这个研究项目与前几章提到的大众传播社会学的主流范式联系起来，我将集中讨论这个研究项目与主要产生于《银幕》杂志中的电影理论的关系，尤其是关注受众（"主体"）/文本的关系。这里只是从广义上来讨论这个运作的"主体"，我可能会因为把这个理论描述得比实际上更单一而被指责。值得注意的是尼尔（Neale，1977）和韦尔曼（Willemen，1978）的贡献，这些在《银幕》杂志理论框架内写作的人似乎提出了一些问题，这些问题凸显了希斯、麦卡比等人发展出的"正统（理论）"的缺陷，并指引了可能解决这些问题的方向。

正如我们在前几章概述的研究中所看到的那样，一个给定的文本可以被受众以不同方式利用，解读产生了不同的解释。因此，文本并不构成或决定受众，即赋予文本完全的确定性，从而决定受众的理解。

> 空白，仅仅是支持文本的功能，被动地受到建构，并根据文本的想法被随意处理。
>
> （Willemen，1978：49）

这是史蒂夫·尼尔的观点，即文本特征不能保证意义。在他所研究的案例中，没有宣传特征文本模式的文本在某些情况下能够起到宣传的作用，相反，带有宣传方式的文本可以被受众所使用的语境"消解"。然而，"解释"不是任意的，而是受制于文本本身所包含的约束。文本特征确实具有有效性，但并非绝对有效；这出于以下原因：

> 有些文本如果被拉进某个特定的领域，就可能会或多或少有些抗拒，而另一些文本则可以舒适地融入其中。
>
> 尽管文本不能确定解读，但可以对其进行限制（提供抵抗）。它们会阻碍在解读中发挥作用的多种话语的生产力，可以强调某些话语的同时对抗某些话语（通过重复或其他"前见性"文本）。
>
> （Willemen，1978：63）

近年来，《银幕》杂志对电影和媒介研究领域产生了持续的影响，它有效地关注了一些关于意识形态正式运作的重要问题。然而，我想说的是，这个有问题的假设往往存在缺陷，因为这是一个具有"机械主义"色彩的"假设"，即观众/受众必须为节目所定位或处置，以便重现主控性意识形态。他们关注的是文本对意识形态主体的（再）生产，但问题过于绝对化了：

> 意识形态系统的一个重要的——决定性的——功能，就是能够促使若干机器（机构）将个体转化为主体。
>
> （Heath，1976）
>
> 在寻找文森特、琳达和基斯的简短行动中，观众处于被"告知"的位置，也即处于表达和设定节目的程序和立场的两者统一之中。
>
> （Heath and Skirraw，1977）
>
> 它描绘出小故事，在这个过程中，作为主体的观众被牵引。
>
> （Heath and Skirraw，1977：58）

……在节目中突出"电视"特征……对"机构及其主体毋庸置疑的表现"的充分性都具有一定价值。

(Heath and Skirraw, 1977: 59)

我认为,恰恰需要质疑这种"效果"概念。希斯和斯奇洛的观点假设了节目结构和策略的有效性,将受众置于与文本相关的给定位置。主控性解读是一个需要质询的模式,在这种模式中针对受众的意义结构是一个必然的结果。我不愿反对希斯和斯奇洛将电视作为一种媒介的构想:

观看者并没有做出自己的决定:这是为他做的。

(Heath and Skirraw, 1977: 33)

例如,《全国新闻》节目链接可采取下列形式:

在你们自己的节目之后,我们去参加赛马比赛……

关键是新闻内容和"我们"有牵连,因为如果他们参加赛马比赛,我们就去,除非我们关掉电视,但这已经是在给文本和受众之间设置空间了。主持人试图把我们和受众联系起来——但这是一种或多或少可能成功的尝试;它不是一个预先给定和确定的结果。

在此,我想强调解读和文化生产的主动性。通常情况下,受众主体被简化为一个为文本的"弦"所牵引的自动木偶。正如康奈尔正确指出的那样:

任何解读都不是简单消费,或者说是仅仅通过文本的正式操作所映射出来的主体形式。任何解读都是而且总是询问。简而言之,文本的解读在任何时候都是一种"扩大再生产"(马克思)的实践,它通过文本外的话语结构重建文本。

(Connell, 1979: 133)

在这一点上,我想谈谈保罗·威利斯的一些见解,他研究的是学校体系内的工人阶级对抗性文化的形式,这些研究给予那些再生产社会结构和矛盾的实践不平衡性以合理的重视。正如威利斯所言,问题在于:

结构主义者的再生产理论呈现出主流意识形态……令人费解。一切感觉太整齐有序了……如同弹子球般光滑,一点儿裂纹也没有……

(Willis, 1978: 175)

同时他继续说：

> 社会代理人不是意识形态的被动承担者，而是只有通过斗争、争论和部分渗透才能复制现有结构的积极分子。
>
> （Willis，1978：175）

重点在于主控性意识形态和文化形态是：

> 不是由简单的外部来决定产生的［但是］……也来自每一个新一代的活动和斗争……它积极地生产和复制我们认为的结构方面的东西。只有通过这一时刻，做出的决定才会在社会世界中有效。
>
> （Willis，1978：120－121）

也就是说，如果要谈论一种主控性意识形态的再生产，我们就必须看到，这种意识形态只能与它所针对的群体的现有常识和文化形式相结合。

然而，这并不是说，亚文化群体可以自由地产生他们自己的文化生活和形式，或在无限空间中消解主控性解读的地位。帕金有效地说明了这点：

> 价值观不是以某种机械的方式强加于人的……人们也会通过选择来强加他们的意志。从任何复杂社会产生的价值范围来看……与此同时，个人并不以完全自我的眼光来建构他的社会世界，也没有大量地利用结构化的概念，这些概念是公共意义系统的一部分。……在群体或个人态度结构上的变化，在某种程度上依赖于对这些意义系统的不同理解。

这是威利斯提出的过程，他认为，亚文化群体"在与现有形式限制的斗争中"（Willis，1978：124）产生了自己的文化——一种不是由"载体"或者"代理人"被动"携带"的过程，而是一种矛盾的、从对现有文化形式的差别进行有限保留中产生的过程。

二、意指和意识形态：具体化问题

我认为，在赫斯特和他的追随者的关注中，对"意指实践"的具体性问题一直倾向于将"意识形态"降低到"意义层面"。例如，用某一特定的电视文本来指代"整体电视"或"电视节目"。

托尼·史蒂文斯（Stevens，1978）最近批评了"编码/解码"模型，因为该模型认为，假设"在意识形态和意指之间'缺乏契合度'"要比理解它们之间的"非同一性"意义更有必要。在我看来，这一论点依赖于意识形态再生产与主体地位生产之间的不合理关系。此外，这与他的第二点批评有关，即"编码/解码"模型"以传播的方式而非信息生产的方式来构建文本"。但他想要的似乎是一个替代模式，在这个模式中，文本是意义生产的全部场域，而不是在一个既存的社会表征空间内的产物，主体的生产完全被置于意义的一侧，忽视了文本之外主体的社会建构要素。以下观点同他的第三点批评相关，即在"编码/解码"模型中的"社会主体"与"文本受众"之间存在差别，这种差别使得史蒂文斯认为，"编码/解码"模型不承认文本构建自己受众的方式，并因此否定了解读的本质。但相反的是，"编码/解码"模型中关于文本主控性解读的概念恰恰与这一点有关——但这里并不是假定，主控性解读必然会被文本受众接受，这与《银幕》杂志经常提出的问题具有一致性。

概念化"具体性"问题的另一种方法是，将"专业性编码"概念定位于电视作为一种"具体的"媒介所处的理论空间，以及电视作为一种"具体的"媒介所带来的决定性影响（与赫斯特相比），这需要利用以下的方式，即一套沉淀下来的专业性实践去定义如何使用媒介（例如，这并不是媒介本身的属性）。然而，这里的要点在于，这种"具体性"并不是意识形态之外的世界，而是始终与意识形态联系在一起并通过意识形态表达出来的。这种清晰的表达正是我们可以谈论媒介相对自主性的空间。

本研究项目第一阶段所使用的节目例子可能有助于说明这一点。"米汉"那条新闻是不明确的，同时也是难以解读的。《全国新闻》节目特别关注"人""主体性"或者"个人经历"。对节目来说，"无关紧要"的是整个事件的政治背景。这里并不是说，这是一个直截了当的意识形态决定，从而掩盖了事件的政治影响。在他们看来，这更像是一个传播的决定；这就是他们所谓的"好电视"，用以处理这种"个人戏剧"。这正是"专业性编码"运作的例子：主控性意识形态意义必须通过专业性编码作为介质来传递。专注于米汉面部特写的决定是在专业性编码范围内做出的选择。其结果是，对这个事件的"感觉"，即这条新闻的背景，实际上是不可能被"解读"的，而受众的理解往往比主持人对这条新闻的"总结"做出的解释更多；"专业的"决定由此产生了意识形态的后果。

分析电视"意指实践"具体性的关注常常被改写为另外一种关注,即发现电视本身(Caughie,1977:76)以及嵌入电视本身的问题(Heath and Skirrow,1977:9)。

"电视本身"的概念与"整体意识形态"或"整体性生产"的概念是一致的:作为一种分析的抽象,没有进一步的社会历史具体化,就不能分析特定意识形态在其历史发展阶段的具体社会形态中的生产和再生产。

事实上,希斯和斯奇洛自己说:

> 只有在具体事例的详细分析情况下,才能把握电视生产的有效现实。
>
> (Heath and Skirrow,1977:9)

但是,这似乎与上面所引用的范式不太一致,在"意指实践"层面上暗含了一种理论的"抽象化"和"具体化"倾向——毫无疑问,这是受到了"具体性"的影响。在这一点上,我们不清楚这些意指实践与社会构成的其他层面有什么联系。

希斯和斯奇洛似乎走得更远。他们认为"社会含义层次"不是其关注点,其关注的是由电视本身定位出的"位置":

> 从制度上看,最重要的是传播性〔而不是〕具体的意识形态立场。

事实上,他们认为:

> 在这方面,传播的内容并不重要,关键是创造和维持传播的情境,以及实现受众在该情境中的主体地位。
>
> (Heath and Skirrow,1977:56)

然而,传播内容的问题并不能被简单地降级到从属地位。例如,《全国新闻》节目的目的是为受众阐明"时事新闻"的意识形态主题。我们如果要理解节目话语的特殊性,就需要注意"整体框架"内的"传播内容",而这个整体框架涉及"传播情境再现"和"实现受众在该情境中的主体地位"(Heath and Skirrow,1977:56)。

随着意识形态在社会实践中的生产和调节,电视生产出的"文本"必须在其社会语境中得到解读,它是一个电视文本,而且是在一个主控性或主流意识形态意义领域中反映现有社会表征的"电视文本"。因此,对"社会含义层次"

(Heath and Skirrow, 1977：13) 的关注必须作为分析的核心部分。正如在特定时期的具体节目中阐明的那样，只有通过对意识形态主题的历史特殊性分析，我们才能开始描述（尽管可能只是描述）霸权和意识形态斗争不断变化的领域，这是电视具体实践活动所处的场域和基础。这是为了论证一种与政治/意识形态关系更紧密的话语/意指实践的表达而不是在关注"电视本身"的问题中提出的。

艾伦·奥西（O'shea，1979）指出了沃洛希诺夫（Voloshinov，1973）关于"主题"和"机制"（在《马克思主义和语言哲学》之中提出的）之间的区别，以解决意识形态问题和权力如何被分配的问题。他理所当然地认为：

> 主题只能通过机制来表达——这对主题是什么具有决定性影响——但是……对于机制的研究……只有结合被表征的事物才能得出结论。

《银幕》杂志专门关注的问题在于主体生产的意义过程。但意指总是出现在意识形态之中，主控性意义的成功传递是两个层面操控的结果。首先，源于主体在意指过程中的成功定位（同一意指或立场可以兼容不同的意识形态问题；意指链条上的成功定位并不能保证主控性解码）。其次，源于主体对传播内容的接受。

三、意识形态的"内涵"

标题突出强调"传播内容"的重要性，以及"由谁做出何种身份认同"的问题。麦卡比（MacCabe，1976）试图介入《银幕》杂志提出的"受众问题"场域，在他看来，受众对自身生活和意识形态观点给出了"解释"，但这些解释是否被接受则不置可否。困难在于《银幕》杂志确定的问题范畴没有足够的理论空间来对其进行讨论——正如亚当·米尔斯和安迪·洛（Mills and Lowe, 1978）对麦卡比的批评中指出的：

> 如果意识形态被设定为一个结构化过程，那么内容问题就无关紧要了，因为意识形态立场是不变的（不管内容是什么）……另一方面，如果麦卡比提出的意识形态立场不是被……认同过程……而是被特定想象构成的（即无论过程如何），这必然会对现在提出的与此研究相关的概念产生

根本性影响……直到现在，主体作为一种机制，一种被管制的过程，始终是意指链条产生的结果……但是意识形态现在是作为一种解释被提出的，它必须处理内容，个体（不是明显的主体）可以保持与意识形态的"关键距离"并对其意义进行选择。关键的问题是，通过什么手段。在前面所有的分析中，并没有规定一个人除了作为主体之外，可以与意指建立其他任何关系。个体只能作为主体出现在话语中。话语的秩序在决定主体性形式时不允许有任何矛盾。

为了提供可以嵌入对这些问题进行分析的理论空间，有必要修改问题的规则。我们必须承认，"特定意象"的传播问题既具有积极意义，也具有消极意义——在成功和不成功的"质询"中都是如此——而不仅仅是作为有时会打断意指过程的消极性分析。

吉姆·格雷利将这个观点与好莱坞电影的意识形态分析有效地联系起来。他认为：

> 流行电影无法避开受众真正关心的问题。好莱坞电影阐述了对资本主义社会以及父权社会中"个体化主体"共同经历的某种理解，这种阐述冲突的能力，在个体化主体/受众的日常生活斗争过程中有一个真实的基础。它有能力提出表征/幻想，受众可以在其中找到"意向性统一"，这让好莱坞电影找到一个实现"流行性"的"基础"，并可以在其中植入一个重要的意识形态"指向"。

（Grealy，1977：9）

为了把争论转到希斯和斯奇洛关于《世界动态》节目板块的话题讨论中，艾伦·奥西认为，作者们把注意力完全集中在意指形式上实际上造成了这样的情况：

> 其他的"传播回路"没有了生存空间，受众成为复杂性解释的接受者，但很多解释并不是由电视文本构建出来的。

将对《世界动态》节目板块的分析作为案例，作者们认为达德利·菲斯克——受邀对"逃学问题"进行评论的专家——拥有节目话语所拥有的权力，这是由于他在文本和叙事结构中的正式地位（具有"俯瞰能力"/菲斯克是"理想的观察者"）。然而，菲斯克的"贡献"是一个巨大的尝试，他试图"终结"潜在的节目解码行为,他的这种权力有两个来源:一是他在文本中的正式地位,二是他作为"特定问题"专家的社会地位(他具有来自媒介话语场域之外的观点,但必须在媒介话语场域内进行表达)。这也取决于他说了什么,以及他与受众各个部分话语之间的关系。

这是两全其美的事情:如果一名受众或部分受众接受了菲斯克针对问题的解读所提供给他的"角度",那么他就会同时接受上述两个"权力来源"因素。此外(我认为希斯和斯奇洛会发现这很难解释),因为这两个因素是相关的,如果受众自身的"解读"被其他涉及"逃学问题"主题的话语解读阻碍或限制,比如作为父母、逃学者或政客,那么利用菲斯克提供的角度,解码者有可能出现对抗性或协商性解读,尽管他在文本中具有强大的结构性地位。

以尼尔对表达方式(即文本特征)和意识形态问题的区分为例,我们可能会试图从两个维度重新构建《全国新闻》节目模式,这是为了论证文本形式性质和文本运作表征领域之间的关系,这就是把意识形态场域视为意义运作的空间。我同意尼尔的观点:

> 标记意识形态统一性的是它自身的问题机制,即意识形态表征可能性的场域和范围(由"关联性"控制的场域和范围),而不是任何特定的表达体系。

(Neale,1977:18)

我们在《日常电视:全国新闻》中进行了尝试。节目对认同"国家统一性"问题的表达是"描述性"的,我们试图构建一个判断:"英国是一个国家,也是一个民族,在现代世界中,有着自己独特的历史传承……也有着自己的问题",它可以识别出一个特定的"组合",构成了《全国新闻》节目与其他意识形态元素的转换和统一。尼尔再次强调了这个过程的必要性:

> 意识形态……从来不是……一个单一的、独立的话语或单元主题,而是其他意识形态和话语融合的产物,它们围绕这些主题聚集并构成这些主题。

(Neale,1977:18)

希斯和斯奇洛的著作中明显缺乏这种关注。如同奥西认为的,因为他们不关心节目中教育体系问题的意识形态制约,他们最终所做的就是从背后导入这样的假设，即节目仅仅关注"旷课"，仿佛这个主题是毫无疑问地作为所有受众的共同参照系存在的，而不是通过意指过程并以其特定的形式构建出来的。

四、话语分析

需要注意的是符号和词语的"所指的潜在性"① 水平——而不是模型的假设：

>词语被认为是应用于真实或虚构实体的标签。
>
>（Henry，1971：77）

我们必须从话语分析角度切入：

>强调实义词所指的潜在性，而不是词语与所指之间"僵化"的连接，为在社会交往过程中"所指对象"的建立方式进行假设奠定了基础……话语必须被理解为构建社会现实的过程，并将这些社会现实强加于交往过程中的其他成员，而不是关于外部定义的所指对象的信息交换。
>
>（Carswell and Rommetveit，1971：9-10）

这是为了说明语境（包括内部和外部的话语上下文）决定了在任何特定情况下哪些参照系的潜力将被激活，重点是所指对象与话语相互关联，而不是与语言相互关联。在这个意义上，单词"旷课"没有给定的参照系，例如：所指对象与给定条件下话语的生产和解释相关，而不是字面意义：

>词语、表达和命题除了在特定话语形式中使用外，没有任何意义。
>
>（Woods，1977：75）

分析的目的必须揭示结构性因素，这些因素决定了不同话语形成的相对力量，表明对在斗争中必然存在的多元化符号的强调——因为正是在这种对符号进行建构和解释的斗争中，意义（例如"旷课"的意义）被生产出来了。这里最关键的是，通过在特定社会历史条件下的解读，文本被嵌入历史之中，这反过来又决定了不同话语模式的相对力量，这意味着承认在意义生产过程中社会

---

① 所指的潜在性即能指和所指的不一致性。——译者注

历史条件的决定性作用：

> 话语的所指与话语生产的社会历史条件之间的关系不是次要的，而是所指的组成部分。
>
> （Woods，1977：60）

意义必须被理解为始终处于确定性话语形式中的产物，这就放弃了索绪尔认为的意义与语言价值具有一致性的观点，因为他的模式：

> 掩盖了一个事实，即在一个单一的语言社区中，可能存在不同的语言价值系统。也就是说，词语和表达（作为能指）可以根据使用它们的人所持的意识形态立场而改变它们的意义。
>
> （Woods，1977：60）

这就是坚持意义的社会生产和主体性的社会定位，也就是把主体性生产始终定位在特定的话语形态之中。伍兹也许能为我们提供一种思考方式，即意识形态中意义或话语实践的特殊性，他引用了巴利巴尔的话，后者认为：

> 如果说语言对阶级划分和阶级斗争漠不关心，那么这并不是意味着阶级对语言漠不关心。相反，阶级在自身的对抗特别是阶级斗争中，一定会利用语言。

伍兹继续谈道（这个争论可以延伸到电视话语的特殊性）：

> 语言对阶级斗争的漠视是语言体系相对独立的特征，例如，一系列音位、形态和句法结构，每一个都有自己的内部规律，构成语言学的主题。而阶级对语言的非漠视性，以及在话语生产过程中对语言的具体运用，可以用每一个话语过程都嵌入意识形态的阶级关系这一事实来解释。
>
> （Woods，1977：60）

语言和阶级的关系在《银幕》杂志中通常是缺席的。例如，对于希斯和斯奇洛来说，他们的方法与卡尔弗特批评的语言学家的方法相同，因为他们没有考虑以下方面：

> 语言本身在社会中的地位，如它在阶级斗争中的作用、它的意识形态决定性等等。[语言学]的内容是把语言（或所指）作为一个封闭的系统来研究，作为一种机制进行分析……作为一种被排除在社会和政治关系领

域之外的"中立性工具"。

(Marina de Camargo，1973：10)

我们不能在没有参照系出现的意识形态语境中分析所指；如果不知道这些词在特定的文化语境中是什么意思，你就不可能读懂它们的所指（比如一个电视节目）。

这种抽象性分析倾向，脱离意识形态和内涵语境，只关注文本或产品本身，也受到了沃洛希诺夫的批评。正如亨里克斯和辛哈所指出的：

> 对于沃洛希诺夫而言，研究意识形态这门科学的正确目标是意识形态是生活在社会语境中的话语。意识形态是生产和生成的过程，而不是抽象化和物化的产物，这是理解意识形态是在意识和传播中获得表达的关键。

(Henriques and Sinha，1977：95)

那么，这就是把意指实践始终置于意识形态和阶级关系领域，正如亨利所说：

> 对话语过程的研究，对话语与其他话语之间的作用的研究，意味着我们在使用一个"信息仓库"，需要考虑到发言者和被表达者的位置。
>
> 问题在于……句子是如何以不同的方式被解释的？这取决于假定它们被生产的位置……

(Henry，1971：84-89)

卡斯韦尔和罗梅维特（Carswell and Rommetveit，1971：5）提出，我们必须扩展对话语的分析，从抽象的句法形式到内容，再到话语所包含的传播模式。我们也可以提出，必须扩展对电视文本的分析，从它的抽象化意指机制（或表达方式），通过它的意识形态主题，转向文本所处的交叉话语场域。

五、解读的结构

亨利区分了位置（在社会形态中）和地位（在话语中），主张按照"位置"确定"地位"：

> 经济、体制和意识形态的因素［决定了］一个人在社会结构中占有的

"位置"。这些因素构成了个人话语的生产条件和其所接受话语的解释条件。通过生产这些生产条件,一个既定个体可以采用的位置的范围和类型是确定的……话语生产和解释的条件与社会结构赋予人们不同的"位置"有关。

(Henry,1971:83-84)

因此,主体在社会形态中的"位置",构成了其接触各种话语和意识形态编码的范围,位于这些不同话语中的主体相应地将对节目进行不同的解读。这里重要的是试图干扰主体的相互竞争的话语之间的力量关系:没有一种话语或意识形态可以被假定能够最终或完全支配和封闭某个个人或社会群体。我们不能假定通过电视节目呈现的主控性意识形态意义能够对受众造成直接和必要的影响。对于部分受众来说,节目的编码和意义或多或少与他们在各种机构、政治、文化和教育行为中已经存在的编码和意义相一致。对于这部分受众来说,节目中已经编码好的主控性解读意义可能非常适合自己并能够得到接受。对于其他受众来说,像《全国新闻》这样的节目所编码的意义和定义,或多或少会与他们所参与的其他机构和话语所产生的意义和定义相冲突,比如工会或者"离经叛道"的亚文化,因此主控性意义就遭遇协商或对抗。需要探讨的关键问题是,哪些受众对通过电视表达的主控性意义有哪些形式的抵抗。

六、文本、受众和主体

最近,韦尔曼指出,《银幕》杂志在受众研究领域中的许多研究工作存在的问题是将"文本受众"与"社会主体"进行了不合理的"合并"。他认为:

在"真实的受众"和由文本构建和标记的"刻画出的受众"之间,仍然存在着不可逾越的鸿沟。"真实的受众"是历史的主体,生活在社会形态中,而不仅仅是单一的"文本的主体"。这两种主体并不一致。但形式主义者认为,"真实的受众"应该与"建构的受众"等同。

(Willemen,1978:48)

哈迪、约翰斯顿和韦尔曼(Hardy, Johnston and Willemen, 1976)为我们提供了"文本的受众"和"受邀占有这个位置的社会主体"之间的区别。他们提出了一种"在符号系统的网络中相互关联的主体"模型，其中社会主体：

    总是超越文本所隐含的主体，因为他是被其他文化系统的异质性定位的，而不是与整个文化文本的某个片段（例如，一部电影）所定位的主体保持一致。

(Willemen, 1978: 5)

然而，话语结构有其特定的效力，因为：

    社会主体也受到文本所提供的地位的制约。

在特定的社会形态中，"人"始终是社会实践的主体。人不仅仅是一般象征性的主体，而且是具有社会性的特定历史形式的主体：

    这个主体，就其最抽象和非个人性层面而言，本身也已成为历史；话语……在历史主体层面上相互竞争的话语力量关系，在社会形态特定时刻和位置层面的个体意识形态的位置，决定了话语的运作发挥条件。

(Willemen, 1978: 63-64)

在发表于第18卷第3期的《银幕》的文章中，诺威尔-史密斯正确地指出了尼尔方法的特殊性，正如他所做的那样，打破了"主体"概念类别使用的非历史性和非具体性。在总结尼尔的立场时，诺威尔-史密斯指出：

    〔宣传〕……从政治上看，"社会化定位"的受众能够获得一个电影提供的"视角"，并以此为基点来观看电影。

这即是一个文本关系问题，也是表达方式问题，同时也是"政治性-历史性"共存的问题，因为对受众进行"限定"的发生（或者实际上没有发生，我们必须补充这一点），不是通过正式机制的途径，而是在特定时刻通过社会机构在文本和其他地方施加自身影响力的方式。

伍兹关于"佩舍"的文章为我们提供了主体必须处于"交互话语"之中的概念。他认为：

    对于每一个主体来说，主体的构成总是特定的，这可以被视为一种单一的、原始的（和神话的）"召唤"——进入语言和符号——构成一个空间。在这个空间里，不断被解释的"主体形式"相互关联，每一个"主体形式"都是话语过程的决定形式。

(Woods, 1977: 75)

奥西（O'shea, 1979）将这一观点与拉克劳对阿尔都塞的"召唤"概念的用法联系起来。拉克劳说：

> 意识形态领域包含几个"相互关联和对立"的话语……任何个体都将是这些话语的"载体和交叉点"（在支配和从属关系中）。另外，就像在整个社会系统中一样，在个体内部，这些主体性将会以相对一致性的方式被表达出来……

(Laclau, 1977: 163)

由此，奥西同意这种观点，个体是这样的：

> 这是一个连接各种意识形态话语的特定场所，例如，与意识形态场域有着特殊的关系，它自身在一种"主控性"与"支配性"的关联关系中构成"主控性"地位。因此，正如在社会形态的意识形态层面存在着阶级斗争一样，在个体之间也会有一种斗争形式……就像意识形态的话语一样，在稳定时期，它可以以差异取代对抗，但在危机时期，就会出现几个矛盾相互冲突，其中一个将会占上风。

(O'shea, 1979: 4)

因此，主体仅作为个体所承担的特定主体的多重身份（如法律主体、家庭主体等）的表达而存在，也正是这种意识形态话语场域内的差异和矛盾定位的本质，为文本的差异化解读提供了理论依据：相对于文本主控性解读存在着不同的解读角度。正如西尔维娅·哈维所言：

> 可以通过那些通常不同的编码（意义生产的过程）对作者和读者进行研究，因为它们是交集的汇合点。因此，读者和文本之间的相遇是一系列不同历史的复杂总和，而作者、文本与读者就是这些不同编码的交汇点。

(Harvey, 1978: 114)

最后，我想说，这些概念现在可以让我们超越两个关键问题，一个来自《银幕》杂志，一个来自弗兰克·帕金。前者是一种尼尔所描述的"抽象化文本-主体"关系，在这种情况下主体只与一个文本有关。后者则认为，主体与文本的关系只会为镜像/恋母情结等主要心理过程所语境化等等。这是对两者当前关系的重现，或提供了当前关系的基础。

帕金为我们提供了对上述抽象关系的社会学批判，但人口学/社会学因素，如年龄、性别、种族、阶级地位等，被引入其中作为直接决定受众反应的因素。然而，这些因素通常被认为是不同解码位置的客观性关联因素或者决定因素，但没有说明它们如何影响传播过程。

现在，虽然我将坚持"结构决定论"的中心论点，以及意识形态领域的意指实践表达，因为它是由现实进行结构化的，然而，我们必须接受威利斯的观点：

> 不能认为文化模式在某种程度上是阶级地位、地区和教育背景等宏观因素的自动反映，并为这些因素所决定。当然，这些变量是重要的，不能忽视，但它们如何影响行为、语言和态度？我们需要理解结构如何成为文化环境中行为意义和决定的来源的过程，因此从自身层面看，宏观的决定性因素需要通过文化环境来复制自己。
>
> （Willis，1978：171）

我们需要构建这样一种模式，即社会主体总是为多重话语所阐释，这些话语有的相互平行、相互强化，有的相互矛盾，阻碍或影响着其他话语对主体的成功阐释。无论是积极的还是消极的，其他话语总是涉及文本与主体的关系，尽管当它们发挥的是消极的和矛盾的而不是积极的和增强的影响时，这些其他话语的作用更加明显。

我们不能脱离其他话语而孤立地考虑单一的、实体化的文本-主体关系。我们也不应该把社会学/人口学因素解读为直接影响传播过程的因素：这些因素只能通过表达它们话语的行动产生作用。交互话语的概念，以及主体的多重性、矛盾性解释，开辟了文本与主体之间的空间。我们不再假设主体被任何特定的"召唤"有效地束缚，从而为主体提供了一个理论空间，使其从"规范性过程"的关系中进入一种与"意指链条"关联的关系中。

关键的是，我们将文本与主体的关系视为一个需要研究的经验性问题，而不是从文本所包含的"理想化受众"理论中推导出的先验性问题。也许，正如麦卡比（McCabe，1976：25）所强调的那样，在一个具体的社会时段，分析一部电影与受众的关系，与"数人头"（量化统计）无关，但这只是方法论策略，而不是理论原则。受众与电视意识形态运作的关系原则上仍然是一个经验性问题，挑战在于试图发展对这种关系进行经验调查的合理方法。

后 记

这并不是一个结论,因为这本专著所依据的研究项目的本质排除了任何这样的结论。这个研究项目作为一个初步调查,在经验层面上考察了"编码/解码"模型应用于电视受众的潜力。

在最初的研究形式中,我们旨在涵盖更广泛的电视文本和更大范围的小组,以及对小组和个人解读进行更深入的考察。然而,这个研究计划的实施必须以资金作为保证(需要两名全职研究人员),而这是不可能的。我只能在这里表达对英国电影协会的感激之情,因为该机构提供了资金,使项目得以进行——尽管它的规模缩小到了只有一个兼职研究员,加上相当数量的志愿者的帮助。

我所能做的仅仅是指出一些社会地位和(亚)文化框架可能与个体解读相关的方式。在一个如此小的样本基础上要求更多的研究发现,将会产生误导。同样,我想说的只是,研究证明了一种方法的可行性,即把受众视为一类文化群体,而不是一群个体或一组僵化的社会人口学类别。显然,在小组解读和个体解读之间的关系上还需要做更多的工作。

然而,尽管这些都是进一步研究需要考虑的重要因素,但我非常清楚其中的局限性,而且我认为,方法论才是受众研究领域下一步研究工作需要重点关注的维度。这里的问题在于,需要一个不断发展的分析方法,它将允许我们在处理这些节目文本时能够超越"描述性模式"。

这些小组的研究材料之所以能在这里得到如此事无巨细的详尽呈现,正是因为缺乏适当的研究方法,使我们能够将具体的反应进行"正式化"并"浓缩"成一致性的语言和/或意识形态类别。这里的困难显然是语言(或话语)和意识形态特征之间关系的复杂性和过度固定化的性质。在没有任何方法能够令人满意地解决这些困难的情况下,以一种描述性的形式呈现研究材料似乎更有用,希望它将更开放地接受受众自己的假设和解释,而我的假设和解释似乎不充分。正是在这一领域,即语言、话语形式和特定意识形态立场和框架之间的关系方面,相关研究工作最需要拓展。①

读者无疑已经注意到,这本书的理论框架是在不同章节中不同理论的争论过程中呈现的——时而与主流社会学的研究有关,时而与精神分析电影理论有关。在研究项目长期实施过程中,我们的理论框架是在"赞同"和"反对"这些不同理论流派之中发展起来的,但似乎最好还是留下这些争论的痕迹,以便清晰地呈现我们所采用的研究视角是从何处发展而来的。如果这样来看,我似乎让研究"走错了"方向,那么对于读者来说,则有可能更容易找到他的路径,返回或前进,从而走出"泥沼"。

---

① 这个方向的尝试,可以参见克雷斯和特鲁(Kress and Trew, 1979)以及富勒等人(Fowler et al., 1979)的研究。

参考文献

Althusser, L. (1971), 'Ideology and ideological state apparatuses', in *Lenin and Philosophy*, NLB, London.
Armistead, N. (ed.) (1974), *Reconstructing Social Psychology*, Penguin, Harmondsworth.
Bandura, B. (1961), 'Identification as a process of social learning', in Journal of Abnormal and Social Psychology, Vol. 63, No. 2.
Berelson, B. (1952), *Content Analysis in Communication Research*, Free Press, Glencoe, Ill.
Berkowitz, L. (1962), 'Violence and the mass media', in Paris Stanford Studies in Communication, Institute for Communication Research.
Bernstein, B. (1971), *Class, Codes and Control*, Paladin, London.
Beynon, H. (1973), *Working for Ford*, Penguin, Harmondsworth.
Blumler, J. and Ewbank, A. (1969), 'Trade unionists, the mass media and unofficial strikes', in British Journal of Industrial Relations, 1969.
Bourdieu, P. (1972), 'Cultural reproduction and social reproduction', in Brown (ed.) (1972).
Brown, R. (ed.) (1972), *Knowledge, Education and Cultural Change*, Tavistock, London.
Bulmer, M. (ed.) (1977), *Social Research Methods*, Macmillan, London.
de Camargo, M. (1973), 'Ideological Analysis of Media Messages', CCCS mimeo, University of Birmingham.
Carswell, E. and Rommetveit, R. (eds) (1971), *Social Contexts of Messages*, Academic Press, London.
Caughie, J. (1977), 'The world of television', in Edinburgh '77 Magazine.
Connell, I. (1978), 'The reception of television science', Primary Communications Research Centre, University of Leicester.
Connell, I. (1979), 'Ideology/Discourse/Institution', *Screen*, Vol. 19, No. 4.
Connerton, P. (ed.) (1976), *Critical Sociology*, Penguin, Harmondsworth.
Counihan, M. (1972), 'Orthodoxy, Revisionism and Guerilla Warfare in Mass Communications Research', CCCS mimeo, University of Birmingham.
Coward, R. (1977), 'Class, Culture and Social Formation', *Screen*, Vol. 18, No. 1.

Critcher, C. (1978), 'Structures, Cultures and Biographies', in Hall and Jefferson (1978).
Curran, J. et al. (eds) (1977), *Mass Communication and Society*, Arnold, London.
Deutscher, I. (1977),'Asking Questions (and listening to answers)', in Bulmer (ed.) (1977).
Downing, T. (1974), *Some Aspects of the Presentation of Industrial Relations and Race Relations in the British Media*, Ph.D. thesis, London School of Economics.
Dyer, R. (1977), 'Victim: hermeneutic project', Film Form, Autumn 1977.
Eco, U. (1972),'Towards a semiotic enquiry into the TV message', in Working Papers in Cultural Studies, No. 3, CCCS, University of Birmingham.
Elliott, P. (1972), *The Making of a Television Series*, Constable, London.
Elliott, P. (1973), 'Uses and gratifications: a critique and a sociological alternative', Centre for Mass Communications Research, University of Leicester.
Ellis, J. (1977), 'The institution of the cinema', in Edinburgh '77 Magazine.
Fowler, R. et al. (1979), *Language and Control*, RKP, London.
Garnham, N. (1973), Structures of Television, BFI TV Monograph No. 1.
Gerbner, G. (1964), 'Ideological perspectives in news reporting', in Journalism Quarterly, Vol. 41, No. 4.
Giglioli, P. (1972), *Language and Social Context*, Penguin, Harmondsworth.
Grealy, J. (1977), 'Notes on popular culture', Screen Education, No. 22.
Hall, S. (1973), 'Encoding and Decoding the TV message', CCCS mimeo, University of Birmingham.
Hall, S. (1974), 'Deviancy, politics and the media', in Rock and McIntosh (eds) (1974).
Hall, S. and Jefferson, T. (1978), *Resistance through Ritual*, Hutchinson, London.
Halloran, J. (ed.) (1970a), *The Effects of Television*, Panther, London.
Halloran, J. et al. (1970b), *Demonstrations and Communications*, Penguin, Harmondsworth.
Halloran, J. (1975), 'Understanding television', Screen Education, No. 14.
Hardy, P., Johnston, C. and Willemen, P. (1976), 'Introduction', to Edinburgh '76 Magazine.
Harris, N. (1970), *Beliefs In Society*, Penguin, Harmondsworth.
Hartmann, P. and Husband, C. (1972), 'Mass media and racial conflict', in McQuail (ed.) (1972).
Harvey, S. (1978), *May '68 and Film Culture*, BFI, London.
Heath, S. (1976), 'Screen images, film memory', in Edinburgh '76 Magazine.
Heath, S. and Skirrow, G. (1977), 'Television: a world in action', Screen, Vol. 18, No. 2.
Henriques, J. and Sinha, C. (1977), 'Language and revolution', in Ideology and Consciousness No. 1.
Henry, P. (1971), 'On processing message referents in context', in Carswell and Rommetveit (eds) (1971).
Hirst, P. (1976), 'Althusser's theory of ideology', in Economy and Society, November 1976.
Katz, E. (1959), 'Mass communications research and the study of popular culture', Studies in Public Communication, Vol. 2.
Katz, E. and Lazarsfeld, P. (1955), *Personal Influence*, Free Press, Glencoe, Ill.
Klapper, J. (1960), *The Effects of Mass Communication*, Free Press, Glencoe, Ill.
Kress, G. and Trew, T. (1979), 'Ideological transformation of discourse', Sociological Review, May 1979.
Kumar, K. (1977), 'Holding the Middle Ground', in Curran (ed.) (1977).
Laclau, E. (1977), *Politics and Ideology in Marxist Theory*, NLB, London.
Lazarsfeld, P. and Rosenberg, M. (eds.) (1955), *The Language of Social Research*, Free Press, New York.

Linné, O. and Marossi, K. (1976), *Understanding Television*, Danish Radio Research Report.
MacCabe, C. (1976), 'Realism and pleasure', in *Screen*, Vol. 17, No. 3.
McQuail, D. (ed.) (1972), *Sociology of Mass Communication*, Penguin, Harmondsworth.
Mann, M. (1973), *Consciousness and Action among the Western Working Class*, Macmillan, London.
Mepham, J. (1972), 'The theory of ideology in Capital', *Radical Philosophy*, No. 2.
Merton, R. (1946), *Mass Persuasion*, Free Press, New York.
Merton, R. (ed.) (1959), *Sociology Today*, Free Press, New York.
Merton, R. and Kendall, P. (1955), 'The Focussed Interview', in Lazarsfeld and Rosenberg (1955).
Miliband, R. and Saville, J. (eds) (1973), *Socialist Register*, Merlin, London.
Mills, A. and Lowe, A. (1978), 'Screen and Realism', CCCS mimeo, University of Birmingham.
Mills, C. W. (1939), 'Language, Logic and Culture', in *Power, Politics and People*, OUP, London and New York.
Moorhouse, H. and Chamberlain, C. (1974a), 'Lower class attitudes to the British political system', in *Sociological Review*, Vol. 22, No. 4.
Moorhouse, H. and Chamberlain, C. (1974b), 'Lower class attitudes to property', in *Sociology*, Vol. 8. No. 3.
Morley, D. (1975), 'Reconceptualising the media audience', CCCS, University of Birmingham.
Morley, D. (1976), 'Industrial Conflict and the Mass Media', *Sociological Review*, May 1976.
Murdock, G. (1974), 'Mass communication and the construction of meaning', in Armistead (ed.) (1974).
Murdock, G. and Golding, P. (1973), 'For a political economy of mass communications', in Miliband and Saville (eds) (1973).
Neale, S. (1977), 'Propaganda', in *Screen*, Vol. 18, No. 3.
Nicholls, T. and Armstrong, P. (1976), *Workers Divided*, Fontana, London.
Nordenstreng, K. (1972), 'Policy for news transmission', in McQuail (ed.) (1972).
O'Shea, A. (1979), 'Laclau on Interpellation', CCCS mimeo, University of Birmingham.
Parkin, F. (1973), *Class Inequality and Political Order*, Paladin, London.
Perkins, T. (1979), 'Rethinking stereotypes', in M. Barrett et al. (eds) *Ideology and Cultural Production*, Croom Helm, London.
Piepe, A. et al. (1978), *Mass Media and Cultural Relationships*, Saxon House, London.
Pollock, F. (1976), 'Empirical research into public opinion', in Connerton (ed.) (1976).
Poulantzas, N. (1973), *Political Power and Social Classes*, NLB, London.
Riley, J. and Riley, M. (1959), 'Mass communications and the social system', in Merton (ed.) (1959).
Rock, P. and McIntosh, M. (1974), *Deviance and Social Control*, Tavistock, London.
Rosen, H. (1972), *Language and Class*, Falling Wall Press, London.
Stevens, T. (1978), 'Reading the realist film', *Screen Education*, No. 26.
Thompson, E. P. (1978), *The Poverty of Theory*, Merlin, London.
Thompson, J. O. (1978), 'A nation wooed', *Screen Education*, No. 29.
Voloshinov, V. (1973), *Marxism and the Philosophy of Language*, Academic Press, New York.
Willemen, P. (1978), 'Notes on subjectivity', *Screen*, Vol. 19, No. 1.
Willis, P. (1978), *Learning to Labour*, Saxon House, London.
Woods, R. (1977) 'Discourse analysis', in *Ideology and Consciousness*, No. 2.

Woolfson, C. (1976), 'The semiotics of workers' speech', in *Working Papers in Cultural Studies*, No. 9, CCCS, University of Birmingham.

Wright, C. R. (1960), 'Functional analysis and mass communication', Public Opinion Quarterly, 24.

第三部分
学术回应

迈克尔·巴拉特:"废话连篇"*

"是的,我看到了一些。"嗯,我想这都是废话。你知道那些对电视节目抱有成见的人是怎样的。《全国新闻》节目做了一项非常重要的工作,其中作用之一就是为那些辛苦劳作一天的人们提供某种精神上的放松。

我认为,《全国新闻》节目是一面镜子,它以一种最明智的方式回应了现实社会需求。如果今天在社会或政治领域没有发生任何真正有意义的事情,那么节目就会去做一件有趣的事,让我们对着一只会弹钢琴的鸭子开心大笑。但同样的,在首相举行大选的那一天,节目中的快乐元素都将被抛弃——所有的鸭子都将随着洗碗水而消失,整个节目将集中于对政治问题的深入调查。

---

* 选自格拉汉姆·韦德《人物:迈克尔·巴拉特》,参见《影像》[Video,1978(12):64-65]。

约翰·O. 汤普森：举国瞩目[*]

《日常电视：全国新闻》
夏洛特·布伦斯顿、戴维·莫利
英国电影协会电视研究专著系列
1978年，100页，£0.75

（1）夏洛特·布伦斯顿和戴维·莫利写了一部颇具吸引力的专著，主要针对英国广播公司开办了12年的晚间早档新闻专题节目——《全国新闻》。这部专著部分基于伯明翰大学当代文化研究中心一个较大规模研究小组前期就这个节目所做的研究工作，该中心在这一领域的进一步研究工作被认为是可行的。在这一阶段，针对上述研究材料的专题研究论文似乎完全正确：发表在该中心内部刊物《文化研究论文集》上的文章非常多，但很多情况下我们都没有意识到，尽管针对电视的批评性文章篇幅不断扩大，却常常令人感到失望。

《日常电视：全国新闻》共分为四章。第一章是对《全国新闻》节目的描述，简单概述了它的"节目简介"是如何发展的。目前，节目已经获得了一种认同，它是基于（i）特定的各种"地方主义"["让我们走入《全国新闻》节目""……看看其他地区的人是怎么想的……"这些话语成为节目的特色表达形式（第4页）；（ii）一种独特的话语[节目采取了一种民粹主义的"腹语术"……这使节目能够用民众的声音说话：对自己受众的声音进行镜像和再现

---

[*] 选自《银幕教育》[*Screen Education*，1978（29）：91-96]。

(第 8 页)〕旨在美化新闻和时事。第二章试图将出现在 29 集节目上的 182 条新闻进行分类，将其分为类别（家庭和休闲的世界、民众的问题、影像英格兰、国家/政治新闻、体育）和主题（《全国新闻》事件、个人化、传统价值观、建议、关注和关心、家庭、报道）。通常情况下，按照表格形式进行分类的最终结果远不如对节目内容的反思重要，而这正是促使夏洛特·布伦斯顿和戴维·莫利进行研究的原因。第三章对《全国新闻》具体一集节目的相关内容进行了详细分析，集中于演播室的链接和新闻导语。这里的难点在于，《全国新闻》节目受众是如何不断地为主持人的话语所"定位"的，这使得受众易于接受他们所接触到的主控性解读。第四章旨在将早期对这些预期性解读的本质的洞察汇集起来，形成对常识的批判，这些常识被视为一种无形的意识形态约束，影响着《全国新闻》节目的所有内容，从而为个人、家庭和国家的资产阶级观念提供佐证。

布伦斯顿和莫利写得很愉快：他们对节目内容的有效引用，以及主持人关于节目目标的描述等内容非常敏感，从而有力提升了这本专著的可读性。我将在这篇评论的其余部分再次进行比较温和的"评论"，所以我应该马上澄清，这篇文章应该能激发所有《银幕教育》读者的兴趣，同时也是一种有价值的新的教学资源。事实上，我的感觉是，这篇评论的大多数读者都想读一下这本专著，这让我不必再对它进行更彻底的总结。我希望，更有用的是对布伦斯顿和莫利两人自身话语"局限性"的批评。从某种意义上说，这几乎不构成对这本专著的批评，因为正是这些"局限性"才使这本书得以完成，而且使它的理论阐释力实现最大化。但在我看来，进一步的研究需要更充分地认识到这些现象的矛盾性和不确定性（这与它们的"单维性"和"成功"恰好相反）。

（2）两位作者一个最有趣的说法是，"《全国新闻》的节目话语表达，最重要的是以一种家庭生活方式来呈现"（第 74 页），而他们更为重要的关注是，节目展示了资产阶级家庭生活理念是一种多么可悲的构成。这一论证既铿锵有力又具有说服性，但或许过于简单了，从而可能导致某些混淆。第 25 页的表格试图"非常简略地"勾勒出节目结构上的"不在场和在场"。

不在场	在场
世界	家庭
工作	休闲
生产 再生产 }	消费

工人（功能性）	个人（承受性）
结构性因果关系	效果

从意识形态角度看，"家庭"被认为是与制造、劳作和生产这些"肮脏的"工作内容相互分离并受到保护的领域（第 75 页），它在很大程度上是由简表中"家庭-休闲-消费-个人"等因素的复合体进行定义的。快速浏览表格的"不在场"类目就会发现，每一栏都有内容：除了"世界"之外，其他内容都是在特定信息披露中产生的概念（温和的阿尔都塞式马克思主义）。如果这张表格在两位作者的阐述中意义重大，那么我们应该质疑，为什么"不在场"概念会如此规范地位于（i）两位作者自己的位置之上，（ii）与被批评的意识形态概念相对立的位置之上。只有当两种话语之间存在这样的联系时，这种结合才有意义：

真实的	被压抑的

或者更经典的，这样：

事实的	谎言/错误/幻觉

由于两位作者详细地呈现了他们的示意图表，并且不像摩尼教的教条主义者那样书写，因此在这里重申反对把意识形态和错误等同起来的整体性论点是不合适的，但存在这种倾向——一种难以避免的趋势——会产生一定影响，也许应该指出，因为它可能会影响对于《全国新闻》和类似节目的进一步研究工作。从一开始，两位作者就表明，《全国新闻》节目团队成员认为它必须要轻松愉快；它必须包含大量的"减压内容"，而不是"苛刻的""沉重的"或"巨大的负担"[1]，因为晚间早档节目受众刚刚从"辛苦的一天"中恢复过来（第6 页）。两位作者从量化层面论证出，"家庭和休闲的世界"……是《全国新闻》节目最为关注的空间。这种论证唯一的问题在于节目主持人的简单态度，正是他们把"家庭和休闲的世界"看作一个"轻松的"世界。两位作者写这本书时提出，"关键是要注意到，《全景》和《本周》两档节目从社会公共视域关注个人，而《全国新闻》节目则从家庭领域关注个人"（第 74 页），《全国新闻》的主持人只能点头表示同意（在询问之前，"为什么不？"）。《全景》/《全国新闻》之间的对立性无疑是主持人对待时事新闻的一种常识。（两位作者有时似乎想拿《全景》节目作"棍棒"，以对《全国新闻》进行鞭策，我们将在另一部专著中看到，尽管这毫无疑问是另一种情况）他们对于《全景》节目关

于宏观世界的解读印象不深。

与主持人立场保持一致非常容易。他们用合理的方式将"家庭"定义为"光"——具有（正如两位作者愉快使用的陈词滥调）"光明的一面"，并且是"福祸相依"的（第10页）。两位作者承认："家庭"的属性在认为它是"实体领域"〔其背后是一个漫长的历史过程，在这个过程中家庭逐渐地……从生产和交换关系中分离出来，它"专门涉及维持和再生产劳动者及其家庭的基本功能"（第75页）〕的观点和认为它本质上微不足道的观点之间摇摆不定。考虑一下这个章节，它是在讨论充满"关爱与关怀"的《全国新闻》节目如何持续不断报道"人们的问题"，这些问题涉及孤独者、异常者、弱势群体和（尤其是身体上的）残疾人。

> 在《全国新闻》节目中，对"人的问题"的处理是直接的：我们被显示出"在人的意义上是什么"。这种对"人性化"的强调可以被看作基于电视节目主持人特定传播策略基础之上的——要想把问题讲清楚，最好的办法是直接关注那些直接参与者的感受。然而，随之而来的强调，它几乎完全从人性角度出发，影响了我们对这个问题的认识。这种表达方式所掩盖的是这些"人的问题"与社会结构之间的关系。但矛盾的是，对"现实效果""人的本身"以及"触及核心问题"的强调严格地把《全国新闻》节目范围限制在"表面现象"水平之上。
>
> （第33~34页）

这意味着，每一个不平凡的故事都必须有其核心的社会结构：任何"人的问题"都不可能存在，如果其"本质"不在于"它……与社会结构的关系"。这种本质主义略为削弱了两位作者对以下问题所作的详细论证，即《全国新闻》节目如何以一种"反社会"方式系统提出的阶级和权力问题。

因此，两位作者有理由怀疑节目对身体残疾的重视。他们指出，这类新闻经过精心设计，使"自然因素"而非"社会因素"成为新闻报道的重点。

但是，他们在强调这一点时使用一些"恐怖字眼"的方式本身就有点吓人：

> 《全国新闻》节目以一种独特方式处理这些故事，而不是依赖专家之间的讨论，我们可能会在《全景》节目中讨论一些社会问题的背景，《全国新闻》节目则直面这些问题对"人"的影响，即"受难者"的感受和问题，残疾如何影响他们的日常生活……这些"问题"是自然产生的，而不是源于社会因素……
>
> （第32页）

在社会背景被处理完毕之前，不会有"受难者"；一个问题只有在进入"社会语境"后才能成为一个"问题"："残疾人"的新闻没有涉及这些问题中"残疾人"自身不同社会阶层的经历。在这里，（最滑稽的是）我们还没有摆脱常见的庸俗马克思主义还原论[2]，即任何有资格成为严肃话题的内容都必须证明它曾经或可能在《资本论》中被讨论过，也就是说，对严肃性话题的处理都是根据它与这种"讨论"的接近程度来判断的。我们可以把这叫作"简·奥斯汀式的斗争"——"利益谬论"。但我们不情愿说："简·奥斯汀的阶级斗争在哪里？"这是个"坏问题"，不同阶级的经历也不一样吗？但它并不是被优先考虑的问题。

我所描述的趋势只是偶尔出现在两位作者的著作中，而且它们的目的甚至可以被看作是具有启发意义的。可能会发生的是，进一步的研究可能会发现将受到这个假设的限制，即要想理解《全国新闻》节目的"琐碎化"效应，唯一的办法就是接受它将"家庭"视为"光"的定义。因此，琐碎的——或者可以认为，"家庭"只是一种意识形态的建构，并没有真正的家庭问题，而只有被误解的社会问题。但是，如果在我们的文化中，家庭（家务、家庭成员）是人类主体生产的真实场所，那么它绝不是微不足道的。和许多论述（人们想到弗洛伊德，想到拉康；事实上是关于"拜登-拉-埃斯特尔精神分裂症"的著作中）提醒我们的一样，"家庭"并不见得是舒适的。试着把对《全国新闻》节目的研究当作一种既逃离弗洛伊德又逃离马克思的论述来阅读，可能是有益的。

（3）但是，两位作者的方法有时还会带来另一种危险——在这里，他们与最激进的文化批评人士一起，那就是到处都能看到"离地飞行"。节目话语是这样的，即节目的提议最终只能是脱离现实的，因为节目与常识相互联系，例如，对世界的理解总是或多或少地受到限制和局限，而常识已经僵化且过时了（第90页）。常识是脱离现实的，因为，正如斯图尔特·霍尔所说，它不需要推理、论证、逻辑、思考；它是自发的，完全认同的，广泛共享的（第91页）。它代表了一种从"需求性"和"威胁性"（但是自由的）视角的逃离，这种视角本身就能使人把握整个社会形态或政治机构的作用，或在这个复杂整体中存在的性别分工（第90页），而不是这样的：

> 常识的自明性，它指向事实的内在合理性，它的认知结构，排除了对

它自身结论的历史性和结构性检查。

(第 88 页)

在这里需要花很长时间来正确地讨论这个问题,但是我认为存在着对两位作者提出的"常识"概念的片面性描述。霍尔可能并不主张——这将是荒谬的——推理、论证、逻辑和思维在常识中是缺失的,只是说它们经常是隐含的,无法进行反思。但即使这样的判断也过于宽泛。人们很容易憎恨常识,认为它只会阻碍政治和经济领域的进步思想;但应该记住的是,(i) 常识同样是一种有价值的壁垒,可以对抗在科学中构建的非自发的意识形态,而我们可能都认为这些意识形态需要被拒绝(例如严格的行为主义、新古典主义经济学中的理性经济学家),(ii) 常识产生了反对马克思主义某些领域的争论,特别是反对它自身政治实践的争论,也许不幸的是,这些争论既没有完全被思考过,也没有被忽略过。因此,我不同意两位作者的观点,即《全国新闻》节目改革的、反官僚主义的一面,尽管两位作者的观点在意识形态上倾向于节目自身,但又对其满不在乎,他们对涉及住房政策(第 30 页)和汽油价格上涨(第 32 页)的新闻不屑一顾,仅仅是因为强调这些问题对家庭产生的影响似乎减弱了这本专著的说服力。

两位作者的大部分详细分析都致力于揭示《全国新闻》节目用认知效应安抚受众的机制。他们提出了这样一种观点:一个被动的旁观者之所以保持被动,大概是因为他被固定在一个快乐的"位置"上,因为他能够意识到他所"熟知"事物的镜像;用"主题事件"反映受众感受,这是节目要表达的内容,可以通过适当地对每条新闻进行"框架化"实现[更准确地说,有一种倾向让受众首先面对一些他还不知道的东西,然后呈现的作品解决了这种暂时的悬置效果(第 62 页),从而让受众对主持人心存感激]。这个解释可以明确地定义是什么导致了一个不合作的受访者对这种表达方式的成功拒绝。

> 要做出一个不可接受的回答,同时要保持连贯性、相关性、连续性和流畅性,需要在对话实践中进行一种非常特殊的工作:首先,重构或重新措辞(例如,打破个人经验框架,用另一种"政治框架"取代它);其次,在重组的框架内作出答复。

(第 70 页)

像《全国新闻》这样的节目如何反映了真正的受众感受?两位作者报告

说，自 1976 年 9 月以来，当代文化研究中心有一个研究项目，试图探索不同社会文化地位的个人和群体所形成的节目差异性解码范畴（参见作者第三章分析）。因此，他们的分析只是可能构成差异性解读的基础。这是谦虚和现实的。任何文本分析都会产生一个理想型读者或受众的形象，他们完全成为被分析的文本想要达到的目标——一个"纯粹的"接受者。某种意义上说，这种"理想化"模式是无害的：理想型读者本质上是经过特殊净化处理分析的作者，即是分析者希望被分析的读者能够成为的形象。但是，需要确定的是被分析文本是否具有支配和欺骗读者的力量。显然，如果假设读者是文本最佳运作的参数，那就是在回避整体性问题。这就是功能主义——对于反对系统顺利运行的研究者来说，这令人绝望。[3]

即使是对于构成差异性解读的基础来说，两位作者可能对节目中一些会引发受众怀疑或厌恶的内容表达分析得不够充分。一个人可以接受大多数常识性批判，也可以一直感觉到对这些话语的某种抵制并不困难。例如，以两位作者所说的"耦合"操作为例，他们就描述得非常好（毕竟两位作者本身就是一个例子）：

> 使用画外音的影像报道——在这里解说词解释了图像意义和文本意义，这是最严格的控制形式，节目中的"现实性"内容被呈现出来，同时，节目语言话语优先于视觉话语。从分析的角度来说，在这两个截然不同的意指链条之间保持区别是很重要的。在解说词（画外音）或元语言的意义之外，一些受众可以解读或者对抗这些视觉效果。但是，主要趋势——这是结合在一起的特定工作——是为了将视觉图像"解析"成为由评论所提供的主要意义和解释。然而，画外音与图像的同步性抑制或遮蔽了这种阐释工作，这让它看起来好像是这些图像自己在说话——在没有外部干预的情况下表达自己潜在的意义。

（第 62 页）

假定这样的描述是有说服力的，仍然需要考虑的是，声音也可能被解读为与它自身相反的表达。毕竟，两位作者的节目内容引用和转录策略所产生的直接争议性效应，很大程度上源于这样一个事实：主持人对《全国新闻》节目立场完全遵从。这种谈话方式一定会在文本中留下痕迹。即使不考虑最初谈到的对于解读效果的影响，像下面这样有些愚蠢的内容，似乎不那么让人昏昏欲睡了：

> 你知道的，这是不是不可思议？每次走出演播室的时候，雨水似乎都与你相伴。我认为现在所做的这种节目是在创造一种新的、可以在雨中跳的舞，哈哈，但我要告诉你一件事，它肯定不会打扰大卫·史蒂文斯，因为他在里面等着看新闻。

（第 46 页）

或者以最令人震惊的引用为例，这段内容来自节目主持人迈克尔·巴拉特的自传原版：

> 在演播室之外，美好的生活有多好？漂亮的餐厅，豪华的酒店。飞奔的汽车，丰厚的支票。而另一个神话，我喜欢和琼或好友们（那些更像是乡村男人而不是"名人"的人）在离家不远的餐馆吃饭，最好在没有必要穿夹克或戴领带的地方。纸袋里的鳕鱼和薯片是我的最爱，它们唯一的竞争对手是周日午餐中的烤羊肉。

（第 75 页）

在我看来，这似乎是直觉上显而易见的，大部分读者可以识别出一些存在于这本专著中的"虚假"内容，就像我们，这两位作者的读者，都可以放心地阅读这些"可怕的段落"，而不为所动（顺便说一句，两位作者一直都很老练地不去刺激别人）。人们对文化视野中的电视研究著作有一种自发的不信任，符号学领域的这方面值得研究，作为（有点偏执地）对重建分析机制的补充，对此应该保证主控性解读的优势地位。我同意，这种不信任本身可能不足以让读者到别处去寻找更冒险、更适合现实的话语。但我们需要认识到，它是可以被利用的。

注释

[1] 节目主持人似乎总喜欢借食物来描述这个节目。受众被认为不需要每晚都吃那些冷冰冰、要求苛刻甚至像压缩饼干一样难以下咽的"食物"。节目开始时的"导语"被称为"地方菜单"和"全国菜单"。两位作者也谈到一些"重大的"事情，比如英国参加国际货币基金组织，这是严肃时事新闻节目的主要内容，例如《全景》节目（第 10 页）。应用于信息的"（不）可消化性"隐喻可能值得研究。

[2] 例如，最近罗杰·布罗姆利在《国界：通俗小说的社会功能》[*Red Letters*,

1978（7）：34－60]一文中指出：只有"人"被展示在通俗小说中，"不在场"的总是具有社会决定性的"经济人格化"。例如，资本家总是"在场"的，但只有在他们与工人之间没有"明确性"关系的时候，才意味着他们是资本家。工人也处于类似的情况。在唯物主义的分析中，所发生的情况是，如果没有从经济维度定义个体（这暗示着他们无法存在）并对其进行表达，从社会角度上看这令人难以接受（第43页）："马克思在分析人的社会关系时什么是至关重要的（以及在大众的虚构表征中什么是'不在场'的）……"（第46页）。布罗姆利也为通俗小说设计了一个"在场"和"不在场"元素的表格。他认为（参见伊莱·扎列特茨基的观点，本书的两位作者也赞同并引用了这一观点）：正是在资产阶级中，个人和社会之间冲突的观念首先产生，并在时间维度上假定了一种"物质化存在"（第46页）。

[3] 雷蒙德·威廉斯所著的《关键词》这本书中有一个非常含糊但有价值的观点（*New York Review of Books*，1977-10-27），威廉斯·爱普生写道："我认为，这种悲观情绪部分来自一种理论，这种理论使我们的思维变得虚弱——比思维实际需要的更弱，如果思维试图利用语言进行正常运作的话。"

格拉汉姆·韦德：
对《日常电视：全国新闻》的评论 *

《日常电视：全国新闻》
夏洛特·布伦斯顿、戴维·莫利
英国电影协会电视研究专著系列

这本小册子的主题是关于英国广播公司电视新闻杂志——《全国新闻》的，节目从1966年开始播映。最近，人们对流行电视节目进行关注——哈泽尔在这一页中受到评论，这一趋势似乎正在不断扩大。事实上，这是一种应该被鼓励的发展，因为人们对数百万观众定期收看的节目重视太少。

然而，英国电影协会教育咨询服务公司提供的这种狭小主题——几乎不太可能促进人们对这一领域的兴趣。我甚至会说它是一篇反教育的文章，因为它所使用的语言和风格几乎是绝大多数人无法理解的。这是一部散发着最令人厌恶的傲慢的作品。非常强势的话语，为什么要这样呢？

这是对"序言"内容的简要引用："我们的分析集中在节目所表达的意识形态主题上，并只是部分地把这些主题与它们在话语形式属性中的物质基础联系起来……"再强调一下，或者可以说是："链接性/框架性话语在节目任何一条新闻的序列结构中起着十分重要的作用，引导我们在构成节目内部'一致性'的各种差异性内容之间建立联系，不仅告诉我们下一条新闻是什么，并且保持形成顺畅的'节目流'，以及简洁自然的过渡衔接，从而将新闻整合进节

---

* 选自《国际影视》[Video and Film International，1978（10）：47]。

目之中。"

是的,你猜对了。为了理解这本书,你需要社会学的硕士学位,但据我得到的可靠消息,99.8%的公众没有。真遗憾啊!更令人遗憾的是,这本书中一些更理智的想法——是的,一些这样的想法——将会同肮脏的洗澡水一起被泼出窗外。我也不喜欢这个节目,觉得大部分新闻都不是为了让人们思考而设计的。今天晚上我在看这个节目的时候,发现主要故事似乎是向13岁以上人群推广"约翰反叛和奥利维亚·牛顿-约翰"迪斯科舞蹈比赛。实际上连节目的画面都很糟糕。

节目的技术错误比其他任何同类节目都要多。比起那些经常由BBC强加给我们的主持人,这个节目的主持人似乎更接近上层中产阶级。在"索尔兹伯里"牛排广告中,迈克尔·巴拉特——多年来节目的主要主持人,还是几十年?——甚至坚持穿着不合身的衣服,上衣和裤子的尺码对他肥胖的身材来说都太小了。

我确信,许多人也对节目产生了轻微厌恶感。写一本书能令人信服地摧毁这个卑鄙的节目,这是多么难得的机会啊!它可以吸引数百万人。但是没有,布伦斯顿和莫利错过了这个机会。相反,我们看到的是一本由时髦知识分子撰写的大部头作品,作者是一名大学研究生和一名大学研究助理。毫无疑问,他们都认为自己已经尽力了。

本书后面的参考书目不少于58条,其中引用了斯图亚特·霍尔五部作品,比卡尔·马克思的还多两部。我想知道这个斯图亚特·霍尔究竟是谁?我从来不知道!原来他不是别人,正是研究生和研究助理的教授。这就是他们想用自己的书去打动的人。

米歇尔·翠西：
"日常琐事的杂乱拼图"*

在《日常电视：全国新闻》这本书中，夏洛特·布伦斯顿和戴维·莫利试图揭露一个日常节目的潜在假设，比如 BBC 电视 1 台的《全国新闻》。在这篇评论中，米歇尔·翠西认为作者们已经错过了他们的目标。

我已经有花好几年时间收看《全国新闻》节目的经验了。但最近，我开始担心起来，不，确切地说，节目令我恼怒，它似乎正在蜕变成一个无底深渊。

我知道，它占据了一个曾经被称为"幼儿休战"的时段，但这档节目似乎太像"蓝色彼得"了。它包括"拯救我们的物种"、"谜语角"、被收养的赛马、一支被收养的足球队、沙漠荒岛探险之旅、愉快的欧洲之旅、儿童新闻、一只带有字母斑点的卡通宠物鸽子、儿童圣诞颂歌大赛等等内容。

节目现在只是偶尔才会有"实质性"的新闻，或者是在过去几年里与节目吸引力相匹配的新闻——现在它们就像罐头汤里那块珍贵的鸡肉。节目不仅仅是风格，甚至是内容都是失败的，而且节目的品质感很难被定义，它虽然容易被识别，但并不清晰明确。

然而，作为一个长期的粉丝，我知道节目并不总是这样糟糕，我对其中一条最好的新闻记忆犹新。这一定是四五年前的事了，当时主角是布莱克本的一名巴士司机，痴迷于乐队指挥乔·罗斯和他的管弦乐队。他的一生都在听唱片，收集罗斯乐队的纪念品。在他家里有一大堆的"剪报书"，由于一些解释

---

* 选自《广播》（*Broadcast*，1978-09-04）。

不清的原因，他把这些东西叫作"吹牛老爹一号书""吹牛老爹二十八号书"等等。当节目组和他谈论这种激情时，巴士司机谈到了音乐的乐趣和罗斯的伟大；然后他演奏了罗斯的一些经典曲目。当小号响起的时候他会把自己的手做成小号的形状并和乐队一起演奏，当萨克斯管响起时他是萨克斯手。他告诉节目组自己的梦想是在他的公共汽车上放一部电唱机并设计一个小舞池，这样他就可以一边开车一边播放乔·罗斯的乐曲，乘客们可以在他开车的时候跳舞，享受音乐。所以在一次旅行中，节目组让他实现了所有的梦想：音乐、舞池、跳舞的乘客、这个男人和他特有的快乐。这是美妙的、温暖的、有人情味的，做得很漂亮。这些事在我的脑海里始终萦绕，多年以后仍然令我能够会心一笑，尽管不是专门针对他。

我们现在有一本书，它被看作对《全国新闻》节目和这类新闻一场持久的嘲讽。这本书不赞同这档节目，认为节目在"常识性观念"方面存在模糊性，掩盖了作者所知道的生活和社会的真相。有人曾经告诉我，《广播》杂志的书评有一个好处，就是它们篇幅很长，而且会告诉你很多东西，因此你根本不需要去读被评论的书。在自己先前不太成熟的评论中，我试图给出这本书的主旨，并补充我自己对它的看法。对于这本来自伯明翰大学当代文化研究中心的最新著作来说，我不太确定自己是否有能力和意向能够尝试提炼出它的主旨、结构或者信息，然后揭示给这本杂志的忠实读者。这本书被称为《日常电视：全国新闻》，两位作者夏洛特·布伦斯顿和戴维·莫利分别是当代文化研究中心的研究生和研究助理。

这本书一些问题的线索存在于序言之中，描述了这本专著形成的基础，即1975年至1976年期间由伯明翰大学当代文化研究中心媒介研究小组所做的集体研究工作。这个研究小组有五名成员，包括斯图尔特·霍尔。小组成员讨论了这项研究工作，每个人就节目不同方面提出了意见。

不幸的是，这本书读起来有点像一份委员会报告。书里的章节太多了，有那么多的小标题，读起来就像是驾驶着一辆没有悬挂系统的轿车，在崎岖的道路上行驶。

可悲的是，那些对"节目发展历史"进行的描述十分薄弱。是的，正如他们所说的那样，这类节目是用来"招揽"黄金收视时段受众的。然而，我不太确定，他们说的在20世纪60年代末至70年代期间《全国新闻》节目的"地方主义"被视为国家统一性的必要基础到底是什么意思。就我所知，他们探讨了英国广播公司的"地方主义"并且已经意识到，自1928年开始，强调"地方主义"已经成为英国广播公司的特征，"地方性"在整个公司的节目内容结构中是异常强大的组成部分，以至于一位公司高管最近对我说，"地方高管"多年来都是BBC区域总监"约翰国王"的"贵族"。

不，《全国新闻》节目的开始与麦肯锡报告以及充分利用公司的地方演播室、允许地方专业化和资源合理化（以及成本效益）的政策没有任何关系。麦肯锡公司直到1968年4月才被委任进行报告撰写，而两位作者指出节目始于1966年。

关键的是，如果两位作者能更深入地研究自己的主题，并真正地与参与者交谈（我感到非常惊讶的是，他们可以用自己的方式分析一档节目，却看不到任何与节目相关的人），就会意识到，他们所谓的"启发性"分析表达实际上只不过是对节目本来面目的描述。

两位作者认为，"这项研究详细说明了节目如何既面向英国全国各地的受众，又面向以家庭为单位的普通受众：普通人看的普通电视"。现在他们绝对不会说这是什么了不起的事情。他们认为："节目努力构建事件和参与者的时间/地点/地位/即时性——使之尽可能具体化和个性化……"因此，像通货膨胀这样的抽象问题将会以"它将如何影响"我们的"日常生活"的方式来呈现（我必须说，只要不是唯一的方法，我认为这是一种明智而有趣的看待通胀的方式）。他们指出，重要的问题——失业、通货膨胀等——要在《全国新闻》的节目话语中得到重点关注，只有当节目认为这些问题对日常生活有直接影响的时候。

但是，当这一切发生的时候，就会有人嘲笑，节目可以利用罗伯特·麦肯齐和他的隔板与图表告诉我们"国际货币基金组织的贷款业务"到底是怎么回事。通过这种方式，他们后来观察到，节目在马克思所描述的"日常生活的宗教"范围内移动，因为它只关注现象层面，所以忽略了决定性的社会关系。资本主义社会的直接现象及其形式中包含着社会关系的部分本质内容（Hall，1973：9），这些内容是通过一种扭曲的形式来呈现的。两位作者的意思是，因为事物只是在部分层面与自身表面现象一致，其本质上仍然是被扭曲的。因此，《全国新闻》节目都是文化"幕布"的一部分，而隐藏其后的是生活的真实关系和真相。

当然，节目的重点是人，正常的和不正常的，而不是过程和抽象。但两位作者必须进行更多的背景研究，他们会重视事实，而不是对单一节目中的单个句子进行详尽的解释。

《全国新闻》脱胎于唐纳德·巴温斯托克的《今晚》节目。你如果不理解它的前身和它的创造者，就无法理解节目，然而两位作者似乎并没有努力去理解节目的历史。例如，有趣的是，他们的参考书目包含了所有对马克思、阿尔都塞、马特拉特等激进理论的时髦引用，但却不包含与权威人士讨论过的《今晚》节目的起源和意图，即格蕾丝·温德姆·戈尔迪的著作《直面国家》。

巴温斯托克对普通人总是有一种基本的同情心和尊重，是一个厌恶权威并欣赏"个性化"的人。我有一次问他，为什么每周的节目会安排在周六晚上？他说，那是因为在每周的这个时段，观众距离上周五工作时间和下周一工作时间各24小时，而这个阶段是他们"最私人化"的时间。他很清楚《今晚》节目应该播出什么内容。他最初的想法是做一档周播的杂志式节目，内容是关于人们的性格、行为、渴望和恐惧、喜好和偏见。正如他所说，这是一个关于"人性"的电视专栏。利用这种方式，他认为可以通过不断让受众判断"自己"属于"哪种人"来直接吸引他们。他认为，这个节目的全部意义在于让受众说出"我有多么像其他人"或者"人们有多么惊人"。

事实上，《今晚》的出现不仅仅构成了一档新节目，这也是英国广播公司转向"人性化"过程中至关重要的一步。作为一个曾经俯视"民众"，并怀着遥远的希望，希望把他们"捧上天"的机构，英国广播公司开始被转化成为一个除了娱乐和告知之外，既不轻视别人，也不试图干涉别人的机构，也即平等——如果民众作为成年人，只选择娱乐和了解信息的话。巴温斯托克理解，他的新风格会造成一些虚幻性因素的产生，如果目的是与受众进行某种程度的对话，那么这种风格必然存在片面性（本书作者证明了这一点，认为这种"框架"和"文本"的形式是《全国新闻》节目独有的！）1956年12月，巴温斯托克要做的是把生命的感觉、生命的投射和享受、生命的祝福，而不是对生命的解释搬上银幕。22年前，他在自己的想象中创造了《今晚》节目；他关注那些"普通人"，想要把他们带到屏幕上，本书作者所做的就是发现这种一直存在的创造性。作者不喜欢这个节目，但大多数人都喜欢。两位作者可能完全"正确地"认为，节目在表征层面运作，被固定在某种肤浅性的"常识"之中，但如果是这样，节目就会走向主体"自我创造性"和"自我意识"的僵化。

我担心，这本书的大部分论点都被淹没在迷雾中，但偶尔确实能以某种清晰的方式显现出来。例如，作者指出，到目前为止，"家庭和休闲的世界"是节目话语的主要核心内容，这类新闻占到分析样本的40%。他们补充说，首先要注意的是，"家庭和休闲的世界"这种"在场"（主题）的出现，标志着工作、生产斗争和生产过剩的世界几乎完全消失（一些地方新闻报道除外）。节目的活动让我们停留在一个"看似独立的流通、消费和交换领域"之中：生产性生活的真实社会关系——家庭内外的身体关系——已经消失了。两位作者是如此迫切地希望这些真相被揭露出来，向那些无知的大众展示这个世界的真实面貌，他们收看《全国新闻》节目，所以不知道这个世界是怎么回事。事实上，这种显示关心、体现同情心的"傲慢工作"会让人想起以下场景：在维多利亚时期，在非洲的传教士们会拍着当地人的头，心想："可怜的家伙们，我们必须多教教他们，带给他们知识和文化，告诉他们应该知道的，也就是我们所知道的。"

这就是这本书的问题，它太完美了，聪明，全知。但它到底知道什么？它知道大多数人明白的事情：这个节目是琐碎的、肤浅的、友好的，根植于受众的世界而不是学者的世界，更接近于《镜报》而不是《纽约时报》，它关注的是古怪的人，关注重要的政治和经济问题是如何影响收入和家庭的。大多数人都知道节目的这些事实（我有很多证据证明作者所做的"替代性假设"），但他们不介意，事实上他们还非常喜欢这档节目。他们不渴望得到启迪、真理、内涵或呈现性别、种族和阶级不平等的内容。在一天的工作结束后，他们宁愿与汤姆·科恩叔叔和瓦尔阿姨一起安然入睡，谁能怪他们呢？简而言之，他们宁愿收看节目，也不愿读这本书。

然而，作为传教士，作者不能袖手旁观。这是一场意识形态的斗争，他们想要改变这档节目，不，他们想要改变这档节目"被扭曲的形象"。这很好，但这本书并不是为了解决这个问题。这本书试图表达重要的观点，但采用了一种晦涩风格进行书写，以至于几乎不可能很好地表明。毫不夸张地说，罗曼·雅各布森和罗兰·巴特都指出人称代词在话语中的关键位置，就是雅各布森所说的"双重结构"。人称代词是"移指者"，从这个意义看，如果在谈话中，"A"对"B"以"我"和"你"的表达方式进行交谈，"B"只能通过一致性的

"置换"或"移位"代词来回答问题,"A"的"我"和"你"变成了"B"的"你"和"我"。雅各布森称之为"移指者"的转换作用,在话语中存在着一个批判性的"重叠"和"循环"的空间,这样,通过语言"双重结构"的模糊性,就可以在编码层面构建复杂的意识形态运作场域。让人不解的是,那些"普通人"会如何看待那些被迅速抛弃的"宝石"。例如,对"外在形象"的直观感受——这是在下意识中对生活关系进行"自发的"调整。

实际上,这本书是为一个封闭的群体而写的,他们读这本书可能是因为他们能接触到社会语言学范畴内的拉丁语,而拉丁语之所以有用,正是因为它的独特性和形式的灵活性。所有那些试图考虑播报和解读这档节目的人,所有屏幕两边的普通人,都会避开这本书,就像躲避瘟疫一样,他们会避开对这种风格的大多数批评。而最具讽刺意味的是,这本专著是由英国电影协会教育咨询服务公司出版的,而它在传播、教学和阐释方面的努力是一种错觉。事实上,读这本书的时候,我感觉像是在看一场汤姆·斯托帕德的新剧——英雄被关进一间牢房,和一个自以为在指挥管弦乐队的疯子待在一起。在这本书中,我们展示了各种社会学"乐器":数据式的木管乐器、观察式的铜管乐器和阿尔都塞式的弦乐器。布伦斯顿和莫利在舞台两侧以他们独特的风格指挥整个演出,听着门生们制作的美妙音乐的就是这位作曲家本人,他是创作了上千部交响乐的灵感之源和技术大师路德维希·冯·霍尔。悲剧的是,这一切都是幻觉,没有音乐,没有观众,除了指挥家的头脑。真正的音乐大师,那些让脚踩着节拍,让脉搏跟着节奏跳动的人,却在其他地方为大量真正的观众演奏。政客、游说者、记者、专家等都吹着口哨——有时不知不觉地跟着哼唱。与此同时,在空荡荡的剧院里,虚幻的社会学管弦乐队正在演奏。

我不禁想,也许问题出在审稿人身上,我对社会学现状太失望了,或者至少对它的这个分支。也许这部著作讨论了一些重要而深刻的内容,这些内容会被其他人吹着口哨,在会议室,然后在酒吧,在家庭和工厂之中哼唱,成为所有那些经典老歌的一部分。我们都喜欢它,它能使我们的生活变得更容易解释,更容易忍受,从长远来看也会使我们的生活变得稍微不同。也许我是乐盲,应该说,就像迈克尔·霍尔罗伊德最近说的那样,我能看到乐队演奏得很出色,但就是听不懂旋律。

约翰·科纳：
对《全国新闻：受众研究》的评论*

《全国新闻：受众研究》
戴维·莫利
英国电影协会电视研究专著系列第 11 号
£2.95

尽管对过程的强调是有价值的、持续性的和开创性的，但是"符号化实践"作为大众传媒社会运作的关键阶段，从文化研究视角开展的研究工作尚未产生大量实质性成果，这类成果在文本分析中成功地摆脱了一种批判性形式，从正反两方面进行推演。研究试图"向后"回溯媒介组织、政策和实践的观念，然后再"向前"推及受众感知问题，以及解读/观看的复杂活动与意识形态支配模式。

最近，这个研究领域中鲜明的"社会-文学"背景与对"经验主义"的焦虑相互结合，从而阻碍了将研究理念和假设带入经验主义研究。

戴维·莫利出色的新著决定性地打破了这种"压抑"的现状，提供了一个详细的、经验维度的研究，分析了不同群体如何解读两集《全国新闻》节目——研究基于录像带观看，随后在后期进行讨论，并提出了一些有针对性的问题。

莫利指出，从某种程度上说，这个研究项目源于 15 年前意大利学者埃尔

---

* 选自《媒介、文化与社会》[*Media, Culture and Society*, 1981, 3 (2)]。

伯特·埃科的研究（Eco，1972）。根据埃科的观点，符号学文本分析被视为对媒介语言实施综合研究的一部分，而其中一个重要问题就包括对受众接受程度进行"田野调查"。

这本著作的主体部分是由对不同小组就节目进行讨论的文本记录组成的。随后，作者试图根据不同小组与节目的"一致性"程度描绘出各种解释和回应。在序言和结论部分，莫利发展了一个更普遍和理论化的讨论。很明显，他将自己的研究定位于既有和当前关于意义、解释和媒介受众的思考背景之下，尽管这有些简略。

莫利特别专注于"使用与满足"理论（在争论受众"使用"媒介文本来满足其"需求"的过程中，这个理论实际上回避了整体意义问题）以及某些属于《银幕》杂志阵营理论家们的著作（他们认为，通过形式上的运作或者诱惑的力量，文本实际上"建构"了自己的受众）。以上两种理论派别都表现出功能主义倾向，一种来自特定的社会心理学视角，另一种则是"文本理论"和"受众主体构成论"。莫利的阐述和评论一针见血，对围绕他所讨论的策略和方法进行更加详尽的分析具有良好的参考性。

这本著作明显基于伯明翰大学当代文化研究中心媒介研究小组的研究成果，但他摒弃了把"文本分析"作为唯一的受众接受行为的研究方法，而是认为基于不同社会地位，拥有不同理解框架，受众会对电视上所说的和所呈现的内容产生不同意义的解读。

没有一种意义（特定意义）的生产可以通过严格的分析归于媒介文本自身，莫利不相信，仅从文本调查就能够辨别和推断出社会偶然性意义产生的可能性程度。

尽管把受众解读看作一种意义生产方式，但莫利并没有遵循最近的唯物主义文学批评视角（Bennett，1979），即将把文本简单地视为意义来源的问题（例如，很难将受众视为不同的解读者/生产者）置换成文本是受众建构场域的问题（例如，由于难以对媒介产生的参照系和内涵/意识形态力量进行解释，所以无法分析文本和文本生产的文化意义）。

使用"主控性解读"概念，将文本概念视为一种修辞结构，在这个结构中，文字和图像的内涵范畴被各种修饰、扩展、合并和对比（这是我的说法，不是莫利的），以表达一种特定（倾向性和主控性）的解释，虽然经常被认为是"被给予的"或"可接受的",这些解读实际上与文本机制的意义所指和内涵引导保持同步、协调或者相反。

一般来说,这种对文本和解读的观点既不偏向文本封闭性,也不偏向"受众作为作者"的理论,它已经不是什么新观点了,但鉴于最近在"文本-受众"领域出现的一些反常的过度争论,这种理论似乎重新获得了欢迎和发展。

本书所展开的一般性争论和辩论到此为止。莫利到底做了什么?

在我看来,他所做的似乎是英国媒介研究领域的一次突破。他的文本材料来自26个不同小组的焦点访谈,所有这些人都在当时接受某种形式的教育或培训,从而为莫利经费紧张的研究提供了一个可供参照的语境。研究在前后两个阶段的调查中使用了录像带放映。第一阶段基于1976年春季节目播出的一集具有代表性的"混合性"节目,第二阶段则是基于1977年节目播出的一集涉及"预算及其影响"的特别报道。

《全国新闻》的早期版本(与夏洛特·布伦斯顿合著的英国电影协会电视研究专著系列第10号)提供了节目的"社会-文本"解读,认为某些主控性解读是可识别的,如链接、画外音、采访方法、影像剪辑和节目话语的其他特征。使用帕金(Parkin, 1973)关于意义系统的基本分类方法——主控性、协商性和对抗性,通过对它的实证检验和随后的批评、扩展和修改,莫利在本书中首先讨论的是那些对于主控性解读的认可、接受以及拒绝的程度。然后,他追溯这些接受或者拒绝是如何与受众的社会经济地位以及他们在不同社会经济地位的不同话语中所处的位置相关联的。

在理解主控性解读问题上,莫利指出:

> 事实上,主控性机制在小组中普遍存在,并与接受或拒绝主控性解读相结合。对建构的认知绝不意味着对被建构内容的拒绝。

因此,即使受众意识到对内容的某种解读是经过"设置"的,但没有迹象表明这种"设置"将因此被拒绝。

在讨论过学徒小组对"工会"新闻的反应后(所有学徒小组最终都被视为使用主控性解读框架的解码者),莫利注意到,帕金关于意识形态再生产和斗争的一般性形式和特定性形式之间区别的观点是值得怀疑的：

> 这里的情况似乎与帕金描述的工人阶级群体相反。根据帕金的观点，工人阶级会在抽象或整体层面上接受主流意识形态，但在自身特定情况下则要么拒绝主流意识形态，要么对其进行协商性接受。这里恰恰相反，我们的访谈小组里也有工人阶级，他们在整体层面上愤世嫉俗地宣布与节目划清界限，但又接受并认可节目中特定主题的意识形态表述。

莫利认为，将受众社会阶级地位与解码实践进行简单关联是不可取的，这是由具有相同或相似阶级地位的小组呈现出的解码复杂性和变化性证实的。很明显，在接受采访的工会小组中，解码差异与工会主义的不同话语有明显联系（例如专职官员、商店店主、公共/私营部门经理之间的差异），这些解码形式构成了一系列至关重要的差异性结果，就像广泛存在于工人阶级职业中的工会主义所产生的结果一样。

各种各样的讨论（包括学生学徒、管理培训生、在职培训的银行经理、艺术学专业大学生、不同学制的黑人学生等全男性、混合性别和全女性小组）呈现出非常泛化的解释和反应。将制度化的教育背景用于讨论，但无论讨论本身多么非正式，莫利和他的同事们都不可避免地被认为受其老师（斯图亚特·霍尔）的影响，这肯定会对一些反应做出歪曲理解。尽管很难准确分析出这种情况是如何发生的，但无论如何，我们所接触到的研究内容足以激起莫利所关注的那种人种学争论。

尽管对节目形式的各种批评很明显，从指责节目枯燥乏味（学徒小组）到指责节目琐碎和缺乏调查深度（学生小组），而且许多小组就特定新闻采取协商性和对抗性的立场是基于更实际的理由，但莫利发现只有两种小组可以被视为提供了对抗性解读，特别是哈克尼高等教育学院的黑人学生，这一点尤为突出，因为小组成员与其说是对节目进行批评，不如说是对其表达内容和节目话语几乎完全缺乏兴趣（"我们对这种事不感兴趣"，"我在看的时候不会去思考"，"我听不懂他在说什么"）。

另一个对抗性解读的小组是商店店主，他们在访谈期间，参加了劳工历史课程学习。这个小组毫无疑问对预算专题报道提出了彻底批评，几乎忽略了报道的问题，而是直接针对《全国新闻》节目所依据的经济学版本进行质询。这里唯一的问题是，这个小组只看到和讨论了预算专题报道，这就意味着，他们针对节目播出的娱乐、家庭、犯罪、人情味故事等内容所表现出的对抗性解读是无法观察到的。这就留下了一些重要问题：对于这个小组来说，研究对激进的经济观念与其他态度、假设和框架之间的关系问题几乎没有涉及。

尽管如此，这些文本记录还是很值得一看的，而且莫利对这些记录材料的分析是仔细、清晰和有启发性的，这表明对他集中提出和讨论的因素和问题进行深入研究是绝对必要的。整体而言，这个研究项目提供的是数据和讨论，而不是生硬的结论。

对于媒介研究的"编码/解码"模式是否能够继续保持理论阐释力，我有一些保留意见，尽管莫利的运用通常是启发式的，而不是绝对的，但这里无法对这个观点进行充分讨论，虽然其中部分工作是要弄清楚解码概念所涵盖的（令人困惑的？）认知/理解和评价/反应问题。

还有一个问题是，在何种程度上，主控性解读这一具有暗示性但棘手的概念（间接地将其置于与诸如"表达方式"等形式概念和实质性意识形态再生产概念的关系之中）能够促进电视新闻领域以外的研究。它的发展主要是基于直接的信息性和参照性模式，用以分析那些语言修辞学层面的"隐性成分"以及那些基于"平衡报道"理念的新闻和时事内容。当涉及讨论受众的相互对抗性和反对特定文本的主控性结构时，如果将其应用于基于叙述性、虚构性或视觉主导性的作品之中，那么分析和分类工作可能会变得更加困难。尽管如此，莫利的一般性方法还是有助于推进对这类问题的质询、讨论和调查。

在最后的理论分析部分，莫利批评了在《银幕》杂志中一篇文章的作者(Heath and Skirrow, 1977)。后者认为，如果对电视节目进行政治性分析，可以不考虑其内容的外部文本以及它们与媒介形式和权力的关系。事实上，在这个研究领域，作者们完全不需要以傲慢的争辩态度进行评论：

> 应该强调的是，没有人会像文化研究那样不断地、费力地去处理社会含义的层次问题。

相比之下，莫利的专著则将社会意义置于研究中心，从而将电视文化分析引向一个全新的、潜在的以及最富于创造性的阶段。

参考文献

Bennett, T. (1979). *Formalism and Marxism*, London, Methuen New Accents Series.

Eco, U. (1972). Towards a semiotic inquiry into the television message, *Working Papers in Cultural Studies*, No. 3 CCCS, University of Birmingham. Also reprinted in Corner, J. and Hawthorn, J. (eds) (1980). *Communication Studies: An Introductory Reader*, London, Arnold.

Heath, S. and Skirrow, G. (1977). Television: a world in action, *Screen*, vol. 18, No. 2.

Parkin, F. (1973). *Class Inequality and Political Order*, St Albans, Paladin.

索 引

（所注页码为英文原书页码，即本书边码）

absence from discourse see work 话语的缺席，参见工作

absences in research 研究的局限 143-144

abstraction 抽象化 142-143，281-282

acceptability 接受性 87

acceptance 认可性 140

access, structure of 准入的结构 82-83

acting out 行动化 119-120

action, Nationwide in see structure 行动中的《全国新闻》，参见结构

Alexander, S. S. 亚历山大 94

Althusser, L. L. 阿尔都塞 136

 on ideology 意识形态 5

 on interpellation 召唤 284-285

 on level of appearances 表象的层级 107

 on obviousness 显而易见的 104

 on relative autonomy 相对自治 131

 on state 国家 6，123

ambiguity and common sense 固有模糊性与常识 102-103

analysis 分析

 cognitive 认知 116，121

 discourse 话语 279-282

 events/links 事件/链接 37-44

 home/leisure 家庭/休闲 44-53，59

 language 语言 149，150

 proposition 命题 151

 see also first programme analysed 也参见第一个节目分析

 responses to Nationwide 对《全国新闻》的反应

 second programme analysed 第二个节目分析

analysis of categories 类型分析 37-60

 events/links 事件/链接 37-44

 home and leisure 家庭和休闲 44-53，59

 image of England 影像英格兰 55-57，59

 national/political news 国家/政治新闻 57-60

 problems, people's 民众的问题 52-55，59

analysis of research interviews 访谈研究的分析 150-151

 see also comparative analysis 也参见比

较分析

Anderson, B. B. 安德森 12, 13

Ang, Ien 伊恩·昂 2

apprentice/trainee groups and survey of responses to Nationwide 学徒/实习生小组和对《全国新闻》的反应的调查

 comparative analysis of differential group decodings 不同小组解码的比较分析 257, 258–259, 261–263

 first programme 第一个节目 156–178

 second programme 第二个节目 249–253

Armstrong, P. P. 阿姆斯特朗 100, 101–102, 136

Association of Cinematographic and Television Technicians（ACTT）电影和电视技术协会 5–6

ATV see Today ATV, 参见《今天》节目

audience 受众

 assumed see families 家庭预测，参见家庭

 implicated see personal pronouns 含义，参见人称代词

 participation 参与性 35–36, 37–38, 44, 52

 setting in place 位置设定 80–82

 as unstructured mass 作为非结构化的大众 127, 128

 see also audience research 也参见受众研究

 identification 认同

 subjects 主体

audience research 受众研究 2, 8–9, 10, 14

 phases 阶段 138–140

 recent 新近的 144–148

 see also audience 也参见受众

 traditional paradigms 传统范式

authentication 真实化 77

autonomy 自主性

 of language 语言 281

 relative or total 部分或整体 131–134

availability of television programmes 电视节目的实用性 127

axes of difference, continuity and combination 差异性、连续性及关联性 78

Bandura, B. B. 班杜拉 119

Barratt, M. M. 巴拉特

 and events/links 事件/链接 36, 37–38, 39–40, 43

 and families, notion of 家庭观念 90

 and home and leisure 家庭和休闲 48, 52–53

 on journalism 新闻 103

 and myth of nation 国家神话 101

 and problems of technique and method 研究方法和策略的反思 140

 and regionalism 地方主义 97

 and responses to earlier publications of book 对本书早期版本的反应 295, 302, 305

 and structure of Nationwide《全国新闻》的结构 65, 68–69, 70, 71, 73, 74, 85

 on style 风格 29, 30

and survey of responses to *Nationwide* 对《全国新闻》的反应的调查 156，164，167，170 - 171，175，200 - 201，204，212，215

 training 实习 13

Barthes，R. R. 巴特 5

 on myth 神话 8，88，102，103

 on personal pronouns 人称代词 41，310

Baverstock，D. D. 巴温斯托克 308 - 309

behaviourism 行为主义 116，121

Benjamin，J. J. 本雅明 5

Bennett，T. T. 本内特 15

Berelson，B. B. 贝雷尔森 118

Bergstrom，J. J. 伯格斯特隆 1

Berkowitz，L. L. 贝科维茨 119

Bernstein，B. B. 伯恩斯坦 7，130，132 - 133，134，135，145

Beynon，H. H. 贝侬 100，136

bias 偏见 262

Birmingham see CCCS 伯明翰，参见当代文化研究中心

black groups and survey of responses to *Nationwide* 黑人小组和对《全国新闻》的反应的调查 258 - 260，264 - 265

 female 女性受众 190 - 192，197 - 199，207 - 214

 male schoolchildren 在校男生 193 - 197，257，259

Blumler，J. J. 布鲁姆勒 125，144，146，147，263

Bough，F. F. 博夫

 on Mandala 曼陀罗，27

scandals about 关于丑闻 12

and survey of responses to *Nationwide* 对《全国新闻》的反应的调查 218，223，224，228 - 229

on tradition 传统 57

training 培训 13

Bourdieu，P. P. 布尔迪厄 7，135，190

breaks in communication circuit 传播回路的断裂 123

British Film Institute 英国电影协会 1 - 2，9，287

 see also *Screen* 也参见《银幕》杂志

Brody，R. R. 布罗迪 4，9，26，28，29

Bromley，R. R. 布罗姆利 303n

Brunsdon，C. C. 布伦斯顿 9，10

Budget Special see second programme analysed 预算专题报道，参见第二个节目分析

Bunce，M. M. 邦斯 28，43，49

bureaucracy, attitudes to 对待官僚主义的态度 46，52，106 - 107

Burke，K. K. 伯克 141

Buscombe，E. E. 布康姆 1，9，100

Calvert 卡尔弗特 281

capitalism 资本主义 92

 consumers 消费者 44，50 - 53，59，75

 critique of see Marx 批判，参见马克思

 opacity of 隐蔽性 107

Cardiff，D. D. 卡迪夫 82

Carmago，M. de（later Carmago Heck）M. 卡马戈（后名为卡马戈·海克）4，

6，146－147，281
Carswell, E. E. 卡斯韦尔 265－266，280，282
Casey, L. L. 凯西 69－70
categories and components 类别和内容 35－60，62－63，75
    notes on 注释 60－61
    table of 图表 59
    see also analysis of categories 也参见类型分析
    families 家庭成员
    home/leisure 家庭/休闲
    image of England 影像英格兰
    links 链接
    national/political news 国家/政治新闻
    problems 问题
Caughie, J. J. 考依 10，275
CCCS (Centre for Contemporary Cultural Studies) 当代文化研究中心 3－4，144
    see also Media Group Centre for Mass Communication Research 也参见媒介研究小组的大众传播研究 121－122
Chamberlain, C. C. 张伯伦 136
Cicourel, J. J. 西库里尔 151
class 阶级
    and codes and correspondences 符码和共通性 131－137
    and culture codes 文化符码 129
    elided from heritage discourse 逃离传统话语 101－102
    and ideology 意识形态 130，134－137，143，282
    and language 语言 9，132－133，140，281
    and mass media 大众传媒 120
    and meanings 意义 139－140
    and region 地方化 55
    us and them attitude 彼此态度 46
    see also middle class 也参见中产阶级
    working class 工人阶级
close-ups 特写镜头 80
closures 封闭 78－80，81
codes 符码
    and classes and correspondences 阶级和共通性 131－137
    see also decoding 也参见解码
    dominant code 主控性编码
    encoding 编码
    negotiated code 协商性编码
    oppositional code 对抗性编码
coexistence of items 新闻的并置机制 99
cognitive analysis 认知分析 116，121
collective research see Media Group 集体研究，参见媒介研究小组
Colour Separation Overlay 色度键 98－99
combination and closure 组合和封闭 78－80
common sense 常识 2，8，10，11，262
    and families 家庭成员 102－108
    and language/speech 语言/言语 31
    and politics 政治 30
communication circuit, breaks and oppositions in 传播回路的断裂与对抗 123
comparative analysis of differential group decodings 不同小组解码的比较分析 257－267

dominant and oppositional readings 主控性和抵抗性阅读 267-270

inter-group differences 小组内部差异 261-267

pattern of 形式 257-261

see also responses to Nationwide competitions see participation 也参见对《全国新闻》竞争性的反应，参见参与性

Connell, I. I.康奈尔 4, 7, 9

 on effectivity of text 文本的有效性 273

 on events/links 事件/链接 42

 on home life 家庭生活 91

 on *Panorama*《全景》6

 on regionalism 地方主义 25

 on spaces in discourse 空间话语 268

 on strategy 策略 86

 on style 风格 29

Connerton, P. P.康奈尔顿 150

consciousness 意识 101, 128, 143

Conservative Party affiliations, research groups with 研究团队与保守党机构的关系 159-163, 199-207, 245-249, 257, 259-261, 264

consumers and domesticity 消费者和家庭琐事 44, 50-53, 59, 75

contingency 偶然性 99

continuity, axis of 连续性的轴心 78

control 控制 84-87

 see also presenters 也参见主持人

 'co-optive we' 我们 42

  see also personal pronouns 也参见人称代词

Corner, J. J.科纳 2, 12, 15

 response to earlier publications of book 对本书早期版本的反应 312-316

correspondences, class and codes 阶级、符码与共通性 131-137

co-temporality see immediacy 世事，参见新近的

Coulson, M. M.库尔森 90

Counihan, M. M.库尼汉 120

country see rural nostalgia 乡村，参见乡愁

coupling 结合 79

Coward, R. R.柯沃德 3, 131

Coyne, T. T.科恩

 and events/links 事件/链接 37, 39, 41, 44

 and people's problems 民众的问题 53

 and responses to earlier publications of book 对本书早期版本的反应 310

 and structure of *Nationwide*《全国新闻》的结构 65, 66, 67, 71, 83, 84, 85

 and survey of responses to *Nationwide* 对《全国新闻》的反应的调查 160, 166, 170, 172, 174, 176, 208

craft see heritage 工艺，参见传统

Critcher, C. C.克里彻 133

CSO (Colour Separation Overlay) 色度键 98-99

Cudlipp, H. H.卡德利普 99

culture/cultural 文明/文明化 122

 disjunction 断裂 266

 frameworks, involvement in 框架的卷入 142

mass 混乱 115-116, 117

and uses and gratifications "使用与满足"理论 126-130

see also heritage 也参见遗产

current affairs see national/political news 时事新闻, 参见国家/政治新闻

Curti, L. L. 科蒂 6

Dallas《达拉斯》2, 11

Davidoff, L. L. 大卫杜夫 91, 94

decoding 解码 6, 124, 125, 271-286

classes, codes and correspondences 阶级、符码与共通性 133-134

discourse analysis 话语分析 279-282

effectivity of text 文本的有效性 271-274

investigation of problems of technique and method 研究方法和策略反思的调查 140-142

and problems of technique and method 研究方法和策略的反思 139, 143

specificity 特征 274-277

structure of readings 阅读结构 282-283

texts, readers and subjects 文本、受众和主体 283-286

what of ideology 何为意识形态 277-279

see also encoding 也参见编码

meanings 意义

responses to Nationwide 对《全国新闻》的反应

demographic factors 人口统计学因素 134-135, 142, 285

Denmark 丹麦 122

determination see class under ideology 决定, 参见意识形态中的阶级

Deutscher, I. I. 多伊彻 148-149, 151

difference, axis of 差异的轴心 78

discourse 话语

analysis 分析 279-282

of Nationwide (see also categories)《全国新闻》(也参见类别) 35-61

see also language/speech 也参见语言/言语

verbal discourses 口头话语

visual discourses 视觉话语

Disneyland 迪士尼乐园 11, 44, 56

Doane, W. W. 多恩 1

domesticity see home/leisure 家庭生活, 参见家庭/休闲

dominant code/ideology 主控性编码/意识形态

assumed, reproduction of 假设的重构 272, 273-275, 283

and comparative analysis of differential group decodings 不同小组解码的比较分析 257-263

passim, 各地 267

ideology and class 意识形态和阶级 135-136, 143

Dorfman, A. A. 多尔夫曼 44, 56

Downing, J. J. 唐宁 100

Downing, T. T. 唐宁 127

Dyer, R. R. 戴尔 258

eccentric and quirky items 古怪的人和离奇新闻 13,33-34,48-50

Eco,U. U. 埃科 5,138,312

education 教育 130,142

 interviewees from educational situations see interviewing, research 有教育背景的受访者,参见访谈研究

effectivity of text 文本的有效性 271-274,283

effects and functions paradigm of audience research 效果和受众研究的功能主义范式 119-120,125

elaborated code 精确编码 145

Elliott,P. P. 埃利奥特 121,127-128

Ellis. J. J. 埃利斯 10,11,131,132

empiricism 经验主义 2,138

 see also common sense 也参见常识

Empson,W. W. 爱普生 303n

encoding 编码 6,123-125,127,133,274-275

 see also decoding 也参见解码

Engels,F. F. 恩格斯 90

entertainment see light items 娱乐,参见软新闻

Europe 欧洲 102,122,134

events/links 事件/链接 35-36

 analysis of 分析 37-44

 identification 认同 43-44

 and mediations 调和 38-43

 preferred readings 倾向性阅读 43-44

everyday life 日常生活 8,22-24

 depicted in Nationwide《全国新闻》的报道 89-92,108

 and national/political news 国家/政治新闻 30,32-33,47

 see also families 也参见家庭成员

 home/leisure 家庭/休闲

 and everyday under language 被描绘的生活

Ewbank,A. A. 尤班克 125,144,146,147,263

exchange 交换 91-92

experiential visual register 视觉经验形式 80

experts 专家 38,52-53,82-83

families 家庭成员 33,88-108

 and common sense 常识 102-108

 and discourse on world of Nationwide《全国新闻》的话语世界 44,45,47-48,50-52,60

 everyday life depicted in Nationwide《全国新闻》报道中的日常生活 89-92,108

 and national heritage myth 国家传统神话 95,97-98,100-102

 and region and nation 地方和国家 95,96-100

 work and home separate see work 工作和家庭的分化,参见工作

 see also home/leisure 也参见家庭/休闲

fascism 法西斯主义 115-116

feelings 情感 82,83,104-105

female responses to Nationwide, survey

of 女性受众对《全国新闻》的反应的调查 154

see also white females 也参见白人女性受众

and female under black groups 黑人小组的女性受众

film reports 纪录片报道 73, 75, 76-77, 78-79

filtering 滤镜 121

Finland 芬兰 122

first programme analysed (May 1976) 第一个节目的分析 (1976年5月) 152

    description and script 呈现和脚本 64-75, 155-156

    groups, characteristics of see under responses to Nationwide 小组特征, 参见对《全国新闻》的反应

    illustrated 插图 71-74

    list of groups interviewed 受访小组名单 153

    opinions of groups 小组的观点 156-210

    transcript 文本记录 65-70

    see also comparative analysis 也参见比较分析

Fiske, J. J. 费斯克 4

fixing privileged meanings 特定倾向性意义 79-80

Flaubert, G. G. 福楼拜 9-10

focus 焦点 81

    focused interview 焦点访谈 149

    focusing stage 焦点领域 75, 76, 77-78

format 版式 28-29

Fowler, R. R. 富勒 288n

frame/framing 框架/框架化 36

    stage 集 75, 76, 77-78

    and structure of Nationwide 《全国新闻》的结构 62-63, 81, 84-87

    struggle 奋斗 86-87

France 法国 102, 134

Frankfurt School 法兰克福学派 115-116

functional analysis 功能分析 119

further/higher education groups and survey of responses to Nationwide 良好教育背景小组和对《全国新闻》的反应的调查

    comparative analysis of differential 差异的比较分析

    group decodings 小组解码 257, 258-60, 264-267

    first programm 第一个节目 178-187, 190-192, 197-218

    second programme 第二个节目 219-249

Garnham, N. N. 格拉汉姆 1, 123

Gauthier, G. G. 戈捷 2, 5

Geertz, C. C. 格尔茨 7

generalised other 他者的概念化 12-14

Geras, N. N. 赫拉斯 106

Gerbner, G. G. 格布纳 60, 122, 151

Gibbens, D. D. 吉本斯 66-67, 76

Giglioli, P. P. 吉廖利 7, 133

Gillman, P. P. 吉尔曼

    on events/links 事件/链接 43

    on format 版式 28

on home and leisure 家庭和休闲 49，53

on light items 软新闻 28

on specificity 特征 32，33

Glasgow Media Group 格拉斯哥媒介小组 6，7

Golding，P. P. 戈尔丁 123

Gramsci，A. A. 葛兰西 5，8，104，106

graphics，opening 开放性图表 27-28

Grealy，J. J. 格瑞利 278

Greene，G. G. 格林 66，83

Grossberg，L. L. 格罗斯伯格 3

groups 小组 150

    culture codes 文化编码 129

    small（and opinion leaders）少数群体（与意见领袖）110，120

    see also under responses to Nationwide 也参见对《全国新闻》的反应

Hall，C. C. 霍尔 91

Hall，S. S. 霍尔 4，9，14

    on common sense 常识 11，104，107

    on communication process 传播过程 123，125

    on encoding and decoding 编码解码 7，135，136，146

    on exchange relations 交换关系 92

    on Gramsci 葛兰西 8

    on kinks in communication circuit 传播回路中的节点 265

    on news photographs 新闻图片 103

    on Panorama《全景》6

    on polysemy 多义性 126

and responses to earlier publications of book 对本书早期版本的反应 300，305，307，308

    on subcultures 亚文化 3

    on viewing subject 视觉主体 10

Halliday，M. M. 哈利迪 75

Halloran，J. J. 哈洛伦 119，121，123，126，129

hard news see national/political news 硬新闻，参见国家/政治新闻

Hardcastle，W. W. 哈德卡斯尔 25

Hardy，P. P. 哈迪 283

Harris，N. N. 哈瑞斯 106，165

Hartley，J. J. 哈特利 4

Hartmann，P. P. 哈特曼 121-122

Harvey，S. S. 哈维 12，15，138，267，285

Heath，S. and Skirrow，G. S. 希斯和 G. 斯奇洛 4，8

    on discourse analysis 话语分析 281

    on effectivity of text 文本有效性 271，272-273

    on ideology，what of 何为意识形态 278-279

    on novelistic 小说风格 88

    on social connotations 社会含义 316

    on specificity 特征 275-276

hegemony 霸权 8，105-106，116

Henriques，J. J. 亨里克斯 281-282

Henry，P. P. 亨利 266，279，282

Here and Now《当下》13

heritage，national and cultural 传统、民族和文化 12，55-57，59，95，97-98，

100 – 102

see also image of England 也参见影像英格兰

high-status speakers 上层社会发言人 38，52 – 53，82 – 83

Hill, Lord 洛德·希尔 42

Hirst, P. P. 赫斯特 131，132，275

historical development of *Nationwide*《全国新闻》的历史发展 25 – 27

Hobson, D. D. 霍布森 2，8，144

Hogg, J. J. 霍格 48，50

Hoggart, R. R. 霍加特 46，104

Hollywood cinema 好莱坞院线 278

Holroyd, M. M. 霍尔罗伊德 311

home/leisure 家庭/休闲 8 – 9，11，35，36，75，89 – 95，108

 analysis of 分析 44 – 53，59

 and consumption 消费 44，50 – 53，59

 masculine hegemony of 男性霸权 105 – 106

 see also families 也参见家庭成员

homogeneity 同质化

 of audience 受众 127，128

 of working class 工人阶级 120，132

Hudson, H. H. 胡德森 218

Hunt, D. D. 亨特 14

Husband, C. C. 赫斯本德 121 – 122

Hymes, D. D. 海姆斯 148 – 149

hypodermic model of media 媒介皮下注射模式 115，118，146

hypothesis 假设 142 – 144

ideas of high-status speakers 上层社会发言人的观念 82 – 83

identification, audience 受众认同 36，40，43 – 44，124 – 125，140

see also personal pronouns 也参见人称代词

ideology 意识形态 5

and class 阶级 130，134 – 137，143，282

and common sense 常识 107 – 108

framing struggle 框架对抗 86

individualism 个人主义 91 – 92，93

problematic 问题化 261，263，267 – 270，278 – 279

and signification 意义 274 – 277

specificity (*see also* common sense; families; home/leisure) 特征（也参见常识；家庭成员；家庭/休闲）88 – 89

uniting in 和睦 91，279

what of 何为 277 – 279

work and home separate *see* work 工作和家庭的分化，参见工作

see also dominant code 也参见主控性编码

negotiated code 协商性编码

oppositional code 对抗性编码

image of England 影像英格兰 11 – 12，35，36，55 – 57，59，75，95

see also heritage 也参见传统

rural nostalgia 乡愁

imitation (acting out) 模仿（行动化）119 – 120

immediacy and co-temporality 当下和世事 39，54，103，107

individual 个体

and leisure 休闲 48-49

and political action 政治行动 58

protected by group 小组自我维护 118

social 社交化 131-132

see also eccentric 也参见反常之人

ordinary people 普通人

individualism 个人主义

ideology of 意识形态 91-92, 93

methodological 方法论 131

influentials 影响力 110, 120

informal style *see* personal pronouns 随意性, 参见人称代词

and everyday *under* language 被描绘的生活

inscribed reader and social subject, distinction between 刻画出的受众与社会主体的差异性 283-284

interpellation 召唤 284-286

interpretation 解释 282

paradigm of audience research 受众研究的范式 117, 120-123

interviewing on *Nationwide* 《全国新闻》的访谈 29, 75, 76-77, 79

interviewing, research 访谈研究 139, 147, 149-151

see also audience research 也参见受众研究

responses to *Nationwide* 对《全国新闻》的反应

introductions 导语 36, 62-63, 75, 79, 84-85

see also links 也参见链接

involvement in cultural frameworks 介入文化框架 142

Jakobson, R. R. 雅各布森 41, 310

Jefferson, T. T. 杰弗逊 3, 136

Johnston, C. C. 约翰斯顿 283

Katz, E. E. 卡茨 14, 115, 118, 119

Kendall, P. P. 肯德尔 149

King, Rodney, beating of 罗德尼·金遭受毒打 14

Klapper, J. J. 克拉珀 118

knowledge 知识

construction of 结构化 81-82

positions of 定位化 80-82

Kracauer, S. S. 克拉考尔 60

Kress, G. G. 克雷斯 288n

Kumar, K. K. 库马尔 124

labour *see* work 劳工, 参见工作

Labour Party/socialist affiliations, research groups with 对工党和/社会主义联盟群体的研究 173-178, 187-190, 207-214, 224-226, 230-245, 257

see also trade union 也参见工会

Labov, W. W. 拉波夫 7

Lacan, J. J. 拉康 134, 142

Laclau, E. E. 拉克劳 135, 194-195, 284-285

Lane, T. T. 莱恩 100

Langan, M. M. 兰根 3

language/speech 语言/言语 7, 262

analysis of 分析 149, 150

autonomy of 自主性 281

bilingual 双语 148 – 149

and class 阶级 9, 132 – 133, 140, 281

and common sense 常识 31

and consciousness 意识 128

everyday and simple 平淡生活 29, 31, 40, 77, 104, 121, 127, 141

interpretation 解释 282

nouns and invisible adjuncts 名词及省略副词 141

project and problems of technique and method 项目与研究方法和策略的反思 148 – 149

referential potentialities of 指称的潜在性 279 – 280

regional 地方化 96, 99, 100

sociological 社会学意义 128 – 129

translation of difficult 翻译的困境 29, 43 – 44

value, linguistic 语言学价值 280

vocabularies 词汇 140 – 141

see also meta-language 也参见元语言

personal pronouns 人称代词

verbal discourses 口头话语

Lawley, S. S. 劳利 4, 13

Lazarsfeld, P. P. 拉扎斯菲尔德 115, 118

learning theory 习得理论 119

Lefebvre, H. H. 列斐伏尔 8

Leicester Centre 莱斯特大学大众传播研究中心 121 – 122

leisure 休闲 48 – 50, 59

see also home/leisure 也参见家庭/休闲

L'Esperance, J. J. 埃斯佩兰斯 94

Liebes, T. T. 利贝斯 14

light items and entertainment 软新闻和娱乐 14, 28, 48, 145

links 链接 13, 36, 99, 273

and events 事件 35 – 36

linking stage 转场 75, 76, 77 – 78

stages in 阶段 75 – 78

and structure of *Nationwide*《全国新闻》的结构 62 – 63, 84

see also introductions 也参见导语

Linné, O. O. 林奈 122

Livingstone, S. S. 利文斯通 13

Lloyd, A. L. A. L. 劳埃德 101

local news 本地新闻 63, 96, 97

locus and position, distinction between 地点和方位的差异性 282

London 伦敦 25 – 26

look/gaze of spectator 观众的观看与凝视 80 – 81

Lowe, A. A. 洛 277 – 278

low-status speakers 底层发言人 82, 83

see also ordinary people 也参见普通人

Lumley, B. B. 拉姆利 4, 8, 9, 92

Lunt, P. P. 伦特 13

Lury, K. K. 拉瑞 11

MacCabe, C. C. 麦卡比 2, 245, 271, 277 – 278, 286

MacIntyre, A. A. 麦金赛尔 140 – 141

McKenzie, R. R. 麦肯齐 30, 308

McKinsey Report 麦肯锡报告 25，307

McLennan, G. G. 麦克伦南 8，92

Magas, B. B. 马加斯 90

male responses to *Nationwide*, survey of 男性受众对《全国新闻》的反应的调查 154

　see also white males 也参见白人男性 and male under black groups 黑人小组的男性

Mandala of *Nationwide*《全国新闻》的曼陀罗 27-28，97

manifest message 清单信息 118

Mann, M. M. 曼恩 136，143

Marossi, K. K. 马洛西 122

Marx, K./Marxism K. 马克思/马克思主义 3，5，8，273

　and families 家庭成员 91，92-93，104，106

　and media 媒介 120

　and responses to earlier publications of book 对本书早期版本的反应 300，303n，308

　see also Althusser 也参见阿尔都塞

mass culture/society 大众文化/社会 115-116，117

Masters, I. I. 马斯特斯 68-69

Mattelart, A. A. 马特拉特 44，56

Mattelart, M. M. 马特拉特 105-106

Mead, H. H. 米德 141-142

meanings 意义

　and class 阶级 139-140

　and linguistic value 语言学价值 280

　privileged, fixing 特定倾向性 79-80

　social production of 社会生产 281

　systems 系统 314

　and uses and gratifications 使用与满足 126-130

　see also decoding 也参见解码

mechanisms and themes, distinction between 机制和主题的差异性 277

Media Group 媒介研究小组 4-12，123

mediations and events/links 调和与事件/链接 38-43

men see male 男人，参见男性

menu 节目单 99

Mepham, J. J. 米弗姆 60-61，105，106-107，250

Merton, R. R. 默顿 117-118，124，149

message 信息

　-based studies 基础研究 116，117-119

　manifest 显性的 118

　-vehicle concept 传媒概念 129

　see also audience 也参见受众

meta-language 元语言 78，80

　see also frame 也参见框架

language 语言

links 链接

method 研究策略 131

　see also problems of technique 也参见研究方法的问题

Michelmore, C. C. 米歇尔莫尔 12，30，42

middle Britain see heritage 英国中产阶级，参见传统

351 索 引

middle class and survey of responses to *Nationwide* 中产阶级和对《全国新闻》的反应的调查 12，154，178-186，199-207，214-218

    comparative analysis of differential group decodings 不同小组解码的比较分析 259，260

Miliband, R. R. 米利班德 6

Millett, K. K. 米勒特 93

Mills, A. A. 米尔斯 277-278

Mills, C. W. C. W. 米尔斯 140，141-142，148

mirror, *Nationwide* as《全国新闻》的镜像效应 31-32，81，107

misfits *see* social misfits 异类，参见社会异类

mode of address and ideological problematic 意识形态问题及其解决方式 267-270

Moorhouse, H. H. 穆尔豪斯 136

Morey, J. J. 莫利 13

Morley, D. D. 莫利 4，10，15

    on home and leisure 家庭和休闲 46，47

    on industrial conflict and media 工业化冲突和媒介 6，7，14，144，223

    on national/political news 国家/政治新闻 58

    on social groups and structure 社会群体和结构 130，141

Murdock, G. G. 默多克 123，128

myth of nation *see* heritage 国家神话，参见传统

nation 国家 10-11

    and families 家庭成员 95，96-100

myth of *see* heritage 神话，参见传统

    and regions 地域 25-27，95，96-100

national/political news（and important current issues）国家/政治新闻（当前重大选题）6，7-8，35，36-37，75，97

    analysis of 分析 57-60

    and everyday life 日常生活 30，32-33，47

    not remembered 遗忘 122

    see also Panorama 也参见《全景》

Nationwide《全国新闻》25-34

    chosen for research 研究的选择 8

    format and slot 版式和定位 28-29

    historical development 历史发展 25-27

    Mandala of 曼陀罗 27-28，97

    non-exportable 没有出口的 11

    see also analysis 也参见分析

    audience 受众

    class 阶级

    codes 编码

    discourse 话语

    families 家庭成员

    links 链接

    problems 问题

    responses 反应

    specificity 特征

    structure 结构

    style 风格

    uses 运用

Neale, S. S. 尼尔

    on audience determination 受众决策 134

  on effectivity of text 文本有效性 271 - 272

  on ideology 意识形态 261，267，279

  on text, readers and subjects 文本、受众和主体 10，133，284，285

negotiated code/ideology 协商性编码/意识形态 283

  comparative analysis of differential group decodings 不同小组解码的比较分析 259，260，267

  ideology and class 意识形态和阶级 135 -136

  problems of technique and method 研究方法和策略的反思 139，143

Newby, H. H. 纽比 94

news 新闻

  hard see national/political news 硬新闻，参见国家/政治新闻

  local 本地新闻 63，96，97

Nice, R. R. 奈斯 4，9

Nicholls, T. T. 尼科尔斯 100，101 - 2，136

nomination 提名 84 - 87

  nominating stage 提名阶段 76，77 - 78

Nordenstreng, K. K. 诺顿斯登 122

norm/normative 标准/标准化 134

  failure to conform threatening 不畏威胁 51 - 52

  integration 整合 144 - 145

  paradigm of audience research 受众研究范式 117 - 119，121

  presenter as 作为主持人 42

  see also dominant 也参见主导性

families 家庭成员

nostalgia see heritage 乡愁，参见传统

rural 乡村

Nowell-Smith, G. G. 诺威尔-史密斯 102 - 103，104，105，284

nuclear family regarded as norm see families 视为常态的三口之家，参见家庭成员

obviousness of common sense 常识的显而易见性 104

opening graphics 开放性图表 27 - 28

operationalisation 可操作性 119

opinion 观点

  leaders 领袖 110，120

  as replacement for ideology 意识形态替代品 147

  see also responses to Nationwide 也参见对《全国新闻》的反应

oppositional code/ideology 对抗性编码/意识形态

  and comparative analysis of differential group decodings 对不同小组解码的比较分析 257，259，260，264，267

  ideology and class 意识形态和阶级 135 -136

  problems of technique and method 研究方法和策略的反思 139，143

  see also black groups 也参见黑人群体

trade union 工会

oppositions in communication circuit 传播回路的对抗性 123

ordinary people 普通人
    eccentric and quirky items about 古怪的人和离奇新闻 13，33－34，48－50
    image of 图像 30，49－50
    problems of 问题 35，36，53－55，59，75
    and structure of *Nationwide*《全国新闻》的结构 63，82，83
    see also common sense 也参见常识
    families 家庭成员
    home 家庭
    individual 个人
    and everyday *under* language 被描绘的生活
O'Shea, A. A. 奥西 194－195，277，278，279，284－285
other 他者 145
    generalised 整体化 12－14
outside world *see* work 外部世界，参见工作
over-determination 绝对化效应 127

Panorama《全景》7，29，32，33，89，102，267
    and survey of responses to *Nationwide* 对《全国新闻》的反应的调查 187，188，192，200
paradigms *see* traditional paradigms 范式，参见传统范式
Parker C. C. 帕克 144
Parkin, F. F. 帕金
    on belief systems 信任体系 7
    on class 阶级 261
    on consciousness 意识 101，143
    on effectivity of text 文本有效性 274
    on meaning-systems 意义体系 314
    on negotiated code 协商性编码 135－136，225
    on text, readers and subjects 文本、受众和主体 285
participation, audience 受众参与 35－36，37－38，44，52
past, nostalgia for *see* heritage 旧日、乡愁，参见传统
    rural 乡村
people *see* ordinary people 人们，参见普通人
Perkins, T. T. 帕金斯 250
personal pronouns 人称代词 39－43，63，84，96，97，273，310
personalities *see* presenters persuasion 名人，参见主持人说服 115－117
pessimistic mass society thesis 悲观大众社会理论 115－116
Peters, R. R. 彼得斯 4，9
Pettifer, J. J. 佩蒂福 12，25－26
physically disabled people 残疾人 53
Piepe, A. A. 皮耶普 144，150
place, setting spectator in 受众被设定的空间 80－82
pluralism 多元主义 126
politics/political 政治/政治化
    and common sense 常识 30
    defined 定义 8
    and individuals 个人 58

news see national/political news 新闻，参见国家/政治新闻

party affiliations (see also Conservative; Labour) 政党联盟（也参见保守党；工党）142，257-258

    seen as irrelevant and boring 无足轻重 30，33

    separatism 分裂主义 96

Pollock, F. F. 波洛克 150

Pollock, G. G. 波洛克 3

polysemy 多义性 124，126

position 位置

    of knowledge 知识 80-82

    and locus, distinction between 和地点的差异性 282

Poulantzas, N. N. 普兰查斯 6，91，262-263

Powell, R. R. 鲍威尔 4

preferred readings 倾向性阅读 14-15，43-45，124，127，133，272-273

presentation see style 表达，参见风格

presenters and interviewers 主持人和受访者 36-42，75，124

    regional 地方化 96，100

    as representatives and translators 代言人和解释者 29，43-44

    see also Barratt 也参见巴拉特

    Bough 博夫

    Coyne 科恩

    Wellings 威灵斯

private world see families 私人世界，参见家庭成员

    home 家庭

privileged meanings, fixing 特定倾向性意义 79-80

problematic, ideological 意识形态的问题化 261，263，267-270，278-279

problems, people's 民众的问题 35，36，53-55，59，75

problems of technique and method 研究方法和策略的反思 138-151

    decoding investigated 解码调查 140-142

    different languages project 多语言项目 148-149

    focused interview 焦点访谈 149

    hypothesis and sample 抽样和假设 142-144

    limitations 有限性 287

    recent audience research 当前受众研究 144-148

    research phases 研究阶段 138-140

proposition analysis 命题分析 151

public world see work 公众，参见工作

quantitative methods 定量方法 61，118

race 种族 14，122

    see also black groups 也参见黑人小组

    culture 文化

    white 白人

Radio Times 广播时代

    self-presentation in 自我陈述 26，31，45，46，97

    on Tonight《今晚》32，42

Radway, J. J. 拉德薇 2，14-15

readings/readers 文本/读者

as blanks（文本）空白 271

polysemic 多义性 124

texts and subjects 文本和主体 283－286

see also audience 也参见受众

preferred readings 倾向性阅读

real people see norm 真实民众，参见标准

receivers/reception 读者/接受 118，123

see also audience 也参见受众

recognition and common sense 认知和常识 104

reductionism 简单分析倾向 135

reference groups 参照小组 110，120

referential potentialities of language 语言的指称潜在性 279－280

reflection see mirror 反思，参见镜像

region 地方化 13

and class 阶级 55

and families 家庭成员 95，96－100

and language/speech 语言/言语 96，99，100

and nation 国家 25－27，95，96－100

Repo, M. M.雷柏 252

reproduction of dominant code assumed 主控性编码的再生产假设 272，273－275，283

research see audience research 研究，参见受众研究

responses to earlier publications of book 对本书早期版本的反应 2，11，295－316

Barratt, M. M.巴拉特 295

Corner, J. J.科纳 312－316

Thompson, J. O. J. O.汤普森 296－303

Tracey, M. M.翠西 306－311

Wade, G. G.韦德 304－305

responses to *Nationwide* 对《全国新闻》的反应 152－256

groups, social and racial characteristics of see black groups 社会和种族特征，参见黑人小组

middle class 中产阶级

white females 白人女性

white males 白人男性

working class 工人阶级

groups, types of see apprentice/trainee 小组类别，参见学徒/实习生

further/higher education 良好教育背景

schoolboys 在校男生

teacher training 教师培训

trade union 工会

list of groups interviewed 访谈小组名单 153－154

opinions of groups 小组的观点 156－210，219－256

programmes described 节目描述 155－156，218－219

see also comparative analysis 也参见比较分析

first programme 第一个节目

second programme 第二个节目

restricted code 限定性编码 145

Riley, D. D.赖利 3

Riley, J. and M. J.赖利 & M.赖利 119

Robertson, F. F.罗宾森 12

Robey, D. D. 赖利 60

Rommetveit, R. R. 罗梅维特 265-266, 280, 282

Rosen, H. H. 罗森 7, 132-133, 145

Rowbotham, S. S. 罗博瑟姆 45

rural nostalgia 乡愁 56-57, 59, 97-98, 100-101

    see also heritage 也参见传统

Ruskin, J. J. 罗斯金 93

sample 抽样 142-144

Samuel, R. R. 塞缪尔 12

Saussure, F. de F. 索绪尔 280

Schlesinger, P. P. 施莱辛格 8

schoolboys and survey of responses to Nationwide 在校男生和对《全国新闻》的反应的调查 187-189, 193-197, 257, 259

Schwarz, B. B. 施瓦茨 3

Screen《银幕》2, 10, 103, 271-272, 275, 277, 281-285

Seban, P. P. 塞班 267

second programme analysed (Budget Special November 1977) 第二个节目分析（1977年11月预算专题报道）

    description of 描绘 218-219

    groups, characteristics of see under responses to Nationwide 小组特征，参见对《全国新闻》的反应

    list of groups interviewed 访谈小组名单 154

    opinions of groups 小组意见 219-256

    see also comparative analysis 也参见比较分析

selection of television programmes 电视节目选择 127

self-generated/self-referential items see participation 自生性与自我参照新闻，参见参与

self-reflexivity see mirror 自反性，参见镜像

semiotics 符号学 2, 5, 138, 312

    see also Barthes 也参见巴特

    codes 编码

    signification 意义

senders 发送者 123

    see also presenters 也参见主持人

separation in ideology 意识形态的裂变 91

separatism, political 政治分裂主义 96

serious issues see national/political news 严肃话题，参见国家/政治新闻

sexual division of work 工作中的性别分工 45, 90, 93-94

    see also families 也参见家庭成员

    home 家庭

shifters, personal pronouns as 移指，作为转化功能的人称代词 41-42

significant absence 明显不在场 54

    see also work 也参见工作

signification 意义

    and ideology 意识形态 274-277

    as production of subject see Screen 主体的构建，参见《银幕》杂志

Singleton, V. V. 辛格尔顿 74, 310

Sinha, C. C. 辛哈 281-282

Skirrow, G. see Heath, S. G. 斯奇洛，

参见 S. 希思

slot 定位 28－29，89

Smith, A. A. 史密斯 30

social connotation 社会含义 276－277

social location of subjectivity 主体性的社会定位 281

social misfits 社会异类 53－54

　see also eccentric 也参见古怪的人

social structure see class 社会结构，参见阶级

　culture 文化

social subject see subjects 社会主体，参见主体

social systems approach 社会系统方法 119

socialism see Labour Party 社会主义，参见工党

society see culture 社会，参见文化

sociology 社会学

　of education 教育 130

　of ideology and class 意识形态和阶级 134－137

　of language 语言 128－129

　of mass persuasion 大众劝服 116

specificity 特征 274－277

　of discourse 话语 88－89

　of news values 新闻价值 32－34

　see also under ideology 也参见意识形态

spectator 观众 80－81

　see also audience 也参见受众

speech see language 言语，参见语言

sport 体育 75

stages in links 链接之处 75－78

state 国家 6，123

　see also bureaucracy 也参见官僚阶级

status of speakers 发言人角色 82－83，85

Stevens, D. D. 史蒂文斯 66，70

Stevens, T. T. 史蒂文斯 263，274－275

Stilgoe, R. R. 斯蒂尔格 31

stimulus-response 刺激与反应模式 119，120

structural causation 结构性因果关系 46

structure of Nationwide 《全国新闻》的结构 62－87

　access 开放 82－83

　combinations and closures 组合与封闭 78－80

　nomination 提名 84－87

　positions of knowledge 知识的地位 80－82

　speaker status 发言人角色 82－83

　subject and experts 话题和专家 82－83

　see also first programme 也参见第一个节目

links 链接

structure of readings 文本结构 282－283

style 风格 29－30，124，262

　informal see personal pronouns 非正式文体，参见人称代词

　and everyday under language 被描绘的生活

　interviewing 访谈 29

subcultures 亚文化 3，128，129，142，150，274，283

subjects 话题

    and experts 专家 82 - 83

    signification as production of see Screen 意义生产, 参见《银幕》杂志

    subjectivity, social location of 主体性的社会定位 281

    texts, readers and 受众和文本 283 - 286

    see also audience 也参见受众

summing-up stage 总结阶段 76, 77 - 78, 85, 140

suspense effect 悬念效果 79

teacher training students and survey of responses to Nationwide 实习教师和对《全国新闻》的反应的调查 199 - 207

    comparative analysis of differential group decodings 不同小组解码的比较分析 257, 258, 259 - 260, 264 - 265

technique see problems of technique 研究方法, 参见研究方法反思

technology 技术

    contrast to see heritage 比较, 参见传统

    transmission of programme 节目播放 98 - 99

    useful 有用性 53

television, concept of 电视的概念化 275 - 276

    see also Nationwide 也参见《全国新闻》

    texts, readers and subjects 文本、受众与主体 283 - 286

thematisation 主题化 63, 75

themes and mechanisms, distinction between 主题和机制的差异性 277

This Week《本周》89, 208

Thompson, E. E. 汤普森 45, 138

Thompson, J. O. J. O. 汤普森 13, 245, 263n

    response to earlier publications of book 对本书早期版本的反应 296 - 303

time/timing 时间/时间化

    allowed according to status of speaker 发言人身份准入制 83

    co-temporality see immediacy 世事, 参见当下

    slot 定位 28 - 29, 89

    synchronisation 同步播出 98

Today preferred in survey of responses to Nationwide《全国新闻》反应调查中对《今天》的偏好 55, 159 - 160, 258

    first programme 第一个节目 159, 163, 173 - 174, 190, 193, 203, 208 - 209, 213

    second programme 第二个节目 222, 235

Tomorrow's World《明日世界》171, 206

Tonight《今晚》12, 25, 29, 32, 42

Towers, A. A. 托尔斯 66, 84

town and country see rural nostalgia 城镇和乡村, 参见乡愁

Tracey, M. M. 翠西

    response to earlier publications of book 对本书早期版本的反应 306 - 311

trade union member groups and survey of responses to Nationwide 工会小组和对《全国新闻》的反应的调查 5, 7,

101，136，283

active involvement 主动介入 224－226，230－240，263

comparative analysis of differential group decodings 不同小组解码的比较分析 257，258－260，263－264，267

first programme 第一个节目 163－165，173－178

problems of technique and method 对研究方法和策略的反思 142，144－145，146

second programme 第二个节目 224－226，230－240，249－253

see also Labour Party 也参见工党

traditional paradigms in audience research 受众研究的传统范式 33，115－125

breaks and oppositions in communication circuit 传播回路的断裂与对抗 123

classes, codes and correspondences 阶级、符码与共通性 131－137

effects and functions 功能及效果 119－120，125

interpretative 解释性 117，120－123

message see decoding 信息，参见解码

encoding 编码

normative 标准化 117－119，121

uses and gratifications 使用与满足 119，120，125，126－130，271

see also Nationwide 也参见《全国新闻》

problems of technique and method 研究方法和策略的反思

responses to Nationwide 对《全国新闻》的反应

transference, terms of 转化 41－42

transparency 透明度 268

lack of 缺乏 125

Trew, T. T. 特鲁 288n

trigger phrases 扳机式 117

United States 美国 10－11

Commission on violence 媒介暴力调查委员会 119－120

Frankfurt School in 法兰克福学派 116－117

Hollywood cinema 好莱坞院线 278

race riots 种族骚乱 14

uses and gratifications approach "使用与满足"理论 127

unity 联合体

of approach 方法 99

complex 复杂性 123

and ideological, problematic 意识形态的问题化 279

in ideology 意识形态 91，279

mythical see heritage 虚构性，参见传统

national see nation 国民性，参见国家

us see personal pronouns 我们，参见人称代词

uses and gratifications "使用与满足"理论 119，120，125，126－130，271

values, shared, assumption of 价值观、分享与假设 120－121

verbal discourses 口头话语

combinations and closures 组合和封闭 78-80

and common sense 常识 103-104

see also language 也参见语言

violence 暴力 117，119-120

visual discourses 口头话语

combinations and closures 组合和封闭 78-80

and common sense 常识 102-103

positioning spectator 观众定位 80-81

see also immediacy 也参见当下

introductions 导语

spectator 观众

voice-over 画外音 75，78-79

Voloshinov, V. V. 沃洛希诺夫

on consciousness and language 意识和语言 128

on multi-accentuality 多重话语 264-265

on occasional forms of utterance 话语的偶然性 262

on social individual 社会个体 131，144

on socially embedded utterances 话语的社会嵌入性 281

on themes and mechanisms 主题和机制 277

Wade, G. G. 韦德

response to earlier publications of book 对本书早期版本的反应 304-305

Wainwright, H. H. 万怀特 90

we see personal pronouns 我们，参见人称代词

Wellings, R. R. 威灵斯 37-38，55-56，68-69，166

what of ideology 何为意识形态 277-279

white females and survey of responses to Nationwide 白人女性受众和对《全国新闻》的反应的调查 178-182，199-207，211-214

comparative analysis of differential group decodings 不同小组解码的比较分析 257-258，260，264-265，266

white males and survey of responses to Nationwide 白人男性受众和对《全国新闻》的反应的调查

apprentice/trainee groups 学徒/实习生小组 156-178

comparative analysis of differential group decodings 不同小组解码的比较分析 257-264

passim 各地 267-268

further/higher education students 良好教育背景的学生 178-187，214-218

schoolchildren 在校生 187-189，193-197

Wilkinson, S. S. 威尔金森 26

Willemen, P. P. 韦尔曼 10，134，263，271-272，283-284

Williams, C. C. 威廉姆斯 1

Williams, R. R. 威廉斯 12，56，100-101，105，107，303n

Williamson, J. J. 威廉姆森 41

Willis, P. P. 威利斯 273-274，286

Wilson, E. E. 威尔森 92

Winship, J. J. 温希普 4，45

women see female 女人，参见女性

Woods, R. R. 伍兹 280-281，284

Woolfson, C. C. 伍尔夫森 124, 128-129

work 工作

    separate outside world of 外部世界的分裂 44-46, 54, 92-95

    see also sexual division 也参见性别分工

working class 工人阶级 92, 273

    acceptance of dominant ideology 主流意识形态的接受 143

    and entertainment 娱乐 145

    and other 他者 145

    seen as homogenous mass 同质化大众 120, 132

    and survey of responses to *Nationwide* 对《全国新闻》的反应的调查 154, 156-178, 187-199, 207-214, 259, 260

    see also trade union 也参见工会

World in Action 《世界动态》8, 278-279

    see also Heath 参见希斯

Wright, C. R. C. R. 怀特 119

Wright, P. P. 怀特 12

Wyndham Goldie, G. G. 温德姆·戈尔迪 308

Zaretsky, E. E. 扎列特茨基 90, 93, 303n

The Nationwide Television Studies, 1st Edition by David Morley and Charlotte Brunsdon
ISBN: 9780415148795

Copyright © 1999 Taylor & Francis

Authorized translation from English language edition published by Routledge Press, part of Taylor & Francis Group LLC; All rights reserved. 本书原版由 Taylor & Francis 出版集团旗下 Routledge 公司出版，并经其授权翻译出版，版权所有，侵权必究。

China Renmin University Press is authorized to publish and distribute exclusively the Chinese (Simplified Characters) language edition. This edition is authorized for sale throughout Mainland of China. No part of the publication may be reproduced or distributed by any means, or stored in a database or retrieval system, without the prior written permission of the publisher. 本书中文简体翻译版权授权由中国人民大学出版社独家出版并仅限在中国大陆地区销售，未经出版者书面许可，不得以任何方式复制或发行本书的任何部分。

Copies of this book sold without a Taylor & Francis sticker on the cover are unauthorized and illegal. 本书封面贴有 Taylor & Francis 公司防伪标签，无标签者不得销售。

北京市版权局著作权合同登记号：01-2019-0830

图书在版编目（CIP）数据

《全国新闻》：电视与受众研究/（英）戴维·莫利（David Morley），夏洛特·布伦斯顿（Charlotte Brunsdon）著；李鹏译．－－北京：中国人民大学出版社，2022.1

（当代世界学术名著．新闻与传播学译丛．大师经典系列）

书名原文：The Nationwide Television Studies，1st Edition

ISBN 978-7-300-30025-2

Ⅰ．①全… Ⅱ．①戴… ②夏… ③李… Ⅲ．①电视新闻-电视节目-研究-英国 ②新闻-受众-研究-英国 Ⅳ．①G222.3②G210

中国版本图书馆 CIP 数据核字（2021）第 223242 号

当代世界学术名著
新闻与传播学译丛·大师经典系列
《全国新闻》：电视与受众研究
［英］戴维·莫利　　著
　　　夏洛特·布伦斯顿
李　鹏　译
陈　瑜　校
《Quanguo Xinwen》: Dianshi yu Shouzhong Yanjiu

出版发行	中国人民大学出版社			
社　　址	北京中关村大街 31 号	邮政编码	100080	
电　　话	010-62511242（总编室）	010-62511770（质管部）		
	010-82501766（邮购部）	010-62514148（门市部）		
	010-62515195（发行公司）	010-62515275（盗版举报）		
网　　址	http://www.crup.com.cn			
经　　销	新华书店			
印　　刷	北京昌联印刷有限公司			
规　　格	170 mm×240 mm　16 开本	版　次	2022 年 1 月第 1 版	
印　　张	24.25 插页 2	印　次	2022 年 1 月第 1 次印刷	
字　　数	389 000	定　价	88.00 元	

版权所有　　侵权必究　　印装差错　　负责调换